Holger Peterson

Mein Boot ist mein Zuhause.

Technik & Tipps, um den Traum vom Leben an Bord zu verwirklichen.

4., erweiterte Auflage

millemari.

Widmung.

Dieses Buch wäre nicht möglich gewesen, ohne …

… meine frisierte Zündapp C 50 Sport, die meine Frau Birgitt und mich als Teenager vom Landkreis Celle an die Ostseeküste getragen hat, wo wir zum ersten Mal von Segelreisen träumten. Ich empfehle das geschwindigkeitssteigernde Ritzel mit 15 statt 11 Zähnen und eine 72er Hauptdüse. Heute bevorzugen wir eine 1000er Suzuki V-Strom mit Campingausstattung, wenn die Reise spontan zu weit entfernten Zielen führt.

… das solide Faltboot, zu dem mich meine Eltern Liesel und Peter überredeten: Sie nahmen mir den Otto-Katalog weg, aus dem ich als Achtjähriger ein aufblasbares Kanu bestellen wollte, und füllten heimlich mein Sparschwein. Das Faltboot POUCH RZ 85 bewahren sie immer noch für mich auf, mit dem ich später das Segeln lernte und noch heute immer wieder zum Mühlengraben meiner Kindheit zurückkehre.

… die Entwickler von Nintendo, mit deren Spielen wir unsere Kinder Thorben, Lukas und Josephine auch bei miesem Bordwetter bei Laune hielten. Kindgerechte Kuschelkajüten und abwechselnde Segelreviere mögen aber auch ihren Teil beigetragen haben.

… all die guten Geister vom Segelclub Garbsen am Steinhuder Meer, die Ancora-Marina an der Ostsee, den Celler „Wassersportclub Unteraller“, den Wilhelmshavener Segelclub mit der Steganlage Hooksiel, den Oldenburger Yachtclub und die Crew des Bremer Hohentorhafens, die mir als Wassersportnomaden Heimathäfen gaben.

… die Redakteure der YACHT und ganz besonders Susanne Guidera von millemari., die sich immer wieder durchbeißen, um meine Texte irgendwie lesbar zu gestalten.

… ungezählte Segler, Motorbootfahrer und dem Wassersport verbundene Gewerbetreibende, die geduldig meine Fragen und Fotos tolerieren, um Erfahrungen und Küstenklatsch über unsere Passion zusammenzutragen.

Inhalt.

Der Traum vom Leben an Bord.

Vom ersten Funken bis zum freien Leben auf großer Fahrt können 40 Jahre vergehen. Während dieser Zeit verbringen wir unser Seglerleben an heimischen Küsten. Viele von uns sind „Fahrtensegler in Fesseln“ – warten auf den Ruhestand, auf den Auszug der Kinder oder haben anderweitige Verpflichtungen. Wenn aber nicht nur Reisepläne die Quelle der Motivation sind, warum sollte man dann nicht schon früher an Bord leben und die Wohnungsmiete einsparen? Mit der gesparten Miete oder Hausfinanzierung lässt sich eine veritable Yacht beschaffen und stetig verbessern. Zudem ist man beruflich „mobil“ und kann bei einem Arbeits- oder Studienplatzwechsel sein Zuhause verlegen.

Ganzjährig an Bord zu leben heißt auch, den Winter an Bord zu verbringen, aber mit dem richtigen Boot ist das kein Problem. Ja, es gibt ein paar kalte Monate. Und ebenfalls ja: Im Eis ist man allein auf sich und seine technischen Fähigkeiten gestellt, weil das Boot nicht bewegt werden kann. Doch es gibt Lösungen und Liegeplätze – dieses Buch wird Ihnen eine Fülle von Tipps und Informationen liefern, wie Sie Ihr Boot zum eistauglichen Zuhause machen.

Doch so weit sind wir noch nicht – also zurück zur ersten Entscheidungsfindung, die vielleicht Ihr Leben verändert: Kajüte statt Kamin. Wenn man nach vier Wochen Bootsurlaub nichts sehnlicher wünscht, als länger an Bord leben zu können, warum sollte man dann sein schwimmendes Zuhause verlassen? Kein noch so schön angelegter Gartenteich wird uns so berühren wie das Steuern des eigenen Bootes über das Meer, einen See oder einen Fluss. Wie herrlich ist das Aufwachen in einer Marina, am Steg eines Vereins oder vor Anker – es ist mit nichts zu vergleichen. Und: Warum sollte man sich als Student in die Reihe der Wohnungssuchenden beim Makler einreihen, wenn man eben noch Herr der sieben Meere war und eine eigene Yacht leichter finanzieren könnte als eine Wohnungsmiete? Wer dies konsequent umsetzt, für den lohnt sich der Aufwand nicht nur finanziell, sondern der hat auch eine bewegliche Bleibe, die bestens geeignet ist, um in den Semesterferien die Küste zu erkunden.

Seit dem 1.11.2015 gilt das revidierte Meldegesetz, wonach unter bestimmten Voraussetzungen auch ein Wasserfahrzeug als Wohnsitz berücksichtigt werden kann. Damit steht dem dauerhaften Leben an Bord nicht mehr viel im Wege. Hat man sonst an Bord nur „übernachtet“, kann nun unter bestimmten Bedingungen die Hafenadresse im Ausweis eingetragen werden. Es gibt jedoch Häfen, in denen man lieber nicht darauf bestehen sollte. Auch darüber werde ich berichten.

Gerade für junge Familien gibt es Gründe, schon früh ein Boot anzuschaffen, auch wenn es klein ist: Sie erleben das Abenteuer auf dem Wasser, ohne auf teure Flugreisen zu Ferienzeiten angewiesen zu sein. Europa ist allemal groß genug, um ein Fahrtenseglerleben zu gestalten, ohne ganz aussteigen zu müssen. So verbringt ein mir bekanntes deutsch-finnisches Paar das Bordleben als Zugvögel: den Sommer in Skandinavien, den Winter in Barcelona, aber stets mit günstigen Flugverbindungen nach Bremen, denn da leben ihre Kinder und Enkel.

Der Trend zum eigenen Boot hat in den letzten Jahren wieder zugenommen. In meinem Verein an der Nordseeküste waren im Sommer 2019 erstmals alle Liegeplätze vergeben – belegt von Anfängern mit den ersten eigenen Booten. In Bremen wird man mittlerweile sogar Schwierigkeiten haben, einen Winterliegeplatz zu bekommen – in Bremerhaven war dies allerdings bisher kein Problem.

Für mich gilt: Es muss nicht immer ein fernes Ziel sein, auf das man zusteuert. Es ist auch möglich, in scheinbar beschaulichen heimischen Gewässern die Abenteuer zu erleben, für die man plante, einmal um die Welt zu segeln.

Im Jahr 2012 wollte ich eine Auszeit nehmen. Am Steg in Hooksiel lag PALOMA. Sie war hochseetauglich: 11 Meter lang, gebaut aus Stahl. Mein Haus hatte ich verkauft und bereits zwei wunderbare Jahre an Bord gelebt. Ein Sabbatjahr sollte einen Törn rund Südamerika ermöglichen, doch dann stellte das Leben mir die Frage: Allein um Kap Hoorn oder mit zwei Blondinen nach Norderney? Stattdessen bin ich geblieben – für weitere 10 Jahre. Anlass war das Familienleben mit meiner wiedergefundenen Jugendliebe und meiner Stieftochter. So lange, bis diese erwachsen ist, bleiben wir hier. Zufällig fällt dies mit der dann anstehenden Pensionierung zusammen. Wir haben folglich als Paar mit dem Leben an Bord ein gemeinsames Ziel und wechseln wegen der Schiffsführung nur den Job und die Umgebung. Langweilig wird es nicht.

Seit Jahren leben wir bereits von Montag bis Donnerstag in einer kleinen Wohnung und von Freitag bis Montag an Bord, obwohl wir beide berufstätig sind und bis zu 250 Kilometer per Bahn pendeln. An zwei zusätzlichen Tagen bin ich in der Woche allein an Bord und im Urlaub sind wir als Familie bis zu fünf Wochen unterwegs. So komme ich auf rund 300 Bordtage im Jahr. Verkehrstechnisch geht das nur, weil wir zwei Heimathäfen haben: Hooksiel im Sommer, Bremen im Winter, kombiniert mit einem „Bootspendelauto", das an einem Küstenbahnhof geparkt ist. So halten wir zumindest unseren CO^2-Ausstoß in Grenzen. Gerade für Familien ist die Frage wichtig: Wie weit und unter welchen verkehrstechnischen Aspekten darf ein Boot entfernt von Zuhause liegen, und wo findet sich das persönlich beste Segelrevier? Vielleicht liegt das perfekte Revier in Wahrheit vor der eigenen Haustür und man hat es nur noch nicht beachtet? In meinem zweiten Buch „Wie wir im Norden segeln" gehe ich dieser Frage noch intensiver nach.

Bereut habe ich es nicht, hiergeblieben zu sein. Fahrtensegeln ist ein intensiver Teil unseres Lebens, selbst im Winter. Heute sind wir auf einer Reinke S 11 aus Aluminium unterwegs. FUCHUR wurde in den letzten Jahren mit allem ausgerüstet, was ein kältetaugliches Familien- und Expeditionsboot auszeichnet. In diesem Schiff stecken die Erfahrungen aus acht Vorgängerbooten. Ich meine, ihn gefunden zu haben, den „roten Faden", der mein erstes Faltboot über mehrere Trailerboote bis zur „wattentauglichen Trans-Ozean-Yacht" verbindet und mir auch erlaubt, quasi autark mit meinem Schiff unterwegs zu sein.

Ich betrachte dieses Buch durchaus als mein Wichtigstes, aber an erster Stelle steht die Sicherheit der Crew. Was ich empfehle, probiere ich daher aus: Und so falle ich absichtlich im März ohne Neoprenanzug in die Nordsee, um Badeleitern zu testen. Wer im Vorfrühling als Paar auf hoher See segelt, sollte wissen, wie man in unter 10 Minuten allein ein Manöver fährt, um einen hilflosen Menschen aus dem Wasser zu fischen. Dazu haben wir ein neues Bergungsmanöver entwickelt. Meine Frau schafft das nun ohne Hilfe innerhalb von 6 Minuten. Ein

Jahr haben wir an diesem Rettungsmanöver gearbeitet. Wenn es darauf ankommt, schnell und ohne externe Hilfe jemanden aus dem Wasser zu ziehen, hat es sich nun im Selbstversuch bewährt. Und als unser Motor mehrfach ausfiel oder unser Wasserboiler explodierte, haben wir Lösungen entwickelt, die für jeden Bootfahrer und Wohnmobilfahrer spannend sind. Sie sind ebenfalls hier nachzulesen. Wir wohnen nicht nur an Bord, wir arbeiten auch mit dem Boot.

Der Traum vom Segeln und die dazu notwendige Technik lassen sich nicht voneinander trennen. Wer von Land aus einem vorbeiziehenden weißen Segel hinterhersieht, ahnt oft nicht, dass es trotz des scheinbar federleichten Antriebs durch den Wind einiger Technik bedarf, damit ein Schiff wieder sicher in den Hafen gelangt. Daher wechseln die Kapitel dieses Buches zwischen Panoramathemen, wie der Suche nach dem richtigen Schiff für die eigenen Bedürfnisse, und vielen technischen Tipps. So entsteht ein komplettes Bild vom Leben an Bord.

Ein Skipper, dessen Boot ich vor Jahren gekauft habe, hat es trefflich ausgedrückt: „Mein Boot war wie ein Kind für mich. Ich habe es selbst ausgebaut, kenne es bis zu den letzten Spanten." Erst diese Einheit, dieses blinde Verstehen, sorgt dafür, dass wir uns auf See auch dann noch sicher fühlen, wenn mal etwas nicht funktioniert. Es dauert ungefähr zwei Jahre, bis man ein Boot, das mit viel Komfort ausgestattet ist, genau kennt. Erst dann hat man die „Macken" der Voreigner repariert, es auf die eigenen Bedürfnisse ausgerichtet. Wer sein Boot wirklich in- und auswendig kennt, der gerät nicht in Panik, wenn in der Schleuse die Maschine streikt, sondern wird versuchen, unter Einsatz des Vorsegels oder einer Schleppleinenverbindung wieder hinauszukommen. Dann geht man vor Anker und packt die Werkzeugkiste aus. Dabei strahlt ein guter Skipper gegenüber den Mitseglern immer noch Gelassenheit aus, damit sie auch beim nächsten Törn wieder gerne mitfahren.

Manch ein Leser dieses Buches besitzt vielleicht gerade sein erstes Boot, ein anderer denkt darüber nach, selbst an Bord zu ziehen. Es ist immer schwierig, allen Lesern und ihren Bedürfnissen gerecht zu werden. Beim Gang durch das Winterlager oder über eine Bootsmesse hat ein alteingesessener Bootsbesitzer andere Überlegungen als der Neuling. Doch wenn Sie sich nach der Lektüre des Buches ein wenig sicherer fühlen, leichter Ihren Favoriten finden und aus Unkenntnis auch kein finanzielles Risiko mehr eingehen, habe ich viel erreicht. Sollten Sie aber erkennen, dass das Bootsleben mehr Zeit erfordert als Sie aufbringen können, ist es auch gut, denn Sie sind dann in der Lage, Ihr Boot an Ihre Bedürfnisse anzupassen. Erst wenn wir frei von Ängsten und unbeschwert von technischen Problemen segeln, können wir Sonnenuntergänge genießen und nachts den Sternenhimmel auf See bewundern.

Der größte Motivationsfaktor ist für mich das unvergleichliche Lebensgefühl, das man als Segler erlebt: Die Fantasie kann unsere Alltagsseelen bei einer Ankernacht auf einem Fluss oder im Wattenmeer genauso beflügeln, als würden wir in einer Lagune von Tahiti dümpeln – auch wenn wir am nächsten Tag wieder zur Arbeit fahren. Ergründen wir unsere ursprünglichen Träume, übertragen wir sie ins tägliche Bordleben. In diesem Sinne wünsche ich Ihnen allzeit gute Fahrt!

Ihr Holger Peterson

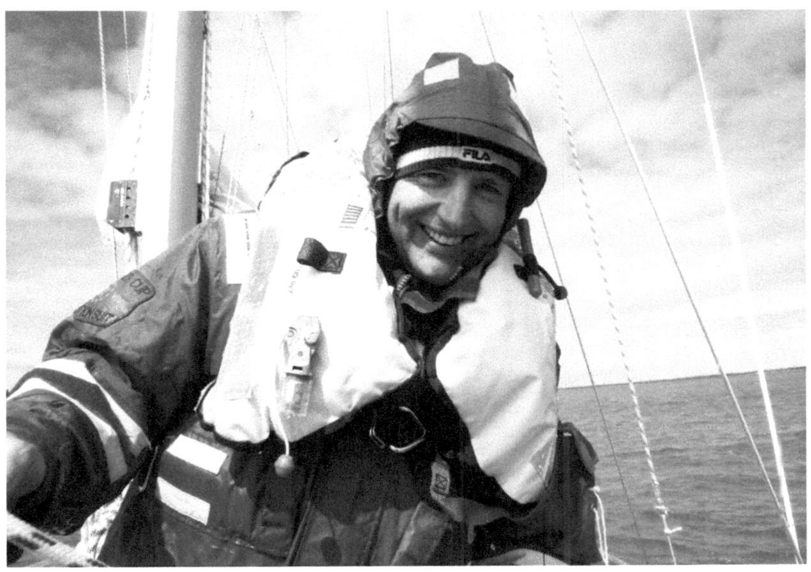

Holger Peterson: Was er empfiehlt, probiert er zuvor aus – auch wenn das bedeutet, ins 6 Grad kalte Nordseewasser zu springen.

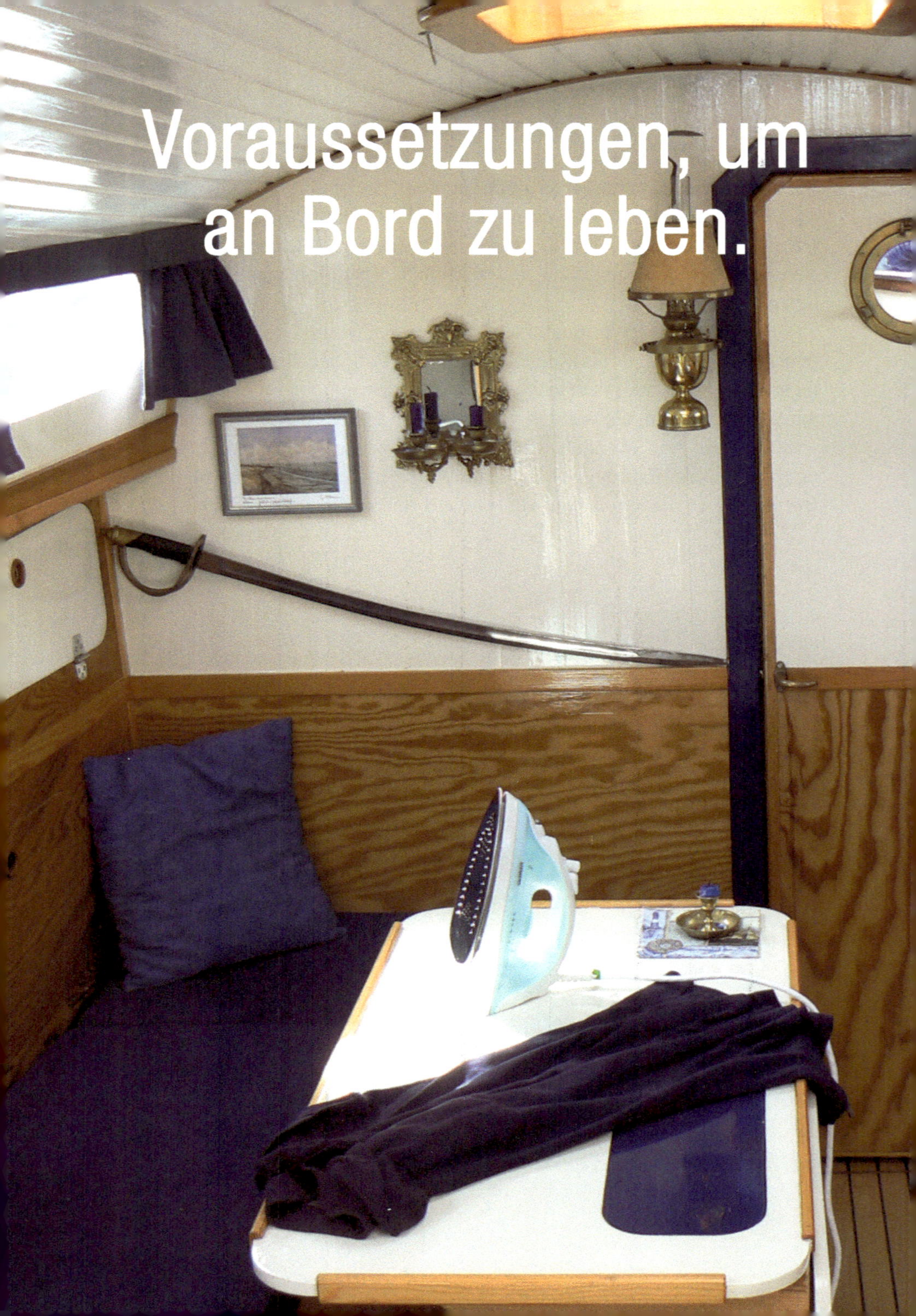

Voraussetzungen, um an Bord zu leben.

Das Haus verkauft, das Boot behalten.

Februar 2010. Ich schiebe den Schnee von der Aluminiumleiter und klettere in PALOMAs Cockpit. Auf dem Rücken ein Seesack mit kleinen Schätzen. Er kommt zu den Kartons, die sich in den drei Kajüten stapeln. Es gibt noch vieles zu verstauen und Platz zu schaffen. Mein Lebensraum hat sich von 160 Quadratmeter auf 15 Quadratmeter reduziert. Ein billiger Heizlüfter müht sich redlich, kommt aber kaum gegen die Kälte an. Ohne regelmäßige Stoßlüftung wird das Vorschiff der 11 Meter langen Stahlyacht trotz der guten Isolierung nachts zur Tropfsteinhöhle.

Einiges ist noch umständlich, beispielsweise, dass ich Wasserkanister an Bord schaffen muss, weil der Wassertank einer Yacht einfriert, wenn sie an Land steht. Erst wenn der Rumpf im Wasser schwimmt, kann ein Wassertank auch im Winter gefüllt werden. Die Luft ist kälter als Eiswasser. Trotzdem bin ich glücklich. Die Tage werden bereits länger. Frühling liegt in der Luft, auch wenn das Thermometer nachts noch auf minus 10 Grad fällt. Ich bin zu Hause – an Bord.

PALOMA wunderte sich bestimmt über meine andauernde Gegenwart so lange vor dem Krantermin. Noch mehr wunderte sich der Mitarbeiter der Wilhelmshavener Stadtverwaltung. „Wohin sind Sie umgezogen? Sie wollen Ihre Segelyacht als Wohnsitz anmelden? Hm ... ich muss mich erkundigen, ob das möglich ist.“

Nach wenigen Minuten kam er mit heller Miene zurück. Wo ich meinen Liegeplatz hätte und wie die Anschrift wäre? Ich überlegte. Ein „Fahrtensegler“ segelt ... und die Yacht hatte keinen Briefkasten. Ich nannte ihm die Adresse des Hafens. Weil dieser innerhalb eines Wohngebiets lag, schien sein Computer den Eintrag anzuerkennen. Denn es wird nicht der Name des Bootes im Personalausweis eingetragen, sondern eine „Meldeadresse“. Diese muss in einem Wohngebiet liegen. Dabei schien die Art meiner Unterkunft für die Behörden von geringerer Bedeutung zu sein.

Nur: Der Briefträger würde Mühe haben, mich auf der Nordsee zu finden. Wie würde mich Behördenpost erreichen? Die Idee, ein Postfach einzurichten, verwarf ich wieder. Um Missbrauch vorzubeugen, bekommt man es nur, wenn eine reguläre Landadresse vorhanden ist. Finden die Zusteller keinen Briefkasten mit dem eigenen Namen vor, erfolgt eine Mitteilung an die Post, der Antrag wird dann nicht genehmigt. Doch dann erlaubte mir mein Arbeitgeber, dass die Privatpost auf meinem Schreibtisch im Büro landete. Damit mich Behörden oder Versicherungen erreichen konnten, hinterlegte ich diese Anschrift als Zusatzeintrag zusammen mit meiner Handynummer beim Einwohnermeldeamt und allen wichtigen Stellen. So konnte ich sicher sein, dass mich auch ein Strafzettel wegen zu schnellen Fahrens erreichen würde...

Glücklicherweise ist im elektronischen Zeitalter die kabellose Kommunikation an Bord einfach zu organisieren. Eine Flatrate für das Mobiltelefon und eine mobile Internetverbindung für das Notebook: Mehr braucht man nicht, um erreichbar zu sein.

Ansonsten ist in der maritimen Welt alles vorhanden, was ein Mitteleuropäer an Komfort erwartet. In den meisten Häfen gibt es Wasser und Landstrom sowie Duschen und Müllentsorgung. Dafür bieten wir uns als zusätzliche Sicherheit im Hafen an. Hafenbetreiber oder Stegnachbarn fühlen sich sicherer, wenn auch unter der Woche jemand im

Hafen an Bord ist und beim etwaigen Besuch ungebetener Gäste die 110 wählt.

Natürlich kosten einige Arbeiten im Haushalt beim Leben an Bord mehr Zeit. Eine Waschmaschine oder ein Geschirrspüler sind an Bord einer 11-Meter-Yacht nicht unterzubringen. Doch man kann schließlich auch selbst abwaschen. Als Wäscheleine dient die Reling. Waschtage lege ich unter der Woche ein, um PALOMA an Wochenenden nicht wie einen „Kommunedampfer" aussehen zu lassen. Außerdem ist die Yacht in meiner Freizeit ein Segel- und kein Hausboot.

Ein großer Vorteil ist die Leichtigkeit der Bootspflege. Waren Lackierarbeiten früher hektische Aktionen mit kleinen Zeitfenstern gegen den Tau der Nächte, so gibt es nun keine Probleme mehr. Ich stehe auch nicht mehr auf der Autobahn im Ferienstau, sondern kann spontan auslaufen, wann es mir gefällt.

Wer an Bord lebt, lebt entspannter. Arbeiten entfallen, die der gleichzeitige Besitz von Haus und Boot mit sich bringen. Kein Heckenschneiden oder Rasenmähen, während man gedanklich die Liste durchgeht, was an Bord zu tun ist. So bleibt unter dem Strich viel mehr Zeit für die schönen Dinge des Lebens.

Mein Aufbruch in das dauerhafte Leben an Bord war eine Reise ins Innere: Was wollte ich behalten, was war mir wirklich wichtig und wovon konnte ich mich leichten Herzens trennen? An Bord ließ sich nicht viel unterbringen. Zwei Kleiderschränke samt Inhalt hatte ich entsorgt. Trotzdem war ich nach einigen Monaten erstaunt, wie wenig ich vom noch notwendigen Rest wirklich benötigte. Schwerer fiel dagegen die Trennung von vielen guten Büchern. Sie lagern inzwischen auf dem Dachboden meiner Eltern.

Einige Verbesserungen hielten dafür Einzug. Ein Flachbildfernseher mit integriertem DVD-Laufwerk zierte das Hauptschott. Die DVBT-Antenne auf der Mastspitze sorgte für Empfang und neue Lautsprecher in der Kajüte boten Hörgenuss. Zum Korkenzieher gesellte sich eine Eiswürfelmaschine. Damit war alles vorhanden, was ein „Mann" benötigt ... Für die zusätzliche Stabilität der Yacht fristete ein Bügeleisen in der Bilge sein Dasein. Mit einem Handtuch als Hitzeschutz funktionierte ich bei Bedarf den Tisch zum Bügelbrett um.

Eingeengt fühlte ich mich damals und auch heute nicht. Im Sommer hatte ich früher wochenlang auf kleineren Booten gelebt und keinen

Komfort vermisst. Die weiß lackierten Holzflächen von PALOMA mögen vielleicht ihren Teil dazu beigetragen haben. Dunkles Mahagoni- oder Teakholz hätte ich sicher umgestaltet. Mitunter dachte ich über ein etwas größeres Boot nach. Ein Duschraum und eine Achterkajüte mit direktem Zugang durch das Mittelschiff wären sicher schön gewesen, aber sie waren nicht bedeutend für mein Glück.

Es war zunächst unklar, in welchem Hafen ich den nächsten Winter verbringen würde. Weil ich ohnehin nicht an jedem Wochenende die ostfriesischen Inseln besuchen würde, vielleicht etwas näher an meiner Arbeitsstelle in Bremen? Jedenfalls musste PALOMA im Wasser bleiben, denn eine Yacht ist an Land kaum bewohnbar. Es gibt einige Häfen mit Winterbetrieb. Nur das Trinkwasser würde ich in Kanistern an Bord schleppen müssen. Der Platz muss außerdem geschützt sein. Bei Eisgang wäre der Schwell vorbeifahrender Schiffe schädlich. Und ich würde mich sicherer fühlen, wenn ein Kran in Betrieb genommen werden könnte, falls ein Seeventil wegen Eisbildung platzen sollte. Sanitäre Anlagen sind im Winterbetrieb vorteilhaft, wie sie etwa in der Ancora-Marina in Neustadt an der Ostsee vorgehalten werden. Doch auch an der Nordsee finden sich hinter den Deichen gegen Sturmfluten geschützte Häfen. Selbst wenn Waschhäuser geschlossen sind, gibt es Alternativen für die Körperhygiene. Man kann in Fitnesscentern oder Hallenbädern duschen und für die Wäsche Waschsalons besuchen. Notfalls finden sich bestimmt mitleidige Freunde, die bei starkem Frost die Wäsche trocknen ...

Argumente für das Leben an Bord.

Natur pur genieße ich nicht nur vor dem Einschlafen mit dem Blick durch das Oberlicht zum Sternenhimmel. Wohin man in einem Yachthafen auch blickt, es dürfte dem Anblick so mancher Mietwohnungsrefugien vorzuziehen sein. Gleich hinter der Hafenmauer oder der Schleuse beginnt das Meer. Laufe ich nicht aus, genieße ich die Abendruhe unter der Woche, wenn die meisten Boote einsam an den Stegen liegen. Die Sonnenaufgänge über dem Wasser. Nebelschwaden. Meeresbrise. Jeder Tag ist neu. Und wenn einem die Nachbarschaft nicht passt, wechselt man einfach den Liegeplatz.

Ganz nebenbei, aber nicht kalkuliert, rechnet sich auch der finanzielle Vorteil. Wer vom großen Boot träumt, könnte es leichter durch das Einsparen von Miete oder der nicht benötigten Hypothek für das Haus finanzieren. Viele Banken akzeptieren heute eine Yacht als Sicherheit, wenn sie im Schiffsregister des Amtsgerichtes eingetragen ist. Oft reichen Foto, Kaufvertrag und Flaggenzertifikat. Was auch helfen kann: Ein Wertgutachten und die obligatorische Vollkaskoversicherung.

Natürlich ist das Leben an Bord in südlichen Breitengraden leichter. Doch es gibt einige Gründe, in heimischen Gewässern zu segeln und zu leben, solange man noch berufstätig ist oder die Kinder schulpflichtig sind. Die wenigen Tage mit Temperaturen unter dem Gefrierpunkt wird man schon überstehen, jedenfalls nach der Lektüre dieses Buches. Natürlich vermisse ich oft das Mittelmeer oder die Inseln des ewigen Frühlings im Atlantik. Wie gerne würde ich als Nordlicht schon jetzt die griechischen Inseln auf eigenem Kiel ansteuern. Ohne trailerbares Boot wäre das aber für mich nicht möglich und so bliebe nur der gelegentliche Ferienflug. Weil ich aber nicht für jeden Segeltörn fliegen möchte, ist ein Dauerliegeplatz im Süden sicher eher etwas für Freiberufler und Pensionäre. Oder für Alpenanwohner, die in wenigen Autostunden zum Mittelmeer fahren können. Beim Bordleben im kühleren Deutschland kommt es deswegen auf eine andere Sichtweise an, gerade wenn man nicht allein leben möchte. Manche Lebenspartner, die in lauen Sommernächten das maritime Nest mit verklärtem Blick betrachten, werden vereiste Stege und eine schneebedeckte Persenning vielleicht weniger begeistern. Da ist vorher einiges zu klären und die Kajüte sollte vorgeheizt sein, wenn man zum ersten Mal Wintergäste einlädt.

Trotzdem bevorzugen einige Enthusiasten sogar in Skandinavien schwimmende Heime. So lebte der bekannte Schriftsteller Björn Larsson (*Der keltische Ring*) mehrere Jahre an Bord seiner nur 9 Meter langen RUSTICA. Auch in den Niederlanden leben im Gegensatz zu Deutschland viele Menschen auf Hausbooten. Wenn man genauer hinsieht, kann man sie mittlerweile auch bei uns entdecken. Eine Familie wohnte an Bord einer 14 Meter langen Reinke-Yacht auf dem Main in Frankfurt und danach im Hafen von Borkum. Ihre Zeit in Frankfurt liegt allerdings schon ein paar Jahre zurück. Trotz langer Recherchen habe ich heute im Raum Frankfurt keine Liegeplätze mit Wohnoptionen entdecken können. Bei offiziellen Anfragen verweisen Meldeämter zuweilen auf Schifffahrtsämter – und umgekehrt. Dabei hat das Wasser- und Schifffahrtsamt Aschaffenburg, zuständig für den Main, keine Auflagen an Hafenbetreiber erlassen, die die Anzahl der Übernachtungen an Bord begrenzen. Eine interne Regelung fand ich am Rhein in der Marina Düsseldorf. Angeboten werden 120 Ganzjahresliegeplätze und 30 Gastliegeplätze. Bei meiner Anfrage waren noch zehn Plätze frei. Geboten werden sogar frostsichere Wasserabnahmestellen. Den Wechsel vom Wasserpachtrecht zum Wohnrecht scheut man trotzdem und begrenzt das Wohnen an Bord offiziell auf 300 Tage, weil man eben keine Wohnsiedlung eröffnen möchte. Damit verbundene Befürchtungen sind durchaus nachvollziehbar, besonders in Ballungszentren, wo es viele alternative Wohnformen gibt, die nicht immer nur positiv für Anwohner sein müssen.

Einen Liegeplatzvertrag für einen rotten Kahn kann man kündigen, aber die Aufgabe eines Wohnsitzes lässt sich erst durch eine Räumungsklage erzwingen. Und warum sollte man mit Meldebescheinigungen experimentieren, wenn der Hafen auch so gut ausgelastet ist? Im Liegeplatzvertrag die Begrenzung der Übernachtungen aufzunehmen kann eine elegante Lösung sein, um Abstand zum Wohnrecht zu halten.

Die Chancen stehen trotzdem nicht schlecht, seinen Traum vom Boot und dem Leben an Bord beinahe in jeder schiffbaren Region zu verwirklichen. Ob mit Meldebescheinigung oder ohne. Deutschland ist ein Wasserland! Warum nicht auch in Bremen, Hamburg, Hannover oder Berlin an Bord leben und in den Sommerferien auf dem Meer segeln? Die Infrastruktur vieler Häfen, die Anbindung an das öffentliche Verkehrsnetz und die relativ hohe Sicherheit sind verlockend, auch wenn man noch im Arbeitsleben eingebunden ist. Nur fünf Gehminuten von meinem Winterliegeplatz entfernt liegt ein Bahnhof. Eis und Schnee können meine Fahrt zur Arbeitsstelle nicht behindern und im Sommer liegt das Boot an der Küste.

Rechtliche Voraussetzungen, um ein Boot in Deutschland als Wohnsitz anzumelden.

Auszüge aus dem Bundesmeldegesetz (BMG), gültig seit dem 1.11.2015

§ 17 Anmeldung, Abmeldung

(1) Wer eine Wohnung bezieht, hat sich innerhalb von zwei Wochen nach dem Einzug bei der Meldebehörde anzumelden.

§ 20 Begriff der Wohnung

Wohnung im Sinne dieses Gesetzes ist jeder umschlossene Raum, der zum Wohnen oder Schlafen benutzt wird. Wohnwagen und Wohnschiffe sind nur dann als Wohnungen anzusehen, wenn sie nicht oder nur gelegentlich fortbewegt werden.

§ 29 Besondere Meldepflicht in Beherbergungsstätten

(4) Personen, die in Zelten, Wohnmobilen, Wohnwagen oder Wasserfahrzeugen auf gewerbs- oder geschäftsmäßig überlassenen Plätzen übernachten, unterliegen nicht der Meldepflicht nach § 17 Absatz 1 und 2, solange sie im Inland nach § 17 oder § 28 gemeldet sind. Wer nicht nach § 17 oder § 28 gemeldet ist, hat sich innerhalb von zwei Wochen bei der Meldebehörde anzumelden, sobald der Aufenthalt die Dauer von drei Monaten überschreitet.

Meine persönliche Auslegung dieser Verordnungen lautet: Wer keine Wohnung an Land hat und länger als drei Monate auf einem Boot in einem Hafen liegt, muss sein Wasserfahrzeug als Wohnsitz anmelden.

„Port"-Folio: Leben an Bord – mitten in Deutschland?

Was hat sich seit der Föderalismusreform mit der Einführung des bundeseinheitlichen Meldegesetzes tatsächlich verändert? Boote können unter bestimmten Voraussetzungen zwar bundesweit als Wohnsitze angemeldet werden – aber ohne Zustimmung des Hafenbetreibers geht nichts. Man kann nicht klammheimlich einen Liegeplatz mieten und nach drei Monaten zum Wohnsitz erklären. Wer als „wohnungsloser Schiffer" strikt nach der neuen Gesetzeslage argumentiert, könnte sich den Weg zum Traumliegeplatz sogar verbauen. Denn bisher hat sich selten jemand darum gekümmert, ob ein Wassersportler dauerhaft an Bord übernachtet oder nicht. Was im sonnigen Süden in vielen Marinas selbstverständlich ist, ist es trotz EU-Zugehörigkeit nicht unbedingt im Norden. Für Australier oder Neuseeländer wäre die Frage nach dem Wohnen an Bord wahrscheinlich auch kein Thema. In den Niederlanden sind Tausende Boote dauerhaft bewohnt. Am französischen Canal du Midi wechseln der Form halber bewohnte Boote alle paar Tage die Anlegestelle, wenn sie keinen festen Platz gepachtet haben. Dann allerdings haben manche regelrechte Vorgärten am Steg angelegt.

Hierzulande setzt sich die Akzeptanz für Bootsbewohner erst langsam durch. Von Behörden geprüft werden eigentlich nur antriebslose Hausboote, besonders in Großstädten. In diesem Buch geht es aber um Sportboote, die zum Wohnen genutzt werden. In der Kommunikationslehre gilt der Grundsatz, dass der Sender für den positiven Empfang der Botschaft verantwortlich ist. Wir als Bootsbewohner suchen folglich einen Hafenbetreiber, der uns aufnimmt und auf seinem Areal „wohnen" lässt. Man muss sich also vorher fragen, zu welchem Zweck ein Hafen betrieben wird und was der Vermieter im Gegenzug dauerhafter Anwesenheit vom Liegeplatznutzer erwarten wird. Die Aussage „Ich wohne jetzt hier", ist ganz und gar unangebracht. Zu unterscheiden sind folgende Absichten und es ist gut zu überlegen, mit welcher Bitte man sich an einen Liegeplatzvermieter wendet:

1. Ein Liegeplatz im Sommer und/oder im Winter?
2. Ein Liegeplatz mit Strom und frostsicherer Wasserversorgung, um zumindest per Kanister Wasser zu tanken?
3. Ein Liegeplatz, an dem der Hafenbetreiber das ganzjährige Übernachten an Bord stillschweigend gestattet?
4. Ein Liegeplatz mit ausgestellter Meldebescheinigung des Hafenbetreibers zum Eintrag im Personalausweis?
5. Ein Liegeplatz mit Meldebescheinigung und einen Briefkasten am Hafentor?

Schauen wir uns zunächst nach einem Winterliegeplatz um, den man als Liveaboard, wie man im angelsächsischen Raum ganzjährige Bootsbewohner nennt, nicht überall findet. Während Sommerliegeplätze in Marinas, Vereins- und Kommunalhäfen problemlos gepachtet werden können und sich bis auf wenige Ausnahmen niemand darum kümmert, ob man an Bord übernachtet, wirkt dasselbe Verhalten im Winter nicht unbedingt „gesellschaftsfähig". Und weil Boote in Deutschland zum November hin überwiegend an Land gestellt werden, gibt es weniger Häfen mit durchgehendem Betrieb. Vielleicht liegen noch ein paar Boote an den Stegen, doch die Nutzung ist so gering, dass Toilettenanlagen häufig verschlossen werden. Das Wassersportzentrum Berlin berichtete mir, dass man Winterliegeplätze anbietet und mit einer Luftsprudelanlage sogar für eisfreie Plätze sorgt. Es gäbe auch noch freie Plätze. Allerdings sei das Bewohnen von Schiffen im Winter nicht möglich, da das Wasser abgestellt werde. Das kenne ich von meinem Heimathafen in Hooksiel. Wer dort überwintert, transportiert ab und zu per Schubkarre ein paar Wasserkanister vom Wagen zum Steg. Immerhin: Auf dem Grundstück des Wassersportzentrums Berlin befindet sich ein Yachtservice, der jederzeit Boote kranen kann.

Verschlossen sind die Sanitäranlagen im Winter auch im Hafen von Wyk auf der Insel Föhr, allerdings aus anderen Gründen. Auf meine Anfrage wurde mir mitgeteilt, dass die Insel ein Fremdenverkehrsort sei, der nahezu ausschließlich von der Vermietung von Ferienwohnungen und Zimmern lebe. Aus grundsätzlichen Erwägungen gestattet man daher das Wohnen an Bord außerhalb der Sommersaison nicht und stellt die Versorgung ab, obwohl es in der Vergangenheit schon mehrere Anträge gegeben hat, sie aufrecht zu erhalten. Der städtische Hafenbetrieb der nordfriesischen Insel begründet die Regelung damit, dass es sich um Personen handle, die ihr Wohneigentum gewinnbringend verkaufen wollten, um dann ein günstiges und attraktives Wohnen an Bord anzustreben. Man hat zwar noch freie Liegeplätze und könnte weitere schaffen, aber eben nicht, um das ganze Jahr an Bord zu leben.

Wer trotzdem auf eigenem Kiel zum Insulaner werden möchte, hat bessere Chancen in Ostfriesland, genauer gesagt, beim Segelverein Juist. Dort gibt es Winterliegeplätze, die auch im Winterhalbjahr mit Wasser und Strom versorgt werden. Der Vereinsvorsitzende Olaf Weers berichtet, dass an der Schwimmsteganlage im Winter nur zwölf Boote liegen und man an Bord bleiben könne, so lange man wolle. Allerdings gibt er zu bedenken, dass der trockenfallende Hafen bei starkem Eisgang nicht sehr komfortabel ist und dass zumindest beim Entschlammen im Frühjahr die Boote schon mal verholt werden müssten.

Der Betrieb des Vereinshafens verursacht in jedem Jahr hohe Entschlammungskosten, was mit ganzjährigen Liegeplatzverträgen etwas kompensiert werden könnte. Strom und eine Wasserzapfstelle sind stets vorhanden. Dieses positive Beispiel gilt aber nicht für alle ostfriesischen Häfen. So müssen einige Steganlagen im Winter wegen drohender Sturmfluten zu bestimmten Terminen geräumt werden. Einige Vereine, die zwar hinter Schleusen gesichert gegen Sturmfluten liegen, sind trotzdem nur an der Ausübung des Wassersports interessiert. In Greetsiel würde man im Schutz der Seeschleuse ganz wunderbar liegen – der Ort gilt als einer der schönsten in Ostfriesland – aber eben nicht im Winter und grundsätzlich nicht zum Wohnen.

Den Rundum-Sorglos-Service bietet dagegen die City-Marina von Cuxhaven. Hafenmeister Thomas Schmidt und Jonas Busch von der Boots- und Schiffswerft Cuxhaven haben im Winter 75 freie Liegeplätze, bieten Wasser und Strom, halten einen Kran bereit, kümmern sich um Briefkästen und stellen Meldebescheinigungen aus: Die Hafenadresse steht dann im Personalausweis. Man strebt eine aufgelockerte Platznutzung an, die auch für Hausbootfahrer offensteht. Einen auch im Winter belebten Hafen finden beide wunderbar und planen für fahrfähige Hausboote sogar feste Abwasseranschlüsse.

Durch den Nordostseekanal wechsele ich immer wieder gerne zum „Mare Balticum“. Der Hafen von Laboe ist wegen des weithin sichtbaren Marineehrenmals gut bekannt. Seine 380 Liegeplätze sind im

Sommer komplett ausgebucht. Um einen Gastliegeplatz zu bekommen, habe ich stets darauf geachtet, möglichst bis zum frühen Nachmittag einzulaufen. Der Hafenmeister berichtet mir, dass im Winter lediglich 30 Plätze belegt sind, obwohl man die Sanitäranlage geöffnet hält. Wäre die Nachfrage höher, würde man sogar über frostsichere Frischwasserleitungen nachdenken. Das Wohnen an Bord wird auch gestattet, nur Meldebescheinigungen werden nicht ausgestellt.

Viele Boote im Sommer, nur wenige Winterlieger, durchgehendes Aufenthaltsrecht an Bord wird gestattet – aber es herrscht Zurückhaltung beim Ausstellen einer Meldebescheinigung? In diesem Sinne antwortet auch Torsten Gäde von der Marina Baltica GmbH. Sanitäranlagen und frostsichere Wasserentnahmestelle sind in Travemünde vorhanden. Wie in vielen Ostseehäfen wünscht man sich mehr Winterlieger zur besseren Auslastung der Anlage, aber der Vordruck der Meldebescheinigung der Stadt Lübeck bezieht sich auf die „Überlassung von Wohnraum" – inklusive einer Strafandrohung von bis zu 50.000 Euro bei fehlerhaften Angaben, zahlbar durch den Aussteller. Warum also sollte sich ein Hafenbetreiber freiwillig auf das dünne Eis des Wohnrechts begeben, wenn damit erhebliche Risiken verbunden sein könnten?

Lübecker Bucht: Die Ancora-Marina in Neustadt in Holstein ist mit 1400 Liegeplätzen eine der größten Marinas in Deutschland. Viele Jahre war sie mein Heimathafen. Bis auf eine Woche im Jahr ist die Rezeption geöffnet, um den bestmöglichen Service zu koordinieren. Liegeplätze werden ganzjährig angeboten, selbstverständlich auch Strom und Wasserentnahmestellen. „Nach einer Meldebescheinigung hat bisher niemand gefragt", sagt Ralf Schmid, der Leiter des Kundenservicecenters. „Wir nehmen Briefe und Pakete für Eigner an, wenn sie die Hafenadresse angeben. Das ist schon für Ersatzteillieferungen erforderlich. Insofern braucht man bei uns nicht Nachbarn um die Postannahme zu bitten. An der Rezeption herrscht mittlerweile eine familiäre Atmosphäre."

In der Marina im Stadthafen Rostock überwintern rund 15 Boote im Wasser. Weil die Marina keine Stellplätze an Land anbietet, ist man zur kalten Jahreszeit an weiteren Kunden interessiert. Und natürlich bleibt auch an der Warnow der Strom eingeschaltet. Die Plätze sind besonders für Stadtbummler attraktiv, denn bis in die historische östliche Altstadt läuft man nur wenige Minuten. Reiner Treulieb bewirtschaftet die Marina. Er bietet außerdem Yachtausrüstung und einen Wartungsservice für Rettungsinseln an. Wer hier dauerhaft liegt und keinen Wagen mehr hat, muss seine Rettungsinsel nicht weit tragen.

Im Sommer 2016 segelte ich von Maasholm aus der Schlei und warf einen Blick auf das gewaltige Areal der neuen Marina „Port Olpenitz", das die Bundesmarine vor einigen Jahren aufgegeben hat. Geschäftsführer Heino Dabelstein berichtet, dass man ab März 2017 offiziell in Betrieb geht. Bis zu 40 Ganzjahresplätze werden angeboten – verbunden mit der durchgehenden Öffnung der Sanitäranlagen und ab Oktober auch mit einem Kran für Notfälle. Damit steht dem Wohnen an der Ostseeküste nichts entgegen. Auch Hausboote würden Liegeplätze erhalten. Heino Dabelstein sagt: „Wenn keine rechtlichen Argumente gegen die Meldebescheinigung eines Dauerliegers im Hafen sprechen, würden wir sie auch ausstellen. Das muss jedoch geprüft werden."

Meine Erfahrung nach mehreren Jahren an Bord zeigt: Wenn man einen Liegeplatz pachtet und im Vertrag das Übernachten an Bord nicht untersagt ist, steht dem Wohnen auch nichts im Wege. Vorausgesetzt, es ist ein Wasserliegeplatz, denn das Übernachten in Booten an Land ist auf vielen Plätzen aus versicherungsrechtlichen Gründen nicht gestattet. Wie jeder anständige Mieter sollte man von vornherein mit offenen Karten spielen. Das gebietet die Fairness, nicht nur als Gastlieger in einem Verein. Ob das Boot „amtlich eingetragen" wird, ist zunächst zweitrangig. Manche Bootsbesitzer, die an Bord leben, belassen es einfach bei der „Wohnung im Jugendzimmer der Eltern", doch wir müssen uns darüber klar sein, dass der Gesetzgeber keine Mauschelei mag und man durchaus auch ohne Meldebescheinigung das Bordleben genießen kann. „Ohne festen Wohnsitz in Deutschland" steht deswegen in einigen Personalausweisen.

Wer sich damit gar nicht anfreunden kann, muss sich näher mit der Novellierung der Normen auseinandersetzen und versuchen, den Liegeplatzvermieter für sein Anliegen zu gewinnen. Denn: Bisher wurden „Wohnschiffe" von den Normen der Bundesländer nicht erwähnt, weshalb eine Yacht als Wohnung selten akzeptiert wurde. Trotzdem tolerierten in Küstenländern einige Verwaltungen eine Hafenadresse. Dafür spricht der Schutz der Freiheitsrechte nach dem Grundgesetz, denn Artikel 2 (Allgemeines Persönlichkeitsrecht) und Artikel 13 (Unverletzlichkeit der Wohnung) stellen es im Prinzip frei, den Wohnsitz auf einem Boot zu wählen – und zwar im gesamten Bundesgebiet, ebenfalls abzuleiten aus dem Freizügigkeitsrecht nach Artikel 11.

Nach § 20 des neuen Bundesmeldegesetzes ist eine Wohnung „… jeder umschlossene Raum, der zum Wohnen oder Schlafen benutzt wird“. Durch Kojen eines Kajütboots ist dieser Punkt einwandfrei zu belegen. Wohnwagen und Wohnschiffe sind allerdings nur dann als Wohnungen anzusehen, wenn sie nicht oder nur gelegentlich fortbewegt werden. Behörden könnten es so auslegen, dass eine Segel- oder Motoryacht im Gegensatz zu einem Hausboot zum Fahren gebaut ist, worauf Bootsbewohner vorbringen, nur „gelegentlich eine Runde zu drehen“, um an den gepachteten Liegeplatz zurückzukehren.

Trotzdem ist in jedem Fall bei der Liegeplatzsuche das „Hausrecht“ von Vereinen und Marinas zu berücksichtigen: Wegen des höheren Verbrauchs von Trinkwasser und Toilettenrollen läuft man mancherorts Gefahr, auf Vorurteile zu treffen, ein „nassauernder Wassernomade“ zu sein. Man sollte darum nicht mit der Tür ins Haus fallen und zunächst das Vertrauen des Vertragspartners gewinnen.

Doch das hilft nicht überall weiter: In einigen Häfen haben Eignergemeinschaften per Satzung das Wohnen an Bord und die Untervermietung von Liegeplätzen ausgeschlossen. In Frankfurt am Main wurden zudem an verbliebenen Kajen die Poller zum Festmachen entfernt, sodass ohne Vereinsmitgliedschaft kaum noch ein Wasserdomizil zu finden ist, auch wenn das neue Meldegesetz den Weg ebnen sollte. Sinngemäß müssen sich Personen „in Zelten, Wohnmobilen oder Wasserfahrzeugen“ erst dann anmelden, wenn sie auf einem gewerbsmäßig überlassenen Platz länger als drei Monate übernachten und nicht woanders gemeldet sind – also über keinen anderen Wohnsitz verfügen. Vom Abschluss eines längerfristigen Liegeplatzvertrags könnte demnach die Meldung an Bord eines „Wasserfahrzeugs“ abgeleitet werden. Aber wer will schon auf Kollisionskurs mit den Interessen einer Marina gehen?

Trotz der Reform kann es weitere Einschränkungen geben – besonders auf Binnenseen mit Naturschutzverordnungen. Es hilft auch kein Einspruch, wenn wegen Treibeis- oder Hochwassergefahr eine Steganlage abzubauen ist. Grundsätzlich gilt: Liegt der Hafen innerhalb eines Wohngebiets und hat der Vermieter keine Einwände, ist das Erfassen der Meldeadresse für die Behörden unkompliziert. Der Liegeplatzvermieter muss sich überlegen, ob er das „Wohnen“ gestattet – dann hat er den Sachverhalt schriftlich innerhalb von zwei Wochen zu bestätigen. Geduld, Überzeugungskunst und die Kenntnis der Sachlage sind vonnöten, wenn man den Eintrag im Personalausweis anstrebt. Wer nur trotzig mit den Füßen aufstampft und die Bescheinigung des Betreibers einfordert, könnte sich selbst vor das Hafentor befördern, wenn die Vereinsstatuten dagegensprechen – oder wegen des angezettelten Präzedenzfalls gegen das Übernachten an Bord geändert werden. Erst wenn die Adresse im Ausweis steht, kann auch ein Briefkasten an die Reling oder an das Hafentor geschraubt werden. Und erst dann kann auch ein Postfach angemietet werden.

Meine nächste Anfrage bei der Recherche zu diesem Kapitel führt „tief in den Westen" zum Yachthafen Marina Rünthe, gelegen an einem Stichkanal in Bergkamen im Fahrrevier Münsterland. Inhaber Thorsten Nustede bietet 300 Liegeplätze an, hat nichts gegen einen „Briefkasten am Boot" und lässt seine Sanitäranlagen auch im Winter in Betrieb: „Wir haben sogar eisfreies Wasser, weil ein Kohlekraftwerk den Kanal aufheizt", lacht er. Hier liegen auch Segler mit gelegtem Mast, die nur im Urlaub zur Nord- und Ostsee ziehen. Wohnen an Bord fördert er explizit, und das aus gutem Grund. „Belebte Boote sind gut für die Region und die Sicherheit der Eigner. Alle passen aufeinander auf. Klar gibt es schon mal einen mittellosen Lebenskünstler, dessen Kahn kurz vorm Kentern steht, aber das ist so selten, dass es keine ernsthaften Probleme gibt."

Wohnungsnot und hohe Mieten sind allgegenwärtige Themen. Trotzdem geht es mir nicht um finanzielle Vorteile, denn Anschaffung und Unterhalt einer wohngerechten Yacht sind kein Pappenstiel. Mehrfach hatte ich Fernsehteams an Bord, die neben dem vielen Menschen vielleicht als sonderbar anmutenden Lebensstil vor allem eines zeigen wollten: Einen glücklichen Menschen an Bord seines Bootes und ein Boot unter Segeln. Aus solchen Berichten entsteht Werbung für die Bootsbranche, aber auch für die Hafenbetreiber, die freie Liegeplätze anbieten. Diese Themen passen in diverse Rubriken von Printmedien, Hörfunk und TV. Ich vermute, dass viele Berichte über Weltumsegelungen nicht mehr die motivierende Sogwirkung entfalten, den vermeintlich teuren Wassersport zu fördern. Es müssen andere Lösungen gefunden werden, um den Segelsport oder die Lebensform auch für junge Leute attraktiv zu gestalten. Die Ostseehäfen mögen im Sommer voll sein, aber beim hohen Durchschnittsalter vieler Wassersportler ist die Frage erlaubt, ob das auch so bleibt. Und ob das auch weiterhin für Segelboote gilt, die Segelmachern und Takelmeistern zu Lohn und Brot verhelfen. Oft stellt man fest, dass der Trend zu trailerbaren Motorbooten zunimmt und in Messehallen weniger Segelboote ausgestellt werden, obwohl sie wie kaum ein anderes Fahrzeug positive Emotionen vermitteln.

Auf Bootsmessen habe ich im Rahmen von Vorträgen über das „Leben an Bord“ berichtet und die Vorteile von bewohnten Booten für die Kommunen aufgezeigt. Bei diesen Vorträgen waren vor allem junge Leute anwesend, die neugierig und mitteilsam waren. Hafenbetreiber könnten angesichts des zunehmenden Altersdurchschnitts ihrer Kunden auch um junge „Wohnbootfahrer“ werben, denn in den Foren posten sie ihren „Lifestyle“, was Wirkung für die ganze Branche entfaltet. Dazu muss im Winter nur der Strom eingeschaltet und eine Sanitäranlage geöffnet bleiben. Im Zweifel zahlt man halt einen höheren Beitrag. Und das bewirkt wiederum möglichst viele fahrende Boote, denen Touristen so gerne zusehen. Ein toter Hafen zieht keine Menschen an. Nach einem umfangreichen Bericht im Bremer Weser Kurier über meinen Winterliegeplatz erreichte mich eine Woche später eine Pressemitteilung, wonach weitere Winterliegeplätze in Bremen angeboten wurden. Allerdings müssen Segler vor der Bremer Eisenbahnbrücke den Mast legen. Sie lautete:

„Überwintern in der Bremer City: Die Marina Bremen vom Landesverband Motorbootsport Bremen e.V. bietet neuerdings auch Winterliegeplätze an. Die verbandseigene Marina mitten in der Bremer Innenstadt steht für Gastlieger in der Zeit von April bis Oktober zur Verfügung. In direkter Nähe finden sich alle Sehenswürdigkeiten, die historische Innenstadt mit Einkaufspassagen und Kaufhäusern sowie die Biergärten und Restaurants der Weserpromenade mit der ‚Schlachte‘.“

„Uns haben vermehrt Anfragen für Winterliegeplätze erreicht“, so Michael Brassat, Vorsitzender des Landesverbands. „Warum sollen wir die Anlage dann nicht auch im Winterbetrieb anbieten und damit unseren Service für Sportbootfahrer erweitern? Die notwendigen Genehmigungen durch das Hafenamt und Bremenports waren schnell und unkompliziert umgesetzt“, so Brassat weiter. Eine Einschränkung gibt es jedoch am Weserstrom: „Bei Sturm- und Eisgang kann das Hafenamt die Räumung der Anlage von Sportbooten veranlassen, um die durchgehende Schifffahrt nicht zu gefährden. Der Bootseigner muss daher in der Lage sein, sein Sportboot innerhalb von 24 Stunden in einen Ausweichhafen zu verlegen. Die Marina ist mit einem Zahlenschloss gesichert, sodass für Gastlieger ein dauerhafter Zugang möglich ist. Zudem wird die Anlage mit Kameras überwacht."

Auch das Wohnen an Bord in den Wintermonaten sei denkbar. Hierzu will sich der Verband die notwendige Beheizung von Wasserleitungen anschauen. „Das ist in Planung, allerdings müssen hier Kosten und Nutzen noch in Abwägung gebracht werden." Die Kosten für Dauerliegeplätze im Winter orientieren sich an den ortsüblichen Preisen je nach Bootslänge.

An meinem derzeitigen Winterliegeplatz im Bremer Hohentorshafen, der mit stehendem Mast erreichbar ist, sind alle Plätze ganzjährig belegt und ich kann mich glücklich schätzen, mittlerweile „zur Familie" zu gehören. Einige Boote liegen sogar im Päckchen. Auch die Reparaturaufträge reichen für Björn Richter, der im Hohentorshafen die Bootswerft Maleika bewirtschaftet.

Seine gewaltige Querslippanlage trägt immer ein Boot oder Schiff. Die Durchmischung des Hafens von völlig unterschiedlichen Seglern und Motorbootfahrern trägt zu ihrem wirtschaftlichen Erfolg bei. Genauso wie die einzigartige Lage mit einer industrieromantischen Kulisse und der nahen Bremer Altstadt. Immer wieder treffe ich auf staunende Menschen auf dem hohen Ufer, wenn sie im Winter verwundert auf die belebten Boote schauen. Krachend bricht das Eis am Ufer, wenn die Tide nach dem Hochwasser wieder um vier Meter fällt, während wir gemütlich unseren Tee an Bord trinken …

Viele Menschen träumen davon, auf einem eigenen Schiff zu leben und haben doch so viele Ängste, die man mit ein paar Gesprächen aus der Welt schaffen könnte. Und so liegt die größte Hürde zum Bordleben wohl in der Bereitschaft zum Reduzieren der eigenen Bedürfnisse. Leben an Bord – wenn es dauerhaft ist – heißt: sich konsequent von überflüssigem Ballast zu trennen. Zu viel Besitz belastet nur, was angesichts eines tiefer sinkenden Wasserpasses durchaus wörtlich zu nehmen ist. Man verzichtet aber im Grunde auf nichts, weil man vieles, was an Land gefällt, an Bord schlicht nicht mehr benötigt.

Ein Boot spricht viele Sinne an. Wie oft sitzt man einfach nur da, schaut auf ein Detail, mit dem sich schöne Erinnerungen verbinden. Jetzt sind es gerade die Griffe einer Schublade, die wir auf einem Inselflohmarkt fanden. Man schaut aus dem Fenster, auf das Wasser, auf die Entenbande, auf das Nachbarboot. Und dann, ganz bestimmt, folgt wieder eine Idee, was an Bord verbessert werden kann. Seit einem Jahr suche ich nach dem passenden Bilderrahmen für ein Aquarell, der eine ganz bestimmte Größe haben muss, weil an dem Schott, an dem es aufgehängt werden soll, nicht mehr Platz ist. Ein Zettel im Portemonnaie erinnert mich daran. Es ist eine Freude, auf Flohmärkten und in kleinen Läden danach zu suchen. Irgendwann werde ich genau den richtigen Rahmen finden, an dem der Blick in der Kajüte immer wieder hängen bleibt. Dann werde ich mich an den Tag erinnern, an dem ich ihn gefunden habe. An den Menschen, der ihn mir verkauft hat. Und wie der Törn zu diesem Hafen war.

Jedenfalls darf ich seit meinem 46. Lebensjahr ganzjährig jeden Tag an Bord sein, wenn mir danach ist. Auch wenn es auf dem Foto den Anschein haben mag, dass es an Bord eisig sein muss: Der Anblick täuscht. Im Inneren meines Bootes ist es kuschlig warm und nicht klamm. Dafür waren einige Vorbereitungen erforderlich, worüber ich im Abschnitt „Technik“ berichten werde.

Die Suche nach einem Heimathafen.

Theodor Storm schrieb 1849 für seinen Sohn das Märchen *Der kleine Häwelmann*. Der ungeduldige Junge rollt in seinem Bettchen durch die Stadt und den Wald – und danach dem Mond über die Nase – angetrieben von seinem Nachthemd, das er als Segel in den Wind hält. Dies war eine Lieblingsgeschichte meiner Kindheit. Ich lese sie heute noch gerne; sie hält die kindliche Fantasie wach.

Im übertragenen Sinn bin ich ein „Häwelmann" geblieben. Aus der Kuschelkoje blicke ich immer wieder auf andere Kulissen; manchmal ist es der dunkle Wald am Heimatliegeplatz in Hooksiel, wo nachts Glühwürmchen schweben, so wie der Leuchtkäfer aus dem Märchen. Dann ist es wieder eine Stadt an einer Kaje mit all ihren Geräuschen, ihren Leuten und ihren Leckerbissen, die man in kleinen Geschäften findet. Diese Läden entdeckt man oft erst zu Fuß. Und so erwandern wir jede Stadt und jedes Dorf. Als Autofahrer würden wir vielleicht zu schnell daran vorbeirauschen.

Überall entdecken wir reizvolle Liegeplätze, aber nicht überall kann man komfortabel, legal und sicher an Bord leben. Es ist leider nicht möglich, in einem Buch eine halbwegs vollständige Liste zu erstellen, auf die man sich berufen kann, wenn man das Leben an Bord plant. Zu facettenreich und wechselhaft sind die Rahmenbedingungen. Deutschlandweit verbindliche Richtlinien wird man vergeblich suchen. Ein Verein, an dessen Steganlage heute das Bordleben toleriert wird, kann sich beim nächsten Vorstandswechsel dagegen entscheiden.

Der Hauptgrund für die Zurückhaltung in Deutschland liegt jedoch an den winterlichen Temperaturen. Im Mittelmeer gibt es manchmal 50 „Wohnboote" in einem Hafen, in Deutschland sind es vielleicht nur fünf, aber 20 weitere „Wasserbetten" werden ganzjährig an Wochenenden bewohnt. Auf anderen Booten leben unter der Woche findige Berufspendler, die ihr Bordleben mit der Nähe zum Arbeitsplatz verknüpft haben. Das ist auch nicht schlecht, falls in der dunklen Jahreszeit die Pendelei durch Eis und Schnee zu mühsam wird. Vom gesparten Sprit unterhält man das Boot.

Nachdem ich fast alle Yachthäfen in Norddeutschland kennengelernt habe, bin ich immer wieder über die Möglichkeiten erstaunt, die sich mit etwas Kreativität und Geduld doch finden lassen. Wer an Bord leben möchte, der kommt nicht umhin, potenzielle Liegeplätze abzufahren und sich vor Ort nach den Rahmenbedingungen zu erkundigen. Bei gegenseitiger Sympathie und mit einem Fürsprecher öffnet sich so manches Tor. Einige Tipps helfen bei der Suche:

Binnenseen.

Auf dem Steinhuder Meer sind nur kleine Boote bis 7,60 Meter erlaubt. Das typische Trailerboot müsste im Winter verlegt werden. Zudem werden fast alle Stege im Herbst abgebaut, dann gilt auch ein Befahrensverbot. Gleiches gilt auf dem Dümmer, dem zweiten großen niedersächsischen See. Und auch auf Talsperren kann man nicht „wohnen“: Sie dienen stets als Trinkwasserreservoir, „Häusleboote“ gehören da nicht hin.

Umweltschutzauflagen sind ein wichtiger Punkt, denn ohne dass ein Boot die jeweiligen regionalen Verordnungen erfüllt, gibt es auch keinen Dauerliegeplatz. Daher sollte man die lokalen Gegebenheiten prüfen und die technische Vorführung vornehmen lassen. Die einheimischen Segler kennen sich aus und wissen, was möglich ist.

Auf dem oberbayrischen Staffelsee sind nur Jollen zu Hause, motorlos. Auch diese Idylle ist zum Wohnen tabu. Am Starnberger See gibt es überwiegend Plätze an Bojen und in Segelclubs. Schon dieser Umstand macht ihn zum Leben an Bord ungeeignet. Zwar sind dort größere Boote erlaubt, aber das „Wohnen an Bord“ dürfte schwierig sein.

Wird der Hafenmeister ein Auge zudrücken oder meldet er es dem Vorstand, wenn man zu oft in der Koje schlummert? Das muss man stets vor Ort abklären; die Vorgaben können von Verein zu Verein unterschiedlich sein. Es gibt Clubs, die unter dem positiven Aspekt eines bewohnten Areals durchaus nicht abgeneigt sind, wohnwillige Segler aufzunehmen. Manchen Vereinen gehen die Mitglieder aus, weil ihre Regattaregeln über lange Jahre nur bestimmte Boote zugelassen haben. Wenn nun ein sportlich orientierter Neuzugang an Bord übernachtet, wird das vielleicht eher toleriert. Oder Sie bieten als Neuankömmling technische Fähigkeiten, die willkommen sind? Eine Hand wäscht die andere.

Kanäle.

Wenn Schiffsverkehr herrscht, kann der Schwell von Binnenschiffen nicht nur nerven, sondern überaus unangenehm sein. Ich kenne einen Hafen in einer norddeutschen Stadt, der zwar eine wirklich gute Anlage hat, aber die kreuzenden Wellen, die von den Spundwänden reflektiert werden, lassen Boote so sehr tanzen, dass das Geschirr beim Essen festgehalten werden muss. Derartige Lebensbedingungen sollte man genau prüfen, bevor man sich für einen neuen Heimathafen entscheidet. Selbst in diesem unruhigen Hafen, in dem man am Wochenende erst zur Nachtzeit die wummernden Bässe einer nahen Diskothek bemerkt, sind alle Stege belegt. Zwei Eigner leben an Bord und fühlen sich trotzdem wohl. Restaurants an der Bummelmeile bieten Mittagstisch, da bleibt die Kombüse schon mal kalt, oder es wird im Cockpit in schönster Wasserlage gespeist.

In Bremen ziehe ich den Hohentorshafen vor, weil kein Schwell darin herrscht. Wir liegen wie auf einem Ententeich, und so war es auch in Oldenburg. In Minden liegt das Wasserstraßenkreuz von Weser und Mittellandkanal. Winterlieger werden vor den driftenden Eisschollen der Binnenschiffe geschützt, indem man die schmale Hafeneinfahrt mit eingesteckten Holzbohlen verbarrikadiert. Dann kann bis zum Tauwetter keiner raus, aber das ist nur in den Frostphasen der Fall.

Hochwasser und Treibgut können die Fahrzeiten behindern – auch im Sommer –, wie die Überschwemmungskatastrophen an der Elbe gezeigt haben. Boote sind in den Häfen in der Regel nicht gefährdet. Trotzdem ist es sinnvoll, darauf zu achten, dass ein Schwimmsteg vorhanden ist, der auch beim höchsten je gemessenen Wasserstand den Zutritt erlaubt. In Bremen gibt es rund 4 Meter Tidenhub. Bei Sturmflut auf der Nordsee, wenn das Wasser deutlich höher aufläuft, ist der feste Steg zur Stegrampe überflutet und steht dann schon mal einen Meter unter Wasser. Das ist allerdings nicht schlimm, weil spätestens zur halben Tide der Durchgang wieder frei ist. Nur ein einziges Mal kam ich zwei Stunden zu spät zur Arbeit, weil ich beim Aufwachen sah, dass die Passage gerade nicht möglich war. Mit Freunden gingen wir im Winter zum Essen – die Rampe war bei unserer Rückkehr bei Niedrigwasser so steil und vereist, dass keiner die Rutschpartie hinunter zum Steg riskieren wollte. Wir mussten daher warten, bis die Flut wieder das gefahrlose Betreten der Rampe erlaubte.

Sehr schön sind auch die Häfen in Harburg hinter der Schleuse am Überwinterungshafen. Mit dem Fahrrad erreicht man den Bahnhof in wenigen Minuten und ist in kurzer Zeit in der City von Hamburg. Auch das kann eine Alternative zum Wohnen am Tor zur Welt sein, anstatt sich 50 Kilometer von der Stadt zu entfernen, um eine günstige Wohnung zu finden. Direkt unterhalb der Elbphilharmonie könnte man im City Sporthafen von Hamburg ganz hervorragend liegen, wenn die Ausflugsschiffer beim Vorbeifahren die Drehzahl reduzieren würden. Vom frühen Morgen bis Mitternacht herrscht hier eine elendige Dümpelei, weswegen ich nach zwei Wochen froh war, mit FUCHUR wieder elbabwärts zu segeln.

In der Nähe von Nienburg entdeckten wir in einem ehemaligen Kiessee, der vom Flussbett über einen Durchstich erreichbar ist, einen wirklich günstigen Winterhafen. Wir hätten dort auch beinahe einen Liegeplatz gebucht, nur war ich zu faul zum Mastlegen. Ab Bremen muss der Mast runter, unter niedrigen Brücken passt selbst ein kleines Trailersegelboot nicht hindurch. Zudem hatte ich Befürchtungen, dass bei einem längeren Winterhochwasser die Zubringerstraße überflutet werden könnte und man nur nach einem Kilometer Fußmarsch in

Anglerhosen wieder zu seinem Auto käme. Die Anwohner von Flüssen wissen, ob gelegentlich „Land unter“ herrschen kann. Man sollte sie fragen, denn von ihnen erhält man die ehrlichsten Antworten. Nicht dass man vom Törn zurückkehrt und der Wagen steht auf dem Parkplatz unter Wasser.

Nordseeküste.

Alle Inselhäfen sind durch Sturmfluten gefährdet. Stehen mancherorts nur die Kajen unter Wasser, ist es bei Hallig-Seglern sogar die ganze Insel bis an die Warften. Wenn bei ihnen der Blanke Hans über den Sommerdeich läuft, liegen ihre Boote bei Hochwasser unerreichbar an den festen Stegen. Auf Amrum gefiel mir der Hafen sehr, doch bei Ostwind ist der Anleger ungeschützt, jedenfalls bei Flut. Das ist nicht schlimm, aber unangenehm. Dann empfiehlt sich der Besuch der „Blauen Maus“, einer hervorragenden Whisky-Kneipe. Doch bei jedem Hochwasser in die Kneipe zu gehen ist vielleicht auch nicht jedermanns Sache.

Gleiches gilt für Horumersiel an der Jade. Die Barre vor dem Hafen hält Ostwindwellen fern, aber wieder nicht in der Phase um vier Stunden zur Hochwasserzeit. Diese Dümpelei kann einem lang erscheinen, wenn das Boot an den kurzen Stegleinen ruckt. Glücklicherweise herrscht in Horumersiel meist Westwind. In vielen Inselhäfen von Nord- und Ostfriesland werden Fingerstege im Oktober abgebaut. Es bleiben noch die kurzen Vorstege oder die schweren Betonstege liegen. Damit ist es selbst im Winter möglich, die Inseln anzusteuern. Trinkwasser ist dann allerdings nicht überall erhältlich. Auch hier sollte man fragen, ob im Winter außerhalb der Saison auch die Gangway zum Steg dranbleibt. So hatte ich wegen der günstigen Zugverbindung nach Norddeich-Mole euphorisch mit dem dortigen Yachtclub geliebäugelt, sah aber die Steganlage frei und ohne Landverbindung im Hafen liegen.

Das Leben an Bord funktioniert also nicht zu jeder Jahreszeit an jedem Ort gleich gut. Meine Favoriten sind daher stets die Sielhäfen hinter den Schleusen. Die Wangerland-Marina von Hooksiel oder die Werft Hooksiel sind gut geeignet. Steganlagen liegen geschützt gegen Tide und Sturmfluten. Da macht es nichts, wenn die Betriebszeiten im Winter eingeschränkt oder nur gegen Gebühr möglich sind. Die Schiffssicherheit geht vor. Und auch der Wagen kann bei Sturmfluten sicher geparkt werden.

Ostseeküste.

Mein Boot würde ich in den meisten Ostseehäfen lassen, die gegen den Seegang bis zum Grund mit soliden Spundwänden abgeschirmt sind. Manche Spundwände sind Blender und lassen die Wellen unten passieren. Man sollte ein Auge darauf haben, wenn auflandiger Wind herrscht. Schließlich möchten wir an Bord leben und nicht auf einem ständig dümpelnden Boot die Familie an Land setzen, weil sie den Eiertanz nicht verträgt. In Travemünde sind die Plätze in der malerischen Kulisse des Passathafens wirklich schön, die Trave mit der Pötenitzer Wiek oder die Neustädter Bucht bieten eine wunderbare Kombination. Die großen Fähren verursachen kaum Schwell, doch es fahren dort sehr viele Boote. Im Winter können die großen Fähren jedoch gehörigen Eisdruck verursachen. Man muss prüfen, ob der Liegeplatz durch eine Spundwand geschützt wird. Auch die Wassertiefen müssen beachtet werden. In Starkwindphasen können Pegelstände an der Ostsee bis zu 2 Meter wechseln. Wer im Regelfall am Steganfang nur einen halben Meter Wasser unter dem Kiel hat, liegt mit einem Monokieler schnell auf der Seite und dürfte zumindest Probleme mit der Takellage des Nachbarbootes bekommen. Das ist ein Grund, weswegen ich manche Inselhäfen in der dänischen Südsee nicht anlaufe, wenn ich darin nicht mindestens 50 Zentimeter unter den Kimmkielen habe oder am nächsten Tag eine ungünstige Winddrehung erwartet wird.

Eine weitere Option können Muringbojen sein, die jedoch nur in bestens geschützten Buchten, auf Seen oder Flüssen zu empfehlen sind. Das Muringfeld am Lenster Strand bei Grömitz wird im Winter nicht betrieben und auf Flüssen sind Muringbojen bei Eisgang untauglich. Bei auflandigem Wind würde man auf Legerwall im Seegang zudem fürchterlich dümpeln. Wenn man die Genehmigung zum Auslegen einer Boje in einer geschützten Bucht bekommen sollte und das Boot mit einer langen Kette samt Leine daran legt, kann man das Boot vielleicht zum Einstieg zu einem kurzen Hilfssteg ans Ufer ziehen, sonst muss das Beiboot genommen werden. Nicht anders liegen Langfahrtsegler in Ankerbuchten. Das Boot müsste dann eine eigene Stromversorgung mit Windgenerator und Solarpanelen besitzen, damit man mit Energie versorgt ist. Deren Ausbeute könnte zeitweise mager sein. Gegen Kälte und Feuchtigkeit wird dann ein separater Öl- oder Kohleofen erforderlich. Der sieht zwar heimelig aus, kostet aber Platz, zieht viel Schlepperei von Brennstoff nach sich und ist bei Berufstätigkeit gar nicht durchgehend zu überwachen: Solange das Eis nicht trägt, kommt man nicht mehr zum Boot – auch nicht mit dem Beiboot. Und versicherungsrechtlich würde man im Schadensfall bei längerer Abwesenheit seinen Kaskoschutz gefährden. Deswegen rate ich besonders im Winter vom Bordleben an einer Boje ab.

Das Boot und die Steuer.

Wer einen festen Wohnsitz angemeldet hat, aber sein Boot dauerhaft auf einem Liegeplatz außerhalb des Heimatlandkreises bewohnt, dem kann es passieren, dass er mit Forderungen nach einer Zweitwohnungssteuer konfrontiert wird.

Die Höhe der Zweitwohnungssteuer kann zwischen 5 Prozent und bis zu 23 Prozent der Nettokaltmiete betragen. Durchschnittlich werden 10 Prozent fällig. Welche Städte und Gemeinden die Steuer erheben, findet sich unter *http://zweitwohnungsteuer.de.*

Allerdings gibt es diverse Steuerbefreiungen, etwa für Auszubildende, was von der jeweiligen Satzung der Stadt abhängt. Wer beispielsweise in Bremen als Eigentümer, Mieter oder unentgeltlicher Nutzer eine Zweitwohnung bewohnt, hat grundsätzlich eine Zweitwohnungsteuer zu entrichten, wenn er einen Erstwohnsitz außerhalb von Bremen hat.

Auf der Webseite der Stadt Bremen wir das folgendermaßen beschrieben: „Eine Zweitwohnung ist eine Gesamtheit von Räumen, die zum Wohnen und Schlafen bestimmt sind und zu der eine Küche oder Kochnische und eine Toilette gehören. Ein möbliertes Einzelzimmer zählt deshalb nicht als Wohnung, wenn nur eine Gemeinschaftstoilette und eine Küche außerhalb des angemieteten Wohnbereichs vorhanden sind.“

Sonderfall 1: Die nicht nutzbare Bordtoilette.

Wenn eine eigene Toilette vorhanden sein muss, dürfte die Zweitwohnungssteuer nach meiner persönlichen Einschätzung für ein Sportboot in Bremen nicht erhoben werden, weil keine Fäkalien während der Liegezeit im Hafen in das Gewässer eingeleitet werden dürfen, das als Bundesschifffahrtsstraße gilt. Absauganlagen an der Nordsee beziehungsweise der Weser sind fast nirgendwo vorhanden und wären bei Eisgang gar nicht erreichbar. Deswegen müssen alle Sportbootfahrer die Hafentoiletten benutzen, die außerhalb ihrer Yachten liegen. Eine Ausrüstungspflicht von Fäkalientanks besteht an der Nordsee oder auf Bundeswasserstraßen bisher nicht. Wer dagegen eine Chemie- oder Trockentoilette an Bord hat, kann sich nicht darauf berufen – hier würde nach meiner spitzfindigen Auslegung der Rechtslage nur ein See-WC tatsächlich vor der Zweitwohnungssteuerpflicht schützen, weil es nicht benutzt werden darf.

Wenn sich das Boot in Fahrt befindet, darf die Toilette zwar benutzt werden, aber dann ist das Boot unterwegs und kann eben keine Wohnung mehr im Sinne des Meldegesetzes sein.

Sonderfall 2:
Die Zweitwohnung wegen der Nähe zum Arbeitsplatz.

Ausgenommen von der Steuerpflicht sind außerdem nicht dauernd getrennt lebende Verheiratete und eingetragene Lebenspartnerschaften, von denen einer aus beruflichen Gründen eine Zweitwohnung neben der außerhalb der Stadtgemeinde gelegenen gemeinsamen Hauptwohnung unterhält. Das hat das Bundesverfassungsgericht in seinem Urteil vom 11.10.2005 (veröffentlicht am 10.11.2005) entschieden. Ledige Personen oder nichteheliche Lebensgemeinschaften sind folglich nicht von diesem Urteil betroffen: sie können die Steuerbefreiung nicht geltend machen – und sollten keinesfalls ein Chemie-WC an Bord haben.

Ein Fallbeispiel.

Statt Studenten-WG mit 18 Kapitän auf dem eigenen Boot.

Anhand des folgenden Praxisbeispiels möchte ich schildern, wie die Kostenbilanz in Relation zum Abenteuerwert schon für junge Leute günstig ausfallen kann.

Leonard Maleika war mit seinem Segelboot RONIN unterwegs. Er erreichte Portugal, war in Marokko, fuhr durch die Straße von Gibraltar zu den Balearen und überwinterte für 220 Euro monatliche Liegeplatzmiete im sonnigen Süden, um im nächsten Sommer wieder heim zu segeln und in Deutschland zu studieren. Leo wusste noch nicht, was und wo er studieren würde – aber ihm war klar, wie er leben wollte: an Bord seiner RONIN. Der Name seines Bootes ist zugleich das Motto seiner Reise – ein „Ronin" ist ein herrenloser Samurai, ein Sinnsucher, der sich entscheiden muss: „Was willst du werden?"

Der Anfang: Mit 18 hat Leo gerade sein Abitur in der Tasche und zieht fünf Tage später in die Kajüte seiner 9 Meter langen Yacht – einer Emka 29 HT, Baujahr 1979. In Bremen ist er ohne Ziel gestartet, um irgendwo hängenzubleiben. „London wäre auch schön", sagt Leo. Angesteuert hatte er die Studentenstadt Groningen, einige Kanalinseln und Brest, um dann die ruppige Biskaya in vier Tagen zu überqueren. Er sagt über sich: „Schiffbau zu studieren war eine Idee, aber ich bin eher sprachlich begabt. Es könnte etwas ganz anderes werden." Im August 2016 ist er wohlbehalten nach Bremen zurückgekehrt. Er hat einen Studienplatz in Bremen gefunden, studiert Anglistik und Germanistik – und er lebt weiter an Bord. Im Winterhafen sind wir Nachbarn.

Eine Yacht zum Geburtstag – wie soll das gehen? Elke und Roland Maleika haben ihren Junior unterstützt. Das machen andere Eltern auch, beispielsweise durch das Mieten einer Wohnung und die Finanzierung von Verpflegung, Telefon und Strom. Schon eine kleine Wohnung in einer Großstadt wird rund 5000 Euro im Jahr kosten – oft in zweifelhafter Wohnlage. Bei zehn Semestern Studienzeit kostet das rund 25.000 Euro. Weil aber der junge Skipper an Bord leben möchte, sind stattdessen Hafenkosten von rund 1.500 Euro im Jahr fällig. Die fünfjährige Bilanz sieht dennoch überraschend positiv aus: 7.500 Euro Liegegebühr statt 25.000 Wohnungsmiete. Die gebrauchte Emka – für 12.000 Euro gekauft – befand sich im guten Zustand. Außer einer Rettungsinsel und einer Bordheizung waren keine größeren Investitionen erforderlich. So wird das Studium von Leonard nicht nur günstiger sein als der Wohnungsbedarf eines an Land lebenden Studenten, sondern er besitzt bereits eine kleine Segelyacht, mit der er später sogar als Familienvater unterwegs sein könnte.

Gerade während der Ausbildung und in den ersten Berufsjahren gibt es Gründe, die gegen eine Mietwohnung sprechen können: befristete Arbeitszeitverträge, Neuorientierung, Spaß am Erleben von Städten. Oder schlicht die Tatsache, dass in Deutschlands Ballungszentren rund 800.000 Wohnungen fehlen und Yachthäfen ansprechender sind als so manche Wohnblocktristesse. Wer einmal der Faszination von Meer und Wasserstraßen erlegen ist, mag seine Solvenz weder in einer Schlange von Immobilienbewerbern anpreisen noch auf Campingplätze ausweichen.

Leo Maleika erzählt, wie seine Liebe zu Booten entstand: „Mit meinen Eltern war ich in den Ferien immer auf dem Boot. Früher hatten sie ein Segelboot, später eine Motoryacht. Für wenig Geld kaufte ich später eine kleine Leisure 17, wie andere Jungs mit 15 eben einen Motorroller vom Konfirmationsgeld kaufen. Damit segelte ich nach Dänemark."

Schaut man sich das 7.300 Kilometer lange Wasserstraßennetz an, bestehen für Studenten auch in anderen Häfen gute Aussichten, zum Studienbeginn einen Liegeplatz zu finden, von dem aus eine Uni erreichbar ist. Und wenn sie einen Semesterjob suchen, gibt es Angebote in der Gastronomie – dann schippern sie einfach mit ihrem Zuhause hin. Ein Sommer auf Norderney kann auch reizvoll sein.

Auf dem Törn hat Leonard erfahren, was es bedeutet, den Kurs seines Schiffes und den Hafen, in den er segeln wollte, stets selbst zu bestimmen. 14 Monate dauerte sein Sabbatical, bevor der „Ernst des Lebens“ begann.

Das Boot und die Art der Reise waren eine Lehre zum Erwachsenwerden, die alles umfasst und gleichzeitig ein ungeheurer Motivationsschub ist. Der Abiturient musste technische Probleme bewältigen – er lernte Sprachen, Nautik und Geografie. Verantwortung für sich selbst und andere zu übernehmen – und darum geht es letztlich, wenn man die ersten Schritte im Erwachsenenleben unternimmt.

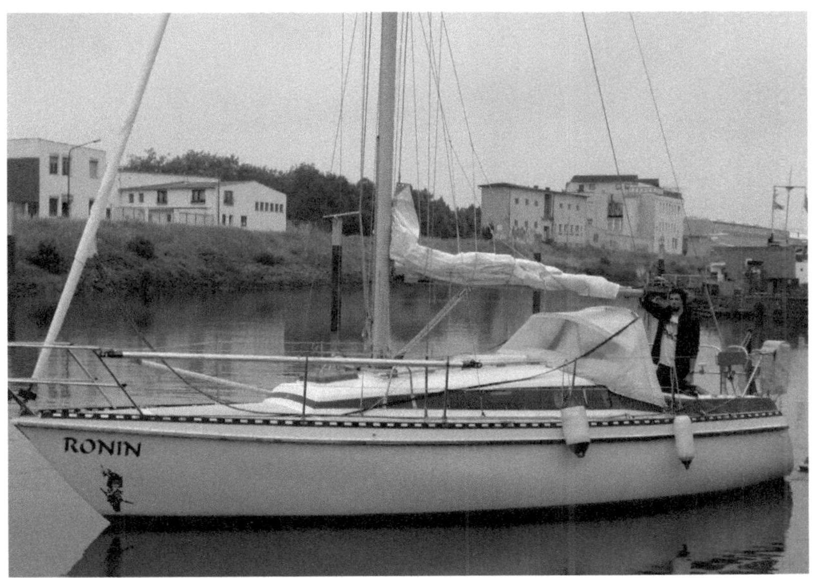

Leo Maleika an Bord von RONIN. Er reiste damit bis nach Portugal.

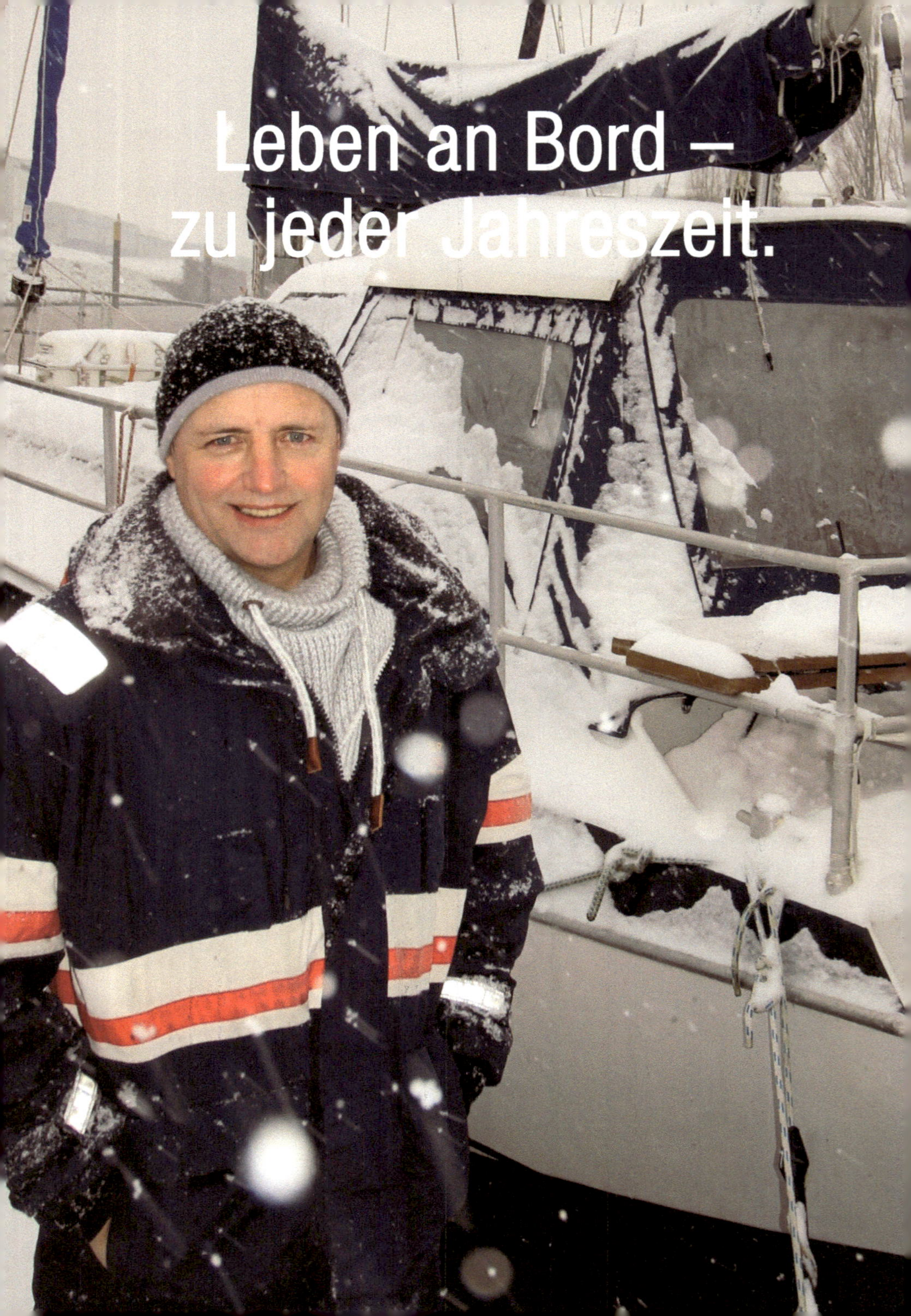
Leben an Bord –
zu jeder Jahreszeit.

Die vier Jahreszeiten und wie man sie an Bord erlebt.

Frühling.

Der Wecker klingelt um 05:10 Uhr. Morgennebel liegt über dem Wasser des Hooksmeeres. FUCHUR dümpelt am Ende des Steges. Durch das Steuerbordfenster der Vorschiffskoje ist schon ein kleiner Schimmer zu sehen. Bald wird die Sonne im Osten aufgehen. Ein Austernfischer trällert laut und setzt fort, was der Wecker nicht geschafft hat – ich bin wach, blicke aus der Koje über das Wasser und weiß genau, dass ich jetzt nicht aufstehen will. Die Sträucher und Bäume haben die ersten grünen Triebe gebildet, aber der Wald ist noch nicht ganz aus dem Winterschlaf erwacht.

Küstenwälder hinken Binnenwäldern im Frühjahr hinterher. Es ist eben noch kalt draußen auf dem Meer. Nachts hörte ich im Halbschlaf die Nebelhörner von der Jade – die Nordsee erwärmt sich erst zum Mai. Bis dahin ist es auf See bei den ersten Törns zu den ostfriesischen Inseln noch empfindlich kalt. Aber die Frühlingsfrische hat endlich wieder einen Duft – und der weht durch den Spalt der Luke über der Koje herein. Jetzt, in der ersten Aprilwoche, bin ich noch allein am Steg – der Krantermin für die Vereinsmitglieder folgt erst später. Zwar habe ich eine Menge Entendreck vom Steg gefegt, doch so ganz habe ich den Lebensraum der watschelnden Gesellen im Winter nicht erobert; da fehlt das Hauptheer der anderen Segler. Nur wenig wärmer als das Wasser sind die Bodenbretter im Boot, als ich die nackten Füße darauf setze und mich aus der Koje schwinge. Nachts ist meine Heizung aus.

Ich hätte die Winterteppiche länger liegen lassen sollen. Was ich jetzt brauche ist eine Dusche, ein 4-Minuten-Frühstücksei und eine Tasse Kaffee.

Der erste Griff gilt dem Gasherd. Auf meiner alten PALOMA drückte ich den Hebel herunter, der die Butangaskartusche heranzieht. Rund 70 Kartuschen benötigte ich im Jahr, also nur 70 Euro „Gaskocherkosten", weil ich stets einen großen Karton mit 56 Kartuschen bestellte. Eigentlich sind diese portablen Kocher nur für den Campingbedarf gedacht, bei Leckagen auch nicht ungefährlich. Daher: Als sicherheitsbewusster Autor rate ich jedem ausdrücklich davon ab, nutze sie jedoch immer noch selbst zum Betrieb des Bordgrills, eben weil ich den Hebel nach dem Gebrauch wieder in die Ausgangsstellung zurückführe und die Dose keinen Druck mehr im Kocher aufbaut. Diese kleinen Einheiten enthalten 227 Gramm und liefern gut 1,5 Stunden lang 2.000 Watt. Man kann sie auch als „Wattwurstgrill" mit einem Aufsatz betreiben.

Unter dem portablen Kocher war damals ein echter Yachtherd mit Backofen auf Petroleumbasis fest installiert, der aber nur die Hälfte der Hitze des Campingkochers lieferte. Eine Ceranfeldplatte mit darunterliegendem Brenner heizte mit müden 800 Watt, ihr Pendant hatte 1000 Watt. Mein Zug fährt um 06:20 Uhr und den möchte ich gerne mit einer Tasse Kaffee im Bauch erreichen – daher der kolossal heiße Kraftzwerg als Provisorium über der Profikiste: Der Campingkocher hält zwar selten länger als ein Jahr, kostet aber auch nur 30 Euro und benötigt weder Leitungen noch Fernschalter. Auf meiner alten PALOMA gab es damals keine Möglichkeit, die Flasche in separater Kiste mit Gasablauf nach außen im Heck zu installieren – denn dort lag die Achterkajüte. Mit nur einer Flamme in der Pantry habe ich drei Jahre lang gut gelebt und sogar für bis zu fünf Gäste dreigängige Menüs gezaubert. Früher gab es einen Spirituskocher, aber davon wurde ich seekrank. Ich reagiere empfindlich auf Gerüche und die Flamme ist auch nicht so heiß. Seegang kann ja manchmal schon am Steg herrschen, wenn es kräftig aus der falschen Richtung in den Hafen pustet, da möchte man schnell mit dem Kochen fertig sein. Erst im Jahr 2016 haben wir auf FUCHUR einen kardanischen Gasherd eingebaut und die Gasflaschen auf der Badeplattform festgelascht. So sparen wir den Gaskasten, den ich in der Backskiste ohnehin als Risiko empfunden hätte, weil der Trockenauspuff hindurchführt. Eine 5-Kilo-Propangasflasche für knapp 10 Euro reicht etwa zwei Monate. Zudem ist Propangas in Gegensatz zu Butangas auch bei Minusgraden fließfähig.

Ganz wichtig: Der Truma-Fernschalter erspart das ständige Zudrehen der Gasflasche. Die Abnahme war problemlos, weil die Leitung vorschriftsmäßig verlegt wurde und auch die Schottdurchführungen sauber eingeschraubt wurden. Vorgeschrieben ist auch die Länge des Gasschlauchs vom letzten Stück der Leitung zum kardanisch schwingenden Herd.

Was aber koche ich an Bord für meine Gäste? Beim Familienessen gibt es keinerlei Unterschiede, aber in der relativ kleinen Kombüse verlegen wir trotz der Oberluke geruchsintensives Kochen ins Cockpit: Grünkohl oder Fisch wird draußen auf dem Campingkocher zubereitet. Auch dazu dient die Bank im Heckkorb. Für große Runden kombiniere ich Pellkartoffeln mit allerlei Dips, dazu geschmorte Zwiebeln, Schinken und Sahneheringe. Praktisch ist auch eine rechteckige Riesenpfanne zum Braten von Gyros mit Beilagen von Salaten, Zaziki und aufgebackenem Fladenbrot. Das Brot kommt eben zuletzt auf den Toastaufsatz, wenn das Essen schon fertig auf dem Tisch steht. Neuerdings ist der Backofen ganz wunderbar und ich frage mich, wie wir so lange ohne Hawaii-Toasts auskamen. Wenn ich allein eine längere Seestrecke vor mir habe, wird eine ganze Serie davon gebacken – kalt mag ich sie lieber. Ein Sortiment von Saucen zum Salat mit ausgewählten Crema-Variationen darf auch nicht fehlen: Zitrone-Lavendel, Feige-Dattel, Mandarine-Mandel. Das Trio ist immer an Bord, wie auch ein Minzstrauch und ein paar andere Kräuter.

Das Bordleben verläuft ähnlich wie an Land, wird aber anders zelebriert. Man schaut dabei auf das Wasser. Auf das Watt. Auf das Hafenleben ringsum. Was duftet denn da so lecker aus Nachbars Kajüte? Seefahrer kommen sich nah, besonders im Päckchen. Zucchini sind auf jedem Einkaufszettel vorgedruckt, ebenso Datteln, die man in Schinkenscheiben rollt und nur kurz anbrät. Die Devise: Lecker und schnell, besonders im Seegang. Allerdings muss es in Erwartung von langen Starkwindpassagen histaminarm sein, um Seekrankheit vorzubeugen.

Ein langes Kapitel darüber ist in meinem Buch „Wie wir im Norden segeln“ enthalten. Olivenöl ist auch im Schapp, nur nicht zwischen Dezember und Februar, weil es da manchmal im Schrank an der Bordwand so kalt wird, dass das Öl weiß gerinnt und nicht mehr aus der Flasche läuft. Aber jetzt, für das schnelle Frühstück, kommt nur eines von zehn pappigen Brötchen aus der Vorratstüte auf den Rost über der Gasflamme und wird aufgebacken. Eine Scheibe Brot tut es auch, selbst wenn sie schon älter ist. Unsere Brötchen bewahren wir stets in einer Plastiktüte auf, damit sie leicht feucht bleiben, denn dann werden sie über der Gasflamme wieder kross und sind innen frisch. Man kann sie auf diese Weise bis zu einer Woche aufheben.

Aber ich schweife vom Thema ab. Während Kaffeewasser und Ei kochen, bin ich im Bad schon fast fertig. Ein Wasserkessel ist an Bord unverzichtbar, besonders wenn man keine Wanne hat und auf dem Seitendeck duscht. Es ist ja Frühling, wir sind allein am Steg. Der Morgentau liegt auf dem Boot. Beobachter gibt es keine. Alles draußen ist nass. Wer in Mittel- oder Nordeuropa an Bord leben möchte, benötigt unbedingt eine große Kuchenbude, um das Cockpit als Lebensraum zu nutzen. Dann können dort die Handtücher trocknen, die Klamotten nach einer Party auslüften oder man kann einfach nur unter der Decke draußen liegen und die Aussicht genießen. Jetzt aber, um 05:50 Uhr, öffne ich den Reißverschluss der Persenning, steige über die Badeplattform auf den Steg und freue mich über diesen grandiosen Sonnenaufgang über dem Wasser. Übrigens legen wir immer mit dem Heck an, um nicht ständig über den Bugkorb klettern zu müssen.

Am Abend hat ein weiteres Boot angelegt und der Übergang der Farben zu seinem roten Rumpf ist einfach unglaublich. Farben: Mir entgehen nicht die Krokusse auf dem Rasen des Vereinsheims. Nach den grauen Wintertagen kehren sie zurück – endlich. So grün wie die Polster unserer Kajüte ist auch mein „Bootsauto", das auf dem Parkplatz wartet und mich zum friesischen Bahnhof bringt. Die Farbe hat mich angesprochen, eben weil mich dieser Wagen an die Kajüte erinnert. Frühlingsfarben an Bord, Frühlingsfarben am Wagen, Frühling in Gedanken, verbunden mit Plänen, weil der ganze Segelsommer vor einem liegt.

Als ich am Abend heimkehre, ist es noch hell. Ich hole die Nordic-Walking-Stöcke heraus und drehe eine Runde um den See. An der Bootswerft Hooksiel herrscht emsiges Treiben: Winterplanen werden abgenommen, Rümpfe lackiert, Wagenladungen mit Ausrüstung über Leitern an Deck gewuchtet. All das muss ich nicht erledigen, denn ich wohne ja immer an Bord. Ein neuer Unterwasseranstrich ist nur alle zwei Jahre fällig und wird irgendwann im Sommer an zwei Werfttagen erledigt. Es hat Vorteile, wenn man ganzjährig Saison hat. Die kostbaren

Segeltage der übrigen Segler sind abgezählt, sie haben es daher immer eilig. Ich kann meine Arbeiten am Schiff erledigen, wann ich Lust dazu habe und muss mich nicht im Frühling mit anderen Clubmitgliedern wegen des Krantermins arrangieren. Mein Rigg steht seit Jahren mit unveränderter Einstellung, während sogar das Großsegel unter einer doppelten Persenning noch immer ohne Stockflecke angeschlagen bleibt.

Und so zum Abend, nach ein paar Telefonaten, geht der Griff zur Fernbedienung. Die Tagesschau ist Pflicht, gerne auch „Hallo Niedersachsen“, aber danach überwiegen Bücher oder Musik. Also, alles ganz normal, beinahe wie in einem Haus. Nur muss ich keinen Goldfischteich auskrauten und keinen Pool putzen, sondern habe den Seeblick inklusive.

Sommer.

Der Wecker klingelt um 05:10 Uhr. Die Austernfischer haben ihre Balz beendet – still ruht der See. Ich setze Kaffeewasser zum Aufbrühen im Filter auf, der einfach auf der Tasse steht – von wegen „Maschine“. Das „Badethermometer“ des Echolots zeigt 20 Grad Wassertemperatur. Ich überwinde mich zur Schwimmrunde durch den See. Nach der warmen Koje folgt das beherzte Eintauchen. Die letzten Dunstschwaden liegen über dem Wasser, Samen von Pusteblumen treiben herum und die Entenbande, die stets unter dem Heck von FUCHUR „schläft“, verzieht sich hinter das nächste Boot. Es ist unglaublich, wie wach und frisch man nach ein paar Sekunden ist und wie man sich gleichzeitig mit den Elementen verbunden fühlt – früh am Morgen um 05:30 Uhr zwischen den Booten im Wasser.

Ab jetzt läuft der Kühlschrank ein paar Monate durch. Im Eisfach liegen Eiswürfel, um abends einen Cocktail als Sundowner zu mixen. Nicht an jedem Abend, aber ab und zu ein Caipirinha oder Mojito sind lecker. Deswegen warten auch die Minzblätter an ihrem Strauch, der neben den Gewürzen im Regal über der Pantry gepflegt wird. Den Mix aus Rum, Zucker und Limetten gibt es nie vor 20 Uhr. Noch ein paar Tage, dann starten wir zum Urlaubstörn. Wohin – das wissen wir erst am Tag des Auslaufens. Wir machen keine aufwendige Urlaubsplanung, wie an den Wochenenden auch.

Der Unterschied zwischen Boots- und Landbewohnern offenbart sich gerade jetzt an den endlos hellen Tagen: Wer kein Boot besitzt und kurz entschlossen eine Insel besuchen möchte, muss sich über Fährzeiten, Unterkunftsmöglichkeiten und Verpflegung informieren. Das geht nicht spontan, jedenfalls nicht mal so eben an einem Freitagnachmittag um 15 Uhr. Bis man die Telefonate für die Buchung erledigt hat, ist es mit dem Elan vielleicht schon vorbei. Wer ein Wochenende auf den Inseln verbringt, der muss 300 Euro für Fähre, Bett und Essen ansetzen. Wohnmobilfahrer sind auch nicht besser dran, denn sie kommen nicht auf autofreie Inseln, wo die richtig schönen Strände sind.

Mit einem eigenen Boot ist das anders. Unser Kühlschrank ist immer für mindestens drei Tage gefüllt; das Getränkereservoir unter der Salonkoje ist ebenfalls sehr gut ausgestattet. Ob das Fahrtenboot 11.000 oder 11.200 Kilogramm wiegt, spielt keine Rolle.

Wir segeln keine Regatten. Um 15:40 Uhr werfen wir die Leinen los, weil wir uns ein paar Minuten zuvor dazu entschieden haben und die Tide für den Inseltörn passt, sonst wäre ein Ankerplatz oder eine Stadtfahrt nach Wilhelmshaven als Alternative für den Abend auch nicht schlecht. Wir können auch spätere Schleusen bis 20 Uhr nehmen. Helgoland, heute noch? Och nö, ein Badeplatz ist besser. So tuckern wir zur Schleuse, die uns um 16:05 Uhr ausspuckt. Der Schleusenwärter will kein Geld, denn FUCHUR steht auf seiner Liste – wir zahlten für die Saison inklusive Schleusenpauschale rund 1200 Euro für den 12-Meter-Gastliegeplatz. Seit unserem Vereinseintritt haben sich diese Kosten nochmals reduziert. Wenn man die Inselbesuche und den Urlaub gegenrechnet, ist das eine überaus günstige Bilanz für die Lebensfreude an Bord. Nun haben wir aber noch eine Entscheidung zu treffen: Trockenfallen bei Minsener Oog, Wangerooge Ost – oder lieber die Häfen von Wangerooge oder Spiekeroog anlaufen?

Wir entscheiden uns für eine Kombination: Um 18 Uhr fällt der Anker vor Wangerooge an der Telegrafenbalje. Auf dem Vorschiff, mit Blick über das weite Wattenmeer, wird gegrillt. Und gegen 19 Uhr steigen wir ins knöcheltiefe Wasser hinab, das noch weiter fällt. Wir legen uns in den immer noch warmen Sand am Strand und genießen den Abendfrieden an einer der einsamsten Küsten Deutschlands. Als die Sterne aufziehen, sitzen wir im Cockpit und hören dem Atmen des Watts zu, dem Vogelgezwitscher und -geschnatter. Bei Ebbe ist Fressenszeit für die Vögel. Am nächsten Tag segeln wir mit auflaufendem Wasser in den Hafen von Wangerooge. Am Längssteg machen wir fest, treffen Freunde – irgendwie sind Wattenfahrer eine große Familie. Vorbei an der Inselbahn mit den Fährtouristen schlendern wir zum Hafenmeister. Man kennt sich: „Na min Jung, biste wieder da?“ Das macht 21,50 Euro die Nacht, komplett für Boot und Familie. Mit der Inselbahn fahren wir ins Dorf, tauchen ein ins bunte Leben, stöbern in der Buchhandlung nach einem neuen Schmöker, um dann durch die Einsamkeit des Inselwestens Richtung Hafen zurückzukehren. Im Westen, da muss man im Sommer gegen 22 Uhr auf dem hohen Ufer sitzen, denn da stehen die Engel und schauen aufs Meer in den Sonnenuntergang, rüber zur Nachbarinsel Spiekeroog. Wir haben uns den Montag freigenommen und kommen am Sonntag auch noch auf der nächsten Insel vorbei; kaum zwei Stunden dauert der Törn nach Spiekeroog. Was für eine unglaublich schöne Insel! Mehr über das Nordseesegeln gibt es in meinem Buch *Wie wir im Norden segeln*.

Herbst.

Mein Wecker klingelt um 05:10 Uhr. Es dämmert, aber es ist dunkel. Stegbeleuchtung statt Sonnenschimmer. Wir haben die Biberbettwäsche aufgezogen. Gestern habe ich die Badesaison endgültig beendet. 14 Grad Wassertemperatur laden doch nicht mehr zum Schwimmen ein.

Am Hooksmeer gibt es kleine Buchten mit Sandstränden. Der Waldgürtel ist ein paar Kilometer lang, aber nur 250 Meter breit; dann tritt man heraus, steigt über den Deich und hat den weiten Blick über die Jade. Doch schon Anfang September sind nicht nur die ersten Blätter, sondern auch die ersten Masten gefallen. Wie eilig es manche haben, ihre Boote einzuwintern! Dabei sind gerade jetzt die Wetterfarben so unglaublich intensiv, morgens wie abends. Da möchten wir bei jedem Törn den Sommer festhalten, das leichte Leben, das Liegen im Cockpit und die Sonne auf der Haut.

Jetzt kommen die Übergangsjacken wieder aus der Achterkajüte, wo sie am Fußende in einem Spalt zwischen Matratze und Verkleidung lagern. Das Leben findet nicht mehr nur an Deck statt, sondern wieder mehr in der Kajüte. Ringsum gibt es Messinglampen, endlich auch mit warmweißen LED-Einsätzen, die nur 0,8 Watt verbrauchen. Die Schiffsuhr tickt. Am Kartentisch hängt der Messingspiegel mit zwei Kerzen.

Von den Vorbesitzern geblieben ist ein Bild, das ihre Tochter für sie gemalt hat. Würde ich es abnehmen, dann wäre dahinter das Holz hell. Der indische Elefant auf dem Bild gehört zu FUCHUR, die früher ARCHRIS hieß.

Herbstzeit ist Kerzenzeit. Die beiden alten Windlichter der PALOMA aus meinem früheren Leben weichen nun einem schweren Grünglashalter, in den meine Frau und ich uns verliebt haben. An Bord gilt: Wenn etwas kommt, muss etwas gehen. Möbelprospekte haben keine Macht über uns. Werbung perlt an uns ab wie Herbsttau auf der Sprayhoodscheibe. Gefährlich für das Girokonto sind nur noch Ausrüsterprospekte von Boots- und Motorradzubehör. Und Regale von Buchhandlungen. Ich denke manchmal darüber nach, was wir wirklich brauchen. Das ist vergleichsweise wenig. Zeit am Ruder, Zeit auf dem Sattel der Maschine. Doch weil es jetzt schon früher dunkel wird und ich die Gemütlichkeit des warmen Lichts nicht mehr durch das seelenlose Oberlicht verändern wollte, kam jüngst ein Notebook mit roter Tastaturbeleuchtung an Bord. Ich kann jetzt sogar im Dunkeln tippen. Über den Sommer haben es doch ein paar Dinge an Bord geschafft, an denen der Blick hängen bleibt. Da ist das Aquarell der Malerin Diana Marschall. Als sie früh ihren Mann verlor, behielt sie ihr gemeinsames Boot und segelte allein mit ihren kleinen Töchtern nach London. Und gegenüber, das Bild mit dem Fisch, der über einem grünen Sofa schwimmt, das irgendwie unter Wasser geraten ist. Es erinnert mich daran, dass ich trotz Leselaune die Bordtechnik im Auge behalten muss. Unsere grüne Salonkoje soll trocken bleiben.

Manchmal werde ich gefragt, ob meine Beschreibungen des „Lebens an Bord“ nicht zu viele technische Details enthalten. Nein, weil Boot und Mensch eine Einheit bilden. Zumindest ist dann das ideale Verhältnis erreicht, denn beide können nicht ohne einander existieren. Auch das macht der Herbst unmissverständlich mit seinen fallenden Temperaturen klar. Wie gerne würde ich mich nur den Panoramen des Bordlebens zuwenden, aber man kann sie nicht genießen, wenn die Grundlagen nicht hinterfragt werden – besonders jetzt im Herbst, wenn urplötzlich der Seenebel aufzieht und die Wassertemperatur immer mehr Anpassung im Bordleben fordert. Wird es draußen lebensfeindlicher, müssen wir uns auf den Winter vorbereiten, das hat bereits die Fabel *Die Grille und die Ameise* treffend beschrieben: „Wer jetzt kein Häuschen hat, wird sich keins mehr bauen“ – ein Boot auch nicht.

Und so kommt es vor, dass eben kein Spaziergang am Nachmittag drin ist, auch wenn die Luft warm und trocken dazu einlädt. Stattdessen krabbeln wir auf allen Vieren an Deck herum. Hat sich irgendwo die Fuge eines Treadmaster-Belags gelöst? Sie muss nachgeklebt werden, bevor das Wasser den Belag unterwandert. Bei unserer Aluminiumkiste wäre das nicht tragisch, aber bei Stahl, GFK oder gar Holz unbedingt zu verhindern. Oder sollten nicht generell Holzteile vor dem Winter geschliffen und lackiert werden? Alles, was an Deck ist, wird jetzt in Ordnung gebracht, denn wenn erst die Herbststürme heranfegen und der Dauerregen die Luftfeuchtigkeit über 90 Prozent hebt, wollen wir uns unter Deck zum Friesentee verziehen und keine Arbeiten unmittelbar vor dem Winter erledigen müssen. Dann genießen wir, wie der Kandis in der Tasse knackt, wie die Sahnewölkchen aufsteigen und wie mit einem Druck aufs Knöpfchen die Bordheizung bullernd anspringt. Im Maschinenraum ist ja alles klar.

Für mich stellt sich um diese Jahreszeit die Frage, wann der beste Zeitpunkt zum Verlegen in den Winterhafen ist. In Hooksiel könnte ich bleiben, weil es auch hier Liegeplätze mit Strom und geöffnete Sanitäranlagen gibt. Doch im Winter gibt es für einen Autor viel zu tippen, Bilder müssen verarbeitet werden, Vorträge stehen an. Und zu meiner Arbeitsstelle ist es von Bremen oder Oldenburg aus auch nicht ganz so weit. Selbst Harburg an der Elbe wäre eine bessere Option als mein aktueller Standort. Geografisch bedingt hält der Herbst also immer einen Abschlusstörn für mich bereit, den ich gerne bis in den November verschiebe, wenn FUCHUR das letzte Boot auf Wanderschaft ist. In Hooksiel bleiben ein paar Skipper zurück, die unverdrossen auch im Winter zu den Inseln segeln. Sie haben das Glück, direkt an der Küste zu wohnen und zu arbeiten. Diese Überführungstörns im November und Ende Februar zurück haben ihren besonderen Reiz. Da ist er wieder, der heiße Tee aus der Thermoskanne im Cockpit, während man am Steuerrad steht.

Vor dem Ablegen müssen früh die Persenningseiten aufgerollt werden, damit die beschlagenen Scheiben frei werden, sonst sitzt man im kalten Fahrtwind auf der Ducht und friert sich die Nase ab. Ich zwinge mich regelrecht dazu, aus der Kuschelkajüte zu klettern und die klammen Leinen zu bedienen. Aber wenn die Segel erst stehen und sich das Boot auf die Seite legt, wenn die Bugwelle rauscht und das goldene Herbstlicht im Tagesverlauf doch den grauen Frühdunst besiegt, dann ist das ein unbeschreibliches Glücksgefühl.

Nach der offenen Nordsee wird die Weser immer schmaler, manche Stege sind schon abgebaut und auch wir schlagen das gute Klüversegel ab und ziehen eine zweite Persenning über das Großsegel. Innen wird wieder häufiger die Werkzeugkiste ausgepackt. Nach dem Segelsommer habe ich immer eine lange Liste an Dingen, die noch verbessert werden könnten. Die hässliche Peitschenlampe aus schwarzem Plastik störte die klassische Messinglinie der Navigationsecke. Weg damit. Die neue Lampe leuchtet jetzt sogar unter die Empore, wo das Werkzeug lagert. Und ich habe eine Lösung gefunden, wie ich günstig doppelte Scheiben gegen Kondenswasser anfertige.

Der Winter …

… ist ein besonderes Kapitel. Das Bordleben im Sommer ist einfach. Aber wenn das Thermometer unter null Grad fällt, ändert sich alles, eben weil das Wasser innen und außen seinen Aggregatzustand ändert. Dann ist es mit einer heißen Wärmflasche allein nicht getan, wenn man an Bord leben möchte. Daher beschäftigt sich das Kapitel „Im Winter an Bord“ intensiv mit den technischen Voraussetzungen, die gegeben sein sollten, um diese Jahreszeit gemütlich zu überstehen.

Mein Schiff im Eis.

Rückblick, Dezember 2011. Draußen wirbeln Schneeflocken durch die Luft. Minus 10 Grad. Statt Tannenbaum eine Weihnachtsglocke mit Teelicht an der Decke. In der Kajüte der 11 Meter langen Stahlsegelyacht herrscht wohlige Wärme. 18 Grad reichen aus, damit ich mich wohlfühle. Mein neuer Heizlüfter Ecomat 2000 schafft das mit nur 450 Watt. Er ist dabei flüsterleise.

Die Sicherheit, mitten im Eiswinter an Bord zu leben, gibt mir dieser unglaublich stabile Rumpf von PALOMA. Was die niederländi-

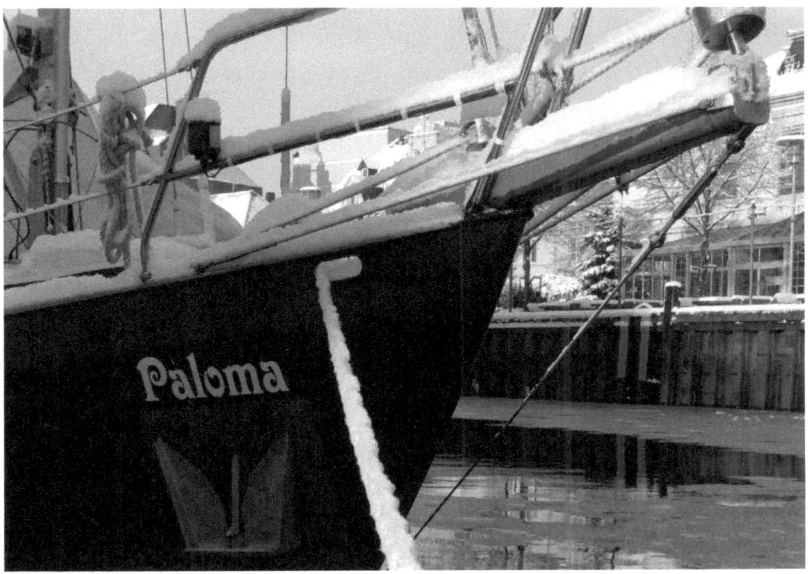

PALOMA im Winterhafen.

schen Schiffsbauer 1980 zusammengeschweißt haben, trotzt dem pressenden Eis. Mittlerweile habe ich festgestellt, dass auch diverse GFK-Boote völlig unbeschadet einfrieren. Besonders komfortabel wurde es seit 2014 mit der Aluyacht FUCHUR, doch zunächst bleibe ich bei den Anfängen.

Kerzenschein taucht die Kajüte in weiches Licht. Eine heiße Wärmflasche liegt an den Füßen. Sie wäre nicht nötig, aber vermittelt ein Stück Geborgenheit. Kindheitsassoziationen an großmütterliche Fürsorge. Der Teekessel beginnt zu pfeifen. Ich stelle den Kocher aus, bevor heißer Wasserdampf unnötige Feuchtigkeit ins Schiff bringt.

Auch beim Überwintern an Bord im Eis des zugefrorenen Hafens von Oldenburg vermisse ich mein Haus nicht. Gibt es einen Platz auf der Welt, an dem ich lieber wäre? Die Antwort lautet: Nein. Auch nicht zu dieser Jahreszeit. Dieses Gefühl von Freiheit und naturnahem Leben möchte ich nicht missen.

Im Februar treffe ich im Kurzurlaub auf Gran Canaria in Puerto de Mogan auf deutsche Aussteiger. Yachties wie ich. Sie frösteln beim Gedanken an mitteleuropäische Temperaturen zur dunklen Jahreszeit. Und natürlich würde das mit einer Mittelmeer-Yacht auch nicht funktionieren. Es waren Umrüstungen an Bord von PALOMA notwendig, um sie sicher im Eis allein lassen zu können und unter Deck eine Wohlfühlatmosphäre zu schaffen.

Finanzielle Not war nicht der Grund, warum ich 2010 mein Haus verkauft hatte und an Bord zog: Mich beherrschte allein der Gedanke, dass das Haus überflüssig ist, das Boot nicht. Nach 25 Jahren hatten wir unsere Ehe beendet und unsere Söhne waren erwachsen. Wozu sollte ich ein Haus behalten, wenn die Zukunft an jedem anderen Ort weitergehen konnte? Mein Leben fühlte sich an wie die Schlussszene von Tom Hanks in „Cast Away“. Ich stand auf der Kreuzung des Lebens, war gut versorgt, aber ohne Ziel, mit frei zu gestaltender Zukunft vor mir. Also besann ich mich auf meine Sehnsucht nach dem Wasser, die auch der Winter nicht beeinträchtigen konnte. Zwar fiel die Temperatur in der Kajüte wegen des undichten Niedergangs ohne Heizung innerhalb von Minuten. Aber Dichtungsband beseitigte das Problem. Es war ein Aufbruch in eine grundlegende Lebensveränderung. Und ich genoss jede Minute – auch wenn ich dafür neue Herausforderungen meistern musste.

Und so begann ein Abenteuer. Ich fühlte mich nicht nur wie Tom Hanks, ich hatte auch zu handeln wie ein Polarforscher in der Arktis. Der Wassertank und die Leitungen froren in diesem Winter ein. Ich fand eine Lösung: Mit Styroporplatten isolierte ich den Tank. Über die Wasserschläuche wurden Heizungsrohrisolatoren geschoben. Die Pumpen liegen jedoch oberhalb der Bodenbretter im Warmluftbereich.

Kaum war das Heizungsproblem gelöst, verwandelte sich mein Schiff bei Minusgraden in eine Tropfsteinhöhle. Zunächst dachte ich an eine Dieselheizung. Im Vergleich zur mindestens 6.000 Euro teuren Hausölheizung ist eine Bordanlage relativ kostengünstig. Aber würde sie zuverlässig, ohne abzuschalten, über Monate hinweg durchlaufen? Außerdem müsste ich auf der Yacht ständig Heizöl nachtanken. Darum kam für mich nur eine elektrische Anlage in Betracht. Dass diese Entscheidung goldrichtig war, erfuhr ich erst später bei einer Versicherungsrecherche.

Mein alter, billiger Keramiklüfter heizte zwar gut, aber er verbrauchte viel Strom. Außerdem schaltete er sich bei Erreichen der vorgegebenen Innenraumtemperatur ganz ab. Bei abgeschaltetem Ventilator ist es heiß unter der Decke und fußkalt am Boden. Meine Sorge galt in dem Zusammenhang besonders den Seeventilen. Sie frieren nicht durch das Wasser von außen ein, sondern durch Minustemperaturen der Luft im Schiff. Eis kann Kugelhähne von innen sprengen. Wenn es taut, erfreut man sich nicht lange am Springbrunnen unter den Bodenbrettern. Und bei Abwesenheit würde die geliebte Yacht zum U-Boot mutieren. Besonders wichtig war die ständige Luftzirkulation gegen Feuchtigkeit an Bord. Also musste es ein Heizlüfter sein, dessen Gebläse immer und möglichst leise läuft, aber dessen Temperatur selbstständig nachgeregelt wird. Dazu sind mehrere Wattstufen hilfreich, wenn kurzzeitig eine hohe Leistung benötigt wird. In den Baumärkten fand ich nichts Passendes. Doch dem Internet sei Dank, stieß ich auf ein Modell aus der Schweiz.

Eis ist ungefährlicher, als man denkt.

Nun lag ich am Schwimmsteg im Oldenburger Yachthafen mitten in der Stadt. Stilles, fast schwarzes Wasser der Hunte umgab mein Schiff. Es war ein guter Platz. Die Steganlage war gegen Zutritt von Unbefugten mit Stacheldraht gesichert und die Sanitäranlage war auch im Winter in Betrieb. Zwar reichen mir auch bei Minustemperaturen kurze Duschen mit dem Wasserkessel, aber Wasser muss in dem Hafen im Winter in Kanistern an Bord getragen werden. Der Duschraum lag 100 Meter entfernt, als die Stegleitung abgeschaltet wurde. Zumindest blieb ich dadurch fit und wusch meine Wäsche wie bisher von Hand … Der Winter konnte kommen.

Ende November war PALOMA eingefroren. Bis zu 10 Zentimeter starkes Eis umgab das Schiff. Weil keine Binnenschiffe in den inneren Hafen fahren, würden keine aufgeschobenen Eisschollen gegen den Rumpf drücken. Die 6 Millimeter dicken Rumpfbleche sollten dem Druck ohnehin standhalten. Aber bei Niedrigwasser ist es in Oldenburg mitunter nur noch 80 Zentimeter tief und die Yacht hat 1,20 Meter Tiefgang. Auf ihrem Langkiel und den zusätzlichen Kimmkielen stand sie sicher. Doch bei jedem Sinken des Wasserstands fiel die Yacht trocken. Das Eis löste sich krachend vom Rumpf. Ebenso knirschte es, wenn das Wasser wieder stieg. In der Koje, auf Ohrenhöhe mit dem Eis liegend, ist das ein archaisches Gefühl – irgendwie wie auf einer Arktisexpedition. Es fehlten nur noch die Eisbären.

Meine anfänglichen Sorgen über Lackschäden waren unbegründet. Alles blieb intakt. Die einzigen Schäden, die ich nach dem Winter verzeichnete, waren dreimal abgebrochene Sterne von meinem Wagen an Land, was an dem „Punkerwanderweg“ am Hafen gelegen haben mag. Einmal trafen ein paar Schneebälle von übermütigen Jugendlichen meine Plane. Ich verzichtete auf den Einsatz des Entersäbels. Nach kurzem Spurt überholte ich die konditionsschwache Bande und „nordete sie verbal ein“.

Gemütlich gingen die Wintertage dahin. Beste Lage, Stadtvillen ringsum. Zur Fußgängerzone, ins Kino oder zum Bahnhof waren es nur fünf Gehminuten. Gegenüber ein Restaurant an der erleuchteten Hafenpromenade. Nachts zu Fuß zum Tanzen in die Disco. Nach der Abgeschiedenheit des Sommerliegeplatzes von Hooksiel war das ein willkommener Kontrast. Am Steg war ich der einzige Bordbewohner. Die 11 Meter Lebensraum waren auch jetzt völlig ausreichend für mich. Eigentlich waren es nur noch 7 Meter, denn die separate Achterkajüte war im Winter nur als Abstellraum zu gebrauchen. Das 60 Quadratmeter große Wohnzimmer meines inzwischen verkauften Hauses hatte trotzdem niemals die wunderbare Atmosphäre entwickelt wie die 15 Quadratmeter große Kajüte von PALOMA.

Eines Tages hörte ich von der Geschichte eines Mannes, der hier ebenfalls im Winter auf seinem nur 7 Meter kleinen Motorboot lebte. Er war hierher gezogen, da er sich mit seiner Frau verkracht hatte. Nach drei Monaten bekam seine Frau Mitleid mit ihm und nahm ihn nach dem Streit wieder auf. Ein anderer Bekannter entschied sich nach der Trennung dafür, sein Haus zu behalten. Die Segelyacht verkaufte er notgedrungen. Manchmal sieht man ihn als Mitsegler irgendwo an Bord. So unterschiedlich können Lebensentwürfe sein.

Manchmal erntete ich mitleidsvolle Blicke, wenn ich Kollegen oder Freunden vom Leben im Eis berichtete. Viele hatten die Enge eines Wohnmobils vor Augen. Doch 11 x 3,3 Meter meines Schiffs sind größer als 6 x 2,5 Meter eines Wohnwagens. Hinzu kommen Wohlfühlfaktoren in den Häfen und Sicherheit auf dem Wasser, die im krassen Gegensatz zu den Zuständen auf öffentlichen Parkplätzen stehen. Ein weiterer Vorteil des winterlichen Bordlebens? Für einen eiskalten Cocktail braucht man das Glas nur eine Weile ins Cockpit zu stellen. In diesem Winter hatte ich viel Spaß. Und schon im Februar wurden die Tage wieder länger. Erstes Vogelgezwitscher weckte mich morgens.

Die Luft roch nach Frühling. Ich kam in Aufbruchstimmung, holte die Kuchenbude aus der Reinigung, entfernte die Winterplane. Vier Wochen später segelte ich „in die neue Saison“. Ein Zwischenstopp in Bremerhaven und weiter bei erfrischenden 5 Grad, aber strahlendem

Sonnenschein, zu meinem waldseeähnlichen Liegeplatz nach Hooksiel.

Gleich hinter der Schleuse fuhr ich für drei Tage in die Werft. Nach einem Jahr im Wasser wollte ich den Antifoulinganstrich erneuern. Weil im September beim letzten Trockenfallen schon reichlich viele Seepocken zu sehen waren, rechnete ich nun mit einem riffartigen Bewuchs. Doch mein Erstaunen war groß: Nach dem Kranen kam ein blitzeblankes Unterwasserschiff zum Vorschein. Nicht mal Kalkreste hatte es angesetzt! Das kalte Brackwasser der Hunte hatte über den Winter den Bewuchs wieder abgelöst. Seither krane ich das Boot nur noch alle zwei Jahre und erst ab Mitte Juni, weil danach die größte Phase der Seepockenbesiedlung vorbei ist.

Nach diesen positiven Erfahrungen freute ich mich schon auf den nächsten Winter. Und überhaupt: Ich darf jeden Tag dort sein, wo ich am liebsten bin. Vielleicht würde ich in der kalten Jahreszeit einfach mal ein paar Monate nach Hamburg oder nach Leer ziehen? Ich könnte mein Domizil auch über den Mittellandkanal nach Hannover verlegen. Hauptsache, es besteht eine Zugverbindung nach Bremen, wo ich arbeite.

Damit es warm bleibt: die Heizung.

Ich suchte eine kleine und kompakte Elektroheizung für mein Schiff. Herkömmliche Heizstrahler kamen nicht in Frage. Wie wollte ich das Problem lösen? Die folgenden Absätze geben Aufschluss über meine Wahl.

Warum ich primär auf eine Elektroheizung und nur sekundär auf Dieselbetrieb setze.

Gespannt bestellte ich daher einen Ecomat 2000 Classic: sehr klein, sehr leise. Schaltbar auf 450, 750 und 1500 Watt, kombiniert mit stufenloser Temperaturregelung. Er lief wartungsfrei nonstop von Oktober bis März. Auch im Jahr 2019 versieht er tadellos seinen Dienst, seit mittlerweile mehr als 20.000 Betriebsstunden. Gut 3.000 Heizstunden entstehen während eines Winters – ungefähr so lange halten die Lager von herkömmlichen Bootsheizungen auf Dieselbasis. Nur die neueren Modelle sind für rund 5.000 Stunden ausgelegt, dann ist der Ausbau mit kompletter Wartung fällig. Dazu verbrauchen sie mindestens 700 Liter Kraftstoff über den Winter und benötigen zusätzlich Batteriestrom über das Ladegerät. Wer aber dauernd auch bei Abwesenheit ein Batterieladegerät laufen lässt, riskiert eine Überladung oder gar eine Batterieexplosion und gefährdet folglich auch seinen Versicherungsschutz. Die bekannten Hersteller sagen klipp und klar, dass Standheizungen nicht für den unbeaufsichtigten Dauerbetrieb geeignet sind. Zudem sollen alle zehn Jahre die Brenner und Abgasschläuche erneuert werden, was natürlich kaum einer beherzigt. Im Brandfall würde ein Sachverständiger Nachlässigkeiten enttarnen und uns den schwarzen Versicherungspeter zuschieben.

Wenn dagegen der Hersteller sein Gerät Ecomat für den unbeaufsichtigten Dauerbetrieb als Frostwächter anpreist, unterliegt er damit auch einer Gewährleistungspflicht. Die Anschaffung ist vergleichsweise billig und nur der Ecomat verfügt über dauerlauffähige Kugellager in einem brandsicheren Blechgehäuse. Dieselschleppen entfällt, Wartung ebenfalls. Nur der Staubfänger auf der Rückseite musste regelmäßig abgesaugt werden. Zum Test ließ ich nach sechs Jahren erstmals von einem Elektroniker eine Kleingeräteprüfung durchführen: Das Gerät hatte keine erhöhten Widerstände, lief wie neu und erhielt die gelbe Prüfplakette. Um völlig sicher zu sein, stelle ich ihn in eine aufrechte Blechkiste, sodass auch ein Kurzschlussfunke keine Holzverkleidung treffen kann – sicher ist sicher.

Verlasse ich die Yacht ein paar Tage, stelle ich das Gerät als Frostwächter auf 5 Grad Raumtemperatur. Am Stromzähler dreht sich das Rad dann kaum wahrnehmbar. Damit gibt es seither nachts nur noch wenige vereinzelte Kondenswassertropfen, wie sie mir im ersten Winter an Bord morgens ins Gesicht fielen und mich regelmäßig weckten. Selbst als das Thermometer auf minus 15 Grad fiel, reichten 750 Watt aus, um Kajüte, Bad und Vorschiff ausreichend zu temperieren. Zwar war PALOMA hinter den Verkleidungen bis zur Wasserlinie mit Steinwolle isoliert. Doch Luken und Scheiben sind aus einfachem Plexiglas. Und FUCHUR hat sogar noch mehr davon. Iso-Scheiben für Boote gibt es, aber warum hat noch keiner isolierte Luken erfunden, die besonders die Vorschiffskojen vor Kondenswasser schützen? Ich tüftelte weiter daran.

Wie sich Infrarottechnik mit dem Heizwürfel Ecomat 2000 Classic kombinieren lässt.

Auch wenn ich den Ecomat-Heizlüfter für die beste Elektroheizung halte, gibt es doch Einsparmöglichkeiten. Beim Besuch einer großen Yacht bin ich auf eine weitere Alternative gestoßen. Daher noch einmal zum Ursprung aller Überlegungen: Wer nicht täglich sein Boot kontrollieren kann, müsste eine dieselbetriebene Bordheizung über den Winter monatelang im Dauerbetrieb laufen lassen. Dazu müsste das Ladegerät durchgehend die Batterien nachladen, was Energie verbraucht und wodurch Brandgefahren entstehen können.

So entsteht beim Überladen von Säurebatterien hochexplosives Knallgas. Wer weit vom Boot entfernt ist und nur sporadisch vorbeischauen kann, traut dem Frieden vielleicht nicht. Er wünscht sich zur Frostsicherung eine Heizquelle ohne rotierende Teile, glühende Drähte oder Brennkammern. Hier setzen Ferninfrarotheizungen in Form strahlender Platten an, mit denen schon die Raumstation MIR im All beheizt wurde.

Diese flachen Platten von nur 1 bis 2 Zentimetern Dicke gibt es in Form von Whiteboards, Steintafeln, Spiegeln oder Bildern. Ihre Frontflächen werden etwa 80 bis 105 Grad heiß, wobei sich die Rückseiten nur mäßig erwärmen. So dürfen sie mit 2,5 Zentimetern Abstand an Wänden oder hölzernen Verkleidungen befestigt werden. Die Bauhöhe fällt mit insgesamt 4 Zentimetern besonders platzsparend aus. Infrarotheizungen besitzen zudem als Überhitzungsschutz eine automatische Abschaltung. Nach Angabe des Heizungshändlers Könighaus bestehen keine Bedenken gegen unbeaufsichtigten Dauerbetrieb. Und ihr Wirkungsgrad beträgt annähernd 100 Prozent.

Im Nahbereich wirkt zunächst ihre Oberflächenwärme. Zusätzlich werden Infrarotstrahlen erzeugt, die im Spektrum der Sonnenstrahlen von 6 bis 15 µm spürbare Wärme erzeugen. Der Clou: Nicht die Raumluft wird von den Infrarotstrahlen erwärmt, sondern die Flächen, auf die sie treffen. Diese geben die Wärme sekundär wieder an die Raumluft ab und erwärmen den Raum langsam, aber kontinuierlich. Vergleichbar ist der Effekt mit Sonnenstrahlen, die Après-Ski im Shirt möglich machen, obwohl ringsum Schnee liegt. Einziger Sicherheitshinweis: Wie bei Sonnenstrahlen, sollte man auch bei unsichtbaren Infrarotstrahlungsquellen nicht über lange Zeit direkt auf die Oberfläche starren und sie nicht unmittelbar neben einem Fernsehgerät montieren.

Mit dem Modell Könighaus P-130 habe ich eine besonders kleine und sparsame Bauausführung getestet. 170 Watt sollen laut Herstellerangabe für mehrere Quadratmeter große Räume ausreichen. Die nur ein Kilogramm leichte Kunststoffplatte ist 42 x 52 Zentimeter groß. Sie wird mit vier Schrauben angebracht. Die Wandhalterungen sind im Lieferumfang enthalten. Im Gesamtpreis von 80 Euro ist ein Steckdosenthermostat enthalten, der auf die Minimaltemperatur von 5 Grad eingestellt werden kann. Sinkt die Temperatur bis zur Frostgrenze, schaltet der Thermostat die Infrarotheizung ein.

Ist die Crew an Bord, kann auf eine höhere Raumtemperatur umgeschaltet werden. Diesen digitalen Thermostat habe ich später durch ein mechanisches Gerät ersetzt, weil sich die digitale Version nach einem Stromausfall nicht wieder von selbst einschaltete. Der erste Test erfolgt im November auf FUCHUR bei 6 Grad Außentemperatur. Die Yacht ist stark ausgekühlt, weil ich ein paar Tage nicht an Bord war und den Ecomat ausgeschaltet hatte. Ihre Innentemperatur beträgt 8 Grad. Erster Einsatzort ist der Sanitärraum mit Waschbecken und Sitzbadewanne. Bereits nach fünf Minuten hat die Infrarotheizung ihre Oberflächentemperatur erreicht. Sie ist heiß, verursacht bei versehentlichem Berühren aber keine Verbrennungen. Das Bad kann jetzt schon mit freiem Oberkörper genutzt werden, weil die Infrarotstrahlen ein Wärmegefühl auf der Haut erzeugen. Aus diesem Grund kann man die Raumtemperatur bei Infrarotwärme nicht einfach mit einem Thermometer messen. Weil der Sanitärraum nur 2,5 Quadratmeter klein ist, steigt die Lufttemperatur nach einer Stunde auf 18 Grad. Ein Kilowatt ist erst nach rund sechs Stunden verbraucht. Ganze 33 Cent kostet mich der Versuch.

Mit geöffneten Türen von der Achterkajüte bis ins Vorschiff fällt die Lufttemperaturmessung für die 12 Meter lange Yacht erwartungsgemäß anders aus. Wenn auf großen Yachten allein auf Infrarottechnik ohne andere Geräte gesetzt wird, sollten mehrere Heizquellen angebracht werden, wie beispielsweise vier größere Infrarotplatten auf einer 18 Meter großen Stahlyacht eines Bekannten, deren vier Geräte insgesamt 1500 Watt verbrauchen. Trotzdem kann man im Nahbereich bei 2 Metern Abstand zur kleinen P-130-Platte schon nach wenigen Minuten ohne Jacke am Tisch sitzen, obwohl die Raumtemperatur nur langsam ansteigt: Bis zu 3 Metern wirkt die Infrarotstrahlung, die typische Breite des Aufenthaltsbereichs in einer Segelyacht. Folglich könnte man mit drei kleinen Strahlern, quer zur Schiffsrichtung angebracht, mit insgesamt 510 Watt eine relativ große Yacht beheizen.

In der folgenden Nacht fällt das Außenthermometer auf 4 Grad. Am Morgen werden im Schiff auf Kopfhöhe 12 Grad gemessen – immerhin 8 Grad Lufttemperaturunterschied. Aluminium leitet Wärme leicht ab. Meine Reinke ist zwar mit Polyurethan-Platten isoliert, hat aber viele einfache Plexiglasscheiben im Decksalon. Trotzdem: Im längeren Wirkbetrieb sollte die kleine P-130-Platte als Frostwächterin ausreichen, denn die Infrarotheizung kann ebenso gut bei geöffnetem Bodenbrett im Bereich der gefährdeten Seeventile positioniert werden. Dann ist mit nur 170 Watt ein sicherer Frostschutz gegeben, der durch die Erhöhung der Raumlufttemperatur zugleich die Wasserleitungen und Pumpen schützt. Und für einen Sanitärraum, der normalerweise nicht von der Luftzirkulation des Heizlüfters erreicht wird, ist die kleinste der heißen Platten bestens geeignet. Das gilt ebenso für die Kajüten einer Yacht bis etwa 8 Meter Länge. Ich habe sie direkt neben der Toilette angeschraubt, wo sie mittlerweile im vierten Jahr zuverlässig heizt.

Wer also auf den Einbau von teurer und vergleichsweise laut arbeitender Verbrennungstechnik verzichten will, ist mit Infrarottechnik gut und günstig versorgt. Einziges Manko ist das langsame Aufheizen der Raumluft. Deswegen ist die Kombination mit dem Heizlüfter Ecomat 2000 Classic zu empfehlen. Der konventionelle Heizwürfel, dessen Keramikelement unterhalb der Entzündungstemperatur von Papier arbeitet, kann beim An-Bord-Kommen in wenigen Minuten das Boot mit 1.500 Watt aufheizen, um danach mit herunterregulierter Temperatur im Kaltluftbetrieb auf die rund 100 Grad heiße Infrarotplatte gerichtet zu werden. Der Stromverbrauch des Heizlüfters liegt im Kaltluftbetrieb nur noch bei rund 20 Watt, die in Kombination mit den 170 Watt der Infrarotheizung ein ausgewogenes Raumklima erzeugen.

Zu den 80 Euro Anschaffungspreis für die Könighaus-Infrarotheizungsplatte kommen derzeit rund 250 Euro für einen Heizlüfter vom Typ Ecomat 2000 Classic hinzu – unverzichtbar zum Leben an Bord im Winter. Bei Abwesenheit wird der Thermostat entsprechend heruntergedreht. Ich bilanziere den Energieverbrauch des Ecomat in den vier kalten Wintermonaten auf durchschnittlich 100 Euro pro Monat: sicher, simpel, umweltfreundlich.

Der Dauerbetrieb der Infrarotheizung P-130 summiert sich auf rund 40 Euro monatlich, wenn sie allein und ohne Unterstützung des Ecomat verwendet wird. Weil ihr Thermostat das Gerät aber nur an- oder ausschaltet, richtet sich der tatsächliche Verbrauch nach der vorgewählten Mindesttemperatur. Ob Sie nun auch an Bord leben möchten oder nicht: Mit dem Gewinn der Frostsicherheit ohne Brandgefahren wird das herbstliche Auskranen des Bootes überflüssig und zugleich rentabel. Winterliegeplätze sind deutlich günstiger als Sommerliegeplätze und die Krankosten entfallen. Es reicht aus, das Boot nur noch alle zwei bis drei Jahre für einen neuen Unterwasseranstrich herauszuheben. Das kann im Sommer erledigt werden. Außerdem: Riggs und Rümpfe werden durch Winterstürme weniger beansprucht, wenn Boote schwimmen und nicht aufgebockt stehen, denn GFK-Rümpfe können bei zu starkem Druck der Stützen leiden. Insgesamt spart man Betriebskosten und Arbeitszeit und gewinnt mehr Zeit für das Segeln.

Zu guter Letzt dürfte Infrarottechnik nach einem kalten Segeltag sogar gegen Verspannungen und Rückenschmerzen wirken: Im Prinzip dringen ihre kurzwelligen Strahlen bis zu 5 Millimeter in nackte Haut. Die Durchblutung wird durch Erhöhung der Gewebetemperatur gefördert, wie es sonst mit Rotlichtbehandlungen praktiziert wird. Wen ein Hexenschuss plagt, dem empfehle ich die entsprechende Montagehöhe, beispielsweise am Navigationstisch.

Asthmatiker reagieren empfindlich auf das Aufwirbeln von Hausstaub. Infrarotheizungen sind da ebenfalls im Vorteil, da sie die Luft nicht verwirbeln. Als Asthmatiker ist man ohne Heizlüfter besser dran. Aufgrund all dieser Vorteile hält die Infrarotheizung auf immer mehr Booten Einzug.

Das Problem mit dem Kondenswasser.

Grundsätzlich sind Metallschiffe im Bezug auf Winterkälte im Vorteil, weil ihre vollverschweißten Rümpfe dem Eis größeren Widerstand bieten, obwohl auch GFK wegen seiner Flexibilität durchaus geeignet ist. Bei Metallbooten muss man sehr auf Kältebrücken achten, die sich an Spanten bilden und dann Kondenswasserstreifen auf dem Holz der Verkleidungen verursachen. Eine homogene Isolierung ist wichtig.

Kondenswasser entsteht besonders bei Frost –
es kann Holzverkleidungen und Stahlrümpfe schädigen.

Bei Stahlyachten ist darauf zu achten, dass alle Bereiche zugänglich sind, um Wassernester zu entdecken, zu isolieren oder zumindest zu versiegeln. Aluminium ist natürlich pflegeleicht und verträgt jede Feuchtigkeit klaglos, doch leitet es Wärme noch stärker ab. Kondenswasser kann sich schon an Alu-Fensterrahmen niederschlagen, wenn sie Temperaturbrücken bilden. So ist auch bei Aluminium auf eine lückenlose Isolierung zu achten, damit Tropfwasser nicht von innen Verkleidungen zerstört.

Bei GFK-Yachten würde ich grundsätzlich Volllaminat vorziehen: Zwar weist Sandwichlaminat mit Balsaholz oder Schaum bessere Isolationseigenschaften auf, doch bei Undichtigkeiten kann Frost ernsthafte Schäden zwischen den Laminatschalen verursachen. Deswegen würde ich besonders unter Wasser kein Sandwichlaminat akzeptieren.

Auch ein weiteres Problem machte mir früher auf PALOMA zu schaffen, deren Cockpit im Gegensatz FUCHUR kein festes Dach hatte. Im Winter ist das Holz im Cockpit starken Beanspruchungen ausgesetzt. Regen, Schnee, Eis nehmen es ziemlich mit. Um es zu schützen, zog ich eine Plane auf. Natürlich in Weiß wegen des Lichts. Ich bestellte sechs Fiberglasstangen à 5 Meter günstig im Internetversandhandel und band sie mit Gummistropps an die Reling. Auf diese Weise konnten sich keine Wasser- und Schneesäcke bilden.

Ganz wichtig war, dass die Plane nur knapp über den oberen Relingsdraht reicht. Auf diese Weise sieht man sie nicht, wenn man aus den Scheiben der Kajüte nach draußen schaut. Ich wollte den ungehinderten Blick auf die gegenüberliegende Musikkneipe, um zu wissen, was draußen los war und ob sich ein Besuch lohnte. Wer möchte schon gerne monatelang gegen eine Plane starren? Außerdem konnte sich kein Windstaudruck mehr aufbauen. Im Vorjahr waren im Sturm wegen einer einschließenden Plane vier Relingstützen abgebrochen. Das sollte nicht mehr passieren.

Auf eine Abdeckung über dem Vorschiff verzichtete ich. So genoss ich weiterhin den Blick am Mast hinauf zum Sternenhimmel. Es war urgemütlich, wenn bei aufgestelltem Skylight der Nachtwind hereinwehte und ich dabei eingemummelt in der Koje lag. Wer als Yachtie den Winter an Bord verbringt, sorgt sich um alles Mögliche: Stürme, Schnee, Eis und vor allem um die Kälte. Gedanken machte ich mir allerdings primär über die Lenzrohre des Cockpits. Könnte Eis sie sprengen?

Die Lösung war einfach. Ich verschloss vier Gartenschlauchenden von einem Meter Länge unten mit Korken und ließ sie oben offen. Wie bei Max und Moritz beim Fang der Hühner von Witwe Bolte abgeguckt, verband ich sie mit einer Angelschnur. Dann wurden sie in die Lenzrohre gehängt. Abschließend wurde das Wasser aus der Stopfbuchse mit Fett über den Schmiernippel herausgedrückt. Ich füllte Frostschutzmittel in den Kühlkreislauf der Maschine, so konnte ich beruhigt in den Winterschlaf verschwinden.

Auf FUCHUR entfällt auch dies: Dank ihres doppelten Rumpfes unter dem Maschinenraum, in welchem Kühlflüssigkeit in einem geschlossenen Kreislauf zirkuliert, ist die Maschine eistauglich wie ein Automotor.

Die „lachende Luke“.

So verhindern Sie, dass die Kajüte zur Tropfsteinhöhle wird.

Wenn man den Rumpf durchgehend isoliert hat, bleiben als letzte Quelle für Kondenswasser die einfach verglasten Luken und Seitenscheiben. Wassertropfen weckten mich viel zu oft im Vorschiff, weil Kondensat von der Oberluke tropfte. An kalten Tagen wurden die Bettdecken davon nass. Doch egal ob Winterbewohner, Saisonfrühstarter oder Kochaktionen die Luftfeuchtigkeit in den Kajüten erhöhen: Man kann sein Schiff noch so gut isolieren, die Wischerei bleibt eine Sisyphos-Arbeit, weil thermisch verglaste Oberluken nicht angeboten werden. Dabei würden doppelte Plexiglasscheiben wegen einer darin eingeschlossenen Luftschicht das Problem lösen.

Ich wollte aber keine teuren Aluminiumrahmen bestellen, die ihrerseits Kondensat anziehen, denn mit etwas Improvisationstalent lässt sich das Problem auch weitgehend selbst beseitigen, und zwar sehr günstig: Gerade mal rund 70 Euro und 15 Minuten Arbeit je Luke oder Salonscheibe muss man für mehr Lebensqualität an Bord investieren. Zwar wird sich immer noch ein wenig Kondenswasser an den Aluminiumrahmen bilden, doch der Komfortgewinn ist bemerkenswert. Wer sein Boot im Winter nutzt, wird auch die Heizleistung deutlich reduzieren können und langfristig seine Investitionen wieder hereinholen.

Und wie sieht dieser Einbau aus? Zunächst rüstete ich die vier Oberluken auf FUCHUR nach. Bei diesen Luken haben die Aufstellfedern keine Mühe mit dem zusätzlichen Gewicht, aber man kann im Fachhandel gegebenenfalls dünneres Plexiglas von 3 Millimetern Stärke bestellen. Ich habe auch mit 1,5 Millimeter dickem Plexiglas experimentiert, aber die Widerstandskraft reicht nicht aus. Diese geringe Stärke ist zu flexibel.

Schnell lösen sich die Verklebungen. Für sämtliche Seitenscheiben des Decksalons wurden ebenfalls Isolierscheiben aufgeklebt. Noch ein Tipp: Wer farbiges Licht mag, der kann das Plexiglas in vielen Farben bestellen. Von Apfelgrün über Türkis bis Orange – alles ist möglich.

Montageanleitung.

Und so baut man in wenigen Minuten die „lachende Luke" selbst:

1. Die Oberfläche der Luke mit Silikonentferner reinigen.
2. Mit 7 bis 10 Millimeter Abstand zum Außenrand das Dichtungsprofil Fix-o-moll mit nur einem runden Streifen als Abstandshalter aufkleben. Das doppelwulstige Dichtungsband einfach teilen. So erhält man die zweifache Länge. Sollten die oben aufsitzenden Halterungen der Lukengriffe höher als 7 Millimeter sein, kann rechteckiges Thermoband auch mit doppelter Höhe übereinander aufgeklebt werden. Gleiches gilt auf Fenstern, falls deren Schrauben zu hoch sind.

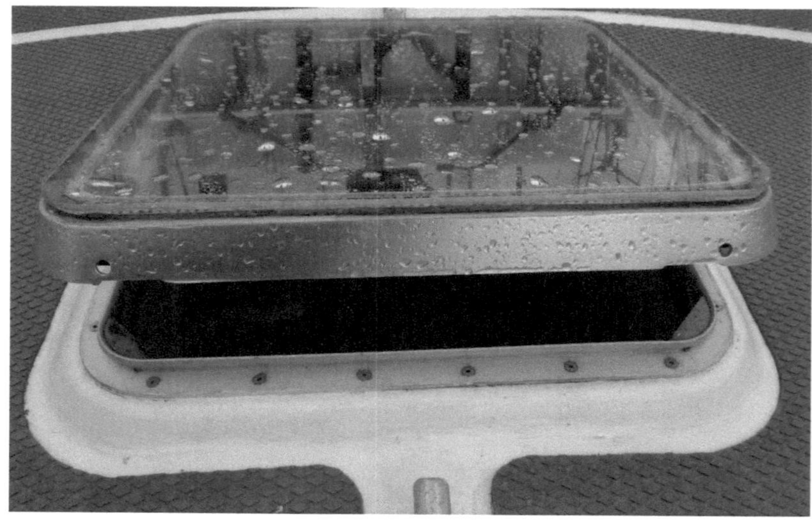

Die lachende Luke – doppelt verglast durch eine zusätzlich aufgeklebte Scheibe aus Plexiglas.

3. Die neue Deckplatte aus Plexiglas sollte eine Stärke von 3 Millimetern haben. Zuvor muss sie nach Anfertigung einer Pappschablone oder nach Aufmaß des Originals vom Fachhändler passend gefräst werden. Ist das Lukenmodell bekannt, verfügen manche Firmen über die gespeicherten Maße der Originalscheiben.
4. Die Folie wird von der Unterseite abgezogen. Dann wird die Platte an den Rändern ebenfalls mit Silikonentferner gereinigt. Jetzt kann sie auf das aufgeklebte Fix-o-moll-Band aufgelegt werden, um danach den unteren Lukenrahmen abzukleben.
5. Zum Verkleben und gleichzeitigen Abdichten des Fugenrandes der Scheibe kommt das transparente MS-Polymer Tikalflex Clear 10 zum Einsatz, das sich für die Verklebung oder Abdichtung von Glas, Acrylglas und PVC auf Stahl, Aluminium, Holz und GFK eignet. Die hohe Klebkraft wird mit 2,2 N/mm^2 angegeben, was dauerhaften Halt verspricht. Meine Verklebungen haben 10 Grad Kälte und bis zu 40 Grad Wärme überstanden, ohne jemals undicht zu werden. Je Luke wird etwas weniger als eine Kartusche benötigt. Der innen aufgeklebte Wulst der Fix-o-moll-Dichtung verhindert das Eindringen in den Zwischenraum.

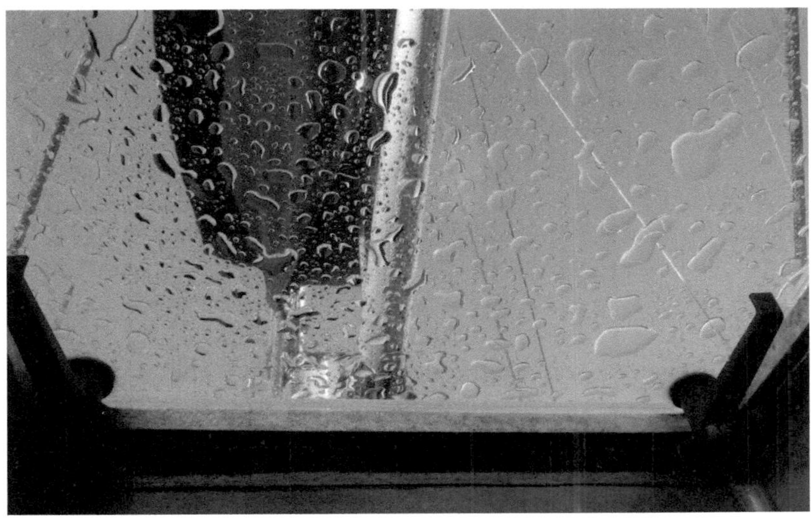

Die lachende Luke – Innenansicht.

6. Wichtig: Die Arbeit sollte nicht vor der Mittagszeit und möglichst bei Sonnenschein erfolgen, wenn die Luftfeuchtigkeit geringer ist. Andernfalls könnte sich innen bei fallenden Temperaturen Kondensat niederschlagen.
7. Übertretende Fugenmasse per Finger oder Spachtel entfernen. Der Heimwerkertipp: Spucke auf dem Finger ist im Anschluss das beste Trennmittel, um beim zweiten Abstrich eine glatte Oberfläche zu erzielen.
8. Danach die obere Schutzfolie von der neuen Plexiglasscheibe abziehen.
9. Um den circa 20 Millimeter umlaufenden Kleberand (der vielleicht auch kleine Lufteinschlüsse enthalten kann), optisch gegen Durchsicht von oben abzudecken, wird rundum eine 30 Millimeter breite Zierstreifenfolie auf den Scheibenrand geklebt. So ähnlich werden Fugenränder auch bei Autos optisch verdeckt.
10. Zwar ist bei einigen Luken nicht auszuschließen, dass über die Achsdurchführungen der Verriegelungshebel irgendwann von unten etwas Luftfeuchtigkeit in den Zwischenraum eindringt, aber notfalls lässt sich die Oberscheibe mit einem Teppichmesser leicht wieder abtrennen und anschließend neu verkleben.

Wenn teure Thermoscheiben undicht werden und innen beschlagen, kann man sie auch ohne Demontage trocknen, sofern man von innen zwei Montagelöcher mit einem Durchmesser von 10 Millimetern bohrt und den geringen optischen Makel akzeptiert. Dazu wird ein passender Schlauch in ein Bohrloch eingeführt, der Rand abgedichtet und der Schlauch auf einen Trichter gesteckt. Der Trichter wird vor einen Fön gehalten. Unbedingt eine niedrige Heizleistung wählen oder nur kalte Luft zuführen, um keinen thermischen Verzug der Plexiglasscheiben zu riskieren. Durch das zweite Loch der Innenscheibe strömt aufgrund des Überdrucks die feuchte Luft aus und der Zwischenraum wird nach wenigen Minuten zur freien Durchsicht von innen wieder trocken sein. Anschließend beide Löcher luftdicht verschließen – fertig.

Wasserboiler für mehr Komfort.

Auf PALOMA kam heißes Wasser ausschließlich aus dem Wasserkessel des einflammigen Gaskochers. Wenn an Bürotagen um 5 Uhr früh der Wecker klingelte, wurden zuerst die 2 Liter des Kesselchens auf 50 Grad erwärmt. Um diese Zeit war ich in Hooksiel der einzige Segler auf dem Steg. Im Winter in Bremen oder Oldenburg herrschte noch dunkle Nacht. Niemand sah mich auf dem Seitendeck knien. Selbst bei 10 Grad minus reichte das wenige heiße Wasser aus, um kurz zu duschen. Die Kombination aus frischem Wind und heißem Wasser hatte die gewünschte Wirkung: Ich war wach. Wer sonst kann schon mit Blick zum Sternenhimmel duschen? Die Ökobilanz von Wasser- und Energieverbrauch ist ebenso unschlagbar: Wenn nur 2 Liter Wasser zum Duschen zur Verfügung stehen, lässt man das Shampoo besser weg.

Natürlich hätte ich zum Duschen auch in den Duschraum der Marina gehen können. Weil ich meine Liegeplätze am liebsten am Ende des Steges wähle – da muss ich nicht so oft „Moin" sagen und habe mehr Ruhe im Cockpit – habe ich zumeist auch einen längeren Weg an Land. Morgens bin ich faul und mag nicht mit der Tasche unter dem Arm an Land gehen. Wäre es bei PALOMA mit dem Bordleben als segelnder Single geblieben, hätte ich nichts geändert: Ein kleiner Toilettenraum mit Handwaschbecken reicht für die tägliche persönliche Hygiene in der Regel aus, wenn Waschräume in der Marina vorhanden sind.

Eine erweiterte Kombination aus WC mit Duschablauf am Boden ist hingegen problematischer. Man wischt und wischt, bis das Bad wieder rundum trocken ist. Freunde haben das Problem auf ihrer Stahlyacht mit einer Cockpitdusche unter der Kuchenbude gelöst. Das Wasser fließt über die Lenzrohre ab. Eine separate Duschwanne ist aber das einzig Wahre, sofern man den Platz dafür findet. Bei Booten unter 10 Metern ist das in der Regel unmöglich. Ausnahmen bilden Metallboote, weil ihre Holzschotten, abgesehen von der Maststütze, selten tragende Elemente bilden. Da kann eine Sperrholzwand durchaus versetzt werden.

Wirtschaftlich kann sich der Aufwand für den Einbau eines Bades lohnen: Einige Häfen – ich denke besonders an Helgoland – nehmen üppige Servicegebühren für sanitäre Anlagen. Andere Anlagen sind in der Hochsaison so stark frequentiert, dass man sie nicht gerne nutzt. Der größte Vorteil der privaten Sanitäranlage wird sich jedoch beim Wiederverkauf des Bootes zeigen, denn das letzte Wort haben meist die Frauen: „Schatz, das Boot hat eine Badewanne, wie praktisch!“

Wer es leid ist, an Deck unter dem kümmerlichen Rinnsal eines Wasserkessels zu duschen, kommt in hohen Breiten um diverse Umbauten nicht herum, auch wenn er weiterhin sparsam mit dem Brauchwasser umgeht. Andererseits ist das Boot das Zuhause, und zwar jeden Tag. Warum also sollte man nicht konsequent Wohlfühlfaktoren schaffen? Man kommt von einem langen Strandspaziergang zurück, die Füße sind kalt und fischig. Bevor es in die gemütliche Koje geht, noch eine kurze Dusche und der Tag findet einen perfekten Abschluss. Ein anderes Szenario gefällig? Wir machen uns „ausgehfein“ für Abendessen, Theater oder Disco. Das mag man nicht unbedingt in einem fremden Bad zelebrieren.

Welcher Aufwand aber ist notwendig, um ein Bad an Bord zu haben? Die wichtigsten Details hier in Kurzform. Man benötigt:

1. eine Druckwasseranlage
2. einen Wassertank von mindestens 200 Litern
3. eine Dusch- oder Sitzbadewanne mit Grauwasserheber oder elektrischer Absaugpumpe im Abfluss
4. einen Wasserboiler von 40 bis 60 Litern

Bei der Umrüstung gilt es einiges zu beachten: Auch mit einem Vorrat von nur 3 Litern Wasser ist es möglich, kurz zu duschen. Aber bis das heiße Wasser im Hahn ankommt, ist schnell der erste Liter verbraucht. Wer also etwas opulenter duschen oder baden möchte, benötigt einen größeren Tank. PALOMA besaß nur einen 120-Liter-Tank: Er wurde durch zwei flexible Wassertanks erweitert. Sie lassen sich in den letzten freien Ecken unterbringen und werden über Y-Stücke und Absperrhähne zugeschaltet, wie es gerade passt. Auf diese Weise hatte ich auf Langfahrt separate Reserven, musste aber bei Wochenendtörns nicht mit 500 Kilogramm Zusatzgewicht herumschippern. Weil Tanksäcke nachgeben, sind keine Entlüftungsleitungen erforderlich. In meinem aktuellen Boot FUCHUR gibt es einen 400er Wassertank, der auf Langfahrt auf die gleiche Weise ergänzt wird.

Die Minimallösung der Wasserförderung besteht wie ehedem aus einer Fußpumpe am Waschbecken. Sie ist robust, sparsam und benötigt keinen Strom. Allerdings taugt sie nicht zum Duschen. Ganz anders ist es bei einer Druckwasseranlage: Im Heiß- und Kaltwasserkreislauf herrscht von der Pumpe an permanent Überdruck. Dieser Druck nimmt im Heizbetrieb zu, weil sich das heiße Wasser im Boiler ausdehnt und bei hohen Temperaturen Dampf am Brenner entstehen kann. Wenn unbemerkt aus einem Leck ein Wasserstrahl tritt, können schnell mehrere Hundert Liter Wasser die Bilge fluten oder Schäden in der Elektronik verursachen.

Deswegen ist es ratsam, Vorkehrungen zu treffen, den Überdruck zu kontrollieren und Leitungslecks zu verhindern. Dass diese Vorkehrungen der eigenen Sicherheit dienen, kann ich aus eigener Erfahrung nur bestätigen, wie das nachfolgende Beispiel zeigt.

4. Advent 2014, Bremer Hohentorshafen: Mir fällt das Frühstücksei aus der Hand, als eine Explosion den Rumpf meines Schiffes erzittern lässt. Heißer Dampf quillt aus dem Maschinenraum, weil 60 Liter Wasser zischend in die Bilge sprudeln. Was ist passiert? Die Kupferschalen des Wasserspeichers sind auseinandergesprungen. Der britische Boiler, den ich bis dahin verwendet hatte, stammte aus dem Jahr 1999. Dass der Kessel nicht gelötet, sondern nur zusammengepresst war, wusste ich nicht, als wir das Boot ein Jahr zuvor kauften. Unter der Isolierung war das nicht zu erkennen.

Bei allem Ärger von Ausbau und Neuinstallation ist mir klar geworden, dass ich Glück im Unglück hatte. Denn kurz zuvor hatte ich noch im Maschinenraum gearbeitet. Die Bordheizung lief, da es jahreszeitlich bedingt kalt war. Das hätte übel enden können: Knalltrauma, Verbrühungen oder Schlimmeres, wie Fälle von geborstenen Wänden nach Hausboiler-Explosionen zeigen.

Die Ursache für die Explosion des Wasserspeichers an Bord liegt aber nicht nur in der fragwürdigen Pressung der Kupferschalen, sondern auch in einem Montagefehler. Der Schlauch des Sicherheitsventils führte zu einem Ausgleichsbehälter, anstatt ins Freie. Folglich lief er in eine „Drucksackgasse“, denn der Behälter wurde am Auslass mit einem Blindstopfen versehen. Bis zu 8 bar verträgt der Ausgleichsbehälter, was deutlich mehr ist, als der Kupferboiler aushalten konnte. Die Yacht war mit ihrem Vorbesitzer im Mittelmeer unterwegs gewesen, wo die Bordheizung in den Jahren insgesamt nur mit 5 Betriebsstunden gelaufen war. Ich hatte sie zuvor auch nur eine Stunde angeschaltet, weil der Heizlüfter angeschaltet war. Am frostigen Bremer Unglückstag lief die Heizung erstmals über mehrere Stunden. Dann folgte der große Knall.

Das Malheur soll nicht wieder vorkommen. Wir entschieden uns daher für ein neues Modell von Sigmar-Marine. Statt 60 Liter reichen nun 40 aus. Sie werden schneller heiß, wobei sich gleichzeitig Gewicht und Einbaumaße reduziert haben. Bei 80 Grad heißem Wasser wird kaltes Wasser dazu gemischt. Die Menge reicht auch für eine volle Sitzbadewanne aus. Wegen des flachen Bodens benötigt der neue Boiler auch keine Rundhölzer als Auflage. Der Edelstahlkessel ist verschweißt, alle Anschlüsse liegen besser zugänglich auf der Frontseite. Gesichert wird der Boiler mit vier Schrauben, die allerdings nur durch die Kunststoffummantelung führen, was bei schwerem Seegang oder einer Kenterung bedenklich ist. Immerhin wiegt ein gefüllter 40-Liter-Boiler 52 Kilo, sodass er mit zusätzlichen Gurten gesichert werden sollte.

Das Gute am Sigmar-Boiler: Er kann mit einem zweiten Wärmetauscher bestellt werden. Dann stehen sogar die folgenden drei Heizquellen zur Verfügung.

- Vor Anker: Energie von der Bordheizung mit gleichzeitigem Durchlauf zu Warmwasserheizkörpern.
- Bei laufender Maschine: Energie vom Kühlwasserkreislauf, aus dem 80 Grad Durchlauftemperatur gezogen werden.
- Im Hafen: Ein elektrischer Thermostat arbeitet mit 230 Volt. Dieser Thermostat ist werksseitig auf 70 Grad eingestellt, kann aber verändert werden. 800 Watt Leistung des Sigmar-Thermostaten bilden einen guten Kompromiss bei schwachen Landanschlüssen. Bei handelsüblichen Thermostaten muss sonst zwischen mäßigen

500 Watt und starken 1200 Watt gewählt werden, wobei die höhere Leistungsvariante schwache Stegsicherungen zuweilen herausfliegen lässt. Der Heizstab mit 800-Watt ist ideal.

Dank gut beschrifteter Anschlüsse ist die Montage der sechs Schlauchverbindungen und eines Zusatzschlauchs am Sicherheitsventil einfach, aber bevor das Kommando „Wasser Marsch“ erklingt, gilt es einiges zu beachten: Im Lieferumfang sind keine Fittinge enthalten, um die 19-mm-Schläuche anzuschließen. Weiterhin empfehlen sich Kugelhähne, um bei technischen Problemen den Boiler von Heizung und Maschine trennen zu können. Der Dieselmotor und die Bordheizung hängen an separaten Kreisläufen, die Frostschutzmittel enthalten. Das Wasser wird bis zu 100 Grad heiß. Folglich benötigt man zwei Ausgleichsbehälter und separate Entlüftungsventile.

Reicht der Platz für die Ausgleichsbehälter im Maschinenraum nicht aus, eignen sich hierfür die Backskisten. Installiert man abzweigende Klarsichtschläuche, kann darüber zugleich das Kühlmittel für die inneren Kreisläufe eingefüllt und der Stand kontrolliert werden. Doch Vorsicht! Auch die Klarsichtschläuche müssen temperaturbeständig sein. Und sie benötigen vor dem Kreislauf separate Absperrhähne, sonst schießt das Kühlwasser der Maschine heraus, sobald der Thermostat öffnet. Im Winter kann das Wassers des Boilers über den Hebel des Sicherheitsventils abgelassen werden, wenn ein Ablassschlauch angeschlossen ist. Weil es aus dem Schlauch bei hohem Druck tröpfelt, sollte man ihn außenbords zuführen. Ersatzweise eignen sich der Auffangbehälter des Grauwasserhebers oder ein Lenzrohr. Ich habe den Schlauch in den Auffangbehälter der Stopfbuchse geführt, in der eine Tauchpumpe steckt.

Das Wichtigste zum Schluss: Zwischen Druckwasserpumpe und Boiler gehört ein Druckausgleichsbehälter, der in der Regel 2 bar Luftdruck vorhält. Man kann ihn an jeder Tankstelle füllen oder mit einer Fußpumpe mit Manometer kalibrieren. Beim Testlauf ohne Druckausgleichsbehälter verlor der Boiler sehr viel Wasser über das Sicherheitsventil. Am Sicherheitsventil sollte man keinesfalls sparen. Wird das Wasser im Boiler lange erhitzt, kann der Druck im gesamten System trotz Behälter auf knapp 3 bar steigen – dann muss sich das Sicherheitsventil öffnen, was beim Sigmar-Modell bei exakt diesem Wert auch tatsächlich passierte.

Um zu wissen, was sich im Inneren der Anlage abspielt, gibt es im Sanitärfachhandel Manometer, die mit passenden Schlauchtüllen verbunden werden können. Man wählt eine Ausführung bis 6 bar. So lässt sich sehr gut beobachten, wie der Wasserdruck im Heizbetrieb steigt. Wer ganz sicher sein will, schließt das Manometer im Sichtbereich von Cockpit oder Kajüte an. Wenn nach langer Brenndauer der Druck doch über 3 bar steigt, hilft ein kleiner Trick: Nur kurz einen Heißwasserhahn öffnen, bevor die Druckwasserpumpe anspringt – dann herrscht wieder konstanter Druck wie im Kaltwassermodus.

Zusammen mit Boiler, Fittingen, Absperrhähnen, Ausgleichsbehälter und Manometer muss man für diese Lösung rund 800 Euro investieren. Dafür steht an kalten Tagen immer heißes Wasser zur Verfügung.

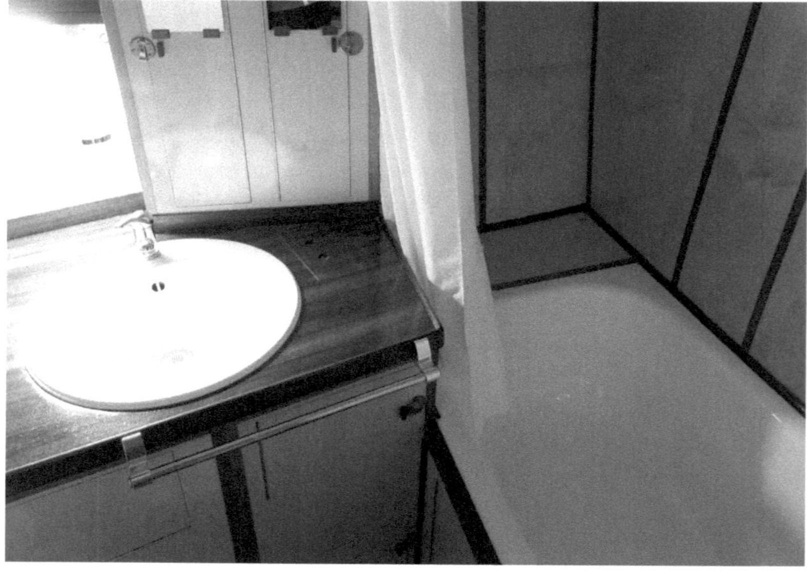

Auf FUCHUR gibt es eine Badewanne und einen relativ großen Waschtisch. Dieser kleine Luxus ist besonders an Wintertagen willkommen.

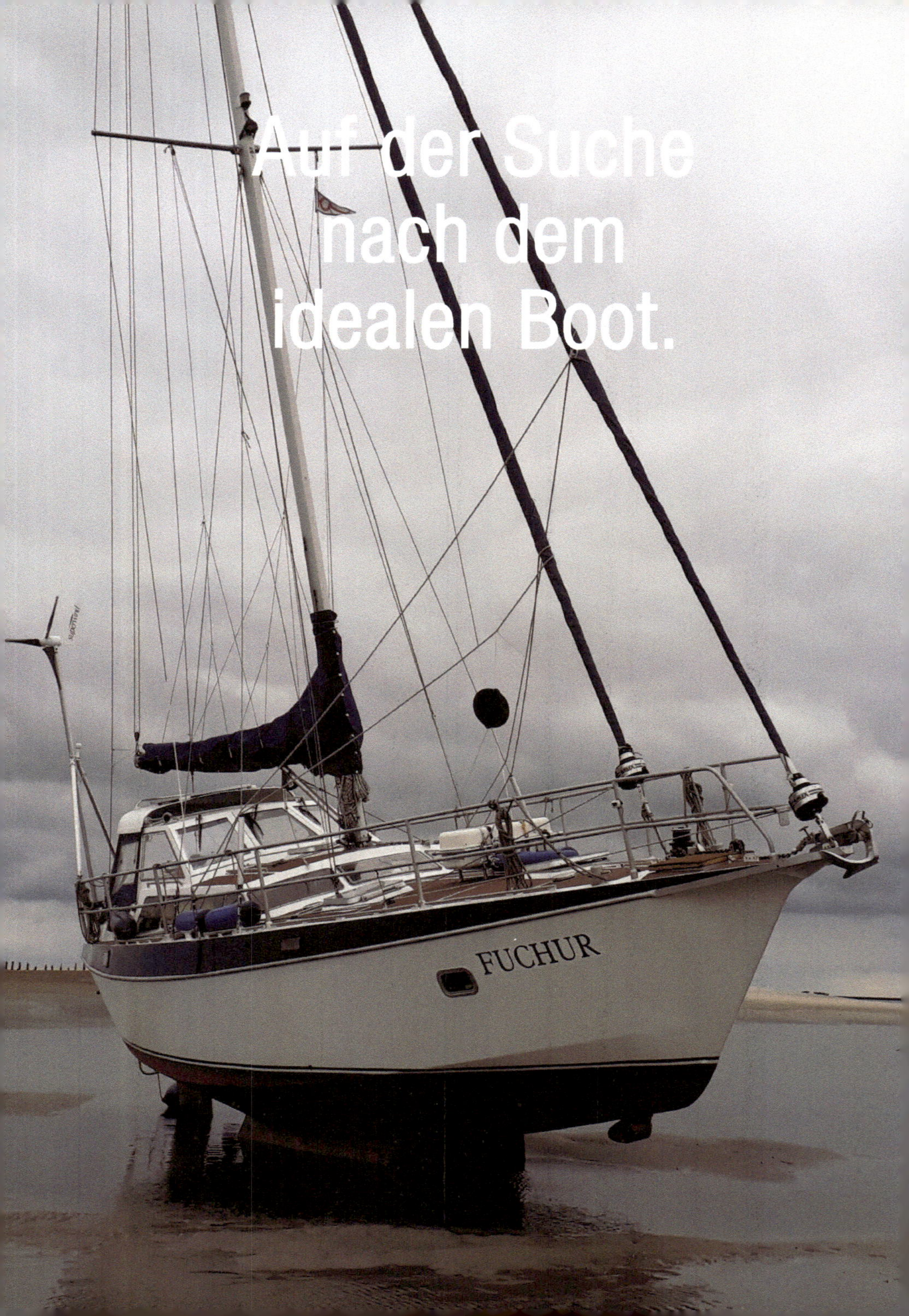
Auf der Suche
nach dem
idealen Boot.
FUCHUR

Was für ein Boot brauche ich? Segel- oder Motorboot?

Ob man auf einem Segel- oder auf einem Motorboot leben will, ist im Grunde zweitrangig: In der warmen Jahreszeit eignet sich beinahe jedes Boot und im Winter bei Frost gelten die gleichen Tipps wie für Segelboote. Erst bei näherer Betrachtung zeigt sich eine Reihe von Unterschieden.

Mit Motorbooten ist der Aktionsradius im Binnenland ohne Zeitverzug größer, weil kein Mast gelegt werden muss. Bei einer veritablen Fahrtenyacht wiegt ein Mast samt Takellage ohne weiteres 200 Kilogramm, die sich nicht so einfach legen lassen. Dann reichen auch nicht die gekreuzt verschraubten Dachlatten am Heckkorb zum Transport, sondern alles muss gut abgestützt und gegen das Herunterfallen gesichert werden. Rechtzeitiges Ansteuern eines Stegs mit Kran gehört zur Fahrtenplanung, wobei der Kostenfaktor gering ist. Oft steht der Ausleger mit Flaschenzug kostenlos zur Verfügung, doch bis alles gesichert und festgezurrt ist, vergeht ein halber Tag. Segelboote kommen mit stehenden Masten unter den meisten Brücken oder unter manchen Hochspannungsleitungen nicht hindurch. Schon auf dem Rhein sind Brücken nur noch mit kleinen Booten passierbar.

Was heute noch klappt, kann nach ein paar Regentagen infolge höheren Wasserstands unmöglich sein: Und schon sitzt man in einem Flussabschnitt fest, wenn man keine Jüteinrichtung hat. Doch selbst wenn der Jütbaum auf dem Vorschiff richtig angebracht ist: Im Moment des Mastlegens darf kein Schwell stehen, sonst droht Bruch im Bereich der unteren Mastführung. Schon ein passierendes Binnenschiff oder die Heckwellen eines Motorboots lassen jedes Boot so schaukeln, dass der Moment des eigentlichen Mastlegens sorgsam gewählt werden muss.

Neben der unkomplizierteren Routenplanung haben Motorboote Vorteile, was die Geschwindigkeit angeht: Ist das Motorboot ein Halb- oder Vollgleiter, wird die Höchstgeschwindigkeit ausreichen, um größere Distanzen in relativ kurzer Zeit auch gegen den Strom zurückzulegen. Wer auf die Flybridge verzichtet und ein Boot mit flachen Aufbauten unter 2,5 Metern Höhe wählt, wird die meisten der alten Kanäle oder Flüsse Deutschlands befahren können. Grundsätzlich rate ich zu einem Verdränger, weil diese langsamen Motorboote viel Gewicht tragen können und sparsam im Verbrauch sind. Sie tragen Ballast, sind in der Regel seetüchtig und krängen nicht bei jedem Schritt. Sie wollen ja nicht in einer wackelnden Wanne leben, sondern bei stabiler Schwimmlage an Bord wandeln. Nur ein Bootstyp ist für mich tabu: Boote mit Benzinmotoren. Der Grund: zu hoher Verbrauch und zu große Explosionsgefahren.

Es gibt also durchaus gute Gründe, die für ein Motorboot sprechen. Als Segler kommen Motorboote für mich dennoch nicht in Betracht. Dafür gibt es emotionale und technische Argumente. Auf der emotionalen Seite steht der Anblick von Mast und Segeln, die Ästhetik der Fortbewegung, die Ruhe auf See. Erst wenn der Motor aus ist, höre ich das Rauschen der Bugwelle, nehme die Schreie der Seevögel wahr, höre beim Segeln im Binnenland die Tiere an Land. Die Weisheit, dass der Weg das Ziel ist, gilt nun mal eher für Segelboote. Mit dem Motorboot fährt man von A nach B, mit dem Segelboot zelebriert man die Fahrt – aber das ist eben mein persönlicher Eindruck. Unter Segeln gibt es bei aller Sportlichkeit die Momente, in denen der Autopilot eingeschaltet wird und wir alle auf dem Vordeck sitzen, um auszuspannen. Ich liebe das Singen des Windes in den Wanten und zuweilen – im Hafen – auch das Heulen des Sturms. Und dann gibt es die Möglichkeit, mit dem Segelboot irgendwann einen Ozean zu überqueren. So viel zur sentimentalen Seite des Segelns.

Auf einem Segelboot stehen zwei Antriebsarten zur Verfügung. Ein bisschen Wind weht fast immer, um vorwärtszukommen. Der 50-PS-Diesel von FUCHUR kommt mit 2,5 Litern in der Stunde aus. Die beiden Tanks fassen 490 Liter. Selbst wenn beim Wochenendtörn die Maschine wegen des kurzen Zeitfensters eventuell länger läuft, werden selten mehr als 20 Liter in drei Tagen verbraucht. Manche Motorboote verbrennen dieselbe Menge in einer Stunde.

Wenn schon ein Motorboot, dann stets mit Dieselmaschine und nur mit einem Rumpf als „Verdränger“, der eine hohe Zuladung verträgt. Ein ganz wesentlicher Punkt – da knüpfe ich unmittelbar an das Bordleben an – ist die Tatsache, dass Kielsegelboote Ballast spazieren fahren: 3,2 Tonnen Blei ruhen in den Kimmkielen von FUCHUR. Schon meine kleine LUKTHOR II, eine Mirage 28, hatte 1,6 Tonnen schwere Kiele. Wenn man sich an Bord bewegt, reagiert ein Segelboot kaum darauf. Es liegt still. Steht der Wind ungünstig und schiebt kurze Wellen in den Hafen, kann das Wohnen auf einem leicht gebauten Motorboot, dessen Rumpf nur auf Formstabilität beruht, zur Tortur werden. Beim Fahren auf See legt sich ein Segelboot auf die Seite, es bleibt stabil, während ein Motorboot von 30 zu 30 Grad rollen kann. Ich würde ein Motorboot daher nur dann kaufen, wenn es im Wasser liegt und es beim Begehen des Seitendecks nicht stark krängt. Veritable Motoryachten sind natürlich über jeden Zweifel erhaben, insbesondere wegen ihrer komfortablen Kajüten und breiten Hecks als Aufenthaltsflächen.

Diese Stabilität der großen Motoryachten wird schon bei kleinen Segelbooten mit in die Geburtsurkunde geschrieben, wenn sie zumindest über einen Kurzkiel oder eine schwere Grundplatte verfügen. Wird der Mast zur Binnenfahrt gelegt, ist ihre Stabilität erst recht unschlagbar – da kippelt nichts mehr. Die Maschinen an Bord von Segelbooten haben nur wenige Pferdestärken und sind günstiger im Austausch. Und viele Segelboote sind schlanker, kommen auf günstigeren Liegeplätzen unter, die sie auch mit kleinerer Crew leichter ansteuern. Bei größerem Lateralplan und niedrigerem Vorschiff sind sie auch nicht so seitenwindanfällig.

Daher: Gerade bei geringem Budget punkten Segelboote im Vergleich zu Motorbooten wegen ihrer Stabilität, sparsameren Motoren und schmaleren Taille. Oft fallen mir moderne Segelyachten mit breitem Heck negativ auf, weil die Besatzungen schon zum Nachmittag keine Liegeplätze mehr finden: In vielen dänischen Häfen passten sie einfach nicht mehr zwischen die Pfähle. Ab 3,5 Meter wird es eng, ab 4 Meter oft unmöglich. FUCHUR hat eine Taille von 3,46 Meter und drängelt sich auch in kleine Boxen. Was dies für die Entscheidung pro oder kontra Segelboot oder über breite Rümpfe aussagt, mag jeder selbst entscheiden. Wichtig ist: Die Tipps in diesem Buch, insbesondere zum Thema Motorwartung, Heizung und Raumluft im Winter, gelten für beide Fraktionen.

Wie viel Boot brauche ich wirklich?

Es stimmt – Segeln kann ein teurer Sport sein. Aber es muss nicht immer eine neue Segelyacht sein. Der Gebrauchtmarkt ist schier unerschöpflich – derzeit ist es ein sogenannter „Käufermarkt". Denn das Angebot an gut gewarteten Yachten ist groß und die Preise sind infolgedessen relativ günstig. Weil eine gut gebaute Yacht um die 100 Jahre alt werden kann, segelt man mit einem 30 Jahre alten Schiff ebenso sicher wie mit einem neuen. Gerade die alten Langkieler sind besonders stabil. Ihre Rümpfe verzeihen Grundberührungen, wo bei manchen modernen Kurzkielern schon mit Bruch zu rechnen wäre. Grundsätzlich ist die erste Anschaffung eine große Herausforderung. Die Summe könnte abschrecken. Vielleicht macht es Ihnen die folgende Überlegung leichter. Kurz gefragt: Kennen Sie die Maslow'sche Bedürfnispyramide? In diesem psychologischen Modell werden Bedürfnisse in Relation zur Motivation der Menschen gesetzt. Ich habe dieses Modell auf die finanzielle Basis von Seglern mit überschaubarem Einkommen bezogen.

Die „Segel-Bedürfnispyramide".

Stufe 1.

Zuerst braucht man als Segler regelmäßiges Essen, Trinken und in unserer Klimazone ausreichende Kleidung. Wir sind zwar wetterfest, aber manche bevorzugen eine heizbare Wohnung.

Stufe 2.

Hat man es warm und trocken und ist der Bauch voll, sehnt man sich nach sozialen Kontakten. Wir streben nach Partnerschaft, Kindern und Freunden.

Stufe 3.

Berufliche Sicherheit und Mobilität: Beides ist notwendig, um das Geld für die Sicherung der beiden ersten Lebensstufen regelmäßig zu verdienen.

Stufe 4.

Auch Seglern wird manchmal langweilig. Wir suchen Unterhaltung, wie Fernsehen, Internet, Sport oder Urlaubsreisen.

Stufe 5.

Ganz oben auf der Pyramidenspitze steht ein „S“ für die Selbstverwirklichung: Segler verwirklichen dieses Bedürfnis oftmals mit dem Kauf einer Segelyacht! Ein „M“ für Motorrad oder Motorboot lasse ich aber auch gelten …

Die Crux ist, dass man die Stufen kaum überspringen kann. Wer bereits Schwierigkeiten hat, seine Wohnungsmiete zu bezahlen, wird nicht an die Anschaffung eines Segelbootes von den Maßen einer Yacht denken. Dazu müsste man finanziell in der Lage sein, von Stufe 1 direkt zur Pyramidenspitze 5 zu springen. Wir sehen daran, dass Normalverdiener erfinderisch sein müssen, um sich einen Luxusgegenstand der Stufe 5 samt Unterhalt zu leisten. Aber wenn man die Stufen schon nicht überspringen kann, kann man sie vielleicht mit etwas Geschick neu zusammensetzen?

Setzt man ein Segelboot gleichzeitig als Wohnung, Sportgerät und Urlaubsfahrzeug ein, dann reduzieren sich Kosten, die man andernfalls hätte, um allen Aktivitäten nachzugehen. Der Vergleich mit Camping auf dem Wasser, den man oft hört, ist nicht von der Hand zu weisen. Doch wer eine Segelyacht finanziell mit einem Wohnmobil vergleicht, liegt falsch: Ein Wohnmobil, egal wie alt, wird jedes Jahr an Wert verlieren. Mit jedem Kilometer mehr auf dem Tacho nimmt der Wiederverkaufswert ab. Dazu kommen schnelle Modellwechsel. Eine 30 Jahre alte Segelyacht kann im besten Alter sein, ein 30 Jahre altes Wohnmobil ist wahrscheinlich am Ende. Oft haben ältere Boote neue Maschinen und neue Segel erhalten – dann ist alles gut. Weitere Kosten von Landfahrzeugen entstehen dagegen durch Kfz-Steuern und Pflichtuntersuchungen. Das ist bei Booten anders. Eine gebrauchte Segelyacht – auf einem bestimmten Gebrauchtbootlevel angelangt – kann ihren Wert bei guter Pflege sogar über Generationen behalten.

Der Weg aufs Wasser führt wie gesagt nicht unbedingt über eine teure Yacht. In der Stufe 5 liegen wir in der Bedürfnispyramide ganz oben. Aber das sagt nicht aus, mit welchem Budget wir uns verwirklichen. Wer 500 Euro übrig hat, könnte ein gebrauchtes Faltboot mit Segeln kaufen. Beträgt das Budget 3000 Euro, könnte es ein altes Kajütboot werden. Auf jeden Fall kommt man mit dieser Investition aufs Wasser und zieht an Wohnmobilen vorbei, die sich auf Parkplätzen um einen Stellplatz am Wasser drängeln. Wie gut haben es da Bootfahrer, die den Anker werfen und sagen: „So, hier wohne ich jetzt."

Aber welches Boot passt zu mir? Und was ist zu beachten, damit man ein so zuverlässiges und wertstabiles Boot erhält, mit dem man sich auf Stufe 5 halten kann, ohne die Familie in Armut zu stürzen? Mehr dazu in den nächsten Kapiteln.

Die Vorteile kleiner Boote.

Wenn eine große Yacht vor dem Hafen ankern muss oder an zehnter Stelle im Päckchen liegt, weil der Hafen voll ist, findet ein Trailerboot immer noch einen Platz. Und zum Ankern? Mit wenig Tiefgang liegt man dicht an den romantischsten Ufern. Will man an Land, watet man durch das flache Wasser. Eine Yacht mit viel Tiefgang jenseits von 1,60 Meter kommt vielleicht gar nicht in die Bucht und ist gezwungen, an ungeschützter Stelle im Schwell zu ankern. Wer der beiden Skipper wird wohl ruhiger schlafen?

Viele Segler haben in der Vergangenheit bewiesen, dass mit kleinen Booten großartige Reisen möglich sind. Zum Beispiel Rollo Gebhard: Er segelte mit der Hansajolle über das Mittelmeer und dann das Rote Meer hinunter. Dann segelte er mit einem 5,6 Meter langen Sperrholzboot über den Atlantik und unternahm zwei Weltumsegelungen mit einem Boot von gerade einmal 7,3 Metern Länge. „Das war damals, als das Wetter noch stabiler war", sagen manche. „Die Leute hatten auch Glück", sagen andere. „Bei den heutigen Wetterkapriolen müssen es mindestens 11 Meter Länge und 2 Meter Tiefgang sein", sind sich die nächsten sicher. „Das trifft alles nur eingeschränkt zu", sage ich ...

Meiner Erfahrung nach ist für die Seetauglichkeit eines Bootes weniger die Größe oder der Tiefgang entscheidend, als sein technisch einwandfreier Zustand mit Reserven, beispielsweise mit einer zweiten Kraftstoffleitung. Dann sind Fragen des Zeitmanagements in Bezug auf das zu erwartende Wetter auf der Segelroute von Bedeutung: Stürme rechtzeitig zu erkennen ist heute weitaus einfacher als noch vor Jahren. Somit kann man Route und Ziel sowie Zeitbedarf bis dahin weitaus besser und sicherer planen. Und der Komfort? Allzu viel Bequemlichkeit ist nicht von Vorteil. So manche Crew einer 15-Meter-Yacht mit breitem Cockpit ist ernüchtert, wenn sie schnell vor dem nächsten Hafen aufkreuzt, aber dann keinen Liegeplatz findet. Zu eng darf es aber auch nicht zugehen. Zwar mag ich Folkeboote und schätze ihre Seetauglichkeit, doch für mich beginnt Komfort bei einem separaten Toilettenraum und annähernder Stehhöhe.

Die Mindestlänge eines bewohnbaren Bootes fängt darum für mich bei 7 Metern an. Auch wenn es sich nur um einen halben Quadratmeter vor dem Niedergang handelt: Es sollte möglich sein, sich im Stehen anzuziehen. Alles andere sind „Krabbelkajüten", die schnell zu eng werden, wenn mehr als eine Person mit dem Boot verreisen will. Daher war für mich eine Hai 710 stets die erste Wahl. Ich bin 1,80 Meter groß. Die Stehhöhe in der Hai beträgt 1,72 Meter. Stellte ich mich nicht kerzengerade hin, war das Boot komfortabel genug. Einen winzigen Toilettenraum hat diese kleine Yacht auch. Sogar mit Handwaschbecken. Man muss sich rückwärts hineindrehen, aber kann die Tür schließen. Ihre separate Achterkajüte war zudem ideal für unsere Kinder und für uns.

Welche Trailerboote verfügen über ähnlichen Komfort mit annähender Stehhöhe und Toilettenraum? Haber 660, First 235, Tonic 23, Hai 760, Rethana 25: All diese Boote sind mit wenig Tiefgang durch Schwingkiele oder Kielschwerter erhältlich. Auch die Raumwunder MacGregor 26 und Odin 28 kamen für mich in die engere Wahl. Sie bauen jedoch auf Wasserballastsysteme und kräftige Außenborder mit Benzin, ihr Spritverbrauch ist dementsprechend hoch. Und: Sie tauchen im schweren Seegang schon mal aus. Nichts für mich – da gehört ein sparsamer Einbaudiesel hinein. Würde ich heute ein trailerbares Boot für das Bordleben suchen, würde ich mich für eine Hai 760 oder eine Rethana 25 entscheiden: Beide haben geräumige Kajüten mit Stehhöhe und separate Toilettenräume. Eben noch am Nordkap segeln und wenige Tage später im Mittelmeer unterwegs sein – all das ist möglich.

Bewundert aber nicht verstanden habe ich wegen des Mangels am notwendigsten Komfort eine Familie, die mit einer Etap 21i eine volle Weltumsegelung hingelegt hat. Sogar ihren kleinen Sohn hatten sie mitgenommen. Sie hatten auf den langen Seestrecken sicher oft die Grenze ihrer Leistungsfähigkeit erreicht. Die „Unsinkbarkeit“ der Etap-Boote ist zwar ein nicht zu unterschätzender Vorteil. Doch mir war ein gebrauchtes, etwas größeres Boot mit Stehhöhe wichtig. Zwischen einer Bootslänge von 6,5 und 7,5 Metern liegen Welten. Man definiert es auch als Bequemlichkeit.

Angesichts des großen Gebrauchtbootmarkts frage ich mich: Warum sollte man es sich antun, nur auf dem Trampolin eines Strandkats um die Welt zu segeln, wie es ein Segler aus der Schweiz spektakulär vor einiger Zeit vollbracht hat? Dem Wasser so nah – ja, das ist schon herrlich. Nach angeblich 300 Kenterungen dieses Gefährts während seiner Reise kann man über den Sinn eines solchen Unterfangens trefflich diskutieren.

Die Botschaft dieser Abenteurer versuche ich anders zu deuten: Diese Extremsegler haben erlebt, was Zauderer, die bis zum Rentenalter auf das perfekte Schiff warten, vielleicht verpassen werden. Ich muss eingestehen, dass auch ich zu dieser Fraktion der Wartenden gehöre, habe aber andererseits nie auf meine Rolle als Familienvater verzichten wollen. Zum Ausgleich besitze ich bis heute ein Motorrad und ein Boot. Größe, Leistung oder ferne Reisen in exotische Länder spielen für das jeweilige Empfinden von Abenteuerlust kaum eine Rolle. Das möchte ich denjenigen ins Logbuch schreiben, die deprimiert von einer Bootsmesse kommen und sich fragen, wie sie jemals 120.000 Euro für eine neue 10-Meter-Yacht aufbringen sollen. Glauben Sie mir: Mit etwas Glück, Sachverstand und handwerklichem Geschick kann man bereits mit einem Budget von 1000 Euro aufs Wasser kommen. Und damit meine ich nicht das anfangs erwähnte Faltboot.

Für Anfänger sind danach ein paar Monate Vorlauf zu empfehlen, bis sie alle Pumpen, Schläuche und Kabel ihres Schiffes in- und auswendig kennen. Bei einer Autopanne rollt man aus und ruft den ADAC. Aber auf See gibt es keine „gelben Engel“ – jedenfalls kommen sie nicht so schnell. Damit der Rettungskreuzer gar nicht erst aufkreuzen muss, sollte auf jedem Boot wenigstens ein „leitender Ingenieur“ mitfahren.

Kriterien einer bezahlbaren Yacht.

Über die Jahre besaß ich acht Segelboote. Sie alle waren zwischen 12 und 30 Jahre alt. Alle wurden mit einem kleinen Gewinn weiterverkauft. Dabei habe ich niemanden übers Ohr gehauen. Ich achtete lediglich darauf, dass die Boote in gutem Zustand ohne Reparaturstau waren. Außerdem hatte ich sie deutlich besser ausgestattet. Ein Boot in Schuss zu halten zahlt sich aus. Nicht nur gewährt es einem unbeschwerten Segelspaß, sondern jede Investition zahlt sich beim Wiederverkauf aus. Meistens hatte ich das neue Objekt schon im Visier und habe selten länger als eine Woche warten müssen, bis ich einen Käufer für mein altes Boot fand. Unter dem Strich machte ich auf diese Weise nie einen Verlust, wenn ich zum nächsten Boot wechselte.

Meine Aufmerksamkeit gehörte den Motoren. Sie sind ein teurer Faktor im Unterhalt, müssen stets einwandfrei laufen und sollten möglichst neuwertig sein. Deswegen ließ ich 2013 von einer Colvic 35 mit einer hoffnungslos verrottet erscheinenden Volvo-Maschine lieber die Finger. Sie war zwar ein schönes Boot und ist als besonders geräumiger Kimmkieler für Familien und große Leute einfach klasse, aber ihr motortechnisches Innenleben schien am Ende zu sein. Ein Jahr später kaufte sie ein Kollege zu einem deutlich geringeren Preis und hat so die Reserven erhalten, jederzeit eine neue Maschine einzubauen. Zu meiner Verblüffung läuft der alte Volvo nach drei Jahren immer noch einwandfrei.

Eines meiner Boote – KLIMBIM – besaß dagegen einen nagelneuen Faryman-Motor. Der Vorbesitzer hatte ihn ein Jahr zuvor einbauen lassen. Ebenso war es bei LUKTHOR II, ebenfalls mit neuem Faryman. NIOBE? Sie besaß einen neuen Ruggerini-Diesel, der gerade einmal 15 Betriebsstunden aufwies. KENTERPRISE hatte als einziges Boot einen Außenborder. Aber das war ein beinahe neuer Honda-Motor.

LEVIATHANs Motor schließlich war so alt wie das Schiff – rund 20 Jahre. Ihr BUKH-Diesel mit 20 PS galt als „unkaputtbar“. Der Voreigner hatte ihn in einer Motorenwerkstatt überholen lassen: neue Lager, neue Kolben. Damit war er gut für weitere 20 Jahre. Auch PALOMA zeichnete sich durch einen zuverlässigen Motor aus. Der alte Mercedes-Motor OM 636 wurde ursprünglich im Unimog eingesetzt. Er hatte im Jahr zuvor eine aufwendige Überholung erhalten: neue Kolben, Lager, Wasserpumpe. Der Vierzylinder ist laufruhig und mit 2 bis 3 Liter Verbrauch in der Stunde noch relativ sparsam. Ersatzteile? Kein Problem.

Der Beta-Diesel von FUCHUR hat insgesamt dreimal Probleme bereitet, aber das lag an der Kraftstoffzufuhr. Leider sind Ersatzteile nicht überall vorrätig. Ich bestelle sie mittlerweile bei einem Importeur in den Niederlanden. Man ist dort ausgesprochen hilfsbereit. Müsste ich heute wählen, wäre der Motor meines Vertrauens wahrscheinlich eine Yanmar-Maschine der alten Art, und zwar als Saugdiesel, weil die modernen Varianten wegen ihrer sensorgesteuerten Elektronik ohne Spezialinstrumente nicht mehr gewartet werden können.

Wie häufig ausfallende Sensoren zu Werkstattbesuchen zwingen, erlebe ich mit meinem relativ zuverlässigen Volvo S 80. Der Unterschied: Zumindest kann ich im Notlaufprogramm zur nächsten Werkstatt schleichen. Auf See kann man aber nicht mal eben den Fehlerspeicher auslesen und driftet bei Flaute vielleicht der Großschifffahrt vor den Bug. Einem Stegnachbarn ist das unlängst passiert. Vor der Ansteuerung von Hooksiel fiel die Maschine seines Motorseglers aus. Er trieb im Flutstrom unter die Landungsbrücke, kollidierte mit den Tragpfählen und rasierte das Rigg vom Rumpf.

Leider gibt es keine hundertprozentige Zuverlässigkeit. Am besten ist es, wenn man sein eigener Mechaniker ist. Es gibt immer etwas zu reparieren. Bevor ich an den Schreibtisch wechselte, absolvierte ich eine Lehre zum Motorradmechaniker. Touren führten mich zwischen Finnland und Kroatien durch Europa. Von der technischen Ausbildung profitiere ich heute. Glücklicherweise ist die Technik auf Booten einfach. Es gibt eigentlich nichts, was man nicht mit Bordmitteln beheben kann. Wem handwerkliche Arbeiten jedoch ein Graus sind, kann auf den Stufen der „Seglerpyramide“ springen, wie er will: Das Boot macht ihn zum armen Mann (oder zur armen Frau), sobald Monteure weitere Anfahrten haben. Dann ist man besser in einer Marina aufgehoben, die guten Service vor Ort bietet.

Ein wichtiger Faktor für den Werterhalt eines Bootes ist der Kauf eines Schiffes, für das es einen stetigen Markt gibt. Der erste Gedanke beim Bootskauf sollte dem Wiederverkauf gelten. Paradox? Was hilft es, wenn man in ein Boot verliebt ist, für das man aber über Jahre hinaus keinen weiteren Liebhaber mehr findet? Will man mit seinen Finanzen auskommen, verbieten sich Experimente mit Exoten, die sonst niemand will.

Beispiele dafür sind Jollenkreuzer. Sie hatten ihre Blütezeit in den 50er- und 60er-Jahren. Für Watt und Binnenreviere sind Jollenkreuzer gut geeignet, doch sie bieten keine Kentersicherheit. Der Altersdurchschnitt der Segelszene ist gestiegen und liegt mittlerweile bei über 50 Jahren, auch wenn ich neuerdings wieder mehr junge Familien mit gebrauchten Booten sehe. Mit zunehmendem Alter sind Menschen immer weniger bereit, Risiken einzugehen. Erst recht nicht in der Freizeit. Warum also einen Jollenkreuzer mit 30 Zentimeter Tiefgang kaufen, wenn ein Flachkielboot mit einem Tiefgang von 60 Zentimeter seetauglich sein kann und sich im Zweifelsfall auch leichter weiterverkaufen lässt?

Die gleiche Frage stellt sich bei Holzbooten. Hat man eines, wird man es wahrscheinlich lange behalten – müssen. Kaum jemand will sie. Eine klarlackierte Holzyacht gehört sicherlich zum Schönsten, was auf dem Wasser schwimmt. Nur ist eine solche Yacht nichts für Menschen, die weiter als 100 Kilometer von der Küste entfernt wohnen oder die sich keine beheizte Halle als Winterlager leisten wollen. Lackschichten müssen bei warmen Temperaturen, bei absoluter Trockenheit und in festgelegten Überarbeitungsintervallen aufgetragen werden, sonst muss man zwischenschleifen. Ist die Halle nicht beheizt, schlägt sich Luftfeuchtigkeit auf dem Rumpf nieder. Das Lackieren ist im Winter nicht möglich. Das Prozedere ist achtfach zu wiederholen. Im Sommer geht das ebenfalls nicht. Da wollen wir ja segeln. Wird der Krantermin geschoben, ist es vielleicht trocken, aber windig. Ist es nicht windig, herrscht gerade Pollenflug oder ein Stegnachbar wirft seinen Dampfstrahler an. Sie können es drehen und wenden, wie Sie wollen: Wer sich ein Holzboot kauft, wird nicht mehr viel Zeit für die Familie haben. Mit Booten ist es wie im Leben: Nur was man liebt, pflegt man intensiv. Die Liebe aber kühlt schnell ab, wenn die Bedürfnisse des Bootes nicht zum eigenen Lebensstil passen. Wenn ein Boot dann nicht leicht zu verkaufen ist, wird der Besitz zur Last. Vernachlässigte Boote in den Marinas künden von dieser erkalteten Liebe.

Kiel und Ruder: Rückgrat und Kostenfaktor jeder Yacht.

Wie beim Motor kann die Wahl des richtigen Unterwasserschiffs von Bedeutung für das eigene Portemonnaie sein. Denn dieser Punkt steht ebenfalls im direkten Verhältnis zu den Betriebskosten einer Yacht. Der Tiefgang entscheidet maßgeblich darüber, wohin ich mit meinem Schiff überhaupt segeln kann und welches das geeignete Revier ist.

Der passende Liegeplatz für das eigene Schiff ergibt sich also, wenn man den Tiefgang kennt, der für ein Revier geeignet ist. Auf der Aller oder dem Steinhuder Meer? Höchstens 70 Zentimeter. Im Wattenmeer? Höchstens 140 Zentimeter, besser weniger als 120 Zentimeter. In der Ostsee?

Wer nicht in die Boddengewässer oder kleinen Häfen der dänischen Südsee möchte, kann auch mit 200 Zentimeter Tiefgang glücklich werden, wird aber in vielen Hafenansteuerungen mit schmalen Rinnen Probleme haben. So erging es Seglern beim Besuch meiner Lieblingsinsel Birkholm in der dänischen Südsee, die mit mehr als 1,70 Meter Tiefgang aufkreuzten. Manche kommen mit etwas mehr Tiefgang hinein, aber bei einem Windsprung, der auch in der Ostsee den Wasserstand senken kann, gelangen sie nicht wieder hinaus.

Mit mehr als 1,50 Meter Tiefgang kann man beispielsweise noch die meisten ostfriesischen Inseln anlaufen, wenn man nicht innen die Wattenhochs überqueren möchte. Doch mit 2 Metern Tiefgang sind einige Hafenansteuerungen kaum noch möglich. Wenn dann noch eine Fähre entgegenkommt, die in der Regel nur einen Meter Tiefgang hat, ist kein Ausweichen mehr möglich. Daher lohnt der Blick auf das Thema Tiefgang und Kielformen.

Kielformen ohne finanzielle Risiken.

Ich bevorzuge Langkiele, gemäßigte Kurzkiele mit Ruder am Skeg oder Kimmkiele – ebenfalls mit Ruder am Skeg. Kielschwerter, Hubkieler oder Wasserballastkonstruktionen sind für meine Bedürfnisse ungeeignet. Geradezu ein rotes Tuch sind für mich T-Kiele mit nach vorn stehender Ballastbombe. Sie bleiben in jedem Treibnetz hängen oder sammeln Leinenreste oder Plastikplanen ein. Diese treiben dabei nach oben direkt unter den Rumpf. Manche T-Kiele sind sogar zum Bug geneigt. Was für ein sicherheitstechnischer Unsinn. Meistens haben diese Konstruktionen einen Saildrive-Propeller, ebenfalls nah am Kiel. Wenn dann der zuvor schnell segelnde T-Kiel-Skipper kurz vor der Hafenansteuerung die nun dringend notwendige Maschine startet, gerät das unbemerkt unter dem Rumpf mitgezogene Netz sofort in den Propeller. Und schon droht Schiffbruch auf der nahen Mole.

Aus anderen Gründen lehne ich Schwingkiele ab. Ich hatte einmal mit einer Southerly geliebäugelt, bis ich mir die potenziellen Reparaturkosten ansah. Wenn ihr Schwingkiellager ausgeschlagen ist, sind 10.000 Euro schnell dahin. Zu viel, um langfristig mit einem Schiff glücklich zu werden. Rümpfe mit modernen Doppelruderanlagen sind für einen Schlickrutscher wie mich auch nicht perfekt, weil das Leeruder stets den tiefsten Punkt der Konstruktion bildet und keinen Skeg hat. Im Watt segelt man oft bei nur noch 10 Zentimetern unter dem Kiel. Nicht auszudenken, wenn dann ein Ruder ohne drittes Lager bei 5 Knoten aufsetzt.

Abstellen des Bootes an Land, Grundberührungen oder Trockenfallen im Watt.

Auch die schönste Saison geht mal zu Ende. Schiffe sollten so konstruiert sein, dass ihr volles Gewicht auf dem Kiel abgestellt werden kann. Außer einigen Rennziegen können das alle älteren Schiffe mit Festkielen oder Kielschwertern. Die Stützen der Lagerböcke verhindern nur das Umkippen. Leider haben viele moderne Konstruktionen den Nachteil schmaler Kielwurzeln. Beim Aufsetzen muss das Gewicht des Bootes gleichmäßig auf Kiel und Stützen erfolgen. Das ist fast unmöglich. Wer schon mal erlebt hat, unter welchem Zeitdruck manche

Kranführer stehen, wird mir zustimmen. Es kommt unweigerlich zu Belastungsspitzen. Das Laminat knackt verdächtig. Darin reißen in diesen Momenten Tausende von Glasfasern. Schlimmstenfalls reißen sie um die Kielwurzel herum und der Bereich wird „weich". Das Boot ist vielleicht fast neu und hat bereits einen „Schwingkiel" – und zwar von Steuerbord nach Backbord. Das ist wahrlich keine schöne Vorstellung. Eine mir bekannte Werft hatte bei einem gerade vierjährigen französischen Großserienboot die gesamte Kielsektion verstärkt laminiert, weil sich bereits die ersten Haarrisse gebildet hatten. Ich konnte den Schaden nicht selbst dokumentieren, weswegen ich den Bootstyp nicht nenne. Aber nachdem ich beispielsweise den Kielabriss einer neuen polnischen Yacht ähnlicher Konstruktion untersucht hatte, deren Ballast vor Langeoog aus zu dünnem Laminat herausbrach, wurde ich wieder mal in meiner Meinung bestätigt: Es sind alles keine Boote, die für Generationen gebaut werden.

Solche Probleme kennen Langkieleigner nicht: Schwere Schiffe haben dicke Böden. Diese Schiffsböden verfügen über Kielwurzeln mit bis zu 8 Zentimetern Stärke. Sie ziehen sich vom Mastfuß bis zum Heck durch. Eisen- oder Bleikiele werden untergebolzt, wobei auch die Bolzen aus einfachem Stahl stark rosten können und irgendwann erneuert werden müssen. Ein Beispiel einer 25 Jahre alten Moody, deren Kimmkiele eigentlich grundsolide angebracht sind: Gut 5.000 Euro kostet der Austausch. Bei Metallschiffen werden sie dagegen verschweißt.

Aber egal ob GFK, Aluminium oder Stahl: Boote mit langem Kiel bleiben stabil. Eine Grundberührung auf Sand zieht in den meisten Fällen keine Schäden nach sich. Daher sind Langkieler für die geringen Tiefen der Ostsee und für das Wattenmeer gut geeignet. Sie verzeihen kleinere Fehler und Trockenfallen ist mit ihnen unproblematisch. Touchiert dagegen eine moderne Kunststoffyacht mit schmalem Kurzkiel ein Hindernis, wirken durch den langen Hebel des Kiels an der Bodensektion enorme Hebelkräfte. Bruch ist leichter möglich. Besonders dann, wenn Wellen das Boot anheben und mehrfach auf Grund setzen: In einem solchen Fall kann der Kiel den Rumpf regelrecht durchstoßen.

Langkieler sind allerdings nicht besonders schnell. Im Durchschnitt verlieren sie einen Knoten auf moderne Boote. Ins Gleiten kommen sie auch nicht. Unter Windstärke 3 spielt sich nicht viel ab. Regatten wird man mit einem Langkieler kaum gewinnen können. Doch wer wie ich Fahrtensegler ist, für den ist Geschwindigkeit ein sekundärer Faktor. Ich segle nicht, um möglichst schnell von A nach B zu kommen. Wichtig ist für mich, dass meine Familie gerne mitfährt. Dafür sind ruhige Bewegungen im Seegang ideal. Ein flaches Unterwasserschiff, das in jede Welle knallt, ist nicht besonders familienfreundlich. Klar freue ich mich, wenn FUCHUR mal an einem anderen Schiff vorbeizieht. Das kommt allerdings selten vor: Zwei Kiele bremsen mehr als einer. Doch im Watt sind wir die Könige. Für Fahrtensegler stellen Doppelkieler die erste Wahl dar. Viele Mitglieder von Trans-Ocean sind mit Lang- oder Doppelkielern unterwegs und haben erfolgreiche Weltumsegelungen hinter sich.

Auf Grund – na und? Kimmkieler können alles!

Ein Werftchef berichtete mir einmal, dass seine Boote in erster Linie für solvente Mittelmeersegler konstruiert würden, für die ein geringer Tiefgang oder das Trockenfallen keine Rolle spiele. Schick und schnell – nur das würde bei den Kunden ankommen. Die wenigen nordischen Tidensegler sorgen für zu geringe Umsätze, weil ihre Boote ewig halten. Daher wurden Kimmkieler aus dem Programm genommen. Wie schade, denn für mich stellen Kimmkieler die Boote mit den umfangreichsten Einsatzmöglichkeiten dar. Außerdem spart man mit ihnen viel Geld. Wegen der Kimmkiele und der breiten Kielsohle kann unser Boot überall trockenfallen. Die Sirius-Werft hat die Vorteile wiederentdeckt, was ihre Kunden honorieren. Auch von Ostseeseglern werden bei dieser Werft in erster Linie Kimmkieler gekauft, denn vielseitiger können Boote kaum sein: Bei Reisen in abgelegene Regionen kann man einen Kimmkieler auf jeden Strand der Welt setzen. Einen Meter Tidenhub findet man überall. Kontrollen und Reparaturen? Sie lassen sich einfach und kostengünstig während der Ebbe selbst bewerkstelligen.

FUCHURs Tiefgang beträgt 130 Zentimeter. Im Wattenmeer hat man damit Zeitfenster zum Überqueren der Sandrücken von rund vier Stunden. Das ist gut für flache Häfen, Flüsse und Kanäle.

Unschlagbar sind Kimmkieler im Winterlager oder bei Überlandtransporten. Sie benötigen keine Lagerböcke. Ein einfacher Tiefbettanhänger reicht aus, um die Höhe von 4 Metern nicht zu überschreiten. Und immer, wenn an unserem Steg ein neues Clubmitglied anlegt und nach einem günstigen Winterlagerplatz zum Krantermin fragt, scheitert man entweder am fehlenden Lagerbock oder am fehlenden LKW-Trailer. Der Skipper eines Doppelkielers holt einfach ein paar Holzlatten aus der Backskiste und legt sie auf den Boden. Schon kann das Boot vom Kranführer samt stehendem Mast sicher bis zum Frühjahr abgestellt werden.

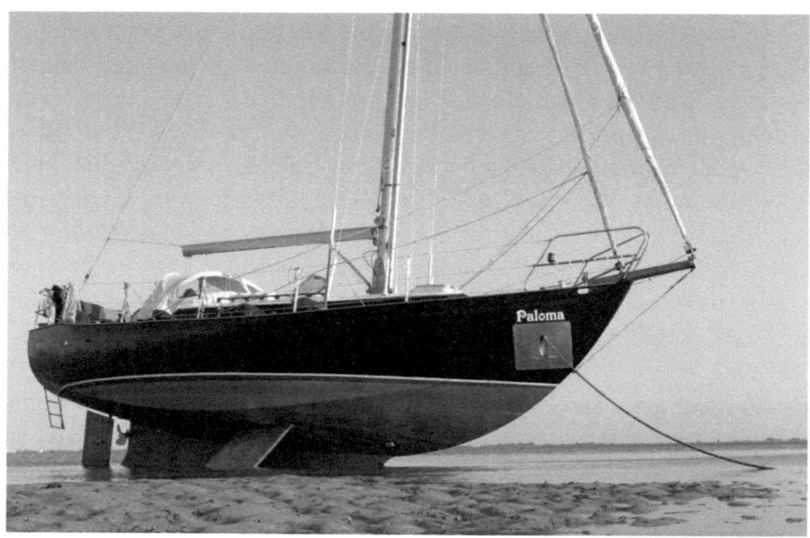

„Unkaputtbar": Langkiel als „Rückgrat" fest verschweißt, Ruder mit drittem Lager, Kimmkiele. Im Langkiel ruhen 2 Tonnen Blei, in den Kimmkielen jeweils 500 Kilo. Eine Regatta wird man mit diesem Schiff nicht gewinnen und das schwere Boot segelt recht nass. Aber es verhält sich gutmütig im Seegang.

Der richtige Liegeplatz.

Am günstigsten kommt man als Mitglied in einem Verein unter. Liegt der Verein noch dazu an einem Fluss im Binnenland, ist das Preis-Leistungs-Verhältnis kaum zu schlagen. Dazu gibt es in jedem Verein technische Spezialisten, die mit Rat und Tat zur Seite stehen. Als Einheimische wissen sie auch, wo die beste und günstigste Werkstatt zu finden ist, falls ein Mechaniker gebraucht wird. Und wenn dann im Winterlager der Sturm mal die Plane vom Schiff reißt, findet sich immer jemand, der sie wieder sichert. Zum Vereinsleben gehört die Teilnahme an Sitzungen, Festen und Arbeitsdiensten. Ohne diese könnte kein Verein bestehen. Es wäre nicht fair, einen günstigen Liegeplatz zu nehmen, sich aber vor den Pflichten im Verein zu drücken. Wer dem Vereinsleben nichts abgewinnen kann, dem bleibt nur die Wahl eines Liegeplatzes in einer nicht vereinsgebundenen Marina.

Liegeplätze an der Nordsee sind oft günstiger als an der Ostsee. In einer Ostsee-Marina oder in den Niederlanden müsste ich den doppelten Preis bezahlen. Ein Punkt für die Nordsee: Vom gesparten Geld könnte ich zur schönsten Jahreszeit einen Gastliegeplatz an der Ostsee bezahlen oder weitere neue Liegeplätze ausprobieren. Teuer kann es werden, wenn eine hohe Einstandszahlung zum Clubvermögen zu zahlen ist. Das rechnet sich erst nach einigen Jahren. Man hat sich auf diese Weise allerdings für das Pensionsalter einen Liegeplatz gesichert. Im Jahr 2019 wurden an der Nordseeküste im Bereich der ostfriesischen Festlands- und Inselhäfen wieder viele Neuzugänge verzeichnet. Wer einem Verein mit Liegeplatzgarantie beitritt, dümpelt nicht heimatlos vor der Steganlage. Außerdem kann man sicher sein, im fortgeschrittenen Alter einer aktiven Gemeinschaft anzugehören. Denn irgendwie wird man am Steg fast zu einer Großfamilie.

Stellen Sie sich vor, Sie möchten an einer besonders schönen Stelle einer Bundeswasserstraße einen sicheren Liegeplatz mit einer Muringboje einrichten. Wenn Sie an Land wollen, nehmen Sie das Beiboot. Oder Sie kennen jemanden, der es gestattet, auf seinem Grundstück einen kleinen Anleger zu bauen, an dem Sie gegen Gebühr über den Sommer „wohnen". So etwas geht nicht? Doch, das ist durchaus möglich. Und manchmal kann sogar ein Strom- und Wasseranschluss verlegt werden.

Boote beleben Gewässer, egal ob sie segeln, vor Anker oder am Steg liegen: Jeder sieht sie gerne. Oder fast jeder. Ökologen beanstanden mitunter, dass schon killende Segel das Brutverhalten ihrer gefiederten Schützlinge beeinträchtigen. Liegt das Gewässer gar in einem FFH-Gebiet (Flora-Fauna-Habitat), dessen Wasserfläche nicht als Bundesschifffahrtsstraße dem Verkehr gewidmet ist, ist ein umfangreiches Antragsverfahren erforderlich: Wer etwas verändern möchte, kommt um ein Umweltverträglichkeitsgutachten nicht herum. Und damit kann ein fünfstelliger Betrag jedes Engagement beenden. Außerdem gibt es keine Erfolgsgarantie. Merke: Kein Gutachten ohne mögliches Gegengutachten. Am Ende gewinnen oft nur die Juristen. Doch auf ausgewiesenen Wasserstraßen gibt es eine ganze Reihe von Möglichkeiten, die durch Antragsverfahren geprüft werden. So hat eine Muringboje „vor der Haustür" durchaus die Chance, genehmigt zu werden.

Was ist zu beachten?

Jede wasserbauliche Veränderung, folglich auch die Errichtung eines „Privatwasserparkplatzes", unterliegt einer Einzelfallprüfung, in die verschiedene Behörden eingebunden sein können. Die jeweiligen Wasser- und Schifffahrtsämter (WSÄ) prüfen dabei in erster Linie die verkehrlichen Belange; etwa ob die Maßnahme die Sicherheit und Leichtigkeit des Schiffsverkehrs beeinträchtigen könnte. Landesbehörden kontrollieren, ob die Gewässergüte, der Hochwasserschutz oder der Naturschutz in Mitleidenschaft gezogen werden könnten. Bei komplexeren Bauwerken wird von Landesbehörden auch die Baugenehmigung geprüft. Unabhängig davon müssen die Grundstückseigentümer einverstanden sein.

Anträge werden an das lokal zuständige Wasser- und Schifffahrtsamt sowie an die zuständigen Landesbehörden (Naturschutz, Wasserwirtschaft, Baurecht) gerichtet, was schon bei einfachen Veränderungen erforderlich ist. Das gilt auch für eine „Böschungstreppe", die aus ein paar Brettern und Pfählen besteht. Außerdem ist vor dem Baubeginn auf öffentlichen Grundstücken ein Nutzungsvertrag abzuschließen. Nun werden manche Bundeswasserstraßen gar nicht mehr von Berufsschiffen befahren. Ich denke da etwa an kleine Kanäle oder die Aller bei Celle. Von 7300 Kilometern Bundeswasserstraßen werden 2800 Kilometer touristisch genutzt.

Ein Beispiel von meinem ehemaligen Heimatrevier auf der Aller bei Celle: Meine Elvström 22 hatte nur 30 Zentimeter Tiefgang. Vorausgesetzt, der Eigentümer einer Wiese würde es erlauben, dürfte ich hier trotzdem nicht sicher sein, an seinem Flussstrand dauerhaft liegen zu können. Zwar könnte eine strom- und schifffahrtspolizeiliche Genehmigung (SSG) erteilt werden. Allerdings ist die Aller als Bundeswasserstraße auf der gesamten Länge ihrer 117 Kilometer als FFH-Gebiet ausgewiesen. Mit den drei Landkreisen entlang der Aller gibt es daher nur abgestimmte Streckenbereiche, wo auch aus wasserwirtschaftlicher und vor allem naturschutzrechtlicher Sicht eine Genehmigung der Landkreise erteilt werden kann. Insofern prüft man bei SSG-Anträgen immer als Erstes, inwieweit diese innerhalb der Korridore der Landkreise liegen und auch von dort genehmigungsfähig sind.

Aber: Wenn unser Antrag genehmigt wird, sind die Gebühren oder „Wasserpachtbeiträge" für Steg- oder Muringanträge gar nicht so hoch und richten sich nach dem Baukostenwert der Anlage. Unter 25.000 Euro Baukosten ist eine einmalige Mindestgebühr von 125 Euro zu entrichten. Für die WSV-eigenen Land- und Wasserflächen ist ein privatrechtlicher Vertrag mit einem jährlichen Nutzungsentgelt abzuschließen, abhängig von der Lage und Größe der Nutzungsfläche. Das Mindestentgelt beträgt zurzeit 85 Euro/Jahr.

Stets ist es zweckmäßig, vor Antragstellung telefonisch mit dem zuständigen WSA Kontakt aufzunehmen. Man muss das Rad ja nicht mehrfach erfinden und erhält durchaus Tipps mit Baumustern bereits genehmigter Anlagen. Danach wird die Anlage abgenommen und regelmäßig kontrolliert. Dem Betreiber obliegt dann die „Verkehrssicherungspflicht“, um Schäden anderer zu verhindern. Gegebenenfalls sind dafür entsprechende Absperrungen oder Schilder aufzustellen. Ansprechpartner für Strom- und Wasseranschlüsse sind die Wasser- und Energieversorgungsunternehmen. Da die Wasser- und Schifffahrtsverwaltung in der Regel Grundstückseigentümer ist, hat sie Anschlüssen zumindest zuzustimmen. Bei Aufgabe der Anlage fordert sie auch einen entsprechenden Rückbau der Anschlüsse.

Es gibt jedoch Gewässer, die grundsätzlich keine Veränderungen erlauben: Bauliche Veränderungen sind insbesondere in Dichtungs- und Dammstrecken von Kanälen ausgeschlossen. Einfacher kann dagegen ein Antrag auf das Auslegen einer Muringboje sein. Beispiel: Beim WSA Bremen gibt es an der Unterweser drei festgelegte Bereiche für Bojenliegeplätze. Unter Berücksichtigung der Schwojkreise ist eine maximal zulässige Anzahl von Bojen festgelegt. Die Anlage ist so zu verankern, dass sie und das daran festgemachte Fahrzeug nicht durch Strömung, Wind oder Wellenschlag vertrieben oder abgerissen werden können.

Anträge sind gar nicht so selten: Im Bereich der Müritz und der angrenzenden Gewässer gehen jährlich etwa 270 begründete Nutzungsanfragen ein. In den vergangenen Jahren wurden in den beiden WSÄ Brandenburg und Lauenburg jeweils 140 bis 150 Nutzungsanträge gestellt. Zwar kann es vorkommen, dass nachträgliche Gegenanträge von Naturschützern eingehen, aber wenn man seine Genehmigungsanträge rechtzeitig vor dem Baubeginn gestellt und sich an die Auflagen gehalten hat, ist das kein Problem. Abraten möchte ich dagegen zu Anträgen in Uferbereichen, die bereits als FFH-Gebiete ausgewiesen sind.

Wer an einem Fluss liegt, muss den wechselnden Wasserstand beachten. Ein fester Steg benötigt sehr lange Pfähle oder Stangen, an denen das Boot aufsteigen kann. Deswegen sind bei Binnenseglern Liegeplätze vor Staustufen oder Wehranlagen begehrt: Davor ist das Wasser tief, Wasserstände bleiben meist konstant, die Strömung ist gering und das Ufer zum Segeln im Binnenland eher flach. Unmittelbar vor Wehranlagen handelt es sich andererseits um gefährliche Bereiche, die häufig mit einem Befahrensverbot für Fahrzeuge ausgewiesen werden. Und damit kann auch ein Liegeverbot bestehen. Entsprechende Schifffahrtszeichen weisen darauf hin. Jede Idee sollte mit den Behörden abgestimmt werden, andernfalls werden Bußgelder bis zu 5.000 Euro fällig.

„Refit“: Keine Angst vor alten Booten.

Wann ist eigentlich der ideale Zeitpunkt für den Kauf eines Bootes? Eindeutig im Herbst. Angebote können zu diesem Zeitpunkt besonders attraktiv sein. Viele Eigner entscheiden sich während der Segelsaison zum Bootswechsel. Kauft man das Boot im September, wird es vielleicht noch im Wasser liegen. Damit erhält man bei einem Probeschlag die besten Eindrücke: Ist das Boot dicht? Schließen die Seeventile? Funktionieren die Winschen oder die Rollfockanlage auch unter Last? Läuft der Motor zuverlässig? Lassen sich Türen noch öffnen, wenn das Boot mit 30 Grad Lage gesegelt wird oder verzieht sich der Rumpf? Ich gebe zu, dass ich auch schon Boote ohne Probefahrt gekauft habe. Aber ratsam ist das nicht.

Beim Krantermin sollte man auf jeden Fall dabei sein. Frühzeitig offenbaren sich „Wahrheiten“ über den Zustand des Unterwasserschiffs. Besteht nur der geringste Verdacht, dass sich ein Schaden unter der Antifoulingschicht verbirgt, kommt unser Spezialwerkzeug zum Einsatz: eine Ziehklinge, im Katalog meist „Farbschaber“ genannt. Hat man es mit einem ehrlichen Eigner zu tun, wird er nichts dagegen haben, das Antifouling über der verdächtigen Stelle abzuziehen. Es dauert ja kaum eine Minute und das Unterwasserschiff benötigt für das nächste Frühjahr ohnehin einen neuen Anstrich. Am besten ist es, der Eigner nimmt den Farbschaber und macht das selbst. So bleibt man haftungstechnisch auf der sicheren Seite, falls der Farbschaber „unerklärlicherweise“ bis ins Innere des Bootes vorstoßen sollte ...

Der Kauf im Herbst hat einen weiteren Vorteil: Bis zur nächsten Saison hat man noch ein halbes Jahr, um das Boot richtig kennenzulernen. Die See ist wie eine wunderbare Geliebte, aber sie verzeiht keine Fehler. So benötige ich ein halbes Jahr, um bei Bastelarbeiten auch die letzte Ecke im Boot zu entdecken. Erst dann bilde ich mit dem Schiff eine „seetaugliche Einheit". Und die ist unabdingbar für gutes Segeln.

Ein sehr kostengünstiges Boot wird vermutlich einige Mängel haben. Vielleicht wurde es seit Jahren nicht mehr gesegelt. Innen riecht es muffig. Hinter den Verkleidungen hat sich das eine oder andere Schimmelnest ausgebreitet. Der Lack ist stumpf. Der Motor „schwitzt". Unter der Wasserpumpe gibt es verdächtige Rosttropfen. Die Kraftstoffleitung riecht nach Diesel. Eine Stelle am Unterwasserschiff ist nach Wochen immer noch feucht. All diese Mängel erklären den günstigen Preis, müssen aber behoben werden.

Die Arbeiten können umfangreich sein, selbst wenn man beim Kauf alles gründlich geprüft hat. Das passiert auch bei Booten, die nicht billig waren. So war es bei unserer ersten Hai 710. Ein Auszug aus der Liste der Arbeiten, die ich im Winter 1994/1995 durchführte, illustriert den Aufwand, den ein gebrauchtes Boot machen kann. Ich würde es jedoch bedauern, wenn Sie nach dem Lesen kein eigenes Schiff mehr haben wollten, denn diese Arbeiten sind nicht sonderlich kompliziert und auch nicht teuer. Im Gegenteil: Erfolgreiche Reparaturen verbinden uns mit dem Boot umso mehr. Sie lassen uns die letzten Ecken erkunden und sie machen uns fit für eventuelle Reparaturen auf See, denn nun weiß man, wo jedes Schräubchen sitzt. Ein Segler wächst an seinen Aufgaben. Und das Schiff wird dem Eigner wahrlich „zu eigen".

To-Do-Liste: Überholung einer Hai 710.

- ➪ Polster mit atmungsaktiven Matten gegen Schwitzwasser unterlegt (Gisatex).
- ➪ Automatische Lenzpumpe mit Schwimmerschalter eingebaut.
- ➪ Dieselgewebeschläuche stinken. Neue Leitungen eingebaut.
- ➪ Kunststoffdieseltank im Vorschiff stinkt. Tank ausgebaut und mehrfach mit Alufolie umwickelt. Stinkt nicht mehr.
- ➪ Wassertank aus Kunststoff lag neben dem Dieseltank. Trinkwasser stinkt nach Diesel. Neuen Trinkwassertank aus Niro anfertigen lassen.

- ➪ Das Abdeckbrett über dem Dieselkunststofftank stinkt. Neues Sperrholzbrett eingepasst.
- ➪ Winterklar: Frostschutzmittel in den Seewasserfilter gefüllt und Motor durchlaufen lassen.
- ➪ Motoröl gewechselt, Ventilspiel (0,2 mm) einmal im Jahr geprüft, Lichtmaschine durchgemessen.
- ➪ Echolotgeber leckt. Mit Sikaflex gedichtet und Öl aufgefüllt.
- ➪ Kontakte der Positionslampen gereinigt. Zwei Stecker auf Deck neben dem Mast von Kupferwurm befallen. Stecker erneuert.
- ➪ Windex und UKW-Funkantenne auf Maststopp installiert.
- ➪ UKW-Funkgerät gekauft und eingebaut. Heißt jetzt „Delta Juliet 4298". „Juliet" klingt nicht unbedingt nach beinhartem Skipper. Aber immerhin habe ich zwar eine richtige Seefunkstelle, kann sie aber nicht ausprobieren, da ich mich am Rand der Lüneburger Heide befinde. Leider weit und breit kein Funkkontakt. Ich gebe alles. 25 Watt Sendeleistung – keiner antwortet ...
- ➪ Licht in Motorraum gelegt.
- ➪ Diverse Holzteile abgezogen und im warmen Haus mit Klarlack neu lackiert.
- ➪ Ruderskeg weist eine feuchte Stelle auf. Geöffnet. Aus dem Holzkern tropft Wasser. Mit Bohrer den Skeg durchlöchert und bis zum Frühjahr trocknen lassen. Dann mit Epoxidharz neu laminiert.
- ➪ Ruderkopfbeschlag mit passenderen Schrauben fixiert. Kein Spiel mehr.
- ➪ Schadhafte Segelnähte mithilfe der Familie ausgebessert.
- ➪ Spiritusdruckkocher erhält neue Dichtungen und Düsen.
- ➪ Heizungsanlage nicht mehr zu reparieren. Entsorgt.
- ➪ Auto hängt bei angehängtem Trailer achtern durch. Stützlast mit „Feingewicht-Personenwaage" gemessen. Waage völlig zerstört. LUKTHOR beim Bootsbauer mit Gurten durch Gabelstapler angehoben. Dabei auch das Schwert gereinigt und lackiert. Boot auf dem Trailer nach hinten versetzt. Neue Personenwaage zeigt 70 Kilo Stützlast und hält durch.

Aus Kostengründen stelle ich meine Boote im Winter nie in einer Halle ab. Wenn ich verfolge, wie häufig in Hallen Brände mit enormen Schadenssummen ausbrechen, schlafe ich ruhiger, wenn mein Boot im Freien steht. Besonders bei Stahlschiffen oder Staubverbreitung wäre eine Hallennutzung auch nicht ratsam. Denn nach Schleifarbeiten müsste ich damit rechnen, von den Nachbarskippern gelyncht zu werden. Das würde nicht am selben Tag, aber nach ungefähr zwei Wochen passieren, wenn die dabei abgeschliffenen Rostpartikel auf ihren Booten erblühen. Freunden ist zum Ende des Schleifens der Staubsauger explodiert – blauer Antifouling-Staub verunzierte mehrere Boote und sie selbst sahen aus wie Schlümpfe.

Bei Arbeiten auf dem Freigelände richte ich mich nach der Witterung. Das ist eigentlich logisch. Trotzdem wundere ich mich, wie viele Eigner im Frühjahr klagen, dass sie wegen „schlechten Wetters" ihre Lackierarbeiten nicht schaffen. Erst Anfang April oder Mai den Gemeinschaftskran bestellen? Nach meinem Verständnis ist die kostbare Saison dann schon bald vorbei. Segel werden im März gesetzt. Spätestens.

Der goldene Oktober hält trockene Tage bereit. Die Außenarbeiten kommen darum zuerst dran, bevor im November die dunkle und kalte Jahreszeit beginnt. Bei zwei Booten zog ich das Antifouling am Unterwasserschiff mit der Ziehklinge ab. Über-Kopf-Arbeiten sind nicht leicht – das Abziehen eines Unterwasserschiffes ist die schlimmste Arbeit, die ein Boot bereiten kann. Doch danach konnte ich sicher sein, keine verborgenen Haarrisse im Laminat zu haben.

Innerhalb des Bootes gibt es Bastelarbeiten, die große Freude bereiten, wenn draußen tiefer Schnee liegt. Dazu ein heißer Tee vom Bootskocher und ein Stück Kuchen auf dem Tisch – auch der Winter hält für den Bootseigner Freuden bereit. Ich habe ein kleines Navigationsregal selbst gebaut. Es wartet nur noch darauf, am Schott angebracht zu werden. In einer Kiste horte ich eine Reihe schöner Dinge für die Winterarbeiten. Darunter befand sich einmal eine Schiffsuhr aus der Jahrhundertwende von 1900. Dann eine selbst gebaute Messinghalterung für eine historische Eisenbahnerlampe mit weißen, roten und grünen Glaseinsätzen, die so maritim wirkte. Auf einem Flohmarkt hatte ich einen Messingspiegel entdeckt. Am Spiegel befanden sich zwei Kerzenhalter. Nur waren die Tropfschalen viel zu klein. Passende Schalen entdeckte ich später in einem Second-Hand-Laden in Hooksiel. Ich freute mich wie ein kleines Kind, als ich sie einbaute. Dieser Spiegel hing auf Boot Nummer zwei und ist auch heute noch an Bord von FUCHUR.

Über die Jahre habe ich von allen Booten, die ich besaß, einige Dinge behalten, die besonders praktisch oder schön waren. Darunter ist die schwarze Pütz mit der kunstvoll gespleißten Leine von LUKTHOR 1. Oder die nautischen Tassen von LEVIATHAN. Es ist eine besondere Freude, für Dinge, an denen man hängt, wieder einen Platz im neuen Boot zu finden.

Die schönste Arbeit folgt zum Schluss. Bevor das Boot ins Wasser kommt, wird der neue Schiffsname angebracht. Über den Winter hatten wir genug Zeit, uns in diesem Punkt einig zu werden. Als ich im Januar 2014 die Buchstaben FUCHUR aufklebte, lag noch die Winterpersenning auf dem Boot und das Nachbarboot ließ mir keinen Platz zum Peilen. Trotz Ausmessens sind die Aufkleber unterschiedlich weit vom Bug entfernt. Das sehe ich jetzt auch an den neuen Bordfenstern: Das Loch für das Backbordfenster hat den letzten Buchstaben des Bootsnamens gefressen. Ich lasse es so; es sieht lustig aus und erinnert mich stets daran: „Bedenke, du bist nicht unfehlbar.“

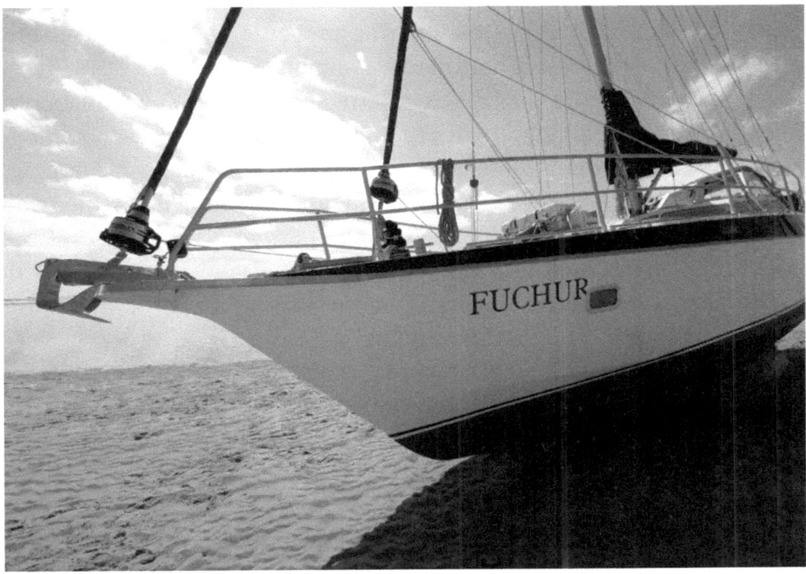

Das nachträglich eingebaute Fenster zum „Wattenblick“ hat einen Teil des „R“ entfernt. Die Neigung beim Trockenfallen mit dem Einspülen der Kiele war beabsichtigt. Ich beschreibe das im Buch *Wie wir im Norden segeln.*

Das perfekte Boot.

Das „perfekte Boot" ist die Summe von Erfahrungen, Bedürfnissen und finanziellen Möglichkeiten. FUCHUR ist das optimale Boot für mich. Ihre Größe ist der ideale Kompromiss zwischen verfügbaren Liegeplätzen und Komfort. Das Cockpit lässt sich geschlossen fahren, weil ein festes Dach mit aufrollbaren Seitenteilen vorhanden und die Großschot hinter dem Rudergänger angeschlagen ist. Auch im Winter bleiben die Polster liegen. Vier Personen können auf der zusätzlichen Bank im Heckkorb sitzen. So manche moderne 15-Meter-Yacht mit zwei Steuerrädern hat unkomfortablere Sitzplätze.

Als wir das Boot im Februar von Kappeln nach Wilhelmshaven bei Temperaturen um den Gefrierpunkt überführten und nachts in der Jade auf den letzten Seemeilen bei 7 Beaufort Eisregen niederging, war die Crew trotzdem entspannt. Auf diesem Boot muss niemand frieren. Wie oft habe ich früher den Skipper der SVENDBORG beobachtet, wie er unter der Persenning seines geschützten Cockpits in Strickjacke gemütlich einlief, während ich als salziger Eiszapfen mit klammen Fingern mein Schiff vertäute.

Meine Haut reagiert mit zunehmendem Alter empfindlich auf Sonnenbestrahlung. Zwischen 10:00 und 17:00 Uhr bleibe ich lieber im Schatten. Hierfür ist ein festes Dach über dem Steuerstand perfekt. Zum Sonnenbad ist auf dem Vorschiff oder auf der Heckbank Platz genug.

Trotzdem stellt sich die Frage: Macht ein komfortables Boot glücklicher, oder gilt die alte Fahrtenseglerregel „Keep it simple"? Die folgenden Kapitel berichten über unsere erste Saison nach dem Wechsel von einer traditionellen Stahlyacht auf eine moderne Aluminiumyacht mit Haustechnik und elektrischem Schnickschnack.

„Tummeln sich Fehlerteufel in globalisierter Technik oder haben wir den Klabautermann an Bord?“ An diesem Abend geht die eigene seemännische Zuversicht koppheister, nur weil eine friesische Salzwasserbirke auf einen österreichischen Propeller unter unserem deutschen Benjamins-Rumpf trifft. Neben einer zickenden Schweizer Ankerwinde beeinträchtigt ein nörgelndes italienisches Navigationsprogramm die Sicherheit der Crew. Erst ein finnischer Kompass und ein koreanischer Handscheinwerfer mit Wackelkontakt führen uns aus dem nächtlichen Wattenwald. Schließlich erreicht FUCHUR ihren Winterliegeplatz in Bremen, wo ihr britischer Wasserboiler explodiert und dem japanischen Diesel endlich das Röhren abgewöhnt wird. So globalisiert sieht des Fahrtenseglers Alltag aus.

Was war passiert? Die Geschichte ereignet sich 2014 beim letzten Inseltörn nach unserer ersten Saison mit FUCHUR: Auf geht’s von Hooksiel nach Wangerooge. Ein Abschied vom goldenen Oktober; der graue November wartet. Die Stegplätze leeren sich. Die Masten der übrigen Boote liegen flach. Aber wir lassen den Kran nicht ans Schiff und schippern bei Springtide noch mal über das Watt zur geliebten Insel. „Tschüss sagen“ und alles Gute für die Winterstürme wünschen. Nach acht Jahren auf einer einfachen Stahlyacht mit Fußwasserpumpen – davon habe ich drei Jahre an Bord gelebt – steckt die „Neue“ noch immer voller technischer Rätsel.

Immerhin besitzt sie im Vergleich den bis dahin unvorstellbaren Luxus eines Bugstrahlruders, eine Druckwasseranlage, eine Bordheizung und eine Badewanne. Nach zahlreichen Reparaturen scheint zum Saisonende endlich alles rund zu laufen, aber sicher können wir uns noch nicht fühlen.

Wie gut ein Boot wirklich ist, zeigt sich oft erst auf See bei Nacht und Nebel.

Wir schleichen an der Ostflanke von Wangerooge vorbei. Der Wasserstand fällt bereits. Das wäre nicht schlimm, hätten nicht Vandalen zehn Pricken in der ersten Kurve der Telegraphenbalje gemeuchelt. Eine Viertelstunde vergeht durch Festkommen und die Suche nach dem Fahrwasser in der schnell flacher werdenden Rinne: Das Watt verzeiht kein Zuspätkommen. Diese 15 Minuten bezahlen wir mit dem Verlust von weiteren 10 Zentimetern Wassertiefe. Schon ziehen die Kimmkiele durch den Schlick. Um 19 Uhr, pünktlich zum Sundowner, ist der Törn 2 Meilen vor dem Hafen zu Ende. Es fehlen wenige Zentimeter. Bis jetzt ist trotzdem noch alles gut, wir stehen sicher.

Als FUCHUR nach Mitternacht wieder aufschwimmt, wird die nächste Pricke angestrahlt. Der koreanische Handscheinwerfer kommt zum Einsatz, hat aber einen Wackelkontakt und erleuchtet nur sporadisch die spargelschlanken Bäumchen: Hell – dunkel – hell, die Augen kommen nicht mehr mit. Und auch diese Reihen der friesischen Salzwasserbirken wurde im Laufe der Saison dezimiert. Wer macht denn so was? Kurz darauf übermangeln auch wir wegen müder Pupillen infolge des Wackelkontakts des Handscheinwerfers ein Fahrwasserzeichen. Wir nehmen es zwischen die Kimmkiele, an deren Ende ein scharfer Propeller wartet: Der Häcksler schlägt laut und vernehmlich zu, hinterlässt vermutlich nur einen Stumpf. Die arme Birke! Doch nun kommen Zweifel auf: Hat die Mechanik des Propellers etwas abbekommen?

Tatsächlich, es rumpelt an der Welle. FUCHUR wird zur dümpelnden Alu-Ente, läuft nur noch 2,5 Knoten. Der Gegenstrom auf dem Kurs zum Westanleger ist drei Stunden vor Hochwasser stark. Der Querstrom vor der Hafeneinfahrt wird mit ebenfalls 2 Knoten tückisch sein. Also ist es besser, noch zwei Stunden zu ankern. Doch verdammt! Die Ankerwinde will sich nur noch in eine Richtung drehen: nach oben. So ein Verhalten hat sich die Schweizer Vertikalwinde den ganzen Sommer über nicht geleistet. Stramm liegt ihre Kette an, zerrt den Anker auf die Rolle. Ein Ankermanöver ist unmöglich. Der Stift, den die Winschkurbel zum Handbetrieb herunterdrücken müsste, sitzt ebenfalls bombenfest: Nichts dreht sich mehr.

Und nun? Auch an den Zweitanker mit Bleileine komme ich nicht heran: Die starr gezogene Kette liegt über der Bugkiste und presst ihren Deckel nieder. Da hilft nur noch die Rohrzange zum Abschäkeln des Ankers, doch als der letzte Bolzen aus der Windung rutscht, verkantet er sich derart, dass er sich nicht herausziehen lässt und beim Turnen auf nächtlichem Bug ein Sturz ins Wasser droht. Also weiter mit 2,5 Knoten nach Wangerooge. Hoffentlich schlägt die Wellenbuchse nicht aus, die wir erst im Januar erneuert hatten. Der Wind kommt mit dem Strom aus West, beide stehen gegenan. Da lohnen sich im engen Fahrwasser keine Kreuzschläge mehr.

Irgendwann ist die letzte Pricke erreicht: Freies Wasser und drei unbeleuchtete Tonnen liegen bis zum Hafen voraus. Nur müde schimmert das Licht vom Leuchtturm durch den dichter werdenden Dunst. Da wäre eine elektronische Seekarte hilfreich. Zu bequem, den dicken Kartenplotter anzuschließen, dessen C-Map-Karten trotz Update vom August für dieses Wattenrevier ohnehin nur den veralteten Stand vom April zeigen, wird das japanische Tablet hochgefahren, um die italienischen Navionics-Karten zu laden.

Doch was ist das? Fehlermeldung: „Die Initialisierung ist zurzeit nicht möglich, versuchen Sie es später noch einmal." Na gut, zum Finish folgt in der letzten Stunde des Törns ein finnischer Kompasskurs. Das Erdmagnetfeld hat sich ja hoffentlich noch nicht umgepolt. Mit amerikanischem Echolot und skandinavischer Kompasspeilung tasten wir uns in den Hafen. Aber warum fällt dieses Echolot immer wieder ganz aus, wenn es sehr flach wird? Hätte ich doch besser den Kartenplotter angeschlossen, der auch eine Echolotanzeige hat, die bisher nie ausgefallen ist. Doch wir umschiffen intuitiv die Sandbank vor dem Hafen. Um 02:30 Uhr finden wir die einzige freie Box, weil der lange Gästesteg drei Tage zuvor für den Winter abgebaut wurde.

Am nächsten Tag stellt sich die spannende Frage, ob die Unwucht der Welle von einem ausgeschlagenen Propellerflügel rührt. War die friesische Birke stärker als der Alpenpropeller? Das Wasser ist zu trübe für die Sicht und der Propeller nicht zu ertasten. Also bleibt es mir vorbehalten, bei frischen 9 Grad Wassertemperatur unter das Boot zu tauchen. Hat jemand die taiwanesische Taucherbrille gesehen? Ach nee, die ging vor Kiel-Schilksee über Bord. Und der französische Neoprenanzug hat doch vor fünf Jahren noch gepasst? Was ein Kilo an der falschen Stelle so ausmacht … Bevor Bootsnachbarn rein optisch durch eine Presswurst auf zwei Beinen belästigt werden, geht es dann eben ohne Neopren hinunter. Und siehe da, meine Hand ertastet so viel Gestrüpp, dass das Feuerholz für das nächste Biikebrennen im Februar gesichert ist. Mit Kraft lässt sich das Reisig entzerren, der Propeller hat noch alle Flunken auf der Nirostanabe und sorgt wieder für einwandfreien Vortrieb – auch rückwärts. Wie schade, dass er zwei Jahre später doch wieder entfernt werden muss, weil die Firma offenbar die Produktion eingestellt hat und niemand mehr auf Ersatzteilnachfragen antwortet. Aber jetzt entsteige ich gänzlich erfrischt der Nordsee, greife zum Bordbuch und notiere ein paar Dinge, die bis zur nächsten Saison dringend ersetzt werden sollten. Ganz oben steht ein Neoprenanzug – eine Nummer größer.

Nur eine Woche steht das Boot in der Werft Hooksiel an Land: im November, gegen jeden Trend. Wir arbeiten im Herbst, um im unberechenbaren Märzwetter schon zu segeln, wenn andere erst die Planen abdecken. Die erste Novemberwoche bietet überraschend die passende Schönwetterperiode mit Sonne und 10 Grad Tagestemperaturen. Wer braucht zum Lackieren eine Halle? Die Werft findet nebenbei den Fehler der Ankerwinde in einem durchgeknallten Relais. So darf das Schweizer Werk weiter das Vordeck zieren. Warum der Druckstift zum Umschalten auf manuellen Betrieb nicht funktioniert, bleibt jedoch ein Mysterium.

Das Wetterglück ist mit uns: Seiten lackieren, das Unterwasserschiff konservieren und mit neuem Antifouling malen. Die Kiele, die an den Unterseiten durch viele Trockenfallaktionen über den Sommer ihre Farbe verloren haben, erhalten ebenfalls einen neuen Anstrich. Als im April die Kraftstoffpumpe des Beta-Diesels vor Wangerooge verschied, gab es während der Abschleppaktion eines hilfsbereiten Motoryachtskippers mit seinen 400 PS bei 7 Knoten über der Bank der Telegraphenbalje bei uns einige Pigmentverluste. Bei 1,30 Meter Wassertiefe und Rumpfgeschwindigkeit liegen achtern 1,50 Meter Tiefgang an. FUCHUR wurde zum Schlickschlitten, sodass Kiele und Skeg von unten blank sind. Bei Flaute ging es nicht ohne Schlepphilfe, weil es im Edeka-Inselmarkt keine Ersatzteile für unseren Beta-BV-50 Diesel gab.

Sind glückliche Reparaturen nicht auch Teil des Abenteuers, das Fahrtensegler stets bewältigen müssen? Oft haben wir uns in der ersten FUCHUR-Saison selbst geholfen. Wie lehrreich war das noch im Schlick vor der Schleuse von Varel, als wir eine gebrochene Kraftstoffleitung über dem Gaskocher gelötet haben und den Maschinenraum nach der Dieselfontäne wieder geruchsneutral reinigten. Das Löten funktionierte mit Elektrolot perfekt. Beim Ankern vor Spiekeroog entdeckte ich auch den Grund für die gelegentlich stotternde Maschine in Form eines vergessenen Fussels, der nach der Tankreinigung durch eine Fachfirma immer wieder die Ansaugleitung verstopfte. Schlimmer war der Kabelbrand der Relais des Bugstrahlruders beim Anlegen in Cuxhaven kurz vor meinen YACHT-Test von Sailjet: Meine vorderen Kojenbretter waren nach offenem Feuer schwarz verkohlt. Das hätte böse enden können. Ganz ohne Probleme wurde dagegen die elektrische Toilette gegen ein zuverlässiges Lavac-Unterdruck-WC ausgetauscht, nachdem ihr Inhalt nach diversen Leckagen in der Bilge müffelte. Der „Pott“ war nicht nur undicht, sondern seine kreischende Pumpe ließ auch im Umkreis von einer halben Seemeile niemanden im Unklaren über das soeben verrichtete Geschäft. Da musste Abhilfe geschaffen werden. Und endlich funktionierte auch der Grauwasserheber bei Lage, weil ich den neuen Schwimmerschalter in Längsrichtung zur Rumpfachse und nicht wieder quer eingebaut habe, wie er werftseitig montiert war.

Mitte November folgt der letzte Törn der Saison über Bremerhaven nach Bremen. Mit uns sind alle Plätze des Hohentorhafens belegt – eine Kolonie von Bootsträumern, für die einfach nicht Schluss ist mit dem Leben an Bord, auch wenn bei Schietwetter keiner ausläuft. Dafür wird gebastelt. Ich suche einen ganzen Tag, bis ich das Leck im abgeklemmten Schlauch der ehemaligen Waschmaschine hinter dem Navigationstisch finde: Da hat jemand das Dichtungsband vergessen. Wegen Süßwasser in der Bilge neben dem Tank gab es rund 15 Möglichkeiten von Leckagen in dieser Sektion. Geleckt hat auch das Umschaltventil der hydraulischen Radsteuerung: Es ließ unbemerkt einen halben Liter Hydraulikflüssigkeit hinter das Kollisionsschott tröpfeln. So erklärte sich auch das Gluckern aus der Steuersäule: Da war schon zu viel Luft drin. Die Mutter des Simmerings wurde etwas angezogen. Seither ist es dicht. Leidiger war der Ausbau des Kompasses, um Hydrauliköl nachfüllen zu können. Hätten wir deswegen steuerlos umhertreiben können? Nein, denn auf dem Ruderkopf ist der Koker angebracht und die Notpinne liegt stets bereit.

Ausgestattet mit Glühwein, unterbrochen von Besuchen des Weihnachtsmarkts in Hafennähe, warten wir in Bremen auf die Wintersonnenwende. Die Polstergarnitur des Ersteigners fliegt nun endlich raus: Sie hat keine echte Liegefläche, wiegt gefühlte zwei Tonnen und wehrt sich einen halben Tag lang gegen den Ausbau. Danach sitzen wir nun vier Wochen auf harten Bänken, weil die Weberei erst Tage nach der Auftragsannahme feststellt, dass sie den von uns ausgewählten lindgrünen Stoff doch nicht auf Lager hat. Als die Polster eingenäht sind, haben wir einen Traum von seegerechtem Salon: Durch Aufstellen eines Rückenpolsters am Tisch ergibt sich eine Seekoje in Schiffsmitte, sonst ist sie 155 Zentimeter breit und bietet genug Platz für den Filmabend mit Familie. Und ja, wir haben einen Flachbildschirm an Bord – mit DVD-Einschub – alles auf 12 Volt. Nachdem ich zunächst den Wechsel auf DVBT2 verflucht habe, brachte die kleine Antenne vom Typ „Supergain Ballade“ für knapp 40 Euro endlich wieder tadellosen Empfang deutscher Sender bis hinauf zum dänischen Hafen Middelfart im kleinen Belt. Dabei habe ich sie in nur 3 Metern Höhe angebracht. Die neuen digitalen Signale fordern direkte „Sicht“ zwischen Sendemast und Antenne. Wenn es draußen richtig kachelt und man dabei im sicheren Hafen liegt, wirken manche Filme an Bord besonders beeindruckend: „White Squall“, „Cast Away“, „All is Lost“ oder der Untergang der Andrea Gale in „Der perfekt Sturm“.

Der Komfort durch eine Warmwasserheizungsanlage und eine Sitzbadewanne ist auch unglaublich angenehm, obwohl mir in früheren Jahren der Wasserkessel auf Deck auch für den persönlichen Komfort gereicht hat. Doch diese Badewanne ist nicht nur ein Hingucker, sondern ein echtes Argument für die schnell Fröstelnden unter meinen Mitseglern. Unsere Segelsaison beginnt, sobald das Eis schmilzt, also rund zwei Monate früher, als sich die Häfen wieder füllen. Allerdings steigt durch eine Druckwasseranlage und den Boiler der Wasserverbrauch stark an. Konnte ich mit Fußpumpe auf PALOMA problemlos einen Winter per herangeschleppter Kanister überstehen, erscheint auf dem neuen Boot das regelmäßige Nachbunkern per Wasserschlauch unverzichtbar.

Doch das erste Jahr mit FUCHUR war noch nicht vorbei: Am 4. Advent explodiert plötzlich der britische Wasserboiler. Ein gewaltiger Knall erschüttert das Boot. Dampf und 60 Liter heißes Wasser fluten den Maschinenraum. Mit dem Mechaniker vereinbaren wir, dass der röhrende Trockenauspuff gleich einen zusätzlichen Schalldämpfer erhält. Weil FUCHUR eine Kielkühlung mit geschlossenem Kühlmittelkreislauf hat, ist der Motor „eiswassertauglich“, aber verleidet Maschinenfahrten durch seinen ungedämpften Knallfix-Auspuff. Welche Wellness-Wohltat bot dagegen das wassergekühlte Plätschern der alten Maschine von PALOMA.

Die Bilanz der ersten Saison? In acht Jahren auf der einfach ausgestatteten PALOMA gab es nicht so viele Fehler wie auf FUCHUR in gerade mal sechs Monaten. Aber die Stahlyacht hatte keine Druckwasseranlage, geschweige denn heißes Wasser aus dem Hahn. Ein komfortables Boot mit Badewanne und Bugstrahlruder fordert seinen Preis und führt zu kuriosen Ideen. Wenn man eine Nebenleitung vom

Bugstrahltunnel zur Badewanne legen würde, bekäme man dann einen Whirlpool? Und könnte man die Badewanne kardanisch aufhängen, damit bei Lage nichts überschwappt? Dem Sehnen des Yachties nach der optimalen Ausstattung setzt nur die eigene Phantasie Grenzen.

Scherz beiseite: Wir haben sie schon oft genossen, die schnelle Dusche in der Wanne, wenn wir ausgekühlt und schlickmuffelnd von der Wattwanderung kamen. Und im Winter müssen wir nicht mehr mit dem Wasserkessel auf dem Vorschiff duschen. Noch ein paar Jahre, dann leben wir ganz an Bord und segeln überwiegend in nordischen Regionen. So gestalten wir nach und nach unser Zuhause auf dem Wasser. Übrigens gab es seit 2016 keine wesentlichen Reparaturen mehr. Alles funktioniert tadellos. Mal sehen, ob das auch so bleibt. Immerhin haben wir sogar ein nagelneues Getriebe in Reserve, das ich einem Bootsbauer für 250 Euro abkaufen konnte, der sein Projekt aufgegeben hatte.

Epilog.

Es kann auf Kleinigkeiten ankommen, ob man mit einem Boot glücklich wird, und das ist keinesfalls seine Größe. Ein Beispiel? Die Sitzposition beim Segeln ist ein entscheidender Faktor: Erst durch die „Gartenbank" am Heckkorb von FUCHUR geht der Blick frei geradeaus – auf die Segel und zum Horizont. Niemand muss seitlich sitzen und den Kopf beim Steuern verdrehen. So verliert man keine Tonne aus dem Blick und schützt sich gegen Seekrankheit. Als wir eine Nachtfahrt auf der Jade unternahmen, hätte ich in der Reihe der beleuchteten Tonnen beinahe eine der unbeleuchteten übersehen, die auf dem gedimmten Kartenplatter so blass erschien, dass sie kaum erkennbar war. Ihr Schatten tauchte kurz vor dem Bug auf und ich sah sie von der erhöhten Heckbank aus. Das war knapp. Beim seitlichen Sitzen und mit verdrehtem Kopf wäre sie wohl im toten Winkel verdeckt gewesen und es hätte eine Kollision gegeben. Diese Sitzposition „mit Rückenlehne" habe ich auf jedem Boot geschaffen, das ich bisher besaß. Sie ist für mich einer der entscheidenden Faktoren auf der Suche nach der „idealen Fahrtenyacht". Wenn Sie Ihr Traumboot haben, können Sie es weiter verbessern. Begleiten Sie mich durch die nächsten Kapitel. Sie finden hier den einen oder anderen Tipp, mit dem das Leben an Bord gelingt.

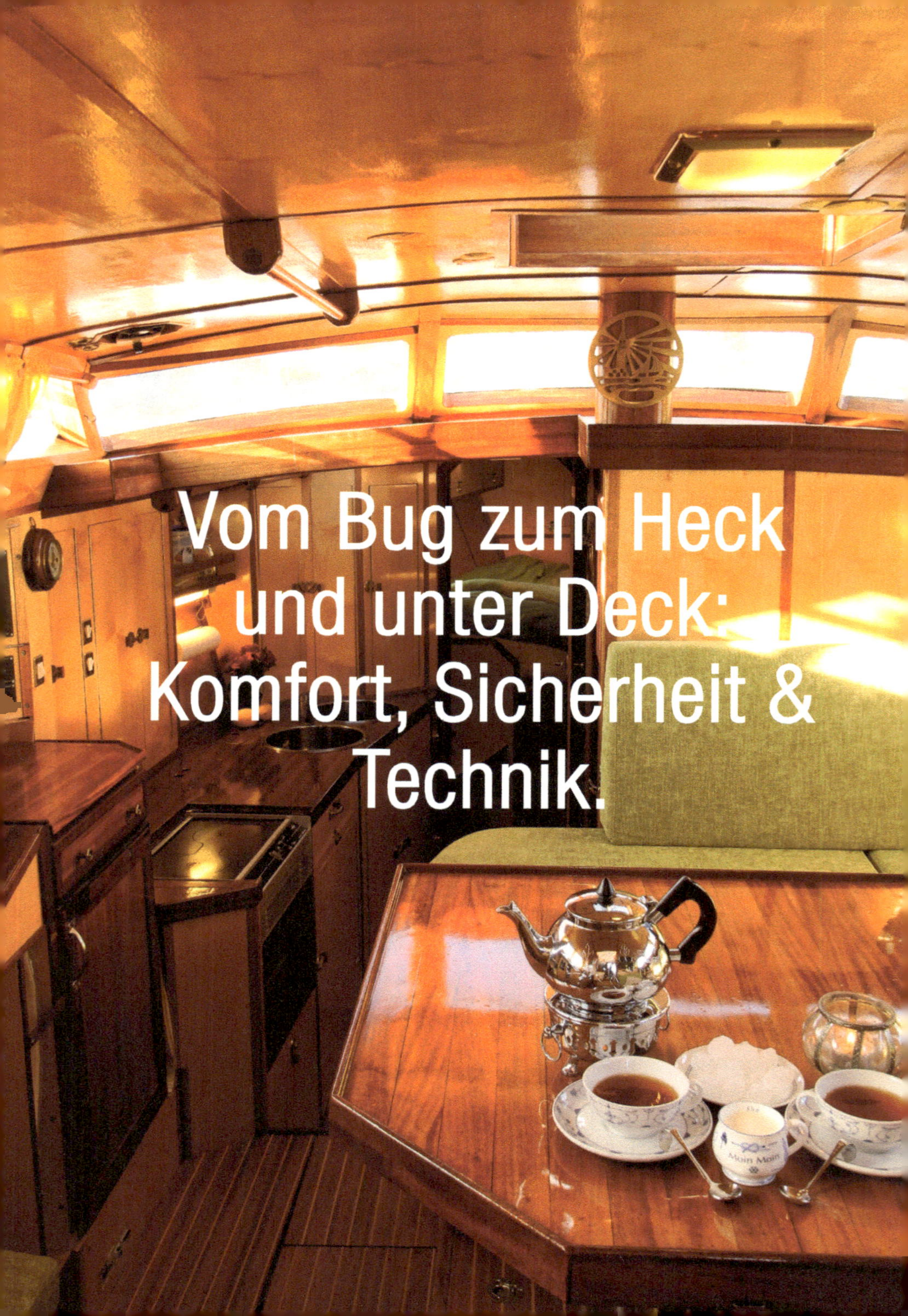

Vom Bug zum Heck und unter Deck: Komfort, Sicherheit & Technik.

Welcher Decksbelag für mein Schiff?

Ein bewohntes Boot ist das ganze Jahr der Witterung ausgesetzt. Ich kenne niemanden, der an Bord lebt und den Winter unter einer Plane verbringt, nur um den Decksbelag zu schonen. Im Winter wird das Schiff gewöhnlich wenig bewegt und die tiefstehende Sonne sorgt für Zonen, die dauerhaft im Schatten liegen. Gerade hier bleibt es immer feucht. Ruß, Staub und Pollen schlagen sich nieder. Ein „lebender Biofilm" entsteht, der besonders Holz sehr schnell beeinträchtigt. Die Stäbe dehnen sich bei dauernder Feuchtigkeit an diesen Übergängen unterschiedlich aus, Fugenmasse wird undicht, Wasser dringt ein und Frost beschleunigt sehr schnell weitere Undichtigkeiten. Hat man gar ein Stahlboot mit Holzdeck, werden zusätzliche Rostnester begünstigt, an die man nicht herankommt. Über kurz oder lang steht eine Totalsanierung eines Teakstabdecks an, für die durchaus 1000 Arbeitsstunden zu veranschlagen sind. Und abgesehen davon kann man nie sicher sein, ob man ökologisch unbedenkliches Tropenholz von Plantagen kauft. Wozu also dieser Aufwand einer mehrwöchigen Arbeit, nur um ein maritimes Stilelement zu erhalten? Doch gibt es Alternativen? Ich habe mich umgesehen.

Glücklich wurde ich auch nie mit anderen Decksbelägen aus Polyurethan oder einem Gummi-Kork-Gemisch. Um die 80 Euro je Quadratmeter sind hierfür fällig. Dazu kommen der Zuschnitt und die Verklebung. Letztere hält selten über Jahre.

Auf FUCHUR war bereits ein Treadmaster-Belag aufgebracht, der mir von Jahr zu Jahr weniger Freude bereitete. Ich musste diverse Ecken und Kanten mit Pantera oder Sikaflex nachkleben, da der Originalkleber in der kalten Jahreszeit an den Kanten von Feuchtigkeit unterwandert wird. An den Fugen sammelt sich Schmutz und auf den rauen Oberflächen entstehen gerade im Winter intensiv haftende Algen, die mit Wurzelbürsten nicht zu entfernen sind. Chemischer Grünalgenentferner ist jedoch giftig und wird beim Abspülen in das Gewässer geleitet, was nicht erlaubt ist. Auf Knien kann man darauf auch nicht schmerzfrei arbeiten – und das alles nur, um ein wenig Haftung unter den Bootsschuhen zu haben und das Deck optisch in Felder zu separieren.

Besser scheinen dünnere TBS-Decksbeläge zu halten. Ablösungen habe ich auf anderen Yachten nicht erkannt, aber getestet habe ich diese Beläge nicht. Sie sind zudem noch etwas teurer. Jedenfalls würde ich wegen des Verschnitts rund 2000 Euro investieren müssen, um mein großes Deck neu zu bekleben.

50 Euro für ein komplettes Deck?

Weil eines Tages der Treadmaster-Belag von FUCHUR nicht mehr zu retten sein wird, werden dann die Felder ringsum abgeklebt, angeschliffen und einfach mit rutschfester Interdeck-Farbe überstrichen. Auf der Stahlyacht PALOMA hatte ich damit die besten Erfahrungen gemacht. Diese einkomponentige Farbe enthält bereits ein feines Granulat und ist nach etwa zwei Stunden wieder begehbar. Eine Dose reicht für ein ganzes Deck. Schadstellen sind einfach zu schleifen und zu überstreichen – auch nach Jahren. Die Arbeit samt vorheriger Grundierung der Felder sollte an einem Tag zu schaffen sein. Damit man auch an heißen Tagen darauf barfuß laufen kann, ist ein heller Farbton zu empfehlen.

Wer einen besonderen Farbton sucht, kann es auch mit anderen gut haftenden Farben versuchen, in die man etwas fein gesiebten und ausgewaschenen Vogelsand streut. Allerdings würde ich zunächst auf einer Metallplatte experimentieren, ob das die für Sie richtige Lösung ist. Zur Grundierung verwende ich über Wasser beispielsweise Brantho Korrux 3:1, die auch wegen der Abriebfestigkeit gut halten dürfte. Wenn es soweit ist, werde ich ein Feld an Deck mit unterschiedlichen Farben beschichten und herausfinden, welche Farben außer Interdeck meinen Bootsschuhen widerstehen.

Mehr Sicht: Fenster in Kopfkissenhöhe.

Trockengefallen im Watt. Um Mitternacht lässt die Flut das Boot wieder aufschwimmen. Das Plätschern unter dem Rumpf weckt mich. 20 Minuten später kommt die Yacht frei. Die Kiele driften über die Sandrippen; sanfte Wellen setzen den Rumpf ein paar Mal ab. Nun klappert die Ankerkette auf der Bugrolle – dann dreht sich die Yacht mit dem Strom des auflaufenden Wassers. Hält der Anker in der neuen Zugrichtung? Und noch wichtiger: Bleibt das Boot weiterhin frei von den anderen Ankerliegern?

Ich darf weiter eingemummelt in der Koje bleiben und beobachte das Geschehen aus den Augenwinkeln. Der rote Finger des Leuchtturms blinkt auf – und zwar stets im gleichen Winkel. Fabelhaft ist die Aussicht durch die neuen Fenster, die gerade mal 80 Zentimeter über der Wasserlinie liegen. Als ich am nächsten Morgen die Augen aufschlage, blicke ich über das weite Watt und die Inseldünen. Das Boot ist wieder trockengefallen – es bietet sich ein neues Panorama. Beim Einschlafen sahen wir noch den Seeschwalben zu, wie sie im auflaufenden Strom neben dem Boot ihre tollkühnen Sturzflüge unternahmen.

Ob beim Segeln, vor Anker oder im Hafen: Jedes zusätzliche Fenster schafft mehr Licht und neue Perspektiven. Bei meiner Decksalonyacht mit geschütztem Steuerstand sind es sogar vier Lichtebenen, aber erst die Fenster in Kopfkissenhöhe machen aus Vor- und Achterschiff begehrte Kabinen erster Klasse. Doch vor dem Genuss kommt der Schweiß – physisch wie psychisch. Es kostet schon ein gehöriges Maß an Überwindung, Löcher in den Rumpf des eigenen Bootes zu schneiden. Und ganz billig ist es auch nicht. Unsere Vorgaben sind klar: Doppelt verglast gegen Kondenswasser und Kollision mit Treibgut. Wenn es kracht, dann möge nur die erste Scheibe springen. Passende Bretter und Schrauben für den Fall einer Kollision mit Durchbruch habe ich angefertigt. Für drei Fenster, die im Rumpf der Aluminiumyacht eingesetzt werden sollen, holen wir Angebote von zwei Werften ein. Eine Firma setzt 2952 Euro an und veranschlagt 600 Euro, um das Boot an Land zu stellen und eine Baustelle einzurichten. Die Werft Hooksiel ist günstiger und berechnet nur 1767 Euro: Bootsbaumeister Tanno Kruse erhält den Zuschlag. So steht der Patient zum Facelift in Hooksiel vor dem Werkstatttor und eine rollende Arbeitsbühne wird herangeschoben. Wir beginnen um 08:30 Uhr; um 14:00 Uhr schwimmt FUCHUR mit neuen Fenstern wieder im Wasser.

Drei Fenster – Profil Basic Line mit Klemmprofilen – liefert die Firma „Yachtfenster nach Maß“ zum Preis von 945 Euro. Sie können nur über den Fachhandel bezogen werden. Dazu kommen der Arbeitslohn von 540 Euro plus Mehrwertsteuer. Die Glasstärken betragen 6-6-4 Millimeter. Den Durchsichtbereich habe ich mit einer Breite von 28 und einer Höhe von 15 Zentimeter gewählt. Zuvor wurde eine Verkleidung abgenommen, um den Platz zwischen den Spanten auszumessen und die mögliche Fenstergröße zu ermitteln. Neben den Ausschnitten sollten mindestens 3 Zentimeter Platz zu den Spanten für die Auflagen der Innenprofile bleiben. Weniger ist möglich, aber beim Festlegen der Flucht zur Wasserlinie möchte man auch noch flexibel bleiben, um die Ausschnitte anzupassen.

Die Rumpfkrümmung muss ebenfalls vor der Anfertigung ermittelt werden: Können die Rahmen plan eingesetzt werden oder sind Rundungen des Rumpfes auszugleichen? Bei dieser Reinke ist das kein Problem – weniger als 1 Millimeter Wölbung auf 30 Zentimeter Länge. So können die Fenster bestellt werden. Für die Fenster wurden einige Wochen bis zum Liefertermin eingeplant.

Bevor Bootstechniker Moritz Wieting ans Werk geht, hat er einen Hilfsrahmen aus Sperrholz zugeschnitten. Er setzt ihn zuerst innen an, um die gewünschte „Kopfkissenhöhe“ zu ermitteln. Dann wird der Ausschnitt innen angezeichnet und das erste Loch nach außen gebohrt. Anhand dieser Bohrung kann der Hilfsrahmen außen angesetzt werden, um die Flucht zwischen Wasserpass und Decksprung zu ermitteln – eine Frage der Optik und des verbleibenden Platzes innen zu den Spanten.

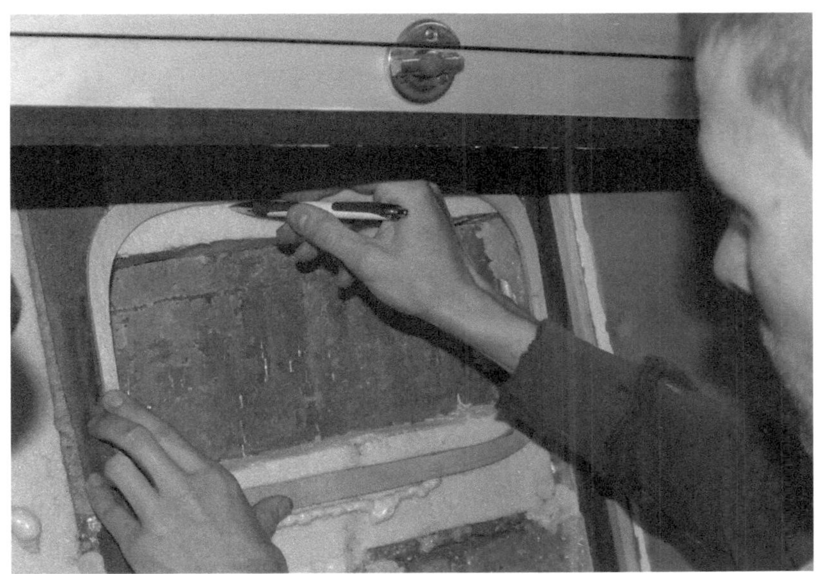

Die Schablone hilft beim Festlegen der Höhe und Anzeichnen innen/außen.

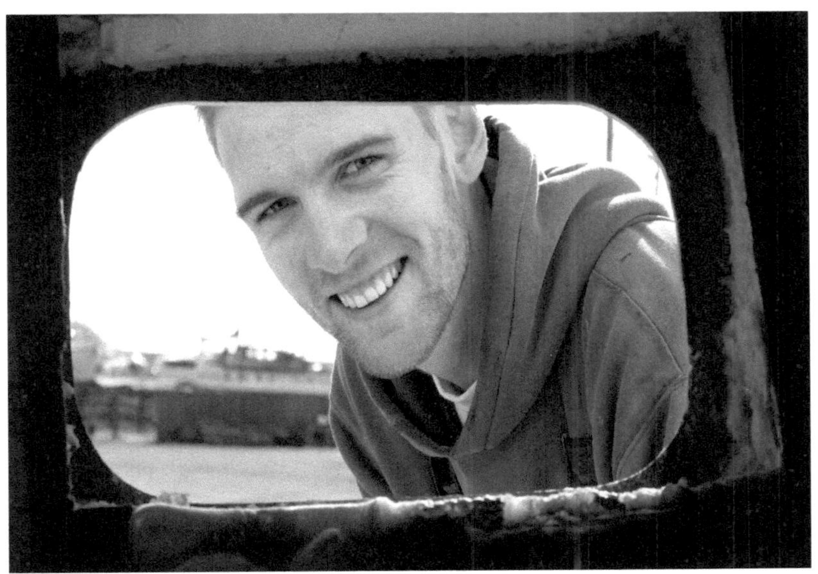

Das herausgeschnittene Alublech ist gefallen: Moritz und der erste Lichtstrahl.

Als ich zustimme, wird auch von außen mit der Schablone der Ausschnitt angezeichnet. Ein weiteres Bohrloch gibt Klarheit, ob der Ausschnitt mit dem Innenmaß fluchten wird. Nun wird es spannend: Aluminium lässt sich wie GFK leicht mit einem Stichsägeblatt bearbeiten. Der Rand wird abgeklebt, in zwei Minuten ist das Rechteck ausgeschnitten, die 6 Millimeter starke Aluplatte fällt heraus und der erste Lichtstrahl erhellt die Kajüte: Was für ein Unterschied – was für ein Raumgefühl!

Nun wird der Rand entgratet und das Fenster kann eingesetzt werden. Ich wundere mich, dass kein Dichtmittel aufgetragen wird. Stattdessen zieht Moritz Wieting nur eine Schutzfolie ab; das Dichtband hat der Fensterbauer bereits aufgeklebt. So gibt es auch keine weiteren Bohrlöcher für „Angstschrauben“: Außen- und Innenrahmen werden von innen mit zehn Schrauben zusammengezogen, das Dichtband gleicht die leichte Krümmung aus und die Rahmen ziehen sich noch weiter ran – fertig.

Die „Schaufenster“ erweisen sich auch nach Jahren bei Lage als absolut dicht. Bei den nächsten Fenstern bleiben die Holzverkleidungen dran. Das Spantmaß ist gleich. So wird per Kreisschneider nur ein Loch gesägt, um nach Kabeln zu suchen. Prompt erwischt es in der Achterkajüte hinter der Verkleidung die durchhängende Strippe einer Leselampe. Das ist kein Problem. Sie ist leicht zu flicken und nun ist auch das „Kinderzimmer“ im Achterschiff mit natürlichem Leselicht in Kopfkissenhöhe ausgestattet. Zurück am heimischen Steg gleiche ich die Innenrahmen mit Mahagonileisten selbst an und klebe sie mit Pantera ein. Etwas Abstand zwischen Holz und Aluminiumrahmen ist wegen der Kondensfeuchtigkeit einzuhalten und per Kleber aufzufüllen. Auf den Aluminiumrahmen kann sich bei starkem Frost schon mal etwas Eis bilden; dann verhindert Pantera, dass Tauwasser in die Zwischenräume sickert.

Zum Abschluss werden die eingangs genannten Seeschlagblenden angefertigt, die für den Fall der Fälle von beiden Seiten gegengeschraubt werden können. Doch selbst bis 30 Grad Lage liegen die Scheiben nicht dauerhaft unter Wasser. Insofern sind Bedenken überflüssig – sie weichen der Freude am weiten Blick. Und noch ein Aspekt kommt hinzu: Der Wiederverkaufswert einer Yacht steigt, wenn sie sich lichtdurchflutet präsentiert. Ob sich jemand in ein Boot verliebt, entscheidet die „Wohlfühlkomponente“ der Kajüten in den ersten Minuten: Hell ist freundlich, hell ist gut! Das Watt spiegelt sich im Fenster. Egal, wo das Boot liegt – der weite Blick ist ein Gewinn.

Alles andere als Schnickschnack. Wasserfilter statt Plastikflaschen.

Man stelle sich folgende Situation vor: Vier Beaufort aus Südwest, raumschots, der Kurs nach Schottland liegt an. Es herrschen allerbeste Verhältnisse. Doch in der Nacht, gerade als Helgoland achteraus liegt, bekomme ich Kopfschmerzen. Übelkeit packt mich. Eine Stunde später kommen Schüttelfrost und Fieber dazu. Ablösung ist jedoch nicht möglich: Meine Frau befindet sich bereits in derselben Situation und der Toilettenraum ist ständig besetzt. Zum Glück bleibt das Wetter moderat, der Autopilot arbeitet zuverlässig. Und so quälen wir uns mehr schlecht als recht nach Edinburgh. Kein Gedanke mehr an den Moray Firth, Inverness und den kaledonischen Kanal. Im Krankenhaus werden wir mit Antibiotika versorgt, erholen uns langsam. Was für ein Alptraumszenario, das jeden Segler treffen kann. Zum Glück habe ich mir dieses Szenario nur ausgedacht und Vorsorge getroffen, es per Lebensmittelhygiene zu vermeiden: Lebensmittel Nummer 1 ist das Trinkwasser.

Lange habe ich mir die Frage gestellt, wie ich am besten genügend Trinkwasser an Bord lagern kann. Und dann trug ich doch nur jedes Mal wieder jede Menge Flaschen an Bord. Warum ich nicht auf den Wassertank an Bord vertraute, ist einfach zu beantworten: Zuweilen können sich Kolibakterien – winzig, ausgesprochen fies und vermehrungsfreudig – im Trinkwasser ansiedeln; in der Regel ab 20 Grad Celsius Wassertemperatur. In den zunehmend heißen Sommern strömt auch im Norden aus Stegleitungen minutenlang warmes Wasser. Niemand kann sicher sein, ob er nicht mit kontaminiertem Wasser aus dem Tank den Salat wäscht oder die Zähne putzt – vom Trinken ganz zu schweigen. Mitunter weisen Behörden regional an, nur abgekochtes Wasser zu verwenden. Wassersportler auf Reisen, vor allem im Mittelmeer, erfahren von solchen Anweisungen leider kaum.

Manchmal werden Legionellen bei Gesundheitsproblemen durch unreines Trinkwasser an Bord als Schuldige vermutet, obwohl sie eher durch Wasserdampf, wie etwa beim Duschen, in die Atemwege gelangen. Legionellen sind Bakterien, die sich bevorzugt in Warmwasserleitungssystemen bei circa 25 Grad bis 50 Grad ansiedeln. Eine effektive Abtötung lässt sich erst durch Wassertemperaturen von mindestens 70 Grad erreichen.

Über die Zuleitungen kann Trinkwasser unbemerkt auch mit Fäkalkeimen belastet werden. Es reicht aus, wenn die Deckstutzen undicht sind. Oft ist auch der Schlauch betroffen, mit dessen Hilfe man das Wasser ins Boot leitet. Vielleicht hat jemand seinen Fäkalientank damit gespült. Auch wenn der Schlauch nur über den Steg gezogen wird, kann er durch Vogeldreck verschmutzen. Fazit: Die sichere Schiffsführung hängt nicht nur vom Check des Riggs, der Wartung der Maschine oder der Rettungsinsel ab. Reines Wasser, frei von Chemikalien und Bakterien, erhält die Gesundheit. Vollständige Keimfreiheit wird man zwar nie erreichen, doch die Art und die Anzahl der Bakterien sind entscheidend.

Aufgrund dieser Risiken wird in der Praxis meist auf Mineralwasser aus Flaschen gesetzt, und diese sind an Bord selten aus Glas. Bei mindestens zwei Litern pro Kopf und Tag summiert sich der Verbrauch bei einer vierköpfigen Besatzung in einem dreiwöchigen Urlaub bereits auf 170 Plastikflaschen. Angesichts der Verschmutzung der Meere mit jährlich etwa 30 Millionen Tonnen Plastikmüll, ozeanischen Müllstrudeln und wissenschaftlich nachgewiesenem Mikroplastik in der Nahrungskette darf das getrost als ökologischer Wahnsinn bezeichnet werden. Selbst in Deutschland wird relativ wenig recycelt und viel verbrannt. Nur etwa 23 Prozent des Plastikmülls wird tatsächlich wiederverwertet. Und schon beim Ansteuern unserer Nachbarländer wird das Pfand für Flaschen aus überfüllten Backskisten nicht mehr erstattet. Sie landen in den Mülltonnen. Zeit also, auch an Bord umzudenken.

Noch dazu enthält „Mineralwasser“ nicht unbedingt mehr Mineralien als gewöhnliches Leitungswasser, also besteht eigentlich kein Grund, dieses tonnenschwere Transportgut per LKW zunächst in die Läden zu transportieren, um die Flaschen anschließend mühsam an

Bord zu schleppen. Es bräuchte eine Lösung, um Trinkwasser nur bedingt gesicherter Qualität aus den Leitungen direkt am Steg verwenden zu können, an Bord zu befördern und in jedem Fall auch nach Wochen noch unbedenklich an Bord zu verwenden. Doch Hand aufs Herz: Wer testet schon regelmäßig den Zustand von Tanks, Leitungen und gezapftem Bordwasser oder verfügt über eine zuverlässige Filteranlage?

Im Handel werden allerlei chemische Konservierungsmittel angeboten. Doch nicht nur Naturheilpraktiker haben Bedenken, ob Tinkturen, die Bakterien töten, nicht auch nachhaltig die Darmflora verändern. Und wie steht es um die Überwachung von Schwermetallen, Arzneimittelrückständen oder höheren Chlorzusätzen, die man auch mit abgekochtem Wasser unverändert zu sich nimmt? Die Qualität ändert sich von Hafen zu Hafen. Aus gutem Grund wird hierzulande an den meisten Stegzapfstellen aus haftungsrechtlichen Gründen darauf hingewiesen, dass dies kein Trinkwasser sei.

Unter diesen Umständen gelten Entsalzungsanlagen zur Aufbereitung von Meerwasser als zuverlässig, die per Umkehrosmose mit hohem Energieeinsatz ein Destillat produzieren, dem es jedoch an den Mineralien fehlt, die der Körper braucht. Und damit stellt sich die Frage, ob es nicht einfacher für Küsten- und Hochseesegler wäre, wenn sie auf Filtertechnik statt auf Chemie oder Umkehrosmose setzten. Das Wasser sollte stets erst unmittelbar vor dem Zapfen gereinigt werden. Tatsächlich gibt es diverse Systeme, die allein auf Basis von Aktivkohle funktionieren. Aber wie steht es um deren Leistungsfähigkeit bei Schwermetallen, Chemikalien, Bakterien und Viren? Allein auf Kohlenfilter zu setzen könnte die bakterielle Belastung sogar noch erhöhen, weil bei zeitweise geringer Durchströmung die Oberflächen von Filtern eine Keimfläche bilden.

Vielversprechend erschien mir ein Bericht von Hanno Tobien im Trans-Ocean-Magazin 161. Darin schildert er die Vorzüge des eSpring-Wasserfilters des amerikanischen Herstellers Amway. Der mit rund 770 Euro im Handel nicht eben günstige Filter soll mehr als 140 Chemikalien und Schwermetalle ausmerzen und gleichzeitig 99,99 Prozent aller Bakterien und Viren abtöten. Die Hintertür von 0,1 Prozent möglichem Durchlass dürfte juristische Gründe aufgrund der strengen amerikanischen Produkthaftungsgesetze haben. Das Kunststück soll durch einen sehr hoch verdichteten Filterblock aus Aktivkohle und anschließender UV-Bestrahlung gelingen. Eben diese Kombination zeichnet den eSpring aus. Übrigens habe ich diverse gebrauchte Filter bei Ebay entdeckt, die mitunter schon für 100 Euro gehandelt werden.

Das Filterelement innerhalb des eSpring soll nach 5.000 Litern beziehungsweise nach einem Jahr ausgetauscht werden. Der Kostenfaktor beträgt jeweils circa 170 Euro. Die LED-Anzeige meldet den nötigen Wechsel, aber weil der Strom auf Booten beim Verlassen abgeschaltet wird, empfiehlt sich eine Strichliste auf dem Wassertank. Mit so einem Filter würde das Schleppen von Trinkwasserflaschen obsolet und in den Folgejahren würden die Kosten für einen Liter Trinkwasser nur noch 4 Cent betragen. Auch die Menge von 5.000 Litern scheint selbst für bewohnte Boote ausreichend zu sein, weil nicht das Brauchwasser, sondern nur das Trinkwasser gefiltert wird. Mehr als 3,4 Liter pro Minute lässt der Filter auch gar nicht passieren – zum Duschen würde es also ohnehin nicht reichen. Doch wozu sollte man sein Duschwasser filtern – dann wären 5000 Liter schnell durchgeflossen.

Ich wollte genau wissen, was der eSpring-Filter leistet. Um zu validen Montage- und Testergebnissen zu gelangen, installierte ich das System an Bord meiner Reinke S11. Von der Trinkwasserleitung zwischen einer Druckwasserpumpe oder einer starken Fußpumpe wird mittels eines T-Stücks eine Leitung zum Filter angeschlossen. Dessen gereinigtes Wasser kann im Anschluss entweder durch den mitgelieferten separaten Trinkwasserhahn oder einen Dreiwegehahn abgezapft werden. Aus optischen Gründen und um kein zweites Loch in die Spüle bohren zu müssen baute ich einen schicken Dreiwegehahn ein. Viel mehr war nicht erforderlich. Während Chemikalien und Schwermetalle im Kohlenelement zurückgehalten werden, benötigt allein die UV-Lampe zur antibakteriellen Bestrahlung einen Stromanschluss mit 220 Volt. Da diese mittels eines Netzteils auf 19 Volt Betriebsspannung transformiert werden, könnte man ihn über einen separaten Wandler an das 12-Volt-Bordnetz anschließen. Im Stand-by-Betrieb zieht der Filter gerade einmal 2 Watt. Die UV-Lampe schaltet sich automatisch nur im Durchlaufbetrieb zu; dann werden kurzzeitig etwa 70 Watt benötigt.

Weil ohnehin ein Spannungswandler mit 220 Volt zum Betrieb an Bord ist, habe ich das Netzteil in die Landstromsteckdose gesteckt, wo es während der Fahrt oder vor Anker in die auf gleicher Höhe liegende Steckdosenleiste vom 12-V-Spannungswandler umgesteckt werden kann.

Erst aus der Betriebsanleitung ist zu entnehmen, dass zwei weitere wichtige Faktoren an Bord zu berücksichtigen sind: Der Betriebsdruck soll zwischen 1,04 und 8,6 Bar betragen. Kein Problem für Druckwasserpumpen, die in der Regel mit 2,8 Bar arbeiten. Zudem wird auf die Betriebstemperatur des durchlaufenden Wassers hingewiesen, denn diese soll zwischen 4,4 bis 24 Grad betragen. Beim direkten Anschluss an das Druckwassersystem wäre Vorsicht geboten, wenn die Pumpe im Maschinenraum installiert ist: Dann können nämlich nach längerer Fahrt zunächst bis zu 60 Grad heißes Wasser aus der Kaltwasserleitung strömen, was nicht nur bakteriell stärker belastet sein kann, sondern das Filterelement beschädigen würde.

Zwar erschien es simpel, die Pumpe zu verlegen und hier den 400-Liter-Tank meiner Reinke als Reservoir zu nutzen, doch ich entschied mich für einen separaten Trinkwassertank aus Kunststoff: Der vorhandene Aluminiumtank unter der Empore lässt sich trotz Wartungsöffnung nicht ohne Aufwand reinigen. Zudem steht Aluminium in der Nahrung im Verdacht, Alzheimer zu begünstigen. Grund genug, separat einen nagelneuen Zusatztank für das Trinkwasser einzubauen und diesen mit einer Wartungsöffnung zu versehen. Damit die Montage nicht zu umfangreich sein würde und damit keine belastete Gischt einsickern könnte, wurde auch kein Deckeinfüllstutzen montiert, sondern der Tankstutzen in der Kajüte belassen. Der Wasserschlauch wird einfach durch die geöffnete Oberluke zugeführt.

Hinzu kamen eine einfache Druckwasserpumpe mit einer Leistung von 11 Litern pro Minute und ein obligatorischer Ausgleichsbehälter. Ein wenig getrickst wurde mit einem Verbindungsstück vom 13-Millimeter-Schlauch des Druckausgleichsbehälters hinter der Wasserpumpe zum 4-Millimeter-Schlauch des Filters – ein Messingadapter fand sich in der Pneumatik-Abteilung für Kompressoren. Dazu ein paar Schlauchschellen, schon lässt sich alles zusammenführen.

Der eSpring-Filter mit einer Höhe von 31 und einem Durchmesser von 18 Zentimetern wurde unter der Spüle mit einem Spanngurt befestigt. Die Kosten für den bordeigenen Wasserbrunnen samt Pumpe und zweitem Tank summierten sich damit auf rund 1.100 Euro, reduzieren sich jedoch in den Folgejahren auf die genannten 170 Euro für den

Filterwechsel. Um auf Sprudelwasser nicht zu verzichten, fand ein Sodastreamer einen Platz. Eine Kartusche reicht für gut 60 Liter.

Der Wechsel des Filterelements ist ebenfalls einfach: Ohne Werkzeug kann die Plastikabdeckung abgenommen werden, worunter sich die kabellose elektronische Steuerung verbirgt. Die beiden Schläuche für Ein- und Ausgang werden nur in die Klemmbuchsen eingesteckt: farblich verschieden können sie bei 9,5- und 8-Millimetern Außendurchmesser nicht verwechselt werden. Die Filterpatrone wird nach einem Jahr einfach ausgeschraubt und im Hausmüll entsorgt. Zur Erinnerung: Ihr gegenüber würde die Jahresmenge von PET-Flaschen, zusätzlich mit Transport und Pfandtausch, stehen. Doch schmeckt das Filtrat?

Um es vorweg zu nehmen: Geschmacklich war das eSpring-Wasser auch nach Wochen einwandfrei und fand mehr Akzeptanz, als das vergleichsweise abgestanden schmeckende Wasser aus PET-Flaschen. Gesundheitsprobleme hatten wir keine. Für den eSpring an Bord spricht außerdem die kompakte Gesamtlösung, wobei der Hersteller darauf hinweist, dass dieser Filter des „Klasse-B-Systems“ der amerikanischen Trinkwassernorm NSF/ANSI 55 entspricht: Diese erlaubt die Verwendung von „bereits vorbehandeltem und desinfiziertem öffentlichen Trinkwasser“. Weil diese Reinheit in Deutschland und anderen Ländern nur bis zum Hausanschluss und nicht auf Steganlagen garantiert wird, erscheint gerade die UV-Bestrahlung von größter Bedeutung. Wunder wirken kann jedoch der beste Aktivkohlenfilter nicht, auch wenn dieser vergleichsweise hoch verdichtet ist und das Wasser keine Durchlaufkanäle bilden kann: Mit Ausnahme von Blei können, je nach Polarität, nicht alle löslichen anorganischen Substanzen wie Eisen, Calcium, Magnesium, Nitrate oder Fluoride entfernt werden. Und: bei längerem Nichtgebrauch, was gerade auf Booten vorkommt, soll das Wasser vor der erneuten Inbetriebnahme des Filters wenigstens eine Minute ablaufen. Man verliert dann rund 4 Liter. Die Tankkapazität sollte folglich nicht zu knapp ausfallen.

Abschließend ließ ich separate Wasserproben direkt aus dem neuen Tank und aus dem Dreiwegehahn nach dem Filter analysieren. Zum weiteren Vergleich wurde das Wasser aus dem 20 Jahre alten Haupttank entnommen, der noch nie gereinigt wurde. Dieser 400-Liter-Aluminiumtank könnte eine bunte Gesellschaft von Keimen aus Hafenzapfstellen zwischen den Niederlanden und Dänemark enthalten. Befüllt wurden beide Tanks letztmalig zwei Wochen zuvor am Steg des Bremer Hohentorshafens per Wasserschlauch, der optisch seine besten Tage hinter sich hatte.

Im Labor des Berliner Instituts für Produktqualität, abrufbar unter wasserschnelltest.de, wurden drei Basissets angefordert. Die Probengefäße wurden selbst beschriftet und in den mitgelieferten Rücksendekartons direkt zur Analyse geschickt – eine Idee, die auch über die Trinkwasserqualität von Steganlagen Klarheit geben könnte, zumal die Kosten von 66 Euro pro Probe moderat sind.

Das Ergebnis überraschte mich: Sämtliche Trinkwasservorgaben der untersuchten Parameter wurden von der Probe des ungefilterten Wassers aus dem 20 Jahre alten Aluminiumtank eingehalten, obwohl seit acht Jahren keine Entkeimungsmittel zugegeben wurden. Allerdings ist unsere Yacht ganzjährig bewohnt, sodass der Tank fast wöchentlich neu befüllt wird. Zum Zeitpunkt der Entnahme Anfang November herrschten bereits niedrige Temperaturen, weshalb die Wassertemperatur im Tank unter 12 Grad lag – ein nicht unwesentlich Faktor bei der Berechnung von Verkeimungsanteilen, weil sich coliforme Bakterien auf dem Biofilm von Tank und Leitungen schneller bei höheren Temperaturen vermehren. Hier wurden in der 100 Milliliter umfassenden Probe aus dem alten Tank gar keine Bakterien festgestellt und auch die Werte von Blei, Cadmium oder Nickel betrugen weniger als 10 Prozent der zugelassenen Trinkwassernorm. Es wäre also kein Filter erforderlich, was den Hafenbetreiber natürlich freute und dem alten Wasserschlauch zu neuem Ansehen verhalf.

Ganz anders dagegen fielen zur großen Überraschung die Ergebnisse der mikrobiologischen Untersuchung der Wasserprobe direkt aus dem neuen Kunststofftank aus. Zwar waren Enterokokken und Escherichia Coli nicht enthalten, aber dafür eine bedenkliche Anzahl von etwa 88 coliformen Keimen je 100 Milliliter, wobei die Trinkwassernorm den Grenzwert 0 für eine Probe von 100 Milliliter vorgibt. Das Wasser entsprach nicht den Vorgaben, sollte also nicht getrunken werden und könnte den gesundheitlichen Ausfall einer Crew zur Folge haben. Die Analyse wurde mittels der Colilert Methode (TrinkwV) durchgeführt. Die Angabe des MPN-Wertes (Most Probable Number) ist ein statistisches Verfahren zur Abschätzung der Anzahl von Mikroorganismen in einem bestimmten Probenvolumen.

Nun bleibt es ein Rätsel, worauf die Kontamination des neuen Tanks zurückzuführen ist: Wurden die Bakterien über mein altes Stichsägeblatt zum Ausschnitt der Inspektionsluke, über den Staubsaugerkopf zum Absaugen der Plastikspäne oder durch meine Hand mit dem Wischtuch eingebracht? Oder lag es vielleicht am versehentlich behafteten Klarsichtschlauch, der zur Anzeige des Wasserstands am Tankboden angeschlossen wurde? Jedenfalls mussten der neue Tank und die Leitungen entkeimt werden. Dafür bildete dieses kontaminierte Nass den richtigen Sparringspartner für den eSpring-Wasserfilter.

So stand zu guter Letzt diese alles entscheidende Frage im Raum, ob der eSpring-Wasserfilter mit seinem kombinierten Kohlen- und UV-Filter wie im Marketing versprochen ein wahrer „Keimkiller unter dem Küchenblock“ sein würde, nachdem ihn das kontaminierte Wasser aus dem neuen Tank zum Dreiwegehahn durchströmt hätte.

Das Ergebnis der Probe gefilterten Wassers, entnommen am Dreiwegehahn: Zunächst entsprachen sämtliche Werte dem als zuvor schon als einwandfrei getesteten Wasser aus dem alten Tank. Aber hier wurden durch die UV-Bestrahlung des eSpring die coliformen Keime vollständig „terminiert“! NULL KEIME. Der Filter hält, was der Hersteller verspricht: Für mich der Beweis, dass sich auch an Bord sauberes Trinkwasser aus kontaminiertem Wasser erzeugen lässt. Damit konnten die Plastikflaschen von Boot verbannt werden.

Heute, zwei Jahre später, sind wir unendlich froh, keine Wasserflaschen mehr schleppen zu müssen. Zudem kaufen wir oft in verpackungslosen Läden ein, wo selbst die Zahnbürsten aus Holz sind. Schluss mit dem Übermaß an Plastik. Um auch Mikroplastik auszuschließen, wurden zudem sämtliche Körperpflegeprodukte mit der App „Codecheck“ überprüft und umweltgefährdende Produkte von Bord verbannt.

Des Seglers Trickkiste.

Skipperinnen und Skipper müssen viele Talente haben. Gefragt sind Fähigkeiten als Navigator, Installateur, Motormechaniker, Elektriker, Meteorologe und Sanitäter. Ganz zu schweigen von Vorratshaltung und Kochkünsten. Was die Motivation der Crew anbelangt, müssen Skipper den Spagat zwischen Animation der Crew und straffer Führung „alter Schule“ schaffen. Der Wechsel zwischen Mama, Papa, Everybody’s Darling und Kapitän Bligh bedeutet, sich selbst immer wieder zu hinterfragen, damit die Crew nicht abmustert oder meutert. Dazu gehört ein Gespür für Bordpsychologie und Transaktionsanalyse. In der Gesamtheit wird dem Schiffsführer oder der Schiffsführerin „göttergleiches Wissen“ abverlangt, um alle an Bord auch bei Widrigkeiten wieder sicher nach Hause zu segeln.

Die Briten bringen es auf den Punkt: „Master next God“, nennen sie den Kapitän. Damit ist auch schon ein Ziel dieses Buches definiert: Ein guter Skipper strahlt in allen Situationen Ruhe aus, entscheidet transparent und wird niemals ausfallend. Er kennt sein Boot wie seine Westentasche und weiß, wie er in bedrohlicher Situation am besten reagiert. Selbst nach 40 Jahren auf dem Wasser bringt jeder Tag an Bord etwas Neues. Ich versuche, ein guter Skipper zu sein, lerne immer wieder hinzu und stoße auf Wissenslücken, die ich gar nicht erwartet habe.

Es geht jedoch nicht um Perfektionismus. Segeltrimm entsteht auf meinem Boot nach Gefühl, denn ich habe nie eine Segelschule besucht. Den Sinn von Windfäden habe ich verstanden, vermag sie aber in Bezug auf das Profil nicht geschwindigkeitsfördernd zu deuten. Segelschnitte sagen mir wenig. Ich bin stets mit den Lappen losgefahren, die an Bord waren. Ausgesucht haben sie andere. Und doch kenne ich nach acht eigenen Booten und selbst verfassten Bootstestberichten unterschiedliche Takelungen und Reffsysteme mit ihren Vor- und Nachteilen. Ich weiß, welche Faktoren die Luvgierigkeit begünstigen und was man dagegen tun kann: Großsegel fieren, Heck verlängern, zum Drehflügelpropeller wechseln. Erfahrung ist das Wichtigste, wenn man ein Schiff führt.

Was ich dagegen liebe, ist das „Showsegeln" bis in die engsten Häfen, den „Sehleuten" am Ufer zur Freude. Das muss nicht besonders schnell sein und findet ohne Kommandos statt. So habe ich in meinem Seglerleben auch an nur an einer einzigen Regatta teilgenommen: Das war 1994 auf dem Steinhuder Meer und endete mit dem letzten Platz. Dafür durfte ich die Wendebojen bergen und kam erst wieder rein, als die Bierkiste im Clubhaus längst von den anderen geleert worden war. Wer also Regatta- statt Fahrtenseglertipps erwartet, wird mit diesem Buch wenig anfangen können.

Wetterkunde von fachmännisch vermitteltem Wissen über Hochs und Tiefs ist mir ein Graus. Die Apps von Windy oder Windfinder finde ich gut, vertraue aber nicht unbedingt darauf. Bei Windy wurden aus meiner Sicht immer mal wieder mehr Beaufort vorhergesagt, als tatsächlich eintreten. Wäre ich zu vorsichtig, wäre ich oft nicht ausgelaufen. Andererseits haben wir nach dem Trockenfallen beim Aufschwimmen häufig erlebt, dass der Wind aus einer anderen Richtung kam und die Yacht immer wieder hart aufsetzen ließ, bis sie endlich genug Wasser unter den Kimmkielen hatte. Der verschweißte Rumpf steckt das weg, doch mit einer relativ schwach laminierten GFK-Yacht wäre ich nicht trockengefallen, sondern hätte rumpfschonend im tiefen Wasser geankert. Klar ist auch, dass man bei mehrtägigen Fahrten schon mal in eine Front schippert und sich wundert, warum man weit und breit kein anderes Segel mehr sieht. Meistens bleibe ich recht gelassen, weil ich ein gutes Boot mit großen Reserven führen darf. Es verträgt mehr als die Crew und ich zusammen. Weil sich Wetterlagen gerade in Starkwindphasen so oft anders entwickeln als vorhergesagt, ist Seetauglichkeit ein gewichtiges Sicherheitspolster.

Solange ich kein Seegatt passieren möchte und gute Sicht herrscht, besteht kein Grund zur Aufregung. Ab 8 Beaufort aufwärts kann man allerdings den Kurs kaum noch selbst bestimmen. Dann ist es Zeit für ernsthafte Gedanken: Hafenansteuerung ja oder nein? Welche Passage ist sicher? Was kann man der Crew zumuten? Weitersegeln oder Beidrehen? Auf langen Schlägen gegen Wind und Strom und bei schlechter Wetterprognose suche ich zeitig einen Hafen auf oder gehe vor Anker. Im Wattenmeer segelt man dagegen unter Sturmfock auch bei 10 Beaufort noch relativ gelassen nach Hause. Das ist allerdings nur dem zu empfehlen, der das Revier gut kennt. Man muss die Erfahrung und ein Schiff für derartige Bedingungen haben.

Vernetzte Elektronik oder „NMEA-Schnittstellen" mochte ich nicht leiden, bis ich neuerdings einen großen 9-Zoll-Kartenplotter mit NMEA-2000-Datenleitung zum Funkgerät eingebaut habe. Das Funkgerät enthält einen AIS-Empfänger zum Overlay im Kartenplotter. Eine feine Sache bei schlechter Sicht oder Ansteuerung des vollen Hamburger Hafens. Sonst ziehe ich separate Geräte der Vernetzung vor. Sie lassen sich auch einfacher auswechseln. Weil schon ein Blitzschlag die gesamte Elektronik eines Schiffes lahmlegen kann, wenn alles miteinander vernetzt wird, ist bei mir auch weiterhin Seemannschaft der alten Schule angesagt. Ich möchte sie nicht verlernen.

Navigation ist ganzheitlich. Segeln auch. Als wir beispielsweise nachts kurz nach Mitternacht von der offenen Nordsee in die Jade einliefen, hatte ich den Bildschirm stark herunter gedimmt. Man scheint sich auf einem sicheren Kurs zu befinden, übersieht aber schon mal kleine Details und muss trotzdem zwischen hellem Bildschirm und der dunklen See wechseln – besonders wenn man keinen Navigator zur Seite hat.

Was „Eddy, the Eagle" für das Skispringen verkörperte, das bin wohl ich als Segler: Ich segle nicht schnell, aber leidenschaftlich. Wenn ich Helgoland ansteuere, liege ich wegen mangelhaft berechnetem Stromversatz schon mal eine Meile daneben. Konzentration erfolgt nur bei schlechter Sicht. Meine Seekarten werden auch nie jährlich berichtigt, sondern alle paar Jahre neu gekauft. Die Nachrichten für Seefahrer habe ich nur selten nach den Angaben durchforstet, die mein Revier betreffen. Darf ein Segelbuchautor so etwas überhaupt schreiben? Ja, denn meine Frau und ich haben in einem 15 Seemeilen großen Seegebiet für einen Artikel in einer Segelzeitschrift alle Seezeichen und Wassertiefen mit drei unterschiedlichen Verfahren vermessen und nachgewiesen, wie es um die Aktualität von Seekartendaten bestellt ist. Das Ergebnis war eher betrüblich. Ich wiederhole: Gute Seemannschaft ist durch nichts zu ersetzen, vor allem nicht durch das blinde Vertrauen in Daten, die die moderne Technik zur Verfügung stellt.

Also verlasse ich mich im Zweifel auf Echolot und Wellenbild. Das halten die Fischer auch so. Steuert man eine Barre an, kann man selber nach der Rinne suchen, wenn etwas suspekt erscheint. Weil Tonnenleger das können, kann das auch jeder, der ein Echolot hat. Wir haben sogar zwei. Ein Echolot zeigt irgendwann 0 Zentimeter an, wobei dann noch Reserven vorhanden sind. Das zweite Echolot ist etwas genauer und zeigt bei weichem Grund noch bis minus 40 Zentimeter. Bei minus 30 Zentimeter folgen die ersten leichten Grundberührungen, wir können uns somit sehr genau vorantasten. Manchmal brummen Segler mit aktuellen Seekarten auf eine Sandbank auf, weil sie sich ausschließlich auf ihre Seekarten und nicht auf ihre Augen verlassen. Doch Sandbänke wandern oft schneller, als Tonnen verlegt und Daten eingepflegt werden. Manchmal sind Tonnen „abgesoffen“ und lauern unter der Wasseroberfläche. Das wurde einem Segelkameraden in der Blauen Balje zum Verhängnis, als er auf eine Buhne auflief und ein Riss an der Kielwurzel entstand. Mein Credo lautet Redundanz: Vertraue nie auf nur eine einzige Komponente und halte dich handlungsfähig.

Ein weiteres Beispiel: Als die Ladekontrolle unserer Lichtmaschine piept, läuft der Diesel natürlich weiter. Wenn sich nur ein Kabel gelöst hat, wäre das bis zur Ankunft im Hafen nicht tragisch, sofern kein Kurzschluss mit Kabelbrand folgt. Doch wenig später steigt auch die Kühlwassertemperatur, ohne einen weiteren Warnton zu erzeugen. Es gibt an Bord nur einen Summer.

Wenn Lichtmaschine und Wasserpumpe gleichzeitig ausfallen, kann es nur am „verbindenden Element“ der beiden liegen: der Keilriemen ist gerissen. Das ist kein Malheur, denn der gute Lagerist hat drei weitere Riemen an Bord. Der Mechaniker hat das passende Werkzeug griffbereit und so wird das Problem noch auf See behoben. Keine drei Minuten später meldet der leitende Ingenieur dem Kapitän „Maschine klar“. Der Kapitän informiert die Crew, dass die Reise weitergeht. Und die Crew freut sich, dass man im Maschinenraum so gut gearbeitet hat und dass der Funker keine Schlepphilfe anfordern musste. Das alles erfolgt unaufgeregt, ohne Flüche und ohne Hektik. Ach ja – Kapitän, Lagerist, Mechaniker, Ingenieur und Funker sind manchmal nur eine Person.

Begeistern kann ich mich für diese emotionalen Momente, wenn ein technisches Problem gelöst wird, sodass mit einer praxisnahen Reportage andere Segler davon profitieren können. Natürlich fand ich es nicht schön, als der Maschinenraum durch eine gebrochene Kraftstoffleitung zur Dieseldampfsauna wurde. Aber als die Leitung über dem Gaskocher gelötet werden konnte und das einfache Elektrolot die Leitung mit einer umwickelten Kabellitze „geschient" hat, war das Boot wieder seeklar und ich um eine Improvisationsmethode reicher.

Neugierig bin ich auf das, was hinter der nächsten Sandbank liegt – auch im technischen Sinn. Und wie in der „Sendung mit der Maus" bin ich auf Hintergrundinformationen aus. So kommt es, dass ein Autodidakt zum Autor wird und gar ein völlig neues Bergungsmanöver entwickelt, mit dem man zwar in der Führerscheinprüfung durchfallen würde, aber das aus der Praxis und nicht am Schreibtisch entwickelt wurde.

In diesem Sinne: Geschwindigkeit ist unbedeutend, aber das Segeln kann eine Lebensform sein, die alle Sinne fordert. Für mich ist es die Beste.

Die folgende Liste der Dinge, die mir an Bord nützlich sind, wird jeder Skipper sicher um seine eigenen Top 10 ergänzen. Und sicher habe ich etwas Wichtiges vergessen. Bestimmt. Irgendwas steht immer im Vergiss-nix-Heft, das ich stets mit mir herumschleppe. Haushaltspapier steht ganz oben auf meiner Liste. Der Bestand von vier Rollen darf nie unterschritten werden. Bei großen Sauereien helfen Babywindeln in der Bilge. Es gibt immer etwas zu wischen … aber lesen Sie selbst.

1. *Grotamar 82* bekämpft den Algenwuchs im Kraftstofftank, stoppt aber nicht die Alterung von Biodiesel! Neuerdings darf dieses Biozid auch nur noch von lizensierten Fachleuten eingefüllt werden …
2. *Dirko-Motorendichtmasse:* Wird fest wie Gummi, ist aber temperaturbeständig für Motoren. Damit kann alles auch ohne Dichtung montiert oder geklebt werden: Ventildeckel, Wasserpumpendeckel, Fittiche, Kugelhähne, usw.
3. *Sikaflex:* Dauerhafte Klebeverbindung oder Fensterdichtung, hochfest.
4. *Pantera:* Montagekleber für Fenster, Leisten, Tankdeckel – wird schnell fest und ist auch in geöffneten Kartuschen länger verwendbar.
5. *Kokra-Band:* Damit lässt sich eine gebrochene Leitung umwickeln und sofort eine feste Gummipackung erzeugen, etwa für Kühlerschläuche. Gegebenenfalls per Schlauchschelle zu verstärken.
6. *Stay Afloat* oder *Leak Hero*: Leckdichtungspasten, gefühlte Konsistenz wie Schmierfett, die auch unter Wasser kleben und Lecks aller Art abdichten. Sehr gut auch zum Wiedereinsetzen gezogener Echolotgeber.
7. *Epifanes Rapidclear:* Klarlack zum Holzschutz, der schon nach einer Stunde grifffest ist.
8. *Brantho Korrux 3 in 1:* Universelle Grundierung und zugleich Korrosionsschutz, optisch bereits in Lackqualität mehrerer Farben. Allerbeste Haftkraft auch auf Aluminium. Nach einer Stunde grifffest. Kann nach dem Aushärten mit 2-K-Lack übermalt werden und dient als Sperrgrund sogar auf alten 1-K-Anstrichen. Unter Wasser sollte jedoch *Brantho Durasolit* (2K) verwendet werden. Damit können sogar Wassertanks von innen versiegelt werden. Auf Stahl und Aluminium im Unterwasserschiff hat es sich nicht mehr gelöst.
9. *Diverse Schläuche, Schellen und Schlauchverbinder.* Sie sind immer zu gebrauchen.
10. *Lötzinn und Kabel:* Wenn man eine gebrochene Kraftstoffleitung mit einer freigelegten Kabellitze umwickelt, lässt sich die Leitung mit Lötzinn über dem Gaskocher „schienen“.

Wasser im Schiff.

Wasser im Schiff ist bestenfalls unangenehm, schlimmstenfalls katastrophal. Seine psychologische Wirkung ist ebenfalls zu beachten: Es stellt sich ausgesprochenes Unwohlsein ein, wenn das Boot undicht ist und nicht mehr allein zurückgelassen werden kann. Ich blieb bisher von echten Notfällen verschont. Der Leckpfropfensatz oder gar die Rettungsinsel kamen nie zum Einsatz. Trotzdem gab es Situationen, in denen ich den Untergang befürchten musste. Unklaren Lecks kann man auch nicht abhelfen. Daher gilt es festzustellen, woher das Wasser kommt. Die ersten Fragen bei Wasser im Schiff lauten immer: „Ist es Salz- oder Süßwasser? Wie schnell läuft es nach? Muss das Boot unbedingt aus dem Wasser oder kann die Fahrt weitergehen?“ Mit folgenden Beispielen aus meinen Logbüchern möchte ich über typische Ursachen von Wassereinbrüchen berichten.

Der undichte Stopfbuchsendeckel.

Als wir 1996 mit LUKTHOR in den Niederlanden auf der Staandemastroute unterwegs waren und über einen See schipperten, schwamm plötzlich der Teppich in der Kajüte auf. Der erster Gedanke war: „Mayday! Wir sinken! SOS!“ Weit und breit war kein Bootskran in Sicht, der die Hai 710 hätte aus dem Wasser heben können. An einem Anglersteg legten wir im flachen Wasser an. Das Boot würde zumindest nicht allzu tief sinken können.

Beim Lenzen senkte sich allmählich der Wasserstand an Bord. Dann entdeckten wir auch das Leck. Unter dem Dieselmotor floss immer wieder Wasser nach. Ich leuchtete mit der Taschenlampe hinter den

Motor. Da war die Schraubenwelle. Gut. Sie verschwand im Bootsboden. Ich muss zugeben, dass ich damals von Stopfbuchsen noch nichts verstand. Warum lag da ein roter Metalldeckel neben der Welle? Auf dem Schiffsboden war über der Stopfbuchse ein großer Metallring mit einem Gewinde. Hier lief Wasser raus. Die Hai 710 hat einen kleinen Fettbehälter über ihrer Stopfbuchse. Durch gelegentliches Nachdrehen des Deckels kann man Fett nachpressen. Aufgrund meiner Unkenntnis hatte ich den Deckel nie nachgedreht. Das Fett stand nicht mehr unter Druck. Wegen der Vibrationen hatte sich der Fettdeckel gelöst und war schließlich heruntergefallen. Ungehindert sickerte Wasser durch die Lücke. Kleine Ursache, große Wirkung – in Sekunden abzudichten.

Sparen am falschen Platz: Baumarktharz.

Über den Winter bastelte ich an NIOBE und überholte die alte Dame. Sie war meine dritte Hai 710. Im März brachte ich sie auf der Aller unterhalb von Celle zu Wasser. Dazu nutzte ich die Slippbahn eines Motorbootclubs. Das Abslippen klappte allein und ohne Probleme. Gut gelaunt ging ich an Bord und ließ den Diesel an. Der Ruggerini-Einzylinder nahm polternd seine Arbeit auf. Dann kontrollierte ich die Seeventile, Schläuche und Schellen. Alles dicht. Toilettenraum? Staubtrocken. Stopfbuchse? Sie hatte frisches Fett und war gut eingestellt. Ich dampfte stromaufwärts nach Celle zu meinem Liegeplatz. Ein letzter Blick in die Bilge, als ich von Bord gehen wollte: Mehrere Liter Wasser ...

Ich lenzte und wischte alles trocken. Aus einer Farbschicht unter dem Motorfundament quoll ein Rinnsaal hervor. Keine Chance, das Leck im Rumpf abzudichten, solange NIOBE im Wasser war. Das Leckabwehrmittel Stay Afloat gab es noch nicht. Ich fuhr die 8 Kilometer zurück nach Oldau und lieh mir den Geländewagen eines Freundes aus. Mit Untersetzung und Differenzialsperre zog der Wagen NIOBE wieder aus dem Wasser.

Am nächsten Tag schabte ich die Bilgenfarbe vom Bereich des Lecks. Hier hatte jemand nachlaminiert. Allerdings war es billiges „Baumarktharz“. Es war mittlerweile hart, spröde und von roter Farbe. Ich fräste es vollständig aus und stieß auf einen zusätzlichen Kielbolzen.

Ein Voreigner hatte den Kiel kunstvoll nach achtern verlängert und so die ursprüngliche Luvgierigkeit des Schiffes beseitigt. Dazu hatte er diesen weiteren Kielbolzen gesetzt und ihn anschließend überlaminiert. Ein echter Metallbaufachmann – nur vom Laminieren hatte er keine Ahnung. Das billige Harz hatte sich nicht richtig mit dem Originalrumpf verbunden. Es war von Feuchtigkeit unterwandert worden. Im Winter hatte der Frost den Rest erledigt und einen Riss verursacht.

Nicht geschlossenes Seeventil.

Wir liefen mit PALOMA in Cuxhaven ein. Der NOK und die Unterelbe lagen hinter uns. Zum Kochen des Abendessens griff ich in die Gewürzablage hinter dem Herd – und hatte plötzlich nasse Hände. Die Ablage stand bis zum Rand mit Wasser voll. Hatte ich ein Leck an Deck? Die Ablage war aus Sperrholz und fasste ungefähr 20 Liter. Dann erkannte ich die Ursache: Das Seeventil vom Küchenbecken hatte ich bis dahin stets geöffnet gelassen. Auf diesem Törn von Brunsbüttel hatte ich PALOMA aber das erste Mal unter Segeln an ihre Grenzen geführt. Mit 35 Grad Lage wurde sie auf Backbordbug gesegelt. Unter Vollzeug kreuzte sie gegen einen Nordwest, der mit 6 Beaufort blies. Das war natürlich nicht sinnvoll, aber zum Testen der Kentersicherheit einfach notwendig. Bei dieser extremen Krängung stieg das Wasser unbemerkt im Abflussschlauch der Pantry hoch und füllte das Spülbecken. Bei jeder größeren Welle schwappte es über die Ablage. Dann lief es direkt in den Gewürzkasten. Seitdem wurde auch dieses Seeventil geschlossen, wenn wir unterwegs waren.

Die Tücken eines geschlossenen Seeventils.

Dass auch ein geschlossenes Seeventil einen Wassereinbruch verursachen kann, erlebte ich nur einen Tag später. Ich segelte allein von Cuxhaven nach Helgoland. Der Wetterbericht sagte Nordwest mit 3 Beaufort voraus. In der Außenelbe querab Scharhörn frischte der Wind aber innerhalb einer Stunde auf Nordwest 7 auf. Bei Wind gegen Strom bolzte PALOMA mühsam gegen die Wellen an. Immer wieder warf sie ihre 9 Tonnen gegen die Brecher und nahm viel Wasser über. Als ich Bilge und Toilettenraum kontrollierte, traf mich fast der Schlag: Es schwappte jede Menge Seewasser herum. Das Handwaschbecken im Toilettenraum war mit Salzwasser gefüllt, obwohl alle Seeventile geschlossen waren. Gab es einen Seeschlag, der das Seeventil beschädigt hatte? Eigentlich unmöglich. Ich lenzte ins Cockpit und wischte notdürftig mit Handtüchern auf. Bei 3 Meter hohen Wellen war das sehr anstrengend. Ich kämpfte gegen die aufkommende Seekrankheit. Mitunter lief PALOMA trotz ihres Langkiels aus dem Ruder. Ab und zu stieg der Kamm einer Welle ins Cockpit und das Wasser stieg immer wieder im Waschbecken auf.

Ich änderte den Kurs um 180 Grad und lief nach Cuxhaven ab. Unter Land kam kein Wasser mehr in den Toilettenraum. Dann fand ich die Ursache: Erstmals hatte ich die Persenning nicht über die Ankerwinsch gezogen. Über die Klüse der Winsch war Seewasser in den Ankerkettenkasten gelangt. Der Kasten hat einen Abflussschlauch zum Seeventil des Handwaschbeckens. Dieses Seeventil war natürlich geschlossen. Also konnte das Wasser nur im Abflussschlauch aufsteigen und das Waschbecken füllen. Das Becken liegt tiefer als der Kettenkasten. Im Seegang schwappte das Wasser über.

Seit diesem Erlebnis wurde die Persenning immer auf der Ankerwinsch verzurrt und Knetgummi sicherte zusätzlich die Kettenklüse gegen überkommende Wellen. Am nächsten Tag drehte der Wind zurück auf West 4. Ohne Probleme segelte ich nach Helgoland.

Probleme mit einem neuen Seeventil.

Man glaubt es kaum, aber sogar ein neues Seeventil kann einen Wassereinbruch verursachen. Unser zweites Boot LUKTHOR II, eine britische Mirage 28, besaß noch einfache Schieberegler – kein Vergleich zu modernen Kugelhähnen. Ich tauschte sie alle zusammen mit den Borddurchlässen aus. Denn auch die Borddurchlässe waren durch Elektrolyse und Auszinkung über 20 Jahre unzuverlässig geworden. Keinesfalls wollte ich einen abgebrochenen Flansch riskieren. Die Borddurchlässe wurden mit Sikaflex eingesetzt. Beim Aufschrauben der Kugelhähne verwendete ich Teflonband zur Dichtung. Die Gewindegänge wurden zusätzlich mit Dirko eingeschmiert – mein Universaldichtungsmittel aus der Motorradwerkstatt. Diese Motorendichtmasse ist temperaturbeständig bis mindestens 180 Grad. Sie härtet nicht aus und ist absolut zuverlässig.

In Eckwardersiel schob ein Traktor unsere Mirage auf ihrem rostigen LKW-Trailer die Rampe hinunter in den Jadebusen. Na toll! Aus dem nagelneuen Seeventil der Motorkühlung spritzte ein Strahl heraus. Netter Produktionsfehler: Der Dichtungsring der Welle des Kugelhahns fehlte. Man konnte den Hahn öffnen oder schließen, trotzdem drang das Wasser ungehindert ein.

Was tun? Noch mal auf den Trailer zu kommen war bei gefallenem Wasserstand nicht möglich. Aber waren wir nicht an der Nordsee? In drei Stunden würde der kleine Hafen trockenfallen. LUKTHOR II konnte auf ihren Kimmkielen stehen. Ein Ersatzseeventil hatte ich auch noch. Der Törn war gerettet. Am nächsten Morgen segelten wir noch vor dem Sonnenaufgang ab und überführten die Mirage in die Ostsee nach Neustadt in Holstein, meinem damaligen Heimathafen.

Wassereinbruch beim Wasserbunkern.

Im Kieler Hafen Düsternbrook füllte ich PALOMAs Wassertank auf. Ich ließ es langsam laufen. Der Schlauch steckte im Stutzen. Doch nach einer halben Stunde wunderte ich mich, dass der Wassersack im Kiel immer noch nicht voll war. Er fasste nur 150 Liter. Ein Blick vom Steg aus ließ mich hellwach werden. Paloma lag schon deutlich unter ihrer Wasserlinie. Ich hob ein Bodenbrett an.

Die ganze Bilge stand voller Wasser. Lebensmittel, Farbdosen, Ausrüstung: Alles war nass. Nun musste die Bilgepumpe arbeiten. Nach wenigen Minuten war das Wasser aus dem Schiff. Wir räumten alles aus und trockneten die Sachen. Dann füllte ich vorsichtig den Sack wieder auf. Als er voll war, verwandelte er sich in einen Springbrunnen. Die oberste Kunststoffverschraubung des Wassersacks hatte einen Riss, der mit Sikaflex abgedichtet wurde. Nebeneffekt der Aktion: Die Bilge sollte ohnehin mit Süßwasser gespült und gereinigt werden. Seither habe ich beim Wasserbunkern stets ein waches Auge und nehme auch das Bodenbrett über dem Tank ab.

Druckwasseranlagen sind komfortabel, aber ...

Unsere neue FUCHUR sorgte ebenfalls für Wasserrätsel: Eine Sektion der Bilge neben dem Wassertank füllte sich immer wieder mit Süßwasser. Hatte der Tank einen Riss? Erst nach Tagen fand ich die Ursache: Der Vorbesitzer hatte eine Waschmaschine eingebaut, deren Schlauch an der Druckwasseranlage hing. Sie wurde ausgebaut, um Platz zu gewinnen, aber ohne den Frischwasserschlauch zur Druckwasseranlage zu demontieren.

Die Dichtung des Blindstopfens hatte nachgegeben. Jemand hatte ihn ohne Dichtungsband eingeschraubt. Deswegen tröpfelte es von der Rückseite der Verkleidung des Kartentischs herunter. Eine einfache Fußpumpe würde für Unterdruck im Ansaugtrakt zum Wassertank sorgen, eine Druckwasserpumpe verursacht stattdessen beständigen Überdruck, der sich noch verstärkt, wenn ein Heißwasserboiler dazukommt und der Druckausgleichsbehälter an seine Grenze gelangt. Dann herrschen 3 bar im System, bis das Überdruckventil tröpfelt und Wasser in die Bilge entlässt.

Ergo: Wer den Komfort fließenden Wassers genießen will, muss an allen Übergängen für absolut dichte Verbindungen sorgen. Geben Schläuche nach oder verursacht Eis im Winter einen Riss, erlebt man andernfalls unliebsame Überraschungen.

Lecks abdichten mit Stay Afloat.

Wenn das Wasser in der Bilge schwappt, ist es mit der Ruhe an Bord vorbei. Schon ein Rinnsal an einem Seeventil, einer Schweißnaht oder einem Kielbolzen verursacht kräftige Feudelei bis hin zur Vereinbarung des nächsten Werfttermins. Doch ein undichter Kahn verlangt nicht immer sofort nach einem Kran. Man braucht nur eine Substanz, die unter Wasser ein Leck abdichtet. In bootstypischen 40 Zentimetern Wassertiefe ist der Druck nicht allzu hoch. Schon mit einem Korken lässt sich ein Loch stopfen. Doch bevor man per Dichtmasse das Leck bis zum Auskranen im Herbst verschließen kann, muss die Problemzone trocken sein. Und dafür eignet sich zum ersten Abdichten gegen nachlaufendes Wasser *Stay Afloat*.

Ich habe es ausprobiert: In den Boden einer 25 Zentimeter hohen Kunststoffflasche bohre ich ein 3 Millimeter großes Loch und fülle die Flasche mit Wasser. Durch den Flaschenhals schmiere ich mit einem Holzstückchen einen Klecks *Stay Afloat* darüber – sofort versiegt der Wasserstrahl. Dass höherer Druck kein Problem darstellt, zeigt sich nach dem Zuschrauben der Flasche: Trotz kräftigen Drucks bleibt das Loch dicht. Das Mittel sieht aus wie einfaches Schmierfett; man kann es von Hand oder per Spachtel auftragen. Wasser wird verdrängt und es haftet auf jedem Untergrund.

An Bord sieht die Arbeit folgendermaßen aus: Erst wird die Bilge geleert und der Bereich um die Leckstelle getrocknet. Ist ein Kielbolzen oder eine Schweißnaht undicht, wird ein Kranz mit *Sikaflex* oder *Pantera* um die undichte Stelle gelegt. Drückt man ein leeres Marmeladenglas darauf, ist der Bereich nach einer Stunde gesichert und die Fahrt kann weitergehen. Durch das Glas behält man die Problemzone zudem im Auge.

Gleiches funktioniert bei einem größeren Leck: Ein Brotbrett mit *Stay Afloat* bestreichen, auf die Stelle drücken und verkeilen. Dann wird der Rand des Bretts zum Rumpf mit dauerhafter Dichtungsmasse versiegelt. Auf diese Weise lässt sich jedes Leck in wenigen Minuten unter Kontrolle bringen.

Produktvideos zeigen, wie es funktioniert. Einfach auf *YouTube* nach dem Stichwort *Stay Afloat* oder dem ähnlichen Leckabwehrmittel *Leak Hero* suchen.

Alarmgeber und Wassermelder.

Wenn die Bodenbretter bereits aufschwimmen, findet man Lecks erst nach langem Lenzen. Bei einfachen Wassermeldern, die es bereits für rund 10 Euro mit Batteriebetrieb gibt, springen die Sensoren schon bei Feuchtigkeit an – nicht erst bei mehreren Zentimetern Wasserstand über einen Schwimmerschalter. So wird man rechtzeitig gewarnt. Besonders beim Segeln ist ein schriller Warnton hilfreich, bevor man im tieferen Bilgenwasser mühsam nach der Quelle suchen muss.

Jüngst verursachte ein Sportboot im Bremer Europahafen eine Ölpest: Vermutlich sprang eine automatische Bilgenpumpe an. Feuerwehr und Wasserschutzpolizei legten Ölsperren und ermittelten gegen den Skipper.

Typische Ursache eines solchen Malheurs: Sobald der Flüssigkeitstand den Schwimmerschalter anhebt, arbeitet die Lenzpumpe und befördert den Inhalt der Bilge außenbords – egal, ob es sich um Wasser, Diesel oder Benzin handelt. Dazu kann es schneller kommen, als einem lieb ist. Ist ein Seeventil oder eine Stopfbuchse defekt, läuft zunächst Wasser in den Rumpf. Wenn dann der Tank im Kiel liegt und über die Tankentlüftung Wasser eintritt, tritt der leichtere Kraftstoff zuerst aus. Eine gebrochene Kraftstoffleitung kann gleichermaßen zum Leerlaufen des Tanks führen, wenn sie unterhalb eines Schwanenhalses liegt.

Nicht nur aus diesem Grund ist ein Wassermelder eine sinnvolle (und geringe) Investition. Der Wassermelder von *Brennenstuhl* hat mir gute Dienste geleistet. Ich habe ihn schon für 5 Euro im Internethandel entdeckt. Bei Vorträgen reichte zur Demonstration ein feuchtes Taschentuch. Die meisten Zuhörer kannten diese simple Methode nicht.

Tipps für die Stopfbuchse.

Wenn Antriebswelle, Lager und Stopfbuchse ausgetauscht werden, sollten Klingelknopf und Milchtüte nicht fehlen … Warum das so ist, zeigt das folgende Kapitel.

Viele Wassereinbrüche lassen sich auf defekte Stopfbuchsen zurückführen. Bei jeder Fahrt dreht sich die Propellerwelle – auch beim Segeln, wenn kein Gang eingelegt ist. Das verursacht Vibrationen und Querkräfte an der Buchse. Trotzdem soll die Dichtung weder heiß laufen noch Wasser durchlassen. Dabei ist ein wenig Wasser gar nicht schlecht – es kühlt und schmiert. Was aber, wenn es mehr Wasser ist, als einem lieb ist, und man das undichte Boot nicht mehr allein im Hafen lassen mag? Wie bekommt man sein Boot dann wieder dicht? Wenn man eine „moderne“ und geschlossene Ringdichtung hat, wird das schwierig. Dafür muss die Welle vom Flansch getrennt und vielleicht weit aus dem Tunnel gezogen werden. Das geht oft nicht, weil der Propeller nicht am Ruder vorbei passt. Der Propeller kann auch nicht auf hoher See abgeschraubt werden. Dafür benötigt man einen Kran, der das Boot an Land stellt. Dann muss der Propeller per Bunsenbrenner erhitzt werden, damit man ihn per Abzieher von der Welle lösen kann. Wäre es da nicht besser, wenn man in ein paar Minuten mit Bordmitteln die Buchse reparieren oder durch Fettnachpressen das Malheur beheben könnte?

Das geht, und zwar mit der guten alten Buchse, die drei bis fünf zerschnittene Ringe erhält, die im Fett liegen und mit einer einfachen Druckmutter eingepresst werden: So gelingt der Austausch ohne Wellendemontage. Aus diesem Grund gilt heute einer meiner ersten Blicke beim Bootskauf dem Zustand und der Bauart von Welle, Stopfbuchse und Lager. Bei FUCHUR hatte ich das in der Euphorie vergessen und wegen einer defekten Wellenanlage Lehrgeld bezahlt.

Kappeln an der Schlei, im Winterlager, ein paar Tage nach dem Kauf: Ich stelle fest, dass sich die Welle im Endlager seitlich bewegen lässt. Manche Wellenanlagen halten problemlos 30 Jahre, doch das Lager von FUCHUR war nach schon nach wenigen Jahren am Ende. Allerdings trifft die Werft keine Schuld: Eine andere Firma hatte damals erst am Ausbauplatz Maschine und Welle in den Kasko eingebaut. Nun habe ich im Winterlager noch Zeit für die Reparatur. Am Ende dürfte die Kombination aus konventioneller Stopfbuchse, stationärer Fettpresse und Tauchpumpe in einer Milchtüte unter der Stopfbuchse für die unbegrenzte Lebensdauer sorgen.

Ein Mechaniker des Motorenspezialisten Kiesow aus Kappeln findet gleich einem Kriminalisten drei Fehler, die zum frühen Ende der Wellenanlage führten. Immerhin ist dies eine Reparatur, die ein Leck in der Schiffskasse verursacht: 950 Euro sind für eine neue Welle fällig. Dabei ist es bei Reinke-Rümpfen wegen des um wenige Grad versetzten Stevenrohrs noch relativ einfach, die Welle am Skeg vorbei zu ziehen. Bei vielen Booten muss ein Kran den Rumpf anheben, um das Ruder auszubauen oder die Maschine muss ausgebaut werden. Erst dann kann die Welle nach vorn herausgezogen werden. Es gilt also alles zu tun, den Wellenlagern ein langes Leben zu bescheren.

Pünktlich um 8 Uhr klopft Mechaniker Reinhard Schmidt an den Rumpf. Es herrschen 2 Grad minus, Eisschollen treiben auf der Schlei. Er wundert sich über das ausgeschlagene Endlager. Also muss der Propeller herunter. Zuerst schabt der Mechaniker die Madenschraube in der Hutmutter frei. Sie lässt sich nicht lösen. Doch der gelernte Industriemechaniker kennt alle Kniffe. Seit 1978 ist er dabei.

Ein Hammerschlag auf den Schraubenkopf hilft nicht weiter: „Spaltkorrosion“, grummelt er. „Ohne Schraubensicherung eingesetzt. Hätte der Mechaniker seinerzeit Loctite verwendet, würde sich die Schraubensicherung in den Gewindegängen durch die Gasflamme wieder verflüssigen. So hilft nur Ausbohren.“ Ein Tropfen hätte genügt. „Besonders Niroschrauben neigen bei starkem Festziehen zu kalter Oberflächenverschweißung“, meint Schmidt.

Die Mutter des Propellers wird abgeschraubt, aber trotz des Abziehers sitzt der Dreiflügler bombenfest; Die Gasflamme dehnt die Propellerachse um die Welle, dann ein Schlag mit dem großen Hammer: Der Propeller knallt vom Konus. Nun lässt sich nach dem Lösen des Klemmflansches die 1,5 Meter lange Welle herausziehen.

Schon bei Sonnenlicht sind tiefe Einlaufspuren zu sehen. „Manche setzen die Welle in der Hoffnung wieder ein, dass die Dichtungsringe die Riefen ausgleichen. Das tun sie auch – für ein paar Monate. Zum Vermessen muss die Welle aber auf die Drehbank“, ist sich der Mechaniker sicher. Recht hat er: Eine Bananenwelle – die Messuhr zeigt 1,1 Millimeter Unwucht auf 1 Meter Länge. Bis 0,1 Millimeter Unwucht wäre tolerabel. Also weg damit zum Alteisen.

Die Ursache des frühen Verschleißes? Schweißverzug des Stevenrohres! Mit einer Reibahle (44,5 mm) ist das leicht zu beheben – sofern man über dieses Spezialwerkzeug verfügt. Das schien man damals nicht verwendet zu haben: Mit Gewalt war das alte Lager eingepresst oder eingeschlagen worden. Und zwar schief! Die ursprünglich gerade Welle lief in einem neuen Lager außerhalb der Flucht. Da waren wohl Laien am Werk. Dass es nicht die erste Reparatur des Endlagers war, entdeckt der „Fahnder von CSI-Kappeln“ an Sägespuren im Wellentunnel.

Wie gehen in seine Werkstatt. Eine 1450er Welle ist vorhanden. „Mechaniker sprechen in Millimetern. Eine um 50 Millimeter kürzere Welle ist hier sogar besser. Je näher der Propeller am Lager sitzt, desto geringer sind Hebelkräfte und Vibrationen, die auf das Wellenlager wirken“, erklärt Schmidt. „Zwar hat die neue Welle ein Linksgewinde und so könnte sich die Mutter des rechtsdrehenden Propellers lösen, aber ihr wird auf der Drehbank sofort ein passendes Gewinde aufgesetzt.“

Aus der Stopfbuchse entfernt Schmidt vier Packungsringe. Nur drei kommen wieder hinein. Der vierte passt erst später, wenn sich die anderen „kleingemacht“ haben. „Manche würgen gleich alle hinein und fahren die jungfräuliche Welle zu heiß. Handwarm ist okay, also maximal 50 Grad.“ Schmidt schneidet die Ringe gerade und nicht im 45-Grad-Winkel. „So bauen sie beim Anziehen keinen Druck auf, ziehen sich nicht unter die Verschraubung und lassen etwas mehr Wasser durch, was sie im Betrieb ja auch sollen. Die Schnitte werden nur um 180 Grad gegeneinander versetzt. Den Rest dichtet das nachgepresste Fett.“

Sorgfältig wird der Einbau vorbereitet. Das Endlager kommt erst ins Stevenrohr hinein, als es sich mit geringem Kraftaufwand einschieben lässt. Es wird von den beiden Sicherungsschrauben am Mitdrehen gehindert. Gewünscht ist eine geringe Ausdehnung, je nach Wassertemperatur.

Danach wird die Welle eingeführt und zuerst am Klemmflansch montiert. Durch Drehen erkennt Schmidt, dass sie „rund läuft". „Dann werden die beiden Schellen der Stopfbuche angezogen", sagt er. Die Buchse ist ein Sensibelchen. Wie in einer neuen Beziehung müssen sich die Partner, also der Schiffsführer und die Packung, an ihre Eigenarten gewöhnen.

Zum Schluss wird in wenigen Minuten der G-Prop des österreichischen Fabrikanten Godderidge-Metallbau montiert, für den ich mich heute aber nicht mehr entscheiden würde, weil ich den Hersteller nicht mehr erreichen kann. Wer trotzdem so einen Edelstahlpropeller gebraucht kaufen sollte: Die Anschlagscheibe ist staudruck- und gummigedämpft. Sie steuert die unterschiedliche Steigung für Voraus- und Rückwärtsfahrt. Bei dieser rechtsdrehenden Welle muss die Nummer der Steuerscheibe nicht sichtbar nach vorn weisen, damit die Yacht im Vorwärtsgang auch vorwärts fährt. Zur berechneten 47er Scheibe werden zwei weitere Austauschscheiben mitgeliefert, falls die Steigung verändert werden soll. Der Konstrukteur hat für die 11 Tonnen schwere Reinke einen 17-Zoll-Propeller berechnet, das ist 2 Zoll kleiner als bisher. Trotzdem läuft sie damit gut: 6 Knoten bei 1700 Umdrehungen und 7,5 Knoten bei Nenndrehzahl. Doch sollten die Führungsbuchsen ausgeschlagen sein, bleibt mir wohl nur die Verschrottung. Ich würde heute bei verschleißanfälligen Produkten nur noch auf Firmen setzen, die sich seit Jahren auf dem Markt etabliert haben.

So halten Welle und Lager länger. Meine Tipps für die Wahl der Stopfbuchse:

Eine konventionelle Stopfbuchse mit Talgschnüren kann auf See nachgestellt werden. Ist dagegen eine geschlossene Ringdichtung am Ende und lässt Wasser in den Rumpf einströmen, kann die Reparatur nur durch Ziehen der Welle erfolgen. Besonders in Tidenrevieren, in denen bei Rückwärtsfahrt aus der Box schon mal schmirgelnde Sedimente in den Wellentunnel gespült werden, ist die „Old-School-Buchse" noch immer „Up to date".

Stopfbuchsen mit Talgschnüren sind fett- und wassergeschmiert bzw. -gekühlt. Sie halten ewig, wenn sie „lose und nass“ gefahren werden. Richtwert: ein Tropfen/Minute. Ab und zu wird etwas Fett nachgepresst. Die Buchse ist dann wieder dicht. Den optimalen Druck kann man am Verbindungsschlauch ertasten.

Wer dazu nicht ständig in den Maschinenraum krabbeln will, ist mit einer stationären Fettpresse im Cockpit gut beraten. Der mitgelieferte Schlauch ist drei Meter lang und beispielsweise bei SVB oder Topplicht zu beziehen.

Doch wohin mit dem Tropfwasser? Viele Wellentunnel sind zu eng für Auffangschalen. Aber eine Getränketüte kann darunter entfaltet werden. Sie wird mit Tropflöchern und einem Ausschnitt für eine Tauchpumpe versehen. Ihr Klarsichtschlauch mündet im Lenzrohr des Cockpits. Sollte Fett aus der Buchse austreten, fällt es auf die Tüte. Da die Tauchpumpe niemals das gesamte Wasser absaugt, bleiben ölhaltige Schlieren auf der Oberfläche in der Tüte zurück. Abgepumpt wird nur sauberes Wasser. Es reicht, die verschmierte Tüte zweimal pro Saison zu entsorgen. Auf der Fuchur habe ich mehr Platz – hier wurde ein fester Eisbehälter zur maritimen Auffangschale.

Kontrolle: An der Steuersäule wird ein Klingelknopf für die Tauchpumpe angebracht. Man sieht beim Auspumpen im Klarsichtschlauch, wie viel Wasser die Stopfbuchse durchlässt. Auf diese Weise behält man stets eine trockene Bilge und kann sich an die Feineinstellung der Buchse herantasten. Es dauert ungefähr eine Saison, bis sich die Talgschnüre eingelaufen haben und der optimale Dichtungsdruck erreicht wird.

Übrigens ist der Austausch des Festpropellers gegen einen Drehflügelpropeller zu empfehlen. Neben den besseren Leichtwindsegeleigenschaften und geringerer Luvgierigkeit dreht die Welle beim Segeln nur noch sehr langsam mit. Der Verschleiß der Wellenlager tendiert bei geringen Motorlaufzeiten gen null.

Probleme mit Diesel und Kraftstoffpumpen.

Hundertfach in jedem Jahr stellen Mechaniker bei Booten verstopfte Dieselfilter und Kraftstoffleitungen fest. Während man an Land am Straßenrand ausrollen würde oder bei einem Überholvorgang in Lebensgefahr gerät, treibt man auf See zunächst manövrierunfähig ab. Die Gründe hierfür sind vielfältig. Größere Boote haben beispielsweise größere Tanks mit geringerem Austausch. Damit verbunden entsteht mehr Kondenswasser, was die Algenbildung begünstigt. Früher oder später kann jedes Kraftstoffsystem verstopfen, wenn es nicht mindestens einmal im Jahr kontrolliert wird. Und so hat es auch uns mit der Fuchur in der Anfangszeit wenige Wochen nach dem Kauf erwischt, was eine meiner umfangreichsten Ursachenforschungen folgen ließ, von der sogar Wohnmobilfahrer, Motorradfahrer und Rasenmäherschieber profitieren können. Die Geschichte begann so:

„Verdammt, der Motor stottert!“ Kurz vor dem Hafen von Wangerooge versagt unsere Maschine. Ihre 50 PS fehlen spontan, denn allein unter Segeln kommen wir nicht mehr an den Steg: Ablandiger Wind weht, starker Querstrom der fallenden Tide versetzt uns mit drei Knoten – die schwere Yacht würde in kaum zwei Minuten auf die Buhne gedrückt werden. Dort droht Schiffbruch. Also kann ich nur noch mit dem Strom und der geringen Brise abfallen. Über einer Sandbank hinter der Westdüne fällt der Anker und die Kajüte wird zur Werkstatt. Meine Suche nach der Ursache – sie dauert ewig - und die Reparatur scheitert dann doch. Bis mit Bordmitteln der erste Fehler gefunden wird, vergehen eine Nacht und ein Tag. Ich wechsle beide Filter, entlüfte mehrfach, löte einen Haarriss in einer Einspritzleitung über dem Gasherd.

Alles vergebens. Die mechanische Dieselpumpe ist hin. Mit aufgefülltem Filter läuft der Beta-Diesel jeweils zwei Minuten einwandfrei, bis er das Filtergehäuse wieder leer gelutscht hat. Für den erhöhten Ansaugdruck aus dem Tank reicht es nicht mehr: pröttel – puff – aus. Und die Starterbatterie schwächelt auch langsam, bis der Anlasser die restliche Luft aus den Leitungen geschaufelt hat, die der mechanische Fingerhebel doch nicht weiterbefördert hat.

Der Wind hat auf Ost gedreht. Böen heulen im Rigg des Kimmkielers. Es wird flach im Watt – 50 Zentimeter weniger beim nächsten Hochwasserstand sind zu erwarten. Die Springtide ist auch fast vorbei. Warten wir noch länger, kommen wir tagelang nicht mehr von der Sandbank herunter. Nachts haben wir uns so gerade eben bei Hochwasser mit dem Warpanker in 30 Zentimeter tieferes Wasser verholt. Auch das wird bei Nipptide zum Aufschwimmen nicht mehr reichen. Ich bitte über Bremen Rescue die WILMA SIKORSKI, das Rettungsboot von Wangerooge, um Schlepphilfe. Die DGzRS-Crew zieht uns von der Bank. 200 Euro kostet pauschal ein Einsatz bis zu zwei Stunden – das ist Schleppen ohne Retten, kein Notfall. In Erwartung von bis zu vier Wochen Wattwandern ist das aber ein fairer Preis und wir sind der DGzRS sehr dankbar.

Die Retter fahren das Manöver professionell, brechen den Anker der Yacht aus dem Grund. Sie bugsieren das Boot im Inselhafen ohne Schrammen an den Steg. „Haben Sie probiert, die Kraftstoffschläuche von Vor- und Rücklauf direkt in einen Kanister zu stecken?“, erkundigt sich der Vormann des Rettungsbootes. „Nein, das hätte nichts gebracht, weil die Pumpe auch ausgefallen ist.“ Auf der Insel ist das nicht zu reparieren. Der EDEKA-Markt hat keine Beta-Pumpe im Regal – aber sie ist ja auch kein Lebensmittel …

Am nächsten Tag findet sich ein freundlicher Motorbootfahrer. Seine 400 PS fordern solides Tauwerk. Hahnepot auf beide Klampen, mein armdickes Schlepptau wird zum ersten Mal aus der Kiste geholt. Mit Rumpfgeschwindigkeit von 7,5 Knoten schleppt er FUCHUR nach Hooksiel. Peinlich ist mir das nicht, denn andererseits hatte ich auch schon rund zehn Yachten abgeschleppt – wir halten alle zusammen.

Am heimischen Steg steht die Reparatur an. Der Austausch der mechanischen Kraftstoffpumpe wäre nicht billig. Und ihre Zuverlässigkeit lässt mich zweifeln. Zudem: Was wäre gewesen, wenn die Maschine ausgerechnet bei Flaute in tiefem Wasser ohne Ankergrund ausfällt, dafür aber mehrere Knoten Strom herrschen? Auch vor den Bug einer Fähre in Travemünde zu treiben, wäre bei meuternder Maschine eines meiner Horrorszenarien. Doch Filter oder Kraftstoffpumpen lassen sich nicht so schnell austauschen. Allein das Entlüften dauert mit dem Minihebel manch mechanischer Kraftstoffpumpe bis zu zehn Minuten. Dazu muss die Treppe des Niedergangs entfernt werden und Werkzeug zum Lösen der Einspritzleitungen bereit liegen. Und falls der genervte Skipper nicht wegen Brandblasen durch die heiße Maschine oder durch Seekrankheit wegen Dieselgestanks das Handtuch wirft, ist immer noch nicht sicher, dass es funktioniert.

Der Fortschritt blieb an vielen Marinedieseln aus, obwohl schon 40 Jahre alte OM-Motoren große Pumpenstangen hatten, die nach wenigen Hüben Leitungen entlüfteten. Längst vorbei sind auch die Zeiten, als man am Hubkolben eines VW-Käfers einen Schweißpunkt setzte, um wieder den notwendigen Pumpenhub zu erzeugen. Heutzutage hat jeder PKW-Motor eine elektrische Kraftstoffpumpe, die beim Einschalten der Zündung arbeitet.

Das Ungemach des Abschleppens gilt es künftig zu vermeiden. Die neue Pumpe sollte selbsttätig ansaugen und entlüften: Nur rund 65 Euro kostet beispielsweise das blaue Wunder in Gestalt der elektrischen Hardi-Kraftstoffpumpe. Nach Angaben des Handels ein deutsches Produkt, kältebeständig bis minus 40 Grad. Die Pumpe für Dieselmotoren bis 60 PS fördert 100 Liter in der Stunde, passt sich jedoch der benötigten Fördermenge automatisch an und verbraucht nur sehr wenig Strom. Läuft der Diesel, besteht daran ohnehin kein Mangel. Die leistungsstärkere Ausführung für größere Motoren kostet nur ein paar Euro mehr.

Nach Auskunft des Motorenspezialisten Kiesow aus Kappeln wird sie an irgendeiner Stelle in die Ansaugschläuche zwischen Vor- und Feinfilter integriert: Zwei Schlauchschellen anziehen, dann nur noch ein zweipoliges Kabel am Zündschloss an Klemme 15 anschließen – und die Pumpe entlüftet selbst leere Dieselfiltergehäuse. Ist die Luft nach ein paar Sekunden raus, springt die Maschine zuverlässig nach der ersten Umdrehung an.

Man könnte die Pumpe auch zwischen Feinfilter und Einspritzpumpe integrieren. Allerdings hält der Feinfilter bei einem theoretischen Pumpendefekt Späne vor den Düsen zurück. Daher die Zwischenmontage. Künftig wird der Motor in Rekordzeit wieder anspringen, denn in einer Minute lässt sich ein verstopfter Dieselfilter wechseln: Das Lösen der Einspritzleitungen zum Entlüften ist überflüssig. Der blaue Hardi-Saugling läuft bei uns inzwischen seit sieben Jahren ohne Probleme, als ich diese Zeilen überarbeitete.

Die alte mechanische Dieselpumpe könnte weiter mitlaufen, blockierte jedoch den Durchfluss. Statt sie auszubauen und die Öffnung mit einem Blech zu verschließen, kann ihr Ein- und Auslassstutzen mit einem ölgefüllten Schlauch verbunden werden. So geht sie in Pension und bleibt, wo sie ist. Die elektrische Pumpe ist dagegen nicht nur selbstentlüftend, sondern auch selbstansaugend: Wird provisorisch ein längerer Schlauch aufgesteckt, könnte damit sogar das Nachbarboot betankt werden – oder umgedreht das Nachbarboot ohne Kanister-Kleckerei angezapft werden. Tanken im Päckchen? Kein Problem.

„Harzinfarkt“: Warum eine Pumpe ausfällt.

Bei der Tankreinigung des Voreigners hatte ein „Spezialist“ einen winzigen Rest Putzwolle im Tank vergessen. Der Fetzen wurde angesaugt und blockierte teilweise die Leitung. Das führte – neben Algen- und Teerverklebungen – zur permanenten Überlastung der Pumpe. Beim Durchblasen der Leitung mittels Schlauchbootpumpe schien sie frei zu sein, doch Fasern hatten sich am Anfang verklebt: Der Pfropfen hing im Tank weiterhin vor der Ansaugleitung und wurde immer wieder angesaugt. So bildete das winzige Knäuel einen gordischen Knoten.

Doch das eigentliche Problem war nicht nur der vergessene Putzwollenrest, sondern die Kraftstoffleitung selbst: Sie neigte konstruktionsbedingt zum „Harzinfarkt“. Wie in einer verstopften Arterie hatten sich in der zehn Jahre alten Kupferleitung Ablagerungen gebildet. Außerdem: Die durchgehend metallische Steigleitung führte zu eingeschobenen Stützhülsen an Schneidverbindungen der Absperrhähne noch vor dem Kraftstofffilter, was den Leitungsquerschnitt nochmals reduziert. Diese Absperrhähne samt ihrer Stützhülsen habe ich bei der Montage der neuen Gummischlauchleitung zwischen neuen Edelstahlsteigleitungen zu den Filtern sofort entfernt. Die Gummischläuche werden mit einfachen Schlauchschellen befestigt.

So hält der Filter dank der hohen Leistung der elektrischen Kraftstoffpumpe und Zirkulation über die Rücklaufleitung zugleich den Tank sauber: Bei eingeschalteter Zündung hört man das Plätschern in den Tank.

Falls die neue Steigleitung trotzdem verstopft, sollte unbedingt eine zweite Steigleitung montiert werden, die etwa 2 Zentimeter über dem Tankgrund endet und die über einen separaten „8-mm-Mopedbenzinhahn“ geöffnet werden kann. So erhält man die Redundanz einer zuschaltbaren Notlaufleitung, wie sie in der Berufsschifffahrt üblich ist.

Mechaniker lernen von Medizinern.

Auf FUCHUR wurde ein dritter zuschaltbarer „Bypass“ gelegt: Falls wieder eine Leitung durch „Harzinfakt“ ausfällt, kann die Beta-Maschine durch Umschalten eines Hahns auf die Ansaugleitung zum separaten Kraftstofffilter der Bordheizung umgeschaltet werden. Benzinhähne mit 8-Millimeter-Ansaugstutzen gibt es für rund 7 Euro im Handel, dazu Y-Schlauchverbinder aus Metall.

Wenn auch diese Leitung wegen massiven Algenbefalls des Tanks ausfällt, kann der von vornherein lang gehaltene Kraftstoffschlauch der Ansaugleitung der Hardi-Pumpe an einen separaten Tagestank oder Kanister angeschlossen werden. Allerdings muss auch die Rücklaufleitung vom Motor umschaltbar sein und länger ausgeführt werden, und ebenfalls in den Kanister gesteckt werden, sonst ist er nach wenigen Minuten leer und der kostbare Reservekraftstoff landet im Haupttank.

Und wenn die elektrische Pumpe auch mal ausfällt? Selbstentlüftende Spezialpumpen sind meistens nur per Bestellung zu bekommen. Als leidgeprüfter „Sandbanksitzer“ installierte ich deswegen eine zweite Hardi-Pumpe gleichen Typs neben der ersten Pumpe. Sie ist die Reserve für alle erdenklichen Notfälle. Wenn wieder ein Problem entsteht, rettet die zweite Hardi-Pumpe den Törn.

Die Materialkosten für zwei Pumpen, zwei „Bypass-Leitungen“ und Absperrhähne betragen insgesamt rund 150 Euro, was günstiger ist als eine einzelne mechanische Pumpe. Nur die Steigleitung sollte keinesfalls aus Kupfer oder anderen Buntmetallen sein: Sie fördern die Alterung des Kraftstoffs und neigen zur Verharzung. Edelstahl ist besser.

Am Beta-Motor habe ich bei einem anderen Malheur zwei undichte Kraftstoffleitungen entdeckt: Eine aufgelötete Muffe hatte sich gelöst und eine Leitung hatte einen Haarriss. Der Schaden entstand wahrscheinlich durch Vibrationen. Beide Fehler hätten nach kurzer Zeit feinen Dieselnebel im Maschinenraum samt Brandgefahr und einen Motorausfall verursachen können. Nachdem das spezielle Hartlötzinn zur Reparatur der Kupferleitung über dem Gaskocher nicht hielt, wurde einfaches Elektrolötzinn verwendet: Das hielt sogleich bombenfest. Man kann die Bruchstelle mit Kupferlitzen aus einem Kabel umwickeln – das Lötzinn wirkt dann wie eine Schiene und ummantelt das Leck.

Am Motor selbst sollte nicht mit der Lötlampe gearbeitet werden. Die Leitung muss ausgebaut werden, was im Seegang kaum möglich ist. Für schnelle Reparaturen auf See hat sich als Helfer in der Not das Ko-Ro-Flex-Band erwiesen. Dessen roter Gummistreifen wird abgeschnitten, auf doppelte Länge zum Aktivieren gezogen und dann wie Isolierband um das Leck gewickelt. Das gummiartige Material verschweißt sich sofort selbst und ist hitzebeständig bis 260 Grad. Der Hersteller verspricht Druckbeständigkeit bis acht Bar, was für beinahe jedes Problem an Bord ausreicht: Kraftstoffleitungen, Wasserschläuche – selbst Überwurfmuttern oder Seeventile. Das Material passt sich tiefen Fugen an. Ist der zu erwartende Druck größer als acht Bar, kann die Dichtung durch eine zusätzliche Schlauchschelle verstärkt werden.

Methoden gegen Algen und Alterung.

In den meisten Dieseltanks und Leitungen sieht es „finster“ aus, seitdem Biodieselanteile beigemischt werden. Probleme und Lösungen haben wir mit Seglern, Tankreinigungsfirmen, Kraftstoffproduzenten und Heizungsfachleuten erörtert. Biodieselbeimischungen altern wie abgestandene Milch – sie sind Ausfallursache Nummer 1 von Bootsmotoren und Bordheizungen. Diese 7% Biodiesel werden seit dem Jahr 2007 den handelsüblichen Kraftstoffen beigemischt, und schon ab dem Jahr 2009 stiegen die Fälle ausgefallener Maschinen signifikant an. Das ist logisch, denn Bodensätze müssen erst wachsen - dann verstopfen auch die Leitungen. Zwar wird die eigentliche Ursache nicht immer dokumentiert, doch die Unterbrechung der Kraftstoffzufuhr durch verstopfte Filter oder Steigleitungen wird sehr häufig festgestellt. Im Jahr 2014 wurden allein von der DGzRS 437 Boote „abgeschleppt". Stets liegen die Zahlen jenseits von 400 Fällen im Jahr, obwohl immer mehr Wassersportler ihre Tanks warten lassen.

Und diese Zahlen dokumentieren nur gemeldete Seenotfälle, bei der die Seenotretter im Einsatz waren. Die Dunkelziffer, bei der sich Besatzungen selbst helfen, unter Segeln heimkommen oder Schlepphilfe bei anderen Wassersportlern finden, dürfte wesentlich höher sein. Zudem: Auf den Stegen werden Erfahrungen ausgetauscht. Immer mehr Segler haben Reservefilter dabei oder installieren zusätzliche Steigleitungen. Andere verwechseln weiterhin Algen und Alterung: Zugenommen hat das Beimischen von allerlei Bioziden, Additiven und wasserbindenden Mitteln. Obwohl die Probleme instabiler Kraftstoffe bekannt sind, ist keine Änderung zu erwarten. Beigemischt wird der Biodiesel in erster Linie für Autofahrer – sie haben kaum Probleme, denn es wird verhältnismäßig oft nachgetankt. Wer beispielsweise nur einen kleinen 50 Liter-Tank hat und alle zwei Monate für den Kraftstoffwechsel sorgt, ist nicht betroffen, sofern er kein algenförderndes Kondenswasser im Tank hat.

Dagegen werden bei allen Wassersportfahrzeugen, die große Tanks haben und bei denen der Kraftstoff länger als zirka drei Monate gelagert wird, die Probleme zunehmen. Bis zum Jahr 2020 sieht die EU eine schrittweise Erhöhung auf 10 Prozent biogener Bestandteile vor. Steigt der Anteil von „Rapsölmethylester", mag das die Ökobilanz verbessern, aber Segler müssen wegen dieser Beimischungen teure Wartungsfolgen oder schlimmstenfalls Schiffbrüche bezahlen, weil der Kraftstoff in den Tanks teilweise mehrere Jahre nicht verbraucht wird. Probleme bereitet auch das Winterlager. Da die Tanks vor dem Winter befüllt werden, steht der Sprit rund sechs Monate darin. Man fährt im Frühjahr mit „alter Plörre" los. Ist die Steigleitung noch dazu aus Buntmetall, beispielsweise aus Kupfer, dann beschleunigt sich der Zerfallsprozess. Der Kraftstoff ist trübe, riecht nach Terpentin und wird „schlecht wie abgestandene Milch". Die Folgen: Mehr Algen durch mehr Kondenswasser und mehr Teerablagerungen durch Alterung des Kraftstoffs. Betroffen sind nicht nur Wassersportler und Wohnmobilfahrer, sondern auch

Krankenhäuser und Behörden. Ihre Notstromaggregate versagen ebenso. Überall wird fieberhaft nach Lösungen gesucht. Doch jede Ursache, kombiniert mit der Bauart des Tanks und dem Nutzungsverhalten des Eigners, erfordert eine gesonderte Analyse.

Dem Harzinfarkt vorbeugen.

Egal, ob Bakterienschleim oder teerartige Ablagerungen durch den Alterungsprozess im Tank entstanden sind: Der Tank muss zunächst gereinigt und „desinfiziert" werden.

Hans-Joachim und Christian Burmester von der Firma MFT Mikrofiltertechnik GmbH aus Geesthacht haben sich auf die Inspektion von Bootstanks spezialisiert. Obwohl sie seit rund zehn Jahren selbst bei Messevorträgen darüber berichten, wird das Problem von vielen Eignern nicht rechtzeitig erkannt. Und so reinigen die beiden auch im Jahr 2020 jährlich noch immer mehr als 500 Bootstankanlagen, deren Leitungen und Filter verstopft sind. Dann werden sie oft von Vereinen oder Marinas angerufen, um immer mehrere Yachten auf einmal zu untersuchen. So haben sie beispielsweise 30 Boote in Kroatien gewartet: 21 Tanks waren kontaminiert und 18 komplette Reinigungen erforderlich. Ich treffe sie nach Einladung des Wassersportvereins Hooksiel und wir nehmen zusammen zehn Boote unter die Lupe. Die Reisekosten von Geesthacht nach Hooksiel werden aufgeteilt und belaufen sich auf rund 50 Euro je Eigner für einen zweitägigen Arbeitseinsatz. Tatsächlich sind bei unserer Überprüfung in Hooksiel fünf Boote betroffen, deren Maschinen jederzeit ausfallen könnten – darunter auch meine Fuchur. Einige Eigner sind gar nicht da, sondern haben im Verein einen „Bootsschlüsselmeister" beauftragt. Dafür hat sich ein Eigner bereit erklärt; er stellt seine Hallig 41 vor, bei der eine dicke Schicht „Rostschlamm" im Tagestank entdeckt wird. Per Handkamera werden zunächst sämtliche Tanks über einen Monitor begutachtet und dann die Maßnahmen besprochen.

Werden Verunreinigungen festgestellt, hat die Firma mehrere Möglichkeiten: Abpumpen, Feinfiltern und Zwischenlagern des Kraftstoffs. Nach der Reinigung wird der Diesel zurückgepumpt oder entsorgt. Um alle Ecken hinter den Schwallblechen zu reinigen, sollten Inspektionsluken montiert werden; von oben aus Kunststoff durch Einkleben mit

PANTERA, seitlich durch Verschrauben von Metalldeckeln. Auch das erledigen die beiden Monteure gleich mit. Ihre Anlage wird einfach auf den Steg vor das Boot gerollt. Und wenn der Tank schon mal gereinigt wird, kann auch gleich eine zweite Steigleitung eingesetzt werden.

Im Verlauf der Untersuchungen fanden sich drei Boote mit einwandfreien Tankanlagen, die teilweise schon 20 Jahre alt waren. Dabei fand ich heraus, warum der 900 Liter fassende Tank einer veritablen Motoryacht völlig unbelastet war, obwohl der Skipper im Jahr nur rund 400 Liter nachtankt. Er berichtete, dass er nur auf Helgoland tankt, wo es angeblich noch „reinen Sprit" geben soll, der keinen „Teer im Tank" verursacht.

Der Helgoländer Tankanlagenbetreiber Rickmers, den ich deswegen befragte, erklärte mir, die Firma sei nicht an die Verpflichtung des Verkaufs von deutschem Öko-Diesel gebunden. Der Kraftstoff ist nicht mit Biodiesel gestreckt, obwohl er vom Festland stammt; geliefert wird er von der Firma Glüsing aus Cuxhaven. Bei Rickmers tanken ebenso die CTVs (Zubringerschiffe) der Offshore-Windparkanlagenmonteure. Aufgrund von MARPOL-Bestimmungen wird die Dieselqualität regelmäßig von der Bunkerstation Helgoland und Reedereien durch Probeentnahmen überprüft: „Seit mehreren Jahren gab und gibt es keinerlei Beanstandungen bezüglich der Qualität unseres Diesels", sagt Geschäftsführer Joachim Gehrmann, „und Bakterien wurden auch niemals festgestellt." Er empfiehlt Nordseefahrern, die ausschließlich seine Station anlaufen, bei biodieselfreiem Sprit zu bleiben und außerdem ihre sauberen Tankanlagen nicht mit Kraftstoff aus Kanistern zu betanken, die von Bakterien befallen sein könnten. Nach der Veröffentlichung meiner Reportage in der YACHT meldete sich ein Segelverein aus Cuxhaven: Auch an deren Bootstankstelle gibt es Kraftstoff ohne Biodiesel. Und heute, sechs Jahre später, werben viele Bootstankstellen mit großen Schildern für biodieselfreien Sprit.

Der Test und die Erfahrungen vieler Eigner ergeben ein immer klareres Bild. Man sollte eine gründliche Tankreinigung durchführen und danach biofreien Sprit tanken. Dafür muss man nicht nach Helgoland fahren. Nordseesegler Gerd Scheffler hat einen Tipp: Aral bietet „Ultimate" an und die OMV-Tankstellen kontern mit „MaxxMotion". Die optimierten HVO-Kraftstoffe (HydratedVegetableOil) sollen angeblich nicht nur etwas mehr Leistung bringen – was ich bei einfachen Saugdieseln auf Booten bezweifle – aber alterungsbeständig sein.

Von Aral erhielt ich zu dieser Frage eine Antwort von Detlef Brandenburg, Pressesprecher BP Europa SE. Nach seiner Aussage decken sich die Probleme bei dem Einsatz von handelsüblichem Dieselkraftstoff mit ihrem Anteil von bis zu 7 Volumenprozent Biodiesel in Yachten mit Erfahrungen aus Kundenanfragen. Auch Treibstofftanks von Schiffen haben über die Tankentlüftung einen Zugang von Sauerstoff aus der Luft sowie zu besonders hoher Luftfeuchtigkeit. Durch die Luft werden zusätzlich Sporen von Algen, Pilzen und Bakterien in den Kraftstoff eingetragen. Doch Aral Ultimate Diesel ist nach Angabe des Konzernsprechers als „Biodiesel/FAME frei" (Fetty Acid Methyl Esther) zu betrachten. Aus produktionstechnischen Gründen kann aber nicht ausgeschlossen werden, dass Spuren von FAME enthalten sind. Der Basiskraftstoff für Aral Ultimate Diesel wird für Aral/BP in einer eigenen Raffinerie hergestellt und ist für die Verwendung in allen Dieselmotoren geeignet. Das gilt auch für ältere Saugdieselmotoren oder Bordheizungen. Durch die Zugabe der speziellen Additivpakete soll der Kraftstoff reinigend auf den Motor wirken, sodass alte Ablagerung entfernt und gleichzeitig neue Ablagerungen vermieden werden.

Große Tanks mit geringem Jahresumsatz fördern Dieselpest und Verharzung.

In Küstenfahrt ist ein 500-Liter-Tank an Bord einer Segelyacht für Wochenendsegler überdimensioniert, wenn nur 100 Liter im Jahr bei Hafenmanövern und Flautenschieberei verbraucht werden. Wird beispielsweise ein 90-Liter-Kunststofftank nachgerüstet, kann der Sprit nicht überaltern. Auf Langfahrt hat der Eigner die Möglichkeit, ihn als Tagestank neben dem großen Tank durch Umpumpen über einen Filter zu betreiben.

Natürlich sind wir in Deutschland nicht allein betroffen. Am Steg des WSV Hooksiel hat ein britischer Gastlieger festgemacht. Auch er schimpft über den Biodiesel und meint, dass wenigstens die britische Navy im Gegensatz zu privaten Seglern noch „good old fuel" tanken darf. Wie ungerecht. Er bittet an Bord und zeigt mir sein System mit fünf Filtern, von denen er zwei zur internen Tankreinigung separieren kann. Die Einspritzpumpe wird dann gar nicht erst durchlaufen. Sein Haupttank hat unten ein Ablassventil, um jährlich den Bodensatz zu entfernen. Tatsächlich sind seine Schaugläser makellos. Wer keinen Ablasshahn hat, kann sich durch jährliches Absaugen des Tankgrundes behelfen.

Nachdem ich seit Jahren in Reportagen oder Vorträgen auf den Unterschied zwischen Teer durch Alterung von Biokraftstoffen UND im Gegensatz auf Dieselpest durch Algen hinweise, begegne ich immer noch Wassersportlern, die meinen, allein durch Zugabe von Bioziden für reinen Kraftstofffluss zu sorgen.

Das ist aber falsch, weil Dieselpest (ein Brei aus Bakterien, Pilzen, Hefe) durch Eintrag von Kondenswasser und Sporen entsteht und rein gar nichts mit Teerschlamm von Biodiesel zu tun hat. Man kann folglich Premiumkraftstoffe tanken, keinen Teer verursachen, aber trotzdem über einen Maschinen- oder Heizungsausfall wegen verstopfter Leitungen, Filter oder Düsen durch Algenbildung fluchen. Schlimmstenfalls treibt man dann mit ausgefallenem Motor unter eine Landungsbrücke und verliert die Takellage, wie es einem Vereinskameraden passierte.

Nur gegen Bakterien helfen Biozide, wie GROTAMAR 82. In mehreren Tests wurde die Wirkung festgestellt. Zwar ist das Mittel bei MFT Mikrofiltertechnik wegen der Giftigkeit offiziell nur von „Gewerbetreibenden“ zu erwerben, aber Restbestände dürfen verbraucht werden. Und um welches Gewerbe es sich handelt, wird ebenfalls nicht näher erfragt. Empfohlen wird eine hohe Dosierung bei akutem Befall und eine geringe Dosierung zur Vorbeugung. Grundsätzlich rate ich zur Vorsicht, zu viele Mengen solcher „Stabilisatoren“ einzusetzen, die ihrerseits Verklebungen verursachen können. Besser ist es, gar nicht erst Kondenswasser im Tank entstehen zu lassen. Übrigens habe ich seit dem Jahr 2015 mit meiner Kombination aus Luftentfeuchtertablette vor der Tankbelüftung und Aral Ultimate absolut saubere Tanks, Filter und Leitungen.

Bauart- und nutzungsbedingt sind einige Tankanlagen besonders von Kondenswasserbildung betroffen. Und erst dann – ich wiederhole mich – kann es zur Algenpest kommen. Kein Wasser, keine Algen! Ragt ein Metalltank unter einer Empore in den geheizten Bereich einer Kajüte, bildet sich wegen der sich immer wieder verändernden Luftströmung zur Belüftungsöffnung noch mehr Kondenswasser. Dieses ist schwerer als Kraftstoff und bedeckt den Grund. Bei Stahltanks kommt es außerdem zu Rostbildung und Aluminium kann dagegen von Dieselbakterien regelrecht „durchfressen" werden. Die Firma MFT Mikrofiltertechnik bestätigte mir im Juli 2020 erneut, dass sie regelmäßig durch Bakterien perforierte Aluminiumtanks reparieren, wobei ausgelaufener Kraftstoff in der Bilge enorme Folgeschäden verursachen kann. Wegen des Gestanks ist die Yacht dann unbewohnbar. Und wenn die automatische Bilgenpumpe anspringt, kann zudem eine Ölpest verursacht werden – alles nur wegen ein wenig Wasser auf dem Tankgrund. Temperaturschwankungen sind nur in Kunststofftanks etwas geringer, aber auch hier können sich Algen bilden.

Weitere Wasserquellen können undichte Tankeinfüllstutzen an Deck oder Tankentlüftungen in Ankerkästen sein, in die bei hohem Seegang Gischt eindringt. Die Tankentlüftung führt man besser nicht nach außen, sondern innerhalb der Backskiste in ein leeres Marmeladenglas mit Schraubverschluss und einem kleinen Loch im Deckel. Ein Gurkenglas funktioniert natürlich auch. Das Glas fängt beim Tanken gleichzeitig aufschäumenden Kraftstoff auf. Wenn man stets eine Luftentfeuchtungstablette in das Glas einlegt, hat man schon viel verbessert – eben weil nur trockene Luft nachströmt. Fünf Jahre seit meiner Umstellung auf Aral Ultimate und eine Luftentfeuchtertablette vor der Tankbelüftung ist der Kraftstoff in beiden Tanks meines Bootes im besten Zustand und auch die Schaugläser der Kraftstofffilter enthalten keine Ablagerungen.

Aufgrund der Kältefestigkeit kann zwar ein Winter-Dieselkraftstoff im Sommer, nicht aber ein Sommer-Dieselkraftstoff im Winter eingesetzt werden. Auch das ist bei HVO-Diesel anders: Die Kältefestigkeit von Aral Ultimate liegt ganzjährig bei mindestens minus 24°C und ist damit besser als die Normanforderungen der DIN EN 590 von minus 20°C im Winter. Reale Frostsicherheitswerte von Aral Ultimate Diesel liegen zwischen minus 28 und minus 30°C. Der Sprit kann also auch im Tank einer ungeheizten Backskiste ganzjährig gelagert werden. Von einer prophylaktischen Biozidadditivierung rät der Aral-Pressesprecher Brandenburg ab, um zu vermeiden, dass Bakterien, Hefe und Pilze resistent gegenüber den eingesetzten Wirkstoffen werden. Nur bei einem akuten Befall sei der Biozideinsatz ein probates Mittel.

Ähnliche Hinweise sind der Webseite der Tankstellenkette OMV zu entnehmen. Demnach verfügt OMV MaxxMotion Diesel „über eine technisch verbesserte Biokomponente auf der Basis hydrierter Pflanzenöle (HVO). Reiner HVO-Kraftstoff belastet die Umwelt zudem mit bis zu 42 Prozent weniger Kohlendioxid als herkömmlicher Biodiesel (lt. Renewable Energy Directive der EU)."

Besonders gelobt wird allgemein die enorm lange Lagerfähigkeit von Kraftstoffen ohne Bio-Beimischungen, weswegen beispielsweise auch der Premium-Kraftstoff Shell-V-Power für Oldtimer empfohlen wird, weil diese lange Standzeiten haben und nur selten gefahren werden. Das gilt ebenfalls für Benzinmotoren: Mein Außenborder und mein Motorrad werden ab Oktober über den gesamten Winter wegen längerer Standzeiten stets nur mit Ultimate oder V-Power betankt, um keine Ablagerungen im Kraftstoffsystem zu verursachen. Wer seinen Außenborder nur selten benutzt und den Inhalt des Kanisters jahrelang spazieren fährt, sollte grundsätzlich nur Premiumkraftstoffe tanken.

Der Bosch-Service in Wilhelmshaven, ansässig im Autohaus Wolff, ist Vertragspartner von Eberspächer. Heizungstechniker Dennis Tiesfeld hat den Eindruck, dass die Ausfälle Jahr für Jahr steigen. Meistens wird er ins Winterlager gerufen, aber auch im Mai hat er bereits sechs Heizungen ausgebaut. Mein Modell Eberspächer D5W S wurde ein Jahr zuvor gewartet. Trotzdem wird der „Fehler 50" angezeigt. Tiesfeld rät dazu, die Bordheizung nicht einfach hinter dem Vorfilter anzuschließen, sondern einen weiteren Feinfilter einzubauen: Die Heizungen verbrauchen durchschnittlich nur 0,5 Liter pro Stunde und ihre Einspritztechnik ist filigran. Das Ergebnis bestätigt die Ursachenforschung: Die Förderpumpe wurde damals durch Biodieselanteile verklebt – wie im Jahr zuvor. Ausfällungen des Kraftstoffs, der sich in den Leitungen befindet, haben das Problem verursacht. Zu dieser Zeit kannte ich die Stabilität von *Aral Ultimate* noch nicht. Und ich wusste nicht, dass auch das Tankmaterial von Bedeutung ist. Ich ging der Sache nach.

Für Eberspächer antwortet mir Gabriela Schoppe: „Generell sollten Kraftstofftanks aus Kunststoff verwendet werden, um eine Schlammbildung durch katalytische Wirkungen auszuschließen. Geeignet ist ein Zusatztank aus Kunststoff, etwa aus HD-PE. Wichtig ist, dass dessen Armaturen, Anschluss-Stutzen und Leitungen nicht aus Buntmetall bestehen." Eberspächer bietet einen 10-Liter-Kunststofftank (22.1000.20.2800) mit Aluminiumanschlüssen an und man rät ebenfalls, HVO-Kraftstoffe zu tanken. Nebenbei bemerkt: Die alternative Verwendung von Heizöl löst aufgrund der möglichen Beimischung von FAME das Problem nicht; zudem ist Heizöl nicht kältebeständig und unter 0 Grad Celsius nicht mehr fließfähig.

Fazit: Meine Recherchen haben die gesamte Bandbreite der Ursachen und Lösungen durch Biodieselbeimischungen ans Licht gebracht. Bakterien und Kondenswasser auf der einen Seite, Alterung und Verharzung auf der anderen. HVO-Kraftstoffe sind nicht nur nach Konzernangaben stabil, sondern sie geben Seglern die Sicherheit zurück, mit der man vor 2007 auf die Lagerfähigkeit von Diesel vertrauen konnte. Bei rund 10 Cent mehr je Liter Kraftstoff wäre das im Vergleich mit einer Tankreinigung, einem Maschinenausfall oder gar Schiffbruch sicher gut investiertes Geld – es geht gerade um 20 Euro bei 200 Litern Jahresverbrauch. Den Unterschied sehe ich in meinen zwei Kraftstofffiltern: Das Glas des Wasserabscheiders, welches nur vom HVO-Kraftstoff durchströmt wurde, ist klar – im Glas des Filterns mit herkömmlichem Diesel findet sich die teerartige Schmiere. Seit Jahren, in denen ich nur noch Ultimate tanke, sind beide Tanks einwandfrei. Übrigens bekomme ich keine Werbeprämie von Aral, sondern dokumentiere jährlich meine Testreihe.

Vorbeugen zahlt sich aus, denn die Kosten durch Biodieselprobleme können sich summieren. Die Rechnung für die erneute Bordheizungswartung der „verklebten Pumpe" betrug 354 Euro. Dafür musste der Mechaniker zweimal an Bord erscheinen und die Heizung einsenden. Die Tankreinigung und der Einbau der beiden Wartungsluken von MFT Mikrofiltertechnik schlugen inklusive anteiliger Reisekosten nur mit 320 Euro zu Buche, was vergleichsweise günstig ist. Dazu kommen drei vergeudete Urlaubstage, denn schon bei der Warmwasserheizung entsteht beim Ausbau eine große Sauerei durch auslaufendes Heizungswasser.

Ein Jahr zuvor war meine Heizung wegen Kraftstoffverklebungen zerlegt worden – für 350 Euro. Der alte Sprit musste entsorgt werden. 150 Liter waren weg. Um das Problem grundsätzlich anzugehen, wurde ein zusätzlicher kleinerer Tank eingebaut. Der ist nicht so teuer, aber Schläuche, Stutzen und Tankanzeige kosten Geld: Ein weiterer Arbeitstag und rund 400 Euro Material. Hinzu kommen diverse Schläuche und Absperrhähne für Bypässe im Wert von etwa 200 Euro. Biodieselprobleme haben mich damals in nur zwei Jahren insgesamt rund 2000 Euro gekostet und mehrere Urlaubstage gefordert. Das Stranden vor Wangerooge durch einen Maschinenausfall hat zum Glück keine Schäden verursacht, sonst wären die Reparaturkosten noch höher gewesen. In den letzten Jahren gab es keine Probleme mehr. Dafür habe ich ungefähr 150 Euro höhere Kraftstoffkosten bezahlt, verteilt auf fünf Jahre. Und nur mit dieser gewonnenen Sicherheit konnte ich es wagen, bei Sturmflut und Windstärke 9 auszulaufen. Diese Fahrt habe ich in einem Kapitel des Buchs *Sturm* des millemari.-Verlags beschrieben. Als ich im Juni 2020 vor der Hafenansteuerung von Hooksiel bei starkem Flutstrom in einen Gewittersturm geriet und wegen naher Landungsbrücken und eines Muschelfeldes unter Maschine die Position halten musste, war ich heilfroh, auf die Zuverlässigkeit der Maschine vertrauen zu können: Null Sichtweite, Hagel, Starkregen, Wind bis 12 Beaufort, unter blankem Mast bis zu 20 Grad Lage. Segel setzen? Unmöglich.

- Einen kleinen Tank möglichst immer vollständig füllen. So kommt nur wenig Luftsauerstoff hinzu. Bei vollem Tank werden die Tankatmung und damit die Kondensationsneigung von Feuchtigkeit minimiert. Dabei sollte der Tank jedoch nur bis zu 95 Prozent gefüllt werden, um genügend Platz für temperaturbedingte Ausdehnungen des Kraftstoffs zu haben.
- Einen großen Tank mit geringem Austausch im Winterlager abpumpen und säubern. Wiederbefüllung nur mit HVO-Kraftstoffen.
- Lagerung bei stark wechselnden Temperaturen vermeiden. Der Kraftstoff sollte möglichst bei konstanten und niedrigen Temperaturen gelagert werden.
- Vermeidung von Buntmetallen (Kupfer, Messing, Zink) im gesamten Kraftstoffsystem.
- Vermeidung von direktem Lichteinfluss. Ein heller Kunststofftank kann in Alufolie eingeschlagen werden. Das minimiert auch etwaigen Geruch.
- Wenn keine Einrichtungen zur Kontrolle einer freien Wasserphase am Boden des Tanks existieren, können Sie das mit Wassernachweispasten erkennen.
- Installation einer schwimmenden Kraftstoffentnahme von der Oberfläche des Tankinhalts, falls möglich. Doch das muss sehr zuverlässig installiert werden, damit im Seegang keine Luft angesaugt werden kann.
- Bordheizungen und elektrische Kraftstoffpumpen sollten nicht zu lange ungenutzt den Kraftstoff in ihren feinen Leitungen speichern: Ein regelmäßiger Testlauf – auch im Sommer oder im Winterlager – beugt Verklebungen vor.
- Eine Tankbelüftung über eine Filterpatrone mit Trocknungskartusche kann Luftfeuchtigkeit im Tank unterbinden: Ohne Kondenswasser keine Algen! Noch einfacher: Den Entlüftungsschlauch auf einem Schlauchstutzen in ein Schraubglas mit einem kleinen Loch im Deckel führen. Man kann eine Luftentfeuchtungstablette einlegen. Zugleich dient das Glas als Auffangbehälter für aufsteigenden Kraftstoffschaum.

Technische Redundanz: 30 Euro gegen Kraftstoffmangel.

Sie haben einen zweiten Kraftstofffilter, aber keine zweite Kraftstoffleitung? Dann sollten Sie nachrüsten, um bei einem Harz- oder Algeninfarkt der Tankleitung die Maschine sofort wieder starten zu können. Und auch ein zweiter Tank oder zumindest ein 20-Liter-Kanister mit zuschaltbarer Kraftstoffleitung sollte an Bord nicht fehlen. Seit drei Jahren verwende ich keinerlei Kraftstoffzusätze mehr, weil ich ausschließlich Kraftstoff ohne Biodieselanteile tanke. Bin ich mir über die Spritquelle nicht klar, fülle ich den unsicheren Kraftstoff in den kleinen Tank und verbrauche ihn zuerst. Was Sie nun aber unbedingt nachrüsten sollten, ist:

Die zweite oder dritte Tankleitung.

1. Edelstahlleitung 8 mm
2. Kraftstoffhahn 8 mm
3. Y- oder T-Schlauchverbinder 8 mm
4. 8 Schlauchschellen: zwei Schellen zum Aufstecken auf die glatte Leitung, sonst reicht eine Schelle wegen der Rillen am Hahn und am Schlauchverbinder.
5. 1 bis 2 Meter Kraftstoffschlauch 8 mm, je nach gut zugänglicher Position des Kraftstoffhahns.
6. Kreisausschnitt einer Sperrholzplatte, ggf. zwei Ausschnitte zur besseren Leitungsführung übereinander kleben. Das Loch des Kreisausschneiders ist bereits 8 mm groß.
7. Ein Loch – 8 mm – möglichst in der Mitte des Kraftstofftanks bohren, weil so bei Krängung die beste Aussaugsicherheit gegeben ist. Falls möglich, die Späne im Zusammenhang mit einer Tankreinigung oder beim Einbau einer Inspektionsluke gleich entfernen. Dann die zweite Steigleitung bis 1 cm über den Tankgrund führen und über dem Holzstück einen Strich anbringen.
8. Eine Schlauchschelle über dem Strich am Sperrholzkreisstück festziehen. Die austretende Blechlasche der Schelle etwas aufbiegen.
9. Das Sperrholzstück unten und von oben am Ansatz der Schlauchschelle dick mit Pantera-Dichtmasse bestreichen und auf den Tank

kleben. Das wird dauerhaft dicht sein, sofern Pantera auf dem Tankmaterial gut haftet, was bei einigen Kunststofftanks problematisch sein kann. Ggf. vorher ausprobieren. Andernfalls beim Tankhersteller nach einer geeigneten Dichtungsmasse nachfragen. Dirko-Motorendichtmasse kann auch eine Alternative sein. Die Edelstahlleitung wird durch die eingebettete Schlauchschelle oben in der ausgehärteten Dichtmasse gegen das Verdrehen justiert. Andernfalls die Leitung am austretenden Winkel zusätzlich mit einer Halbschelle festschrauben.

10. Die bestehende Kraftstoffleitung an gut zugänglicher Stelle durchschneiden und den T-Schlauchverbinder einstecken.
11. Kraftstoffhahn öffnen und Motor fünf Minuten laufen lassen, um die Luft aus der neuen Leitung zu saugen. Dann den Kraftstoffhahn schließen und nur im Notfall bei verstopfter Hauptleitung öffnen. So hat man eine redundante Lösung geschaffen und verfügt gleichzeitig über ein Warnsystem, wenn der Tank gereinigt werden muss.
12. Eine dritte Leitung einbauen, die bis 2 mm auf den Grund führt. Einmal jährlich damit ein paar Liter Kraftstoff am Grund absaugen, der geringe Mengen Kondenswasser enthalten kann – kein Kondenswasser bedeutet: keine Algen.
13. Wenn ein kleiner Zusatztank nachgerüstet wird, die Belüftungsleitung des Haupttanks in den kleinen Tank führen. Wenn beim Betanken des großen Tanks Dieselschaum aufsteigt, läuft er in den kleinen Tank. Zugleich wird die Kondenswasserbildung im Haupttank minimiert. Die Belüftungsleitung des kleinen Tanks dann wie beschrieben in ein Marmeladenglas mit Luftentfeuchtertablette führen.

Energiemanagement an Bord.

Jedes Watt, das an Bord verbraucht wird, muss auch wieder gespeichert werden. An Bord von FUCHUR gilt es, sieben AGM-Batterien zu füllen. Auf dem tiefsten Schiffsbodenblech zwischen den Kielen ruhen eine Starterbatterie und vier Verbraucherbatterien. Zwei weitere Speicher im Bug versorgen allein das Bugstrahlruder mit 24 Volt. Alle anderen Verbraucher laufen sonst im 12-Volt-Betrieb, wobei der Kühlschrank mit etwa 90 Watt den meisten Strom zieht. Häufig genutzt werden Radio, Fernseher, Druckwasseranlage sowie diverse Leuchten. Auf See kommen Echolot, Kartenplotter, Seefunkgerät und gegebenenfalls die Positionslampen dazu. Auch wenn sämtliche Lichtquellen auf der Basis von Dioden funktionieren und teilweise nur 1,2 Watt verbrauchen, entsteht durchaus ein Elektronenstrudel in den Energiebänken, denn da saugen ja noch der Grauwasserheber, der elektrische Autopilot und die Dieselbordheizung mit Wasserpumpe zu den Heizkörpern an den Leitungen, wobei jeder Heizkörper über einfache Gebläse verfügt. Die Ankerwinde verbraucht viel Strom, wenn sie zum Einsatz kommt. Die Scheibenwischer laufen ebenfalls nicht mit Luft und Liebe. Und schließlich will das Notebook über den Spannungswandler gelegentlich ebenfalls Strom, um wieder frisch für die nächsten Kapitel zu sein.

Woher kommt der Strom auf See?

Die Lichtmaschine des Dieselmotors leistet 50 Ampere, doch der Motor soll ja nur selten laufen und ganz bestimmt nicht im Päckchen oder vor Anker zum Laden. Im Landstrombetrieb habe ich ein Sterling-Ladegerät mit ebenfalls 50 Ampere Leistung eingebaut. In jüngster Zeit macht es Ärger und will erst nach zweimaligem Einschalten in den Lademodus wechseln. Daher wurde für rund 550 Euro zur Sicherheit ein neues Gerät fällig, das seither in Reserve an Bord lagert. Denn wundersamerweise funktioniert das alte Ladegerät in Hooksiel einwandfrei und lädt auf den ersten Knopfdruck; nur in Bremen muss ich es zweimal bitten, was vielleicht an einer etwas niedrigeren Grundspannung der alten Steganlage liegen könnte.

Weil wir aber eine unabhängige Lösung ohne Landstrom wollten, kam zunächst ein Solarpanel mit maximal 150 Watt Leistung auf das Dach über dem Steuerstand. Damit es bei einer Halse nicht von einem herabhängenden Segelzeising abgerissen wird, war ein leinenabweisender Schutzbügel erforderlich, der so angebracht wurde, dass das Solarpanel nicht partiell beschattet werden kann. Ein separater Laderegler kam hinzu, wobei die Montage recht einfach ist und an einem zentralen Energiepunkt der Verbraucherbatterien angeschlossen wurde. Dieser Regler MPP 165 von Votronic kann zum Laden meiner AGM2-Batterien auf 14,7 Volt Ladestrom eingestellt werden. Nur dann werden die Batterien richtig voll. Eine von derselben Firma angebotene Ladeanzeige wird einfach in eine passende Buchse am Regler gesteckt und zeigt am Kartentisch genau an, wieviel Solarleistung anliegt oder wann die Batterien so voll sind, dass der Regler abschaltet. Man sieht dann sehr gut, wie das Solarpanel erst wieder zugeschaltet wird, wenn der Kühlschrank anspringt. Zu den Batterien führt natürlich eine Sicherung und ein separater Schalter, weil ich nur dann Ladestrom ziehen möchte, wenn ich auch an Bord bin.

Mittlerweile habe ich weitere flexible Solarpanele auf das Dach geklebt und mit separaten Ladereglern angeschlossen. Im Sommer reicht die Leistung völlig aus und ist im Vergleich mit einem Windgenerator, der schon bei geringer Windabdeckung in Häfen nur wenig Leistung liefert, nicht nur günstiger, sondern auch effizienter. Ich rate dazu, bei geringster Teilabschattung lieber ein kleineres Solarpanel zu verwenden, denn schon der durchgehende Schatten einer Leine lässt die Leistung auf etwa 20 Prozent sinken. Daher: Lieber etwas kleiner und 100 Prozent, als groß und 20 Prozent Energie. Bei besten Voraussetzungen liefert meine obere 150-Watt-Platte real zirka 100 Watt, weil der rechtwinklige Strahleneinfall ohnehin nur selten zu erreichen ist; dass geht nur mit mobilen Platten, aber wer will sie schon ständig ausrichten.

Weil nachts keine Sonne scheint, besonders in den Wintermonaten weniger Solarenergie anliegt und gleichzeitig die Beleuchtungsphasen länger werden, war für unsere Langfahrtpläne trotzdem ein Windgenerator sinnvoll. Aus mehreren Gründen habe ich mich für den Superwind 350 entschieden: Er hat eine Drehflügelverstellung, was ihn „orkantauglich" macht. Nun segelt man dann zwar nicht mehr, aber orkanartige Böen können bei jedem Gewitter entstehen, wobei sich bei diesem Modell die Rotorblattverstellung angleicht. Eine Aufsicht wird damit überflüssig. Um in Häfen meine Nachbarn nicht zu nerven, sichere ich ihn trotzdem mit einer Gummileine, deren Auge per Bootshaken einfach über einen Rotorflügel gelegt wird. Zuvor wird er mit dem Stoppschalter ausgeschaltet. Dann ist der Rotor unbedingt zu sichern, weil er sonst bei stärkerem Wind langsam weiterläuft und die überschüssige Energie die Wicklungen durch Hitze beschädigen kann.

Was mich ebenfalls zum Kauf des Superwind bewegt hat, sind seine verhältnismäßig leisen Betriebsgeräusche. Die neuen Rotorblätter mit kleinen Erhöhungen lassen kein hochfrequentes Sirren entstehen, sondern eher ein unauffälliges Rauschen, das den Windgeräuschen auf den Ohrmuscheln sehr nahekommt. Wenn wir darunter auf der Heckbank sitzen, nehmen wird den Betrieb kaum wahr. In der Kajüte ist der Schall trotzdem leicht im Hintergrund zu hören, weswegen wir den Rotor relativ oft abschalten. Zuletzt hat mir gefallen, dass es ein rein deutsches Produkt ist, was die Kommunikation mit dem Hersteller erleichtert. Die Reglereinstellung wird nach den Datenblättern der Bordbatterien bereits im Werk vorgenommen. Ich möchte später nicht mehr damit experimentieren und vielleicht riskieren, die teuren AGM-Batterien bei fehlerhafter Einstellung zu ruinieren.

Der Superwind 350 ist mit knapp zwölf Kilogramm nicht eben leicht und ruht auf einem Aluminiummast an der Steuerbordseite. Das hat seinen Grund, weil ich wegen des Radeffekts bei starkem Wind beinahe immer mit der Backbordseite anlege und dann nicht durch die Streben beim Leinenhandling behindert werde. Den Mast haben wir mit 3,3 Meter etwas höher gewählt, damit niemand versehentlich beim Durchmarsch mit dem Bootshaken den 1,2 Meter durchmessenden Rotorkreis touchiert – dessen Splitterregen könnte üble Verletzungen verursachen.

Billig ist so ein Generator nicht. Auf FUCHUR mussten zudem 12 Meter Kabel verlegt werden – 16 Millimeter stark. Das summierte sich mit Material und Montagekosten auf rund 3000 Euro. Der Mastfuß ruht auf Hartgummiklötzen und wurde mit dem Deck verbolzt, um weniger Vibrationen einzuleiten, die durch den Resonanzkörper des Rumpfes übertragen werden. Die Ausleger fixierte ich an der festen Seereling mit Gummiunterlagen und stabilen Schellen. Das ist bestens gelungen. Der Aufwand für maximal 350 Watt Ladeleistung ist hoch, aber wir hoffen auf lebenslangen Betrieb. Außerdem geht der Fernseher nicht mehr aus, wenn der Grauwasserheber anspringt; bei Wind oder Sonne werden durchgehend rund 12,7 Volt von der Anzeige gemeldet, manchmal sogar 13,3 Volt, und das ohne Landstromkabel. Arbeiten die Solarpanele, liegen bis zu 14,7 Volt an.

So wird das Boot zum Büro.

Digitale Kommunikation eröffnet Möglichkeiten, von denen frühere Seefahrer nur träumen konnten. Zwar wollen wir uns an Bord erholen, statt uns weiteren digitalen Fluten auszusetzen, aber für einen Autor oder Fotografen ist ein Laptop unerlässlich: Eine schnelle Verbindung verschafft uns zudem Wetterdaten oder Ersatzteilbestellungen zur Zieladresse im nächsten Hafen. Selbst ein „Boat-Office" ist damit möglich. Ein Freund lebt so im Ausland, ist aber weiterhin Redakteur eines Segelmagazins – schreiben kann er überall.

Dank großer Batteriebänke und der zuvor beschriebenen Energieversorgung steht auf unserem Schiff Strom zur Verfügung. Nur ungern arbeite ich auf mehreren Festplatten – mein Gerät mit mattem 15-Zoll-Bildschirm schleppe ich täglich mit mir herum. Reportagen entstehen überwiegend bei der täglichen Pendelei im Zug oder an Bord. Doch leider ist das Sendenetz im Vergleich mit anderen Ländern schlecht. Selbst am Bremer Hauptbahnhof kommt es vor, dass die Daten nur müde in den Speicher tröpfeln. Ein Volksfest auf der Bürgerweide – und die Bandbreiten reichen einfach nicht aus. Da ist die Verbindung in anderen Ländern zwar deutlich besser, bringt aber andere Probleme mit sich.

Doch nun zur Technik: Für eine Internetverbindung in Landnähe reichen ein Surfstick oder ein mobiler WLAN-Router aus. Den mobilen Router kann man auf Metallbooten, die die Sendeleistung zu weiter entfernten Sendemasten abschirmen, auch oberhalb der Luke in einem wasserdichten Beutel in den Mast ziehen, um besseren Empfang zu haben. Sogar im ostfriesischen Wattenmeer gibt es schnelle UMTS-Verbindungen, denn bauliche Hindernisse und die Anzahl der Bandbreitennutzer sind gering. Beim Trockenfallen vor Wangerooge-Ost surfe ich Highspeed im Internet. Im europäischen Ausland gibt es Roaming-Tarife ohne Aufpreis, sonst wechselt man die SIM-Karte oder loggt sich ins WLAN-Netz einer Marina ein – was aber selten sicher und oft unmöglich ist, weil der einsame Router der Marina nicht die nötige Signalstärke liefert. Auf einigen dänischen Inseln war der Zugang frei – und überall recht langsam. Wer auf hoher See kommunizieren muss, greift auf Satellitentelefone zurück, um zumindest einfache Mails oder Wetterkarten abzurufen. Automatische Updates können allerdings sehr teuer werden.

Trotzdem kann es Verbindungsprobleme geben, wenn sich im Frühjahr die Stege füllen, denn digitale Wellen mögen es barrierefrei und kurz: Ein Metallboot als Nachbarlieger, weiter als drei Kilometer entfernte Sender oder eine Phalanx von Segelmasten, die auf der Luftlinie zum Sendemast stehen – und schon war es das mit der schönen neuen Welt der dauernden Erreichbarkeit. Mit meinem mobilen Router habe ich aber stets einen Platz gefunden. Das funktioniert auch besser, als das Handy per Hotspot einzusetzen, weil Router in der Regel größere Antennen und somit besseren Datenempfang haben. In Hooksiel bin ich im März noch bestens „Up to date", aber am Ende des Steges nach dem Einkranen der anderen Boote darf der Router nur an einem bestimmten Platz an Bord stehen. Mehr als einmal habe ich FUCHUR in den alten Hafen verlegt, nur um für einen Artikel im Netz recherchieren zu können und nicht „am Liegeplatz der Ahnungslosen" ruhig, aber uninformiert abzuhängen.

Es gilt darum, die Empfangsqualität einer außenliegenden Antenne zu verbessern. Besonders Stahl- und Aluminiumyachten bilden faradaysche Käfige. Das ist gut bei Gewitter, aber schlecht für den Empfang. Nur bedingt tauglich ist ein Verlängerungskabel für den Surfstick. Eine Richtantenne bringt auf dem dümpelnden Boot wenig und ein Datenkabel zur Antennenmontage auf dem Mast wird zu lang – ab 6 Metern Länge wird die Datenübertragung kritisch. Weil Technik oft schneller novelliert wird, als eine neue Buchauflage erscheint, lasse ich es dabei und schließe mit der Feststellung, dass man per Boot oder Motorrad problemlos mobil leben kann, ohne vom „Kollektiv" getrennt zu sein – schon eine 12-Volt-Steckdose reicht dafür aus.

Frühlingsfrisch statt Wintermuff? Tipps zum Saisonstart.

Manchmal stößt man auf das perfekte Boot, doch unter Deck ist es nicht auszuhalten. Es riecht nach Diesel, Kunststoff oder gar nach Fäkalien. Das könnten Gründe sein, ein Schiff nicht zu kaufen. Viele ältere Boote haben einen undefinierbaren, aber deutlich unangenehmen Eigengeruch. Besonders nach dem Winter. Ideal sind Boote, die nach nichts riechen. Ist es aber das eigene Schiff, dann kann man durchaus etwas tun, damit es unter Deck wieder erträglich wird.

Einige Geruchsquellen sind leicht feststellbar, beispielsweise „Raucherboote“ oder schlecht gewartete Maschinen. Dieseltanks aus Kunststoff und leckende Kraftstoffleitungen lassen sich ebenfalls ausfindig machen. Poröse Leitungen muss man austauschen. Kunststofftanks lassen sich notfalls mit Alufolie umwickeln und die Nähte verkleben. Sind Sperrholzabdeckungen vom Dieselmuff durchdrungen, so hilft nur eins: sie als Schablone für den neuen Zuschnitt zu verwenden und dann zu entsorgen. Denn spätestens wenn auf der Heimfahrt im Zug andere Fahrgäste die Nasen über die Note unserer Bordklamotten rümpfen, wissen wir, dass wir nicht mehr gesellschaftsfähig sind … Es gibt eine ganze Reihe von Gründen, die Raumluft einer Yacht zu „neutralisieren“. Man lebt an Bord nicht nur an Deck, sondern übernachtet in geschlossenen Rümpfen und bei Frost zudem mit verschlossenen Luken – dann kann eine Nacht auf einem muffelnden Boot unerträglich werden.

Doch zunächst zur These, dass insbesondere Dieselgeruch die Symptome der Seekrankheit verstärken kann: Atmung ist unsere Lebensquelle. Unser Körper sendet dauerhafte Warnsignale, wenn mit der Qualität der Luft etwas nicht stimmt. Er gerät unter Stress, ob wir wollen oder nicht.

Professor Dr. Rheinhart Jarisch leitet das Komitee der österreichischen Gesellschaft für Allergologie und Immunologie. In seinem Buch *Histamin und Seekrankheit* hat er mögliche Zusammenhänge zwischen der Geruchsbelastung an Bord und der Seekrankheit beschrieben. Demnach leiden sehr viele Menschen unter einer Histamin-Intoleranz. Zu viel Histamin im Blut löst die Seekrankheit aus. Histamin befindet sich in vielen Nahrungsmitteln, wie Rotweinessig, Rotwein, gepökelten Lebensmitteln, Tomatenmark oder sehr reifen Käsesorten. Gerät der Körper unter Stress, werden Adrenalin und zusätzlich im Blut gebundenes Histamin freigesetzt.

Stress entsteht nicht nur durch Bewegungssignale eines sich bewegenden Bootes an den Gleichgewichtssinn, der ebenfalls eine Rolle bei der Seekrankheit spielt. Auch unangenehme Gerüche, die das Unterbewusstsein als Gefahrenquellen einstuft, können in Kombination mit ungewohnten Bewegungen dazu führen, dass einem speiübel wird.

Zwar haben Gerüche laut Professor Jarisch primär nichts mit der Histamin-Intoleranz zu tun. Manche seiner Patienten haben sogar einen eingeschränkten Geruchssinn (Anosmie). Allerdings stellt er fest: „Wenn einem schon im Ansatz übel ist, dann wirkt ein unangenehmer Geruch verstärkend. Es kommt schneller zur Seekrankheit."

Verdruss entsteht schon, wenn nur ein Familienmitglied eine empfindliche Nase hat. Seekrankheit beim Aufenthalt an Bord in Verbindung mit dem typischem Eigengeruch der Kajüte kann eine negative Assoziationskette auslösen. Es reicht, dass man die Kajüte nur riecht, damit einem schlecht wird. Die Folge: Irgendwann ist der Skipper nur noch allein mit seinem Boot unterwegs. Unser Ziel sollte daher eine geruchsneutrale Kajüte sein: „Frühlingsfrisch statt Wintermuff", lautet hier die Devise.

Beginnen wir mit den schnellen Mitteln aus der Drogerie. An Bord einer älteren Stahlyacht haben die Polster der Achterkajüte über den Winter den markanten Geruch des Maschinenraums angenommen. Eingesprüht mit einem Textilerfrischer, riechen sie wie „neu". Wurde damit der Dieselgeruch „aprilfrisch" umgewandelt? Oder hat er sich in Luft aufgelöst?

Sieht man sich die Bestandteile der Sprays an, wird ihr Wirkprinzip klar. Ein Spray enthält ein Zinksalz, welches die Geruchsmoleküle chemisch umschließt und einbindet. Die unangenehmen Gerüche sollen aus den Textilien verdrängt werden. Doch wenn Geruchsmoleküle nur eingeschlossen werden, bedeutet das nicht auch eine Anreicherung von chemischen Stoffen im Schiff? Der Laie fragt sich, ob die Wirksubstanzen beim Einatmen gesundheitsschädlich sein könnten. Immerhin sind die Polster einige Quadratmeter groß. Um sie vom Wintergeruch zu befreien, ist eine ansehnliche Menge Textilerfrischer notwendig. Auf der Rückseite der Sprühflasche ist sogar ein Bettensymbol enthalten – gesundheitlich sollte die Chemikalie unbedenklich sein. Aber stimmt das auch?

Da mich das Thema beschäftigte, fragte ich bei Herstellern von Raumlufterfrischern nach. Steffi Speisebecher antwortete für das als Febreze bekannte Spray des amerikanischen Marktführers Procter & Gamble: „Textilerfrischer von Febreze befreien Textilien mit der Cleanzaire-Technologie zuverlässig von Gerüchen. Dabei werden Gerüche nicht einfach überdeckt, sondern durch spezielle Moleküle neutralisiert.

Die ringförmigen Moleküle fangen Geruchsmoleküle ein, die damit nicht mehr frei in der Luft beweglich und auch nicht mehr für die menschliche Nase wahrnehmbar sind. Hauptinhaltsstoffe sind Wasser und Cyclodextrin. Letzteres ist eine ringförmige Substanz, deren Struktur auf das Einfangen typischer Geruchsmoleküle optimiert wurde. Chemisch gesehen ist es ein Zuckermolekül. Nähere Informationen unter *www.scienceinthebox.com*. Die Rezeptur ist nicht korrosiv, kann folglich auch in Stahlyachten verwendet werden. Und: Febreze Textilerfrischer sind auch für die Verwendung in geschlossenen Räumen sicher. So beispielsweise auf Matratzen. Es sind keine negativen Auswirkungen auf die Atemluft bekannt.“ Weiterhin wird auf die Produktinformation verwiesen: „Alle Produkte werden umfangreichen Tests unterzogen, bevor sie auf den Markt gehen. Gemäß der Richtlinie 67/548/EWG bzw. 1999/45/EG ist Febreze als nicht gefährlich eingestuft. Das heißt, dass Febreze keine schädliche Wirkung auf die menschliche Gesundheit oder die Umwelt hat.“

Nun gut, lassen wir das so stehen. Für rund die Hälfte des Preises von Febreze ist Domol erhältlich. Dazu antwortet Sina Balkau von der Drogeriekette Rossmann auf meine Fragen: „Durch Domol-Textilerfrischer werden Geruchsmoleküle nicht aufgelöst, sondern eingeschlossen. Sie sind für die beschriebene Anwendung innerhalb von Bootsrümpfen nicht vorgesehen. Es liegen aber keinerlei Erkenntnisse über Gesundheitsgefahren vor, die dabei auftreten können.“

Bei der Anwendung als Textilerfrischer für Bekleidung wäre ausreichend Frischluft vorhanden. Die Konzentration des Produktes in der Atemluft ist dabei vernachlässigbar gering und daher absolut ungefährlich. Hinweise auf Allergien, Haut- und Schleimhautreizungen nach Kontakt mit dem Produkt sind nicht bekannt. Domol enthält ein Zinksalz der Rizinolsäure, welches aber nicht hygroskopisch wirkt. Korrosion auf Aluminium und Stahl sollten nicht auftreten.

Tatsächlich haben meine Recherchen keine Hinweise auf Gesundheitsgefahren durch Textil- und Raumlufterfrischer ergeben. Andererseits möchte man ja den Geruch von Bord verbannen und nicht etwa nur durch „ringförmige Moleküle“ den eigenen Geruchssinn täuschen. Und ich habe mit angewöhnt, soweit es geht auf unnatürliche Stoffe zu verzichten. Wenn beispielsweise auf einem jahrelang unbenutzten Boot Schimmelpilze hinter Wegerungen vermutet werden, so wäre die vollständige Neutralisation von Geruchsquellen und Sporen wichtig. Kraftfahrzeuge werden dann mit Ozongeneratoren aufbereitet. „Stecker rein, Tür zu“, so schildern es manche Händler. Ist es wirklich so einfach?

Ozon – die „Sauerstofftherapie“ für Boote?

Christian Müller von der Firma Topchem GmbH berichtet detailliert über Wirkungsweise und Anwendungsfehler bei Ozongeräten. Gleich zu Anfang ein wichtiger Hinweis: Bei zu hoher Luftfeuchtigkeit kann während des Betriebs eines Ozongeräts durch die Bildung von Salpetersäure ein neues Geruchsproblem entstehen – also ist auf eine geringe Luftfeuchtigkeit zu achten. Dann aber kann die Behandlung beginnen. Ozon tötet geruchsverursachende Bakterien ab und zersetzt organische Stoffe in ihre ungiftigen und geruchslosen Bestandteile. Als Gas gelangt es dabei in jede noch so kleine Ritze. Das übrig gebliebene Ozon zerfällt innerhalb von ca. vier Stunden wieder zu reinem Sauerstoff.

Ozon ist ein Gefahrstoff, bei dem man einige Punkte beachten muss: Da es schwerer ist als Luft, wird die Konzentration in der Bilge am höchsten sein. Ozon ist das stärkste Oxidationsmittel. Durch Oxidation werden Gerüche von Tabak, Tieren, Abwässern, Ammoniak und Brandgerüche entfernt. Moleküle, wie Schwefelwasserstoff (H2S) und andere organische Verbindungen, werden zerstört. Sämtliche Keime und Bakterien werden abgetötet.

Ozon selektiert jedoch nicht. Gummiprodukte oder ungeschützte Metalloberflächen können angegriffen werden. So beschleunigt sich die

Oxidation von Stahl in der Zeit der Anwendung um das Zehntausendfache, was wegen der wenigen Stunden der Anwendung relativ zu sehen ist.

Die Geräte erzeugen Ozon aus dem in der Umgebungsluft enthaltenen Sauerstoff. Der wichtigste Parameter ist die Luftfeuchte. Bei zu hoher Luftfeuchte entsteht im Ozongerät Salpeter. Das ist das Produkt von Stickstoff, Sauerstoff und Wasser im elektrischen Feld. Salpeter an sich ist nicht gefährlich, riecht aber unangenehm. Deshalb muss die Luftfeuchtigkeit während der Behandlung weniger als 50 Prozent betragen. Ein Luftfeuchtigkeitsmessgerät (Hygrometer) ist unabdingbar, wenn man mit einem Ozongerät arbeiten will. Nach langer Lagerzeit können Hygrometer falsche Werte anzeigen. Zum Test sollte man das Gerät in ein feuchtes Geschirrtuch einschlagen und ein paar Minuten warten. Es sollte dann eine Luftfeuchtigkeit um 98 Prozent anzeigen.

Für 18 Euro erwarb ich ein Haar-Synthetik-Hygrometer aus dem Baumarkt. In ein feuchtes Handtuch gewickelt, zeigte es 97 Prozent relative Luftfeuchtigkeit an. Also ist alles okay. So stellte ich fest, dass ich den Ozongenerator am ersten Tag nicht testen konnte: 65 Prozent Luftfeuchtigkeit sind zu viel, denn sonst tausche ich den Geruch an Bord mit Salpeterdämpfen, die auch dauerhaft muffeln.

Die Wirkungsweise: Ozon ist eine besondere Form des Sauerstoffs. Normalerweise verbinden sich zwei Sauerstoffatome zu einem Sauerstoffmolekül. Das Ozonmolekül dagegen besteht aus einer losen Verbindung von drei Sauerstoffatomen. Wenn dieses Molekül zerfällt, suchen sich die einzelnen Atome neue Reaktionspartner. Einflüsse, die Ozon auf den biochemischen Reaktionsablauf ausübt, beruhen auf dieser starken oxidierenden Wirkung. Ozon ist das stärkste technisch verfügbare Oxidationsmittel und wirksamste Desinfektionsmittel überhaupt. Gleichzeitig ist es das umweltfreundlichste Mittel, denn es besteht nur aus drei Atomen Sauerstoff und trägt keine andere Chemikalie in den Prozess ein.

Welches Gerät ist das richtige für mich?

Die wichtigste Kenngröße ist die Ozonleistung des Gerätes in mg/h. Lassen Sie sich nicht von der Leistung der eingebauten Lüfter verunsichern. Wie hoch die Lüftungsleistung des Gerätes ist, ist bei der Geruchsbehandlung und bei der Desinfektion unbedeutend. Aber je mehr

Ozon pro Stunde produziert wird, desto schneller stellt sich der Erfolg ein. Die normale Geruchsbeseitigung benötigt weniger Leistung als etwa die Bekämpfung von Schimmel an Bord. Rauchergerüche sind einfacher zu behandeln als Tiergerüche. Zu viel Leistung gibt es bei der Sanierung nicht. Die Anwendungszeit beträgt ca. 4 bis 12 Stunden.

Das Gerät meiner Versuchsanordnung ist mit einer Leistung von 3500 mg/h für Räume bis ca. 80 Kubikmeter geeignet. Es reicht für mittelgroße Yachten aus und kostet rund 550 Euro.

Die praktische Anwendung.

Wie eingangs berichtet, muss das Boot innen absolut trocken sein. An den Bordwänden oder in der Bilge darf sich kein Kondenswasser befinden. Insofern ist es nicht möglich, tagsüber „bei Frost" an Bord Tee zu kochen und dann über Nacht den Ozongenerator laufen zu lassen. Weil die Luftfeuchtigkeit unter 50 Prozent liegen muss, sollte die Kajüte vorher einen Tag lang mit einem Heizlüfter getrocknet und gelüftet werden. So verdunstet im Winterlager die Restfeuchtigkeit aus klammen Polstern.

Gummiprodukte können bei der Nutzung von Ozongeneratoren angegriffen werden. Naturkautschuk befindet sich normalerweise nicht an Bord, denn Schläuche sind aus PVC. Trotzdem sollten Schläuche zu Seeventilen und Kühlschläuche der Maschine anschließend kontrolliert werden. Im Zweifel demontieren oder in Zellophan luftdicht einwickeln.

Wann kann die Kajüte wieder betreten werden?

Die Kajüte darf während des Betriebs und in den ersten vier Stunden danach nur unter geeignetem Atemschutz betreten werden. Zuerst sollte man alle Luken öffnen und lüften. Am Boden steht Ozon länger. Das unterscheidet die Anwendung in Booten von Fahrzeugen, wo das Gas nach Öffnen der Tür „abfließt". Doch die Halbwertszeit beträgt bei einer Raumlufttemperatur von 20 Grad etwa 20 Minuten. Je länger wir warten, umso geringer wird die Ozonkonzentration. Hilfreich ist auch hier, anschließend einen Heizlüfter laufen zu lassen. Je wärmer die Luft, umso schneller zerfällt Ozon wieder. Warme Luft steigt außerdem nach oben und zieht ab. Polster sollte man im Freien ausklopfen.

Der Test: Wie schnell lassen sich Gerüche mit Ozon neutralisieren?

Die Firma Topchem stellt das Modell HE-141B SS mit Zeitschaltuhr und einer Leistung von 3500 mg/h zur Verfügung. Der 24 Zentimeter große „Nirowürfel" ist nicht größer als ein Heizlüfter, verbraucht aber nur 70 Watt. Unterstützt werde ich von der Firma IBK-Boats aus Wilhelmshaven. Dirk Kroll handelt mit neuen und gebrauchten Yachten. Er hat bereits mehrere Boote erfolgreich mit einem Ozongenerator aufbereitet. Darum hat er keine Bedenken, mir sogar eine neue Imexus 27 zum Aufhängen meiner Testgegenstände zu überlassen.

In der Kajüte spanne ich einen Draht und hänge Testtücher auf. Benetzt sind sie mit so appetitlichen Stoffen wie saurer Milch oder Fischsoße. Am Boden lasse ich ein Tuch mit getrocknetem Dieselkraftstoff liegen. Um ein uraltes Polster zu simulieren, habe ich ein Thermohemd aus der Altkleidertonne gefischt. Stockflecken und Geruch zeugen von Schimmel und Sporen. Weil Gummi angegriffen werden könnte, hängen ein Schlauch, Fensterdichtungsband, ein Gummizeising, Kabel und eine Taucherbrille ebenfalls am Draht. Dazu ein blankes Stück Baustahl und eine Aluminiumplatte, um die Korrosionswirkung zu prüfen. Das neue Boot ist absolut trocken und das Hygrometer zeigt beruhigende 43 Prozent Luftfeuchtigkeit an.

Es ist ein sonniger Tag, die Temperatur beträgt 10 Grad. Die Hochdrucklage verspricht weiter sonniges Wetter. Dem ausgiebigen Test steht also nichts mehr im Wege.

Die Nasenprobe.

Das Ergebnis nach acht Stunden Laufzeit des Generators überzeugt: Der Ozongenerator hat alle Gerüche neutralisiert. Selbst das Dieselfies könnte man nun problemlos als Taschentuch verwenden. Somit wäre auch ein Maschinenraum in einem Anwendungsgang geruchsneutral, sofern die Kraftstoffleitungen dicht sind.

Mit der Lupe untersuche ich die Kunststoffteile. Optische Unterschiede sind nicht feststellbar. Der Dehnungstest lässt keine porösen Stellen erkennen. Bleibt der Blick auf das Metall: Kam es zur Korrosion wegen zehntausendfach erhöhter Korrosionswirkung? Nein, es besteht keine Gefahr. Oberflächlich sind winzige Oxidationspartikel entstanden, diese sind leicht abzuschleifen.

Die Geruchsmoleküle auf Basis von Kohlenwasserstoffen wurden „aufgespalten und neutralisiert", jedenfalls nehme ich keine Gerüche mehr wahr. Allerdings dringt Ozon nicht in ausgehärtetes Material ein, sondern wirkt eben nur oberflächlich. Sporen oder Milchsäurebakterien sind ebenfalls widerstandsfähiger. Erst nach 8 bis 12 Stunden in „tödlicher Atmosphäre" streichen sie auf Nimmerwiedersehen die Segel. Je höher die Ozonkonzentration, umso schneller geht es.

Das Eindringen des Ozons in die Schaumkerne von Polstern kann ebenfalls etwas länger dauern. Doch auch sie werden von innen heraus gereinigt und sind danach nicht anfälliger als neue Materialien. In einem überwiegend geruchsneutralen Boot würde es zwar reichen, sie in der Polsterreinigung aufbereiten zu lassen, doch haben sich in den meisten älteren Booten Gerüche und Sporen in vielen Materialien festgesetzt. Nichts wirkt da nachhaltiger als der Einsatz eines Generators.

Der Preis von 550 Euro für das getestete Gerät ist zunächst eine hohe Investition, aber über die Jahre relativ zu sehen. Dafür verfügt man über eine „keimfreie und geruchsneutrale Kajüte", die auch hinter unzugänglichen Wegerungen behandelt wurde. Günstigere Geräte gibt es schon ab etwa 200 Euro, doch taugt ihre Leistung nur für die kleinen Innenräume von Kraftfahrzeugen. Da alle Geräte ohne zusätzliche Mittel arbeiten, scheinen sie eine gute Anschaffung für Vereine und Steggemeinschaften zu sein. Man muss aber darauf achten, dass sie im Freilager nur bei trockenen Hochdruckwetterlagen eingesetzt werden. Das getestete Gerät funktioniert mit Keramikplatten. Andere haben „Röhren" zum Erzeugen des Ozons. Für beide Bauarten gilt: Der Betrieb bei hoher Luftfeuchtigkeit kann die Haltbarkeit deutlich herabsetzen. Trotz allem können auch Ozongeneratoren an ihre Grenzen stoßen. Haben sich der Geruch von ausgelaufenem Dieselkraftstoff oder Brandpartikeln in sämtlichen Materialien ausgebreitet, sollte ein Profi zurate gezogen werden.

Ohne Ersatzteile geht's nicht.

Der Umzug aufs Wasser schützt nur bedingt vor den Unbilden des Landlebens. Wer an Bord lebt, benötigt Ersatzteile. Oft sofort. Gerade im Winter. Mit einem defekten Batterieladegerät sitzt man schnell im Dunkeln, denn in manchen Häfen wird der Windgenerator durch Spundwände so sehr abgeschirmt, dass er nicht mehr arbeitet. Ein trüber Himmel oder gar eine Schneeschicht auf dem Solarpaneel verursachen ebenfalls einen Ausfall. Es finden sich also immer wieder Gründe, für Redundanz zu sorgen. Und diese Hilfsmittel müssen zuverlässig sein. Handelt es sich noch dazu um Spezialteile, wird man nicht nur am Wochenende dumm dastehen, sondert wartet vielleicht wochenlang auf Ersatz.

Nun werden wir in der Regel aus Gewichts- und Platzgründen nicht gleich einen zweiten Dieselmotor mitführen, aber vielleicht können wir eine Außenbordhalterung in der Backskiste vorrätig halten, um den Motor des Beiboots am Spiegel unserer Yacht aufzuhängen? Wenn die Möglichkeit besteht, würde ich zumindest schon die Löcher bohren und verspachteln, um spontan die Halterung anschrauben zu können. Denn wenig Vortrieb ist allemal besser, um auf einem Kanal die nächste Liegestelle zu erreichen, statt auf die Uferböschung zuzutreiben. Und auch Schleusen- und Hafenmanöver gestalten sich mit einem Außenborder immer noch entspannter als unter Segeln. Außerdem sind Segelmanöver in Schleusen fast überall untersagt und nicht immer ist ein anderes Boot zur Stelle, um uns zu bugsieren. Wenn ich so darüber nachdenke, wäre eine gebrauchte Einspritzpumpe für einen Beta-Motor gar nicht schlecht. Ich werde danach suchen.

Der neue Wassertank.

Igitt! Meine Hand greift in nasse Papierpampe. Als ich wieder mal einen neuen flexiblen Wassertank gekauft hatte, war er bereits nach einer Woche undicht.

Eine Riesensauerei, den schweren Sack aus dem tiefen Kiel meiner alten PALOMA wieder auszubauen und das Wasser auszuschöpfen. Viele Liter lassen sich aus dem defekten Tank gar nicht auspumpen. Und jeder Liter Wasser wiegt ein Kilogramm. Die Arbeitszeit ersetzt mir auch keiner. Und um es vorweg zu nehmen: Arbeits- und Fahrzeiten stellen Gewerbetreibende munter in Rechnung, nur der Kunde hat dazu keine Möglichkeit. Dann folgt auch schon der nächste Ärger am Tresen: Ich bekomme nicht sofort einen neuen Wassertank. Nicht aus dem Grund, weil keiner mehr am Lager ist, sondern weil dieser kaputte Tank eingeschickt wird, damit der Hersteller über die Garantiefrage entscheiden kann. Ich hätte ja auch einen Einbaufehler verursacht haben können. Der Hersteller hat das Recht, die Ware zu reparieren oder gegen ein neues Produkt umzutauschen. So entstehen Wartezeiten. Hier betrug sie eine Woche und hatte das Leben an Bord aus dem Kanister zur Folge. Seither habe ich immer zwei separate Wassertanks an Bord – vorzugsweise aus Edelstahl.

Wenn der Wasserbehälter wie ein Froschteich riecht.

Auch neue Behälter bieten keine Gewähr für einwandfreie Wasserqualität. Aus manchen Trinkwasserkanistern oder Wassertanks schmeckt der Inhalt in den ersten Wochen nach Plastik, später nach Algensuppe. Der Grund: In Wasserbehältern aus Kunststoff entweichen zunächst die Weichmacher. Danach bildet sich irgendwann ein grüner Algenbelag, dem mit handelsüblichen Bürsten nicht beizukommen ist. Die chemische Keule lehne ich ab und verwende grundsätzlich auch keine Entkeimungsmittel. Was die Tankflora tötet, könnte vielleicht auch mein Innenleben angreifen. Im zweifachen Sinne gesundheitsfördernd ist jedoch ein Rückeneincremer. Und nun fragen Sie sich vielleicht, ob ich nicht alle Tassen im Schrank habe? Mitnichten. Ein Rückeneincremer ist in der Regel 50 Zentimeter lang und hat eine gebogene Form mit praktischem Handgriff. Wird um den Cremekopf ein Spültuch gebunden, kann der Algenschleim auch in den Ecken schmaler Kanister einfach ausgewischt werden. Kochendes Wasser hinterher, damit wird der Behälter ohne Chemie desinfiziert. Was seine eigentliche Bestimmung betrifft: Einhandsegler mit trockener Haut sollten wirklich nicht ohne Rückeneincremer auf Langfahrt gehen, weil Hautekzeme ein ernsthaftes Gesundheitsproblem darstellen können. Juckt es zu arg, schläft man schlecht. Mit müden Augen macht man leichter Navigationsfehler und schleppt sich durch den Tag. Der Körper reagiert auf anhaltenden Stress mit erhöhter Freisetzung gebundener Histamine und diese wiederum verstärken Symptome der Seekrankheit, wie ich zuvor schon ausgeführt habe. Seekrank wird man auch, wenn man bei hohem Seegang zu oft wegen Verdauungsbeschwerden unter Deck muss. Daher ist die Gesundheitsprophylaxe mit guter Trinkwasserqualität wichtig. Und außerdem ist der Rückeneincremer perfekt geeignet, um mit umwickeltem Haushaltspapier an einer unzugänglichen Stelle das Bilgenwasser aufzufeudeln …

Der neue Fäkalientank.

Im April hatte ich im Bootsfachhandel eine neue Abwasseranlage gekauft, weil der alte Tank samt seinen Schläuchen vor sich hin muffelte. Dafür wurden auch zwei neue Zwei-Wege-Verteiler eingebaut. Ich hatte Zweifel, ob die Ausführungen aus Kunststoff dauerhaft taugen würden, wurde jedoch beruhigt, es werde keine Reklamationen geben. In Fäkalienleitungen lagert sich jedoch stets viel Kalk ab. Daher hatte ich zur Sicherheit die Zwei-Wege-Ventile alle vier Wochen gedreht. Das hat aber nichts gebracht. Ein Ventil sitzt endgültig fest, beim zweiten Ventil ist sogar die Welle abgedreht: Der Einzelpreis der Plastik-Produkte beträgt 66 Euro. Das Austauschen ist – treffend ausgedrückt – eine Scheißarbeit.

Wie kommt so etwas eigentlich in den Handel? Investoren und Großhändler lassen kostengünstig fertigen. Manchmal funktioniert das, manchmal nicht. Im Zeichen des Vertrauens wurde mir berichtet, dass eins von drei der angebotenen Zwei-Wege-Ventile bekanntermaßen nichts tauge. Aber wenn es im Katalog ist, muss es auch vorrätig sein.

Wie seltsam, dass es auch im nächsten Jahr noch im Angebot ist. Und so greifen Kunden bei einigen Produkten immer wieder daneben. Nicht jeder macht sich die Mühe, das zu reklamieren. Vielleicht würde der Händler danach zwei neue Ventile rausrücken, aber das hilft nicht weiter, weil das Produkt selbst nichts taugt. Zwar wurden mir 132 Euro erstattet, doch Ausbau, Neubeschaffung und Wiedereinbau haben gut sechs Stunden meiner Zeit beansprucht. Die neuen Zwei-Wege-Ventile sind übrigens aus Metall, klassische Kugelhähne.

Die neuen Starterbatterien.

Die Lichtmaschinenanzeige glimmt nur müde und das Relais des E-Starters klackt nicht mal: Zwei neue Starterbatterien sind leer. Gekauft hatte ich sie bei einer Autowerkstattkette. Hatte ich früher Batterien in Ramschläden gekauft, funktionierten sie jahrelang einwandfrei. Und natürlich waren sie von Haus aus vorgeladen. Im konkreten Fall der Fachwerkstatt standen sie wohl schon länger im Lager und hätten zwischendurch nachgeladen werden müssen. Nun wurden sie „tiefentladen" verkauft und waren damit schon als Neuware dauerhaft beschädigt. Wer beispielsweise erst 300 Kilometer zum Boot ins Winterlager gefahren ist, steht mehrfach dumm da, denn er musste sich die neue Batterie erst abholen und wieder zurückfahren. Bei der Bauweise meiner Reinke ist das Auswechseln der Batterien auch kein Spaß, denn aus dem Kreuz heraus muss man sie aus dem tiefen Schacht zwischen Wasser- und Dieseltank herausheben.

Wer mit seinem Boot im fremden Hafen nicht mehr ablegen kann, fährt mehrfach mit dem Taxi hin und her. Nur wenn man ein Ladegerät an Bord hat, könnte man versuchen, die tiefentladene Batterie doch noch zum Leben zu erwecken. Bei mir wurden sie trotzdem vom Prüfgerät nach der Ladung als „defekt" angezeigt. Und so wurde mir wieder klar, dass Mechaniker nicht nur ihre Arbeitszeit, sondern auch die Anfahrtszeit berechnen, während Kunden in die Röhre schauen. Die Lehre: Ich bestehe im Fachhandel seither darauf, den Ladezustand neuer Batterien noch am Tresen zu prüfen.

Friedlich dümpelt FUCHUR am Steg in Hooksiel. Nachdem ein zusätzlicher Tagestank gegen Dieselpest seinen Platz an Bord gefunden hat, freue ich mich auf den Abschluss des Werkes: Ein Loch für das Tankinstrument bohren, die Strippen mit Kabelschuhen aufstecken und den Feierabend genießen. Ich beginne um 18:00 Uhr und möchte zur Tagesschau auf der Koje liegen. Schließlich habe ich schon vor 30 Jahren die bewährten Instrumente verbaut. Doch die Tagesschau sollte ich nicht sehen – auch nicht die Tagesthemen.

Der Reihe nach: Ich freue ich mich zunächst über den Stecker mit angeschlossenen Kabeln, die ein Band zusammenhält. Doch anstatt sechs Kabel sind acht vorhanden. Logisch wären Plus/Minus für den Geber, Plus/Minus für die Betriebsspannung und Plus/Minus für die Beleuchtung. Aber: Welches Kabel des bunten Strippenmikados ist wofür? Schwarz und rot lassen sich deuten, doch der Rest? Man wünscht sich nur zwei Dinge: Eine Schablone des Kreisausschnitts und die Kabelbezeichnung. Ein langer Faltzettel mit „Kleingedrucktem“ ist tatsächlich dabei; dafür brauche ich meine Lesebrille: „Verflixt, die liegt in der Aktentasche im Auto!“ Draußen regnet es. Mit dem Südwester auf dem Kopf laufe ich über den Steg und kehre tropfnass an Bord zurück. Der Faltzettel enthält jede Menge juristisches Kauderwelsch, aber keine Kabelfarben. Beim weiteren Suchen in der Schachtel findet sich stattdessen eine Mini-CD-ROM, farbenprächtig von Marketingstrategen bedruckt. Darauf hätte der aufgedruckte Kabelplan auch Platz. Stattdessen steht unter dem Bild nur „Viewline, Information & Documentation“. Schreibt man Documentation nicht mit k? Immer diese Anglizismen. Die CD stammt aus dem Jahr 2011. Dann wird die Serie wohl gut sein, wenn sie im Jahr 2015 immer noch auf dem Markt ist. Doch das Notebook ist noch im Kofferraum und erforderlich, um die CD lesen zu können. Also wieder den Südwester gegriffen und zum Parkplatz gestapft. Während das Notebook hochfährt, spanne ich schon mal den Kreisschneider ins Bohrfutter ein. Vielleicht offenbart die CD ja sogar den Durchmesser des Kreisausschnitts?

Doch tatsächlich öffnet sich: nichts. Meine Version des „Adobe Acrobat Readers“ ist veraltet. Ich muss erst die neue Version herunterladen. Da ich nicht nur mein Notebook, sondern auch einen USB-Stick dabei habe, wäre das leicht – wenn nicht am Liegeplatz Verbindungsnotstand herrschen würde. Die Edge-Verbindung ist zäh wie Leder, nur langsam tröpfelt die Datenflut an Bord. Genug Zeit, ein paar Salamibrote zu schmieren. Dann, endlich, startet auch die CD.

Zunächst öffnen sich vier Ordner: „Brochure_Broschueren / EC-Declaration_of Conformity / Installation-Instruction_Montageanleitung / Product Information (Data Sheets)". „Was für ein Schiet", grummele ich, und öffne die „Broschueren". Dahinter verbergen sich weitere vier PDF-Dokumente. Das Erste namens „Brochure_Viewline_Construction_2010_EN", immerhin 12 Seiten stark, enthält den beeindruckenden Satz: „Innovations for custom solutions; Viewline – the new generation of instrumentation" – und weiter „Mobility shapes our life – moving ahead is our passion". Nach dieser Überschrift erscheint noch kein Inhaltsverzeichnis, aber das Bild eines Anzugträgers beim Telefonieren, wahrscheinlich spricht er mit der Technikabteilung wegen eines Schaltplans. Den Mann hätte ich jetzt gerne als Strippenberater an Bord.

Es folgen elf Seiten mit einer Unzahl von Instrumenten und zweispaltigen Texten, natürlich in englischer Sprache. Die Tankanzeige der Serie VIEWLINE ist gar nicht erst dabei. Dazwischen sind aus unerfindlichen Gründen immer wieder Kipper-LKW und Bagger an einem Strand abgebildet, so wie sie zum Anfang der Saison auf Wangerooge im Einsatz sind, um den Kurstrand aufzufüllen. Dahin wollte ich eigentlich am nächsten Morgen segeln, doch ich bin ja erst auf Seite 2 – und das „A quarter past nine".

Irgendwie geht es hier nicht weiter. So öffnet sich das nächste Dokument „Brochure_Viewline_Marine_EN, und da sind tatsächlich auch Boote statt Bagger zu sehen. Auf Seite 9 von 10 entdecke ich mein Instrument, sogar mit dem eindeutigen Hinweis „8 pole". Schade ist nur, dass die Beschreibung nicht auf die Kabelfarben eingeht. Doch egal, der Abend ist ja noch jung. Dokument Nummer 3 enthält ebenso eine „Viewline-Construction", doch es endet auf DE. Natürlich, es muss einem schon ins Auge stechen, dass DE für Deutsch in der ellenlangen Zeile voller Unterstriche steht. Wo bitte geht's zur Montage?

Eine Ebene zurück in der virtuellen Eingangshalle ist der nächste Ordner dran: „EC-Declaration_of_Conformity". Dahinter verbergen sich tatsächlich 15 weitere PDF-Dokumente, doch man findet unter all den Viewline-Beschreibungen nichts, was auf eine „Kraftstoff- oder

Tankanzeige“ schließen lässt. Neugierig geworden, frage ich mich, was ein „Pyrometer“ sein könnte? So stoße ich auf das Logo einer Reifenfirma mit einer Schweizer Freigabe. Nein, ich will keine Reifen bei meiner Segelyacht aufziehen, sondern nur eine Tankanzeige anschließen. Das „Pyrometer“, so finde ich später heraus, ist ein Strahlungsthermometer für berührungslose Temperaturmessung.

Wieder zurück in der „Eingangshalle der CD“, scheint der nächste Hauptordner das Geheimnis zu offenbaren: Enthalten ist die „Montageanleitung“, doch dahinter lauert der virtuelle Klabautermann mit drei weiteren Unterordnern: Marine Solutions Only / Special vehicles and Marine / Sensors and Accessories. Ob die britische Rechtschreibung wohl stimmt? „Kaufen Sie ein Instrument und sparen Sie sich den Kurs für technisches Englisch an der Volkshochschule.“

Ich folge dem ersten Pfad, finde dahinter zwei weitere Unter-Unterordner, öffne „52 mm Gauges“ (ich habe ein 52-Millimeter-Instrument), stoße nun auf fünf weitere Unter-Unter-Unterordner und öffne „As quick as lightning“ den Ordner „German_Deutsch“. Dahinter findet man sich in einer Sackgasse wieder: „Viewline Wasserdruck“ und „Viewline Schmutzwasser“. Während ich mich den langen Pfad zurück klicke, habe ich schmutzige Gedanken in Bezug auf die Programmierer dieser CD.

Ab der zweiten Unter-Unterordner-Ebene biege ich zu „Special vehicles and Marine“ ab, um mehrere Ebenen tiefer auf 13 deutschsprachige Montageanleitungen für 52-Millimeter-Instrumente zu treffen. Eine Tankanzeige ist dabei; aber wieder kein Schaltplan. Die Grafiken enthalten zwar die Pin-Belegungen, doch nicht in Verbindung mit Kabelfarben. Sie sind daher zum Einbau nur für Pyromanen mit einem Hang zum Kabelbrand geeignet.

22:00 Uhr. Nach weiterer Suche taucht in der zweiten Dimension unter „Sensors and Accessories“ den Unter-Unterordner „Adapterkabel“ auf. Dahinter lauern immerhin 17 PDF-Dokumente mit Adapterkabeln für Voltmeter, Sumlog, und so weiter, aber nach wie vor nicht für eine Kraftstofftankanzeige. Dafür findet man zwei Dateien für „8-polige Adapterkabel“: „Amperemeter“ und „voll belegt“. Das finde ich voll bekloppt, habe längst die Nase voll, aber öffne das Dokument. Juhu, es hat nur zwei Seiten. Seite 1 enthält genau 48 Sicherheitshinweise. Darüber der Kastenhinweis „Nicht rauchen! Kein offenes Feuer oder Licht!“ Ach, soll ich im Dunklen arbeiten und die Kabelfarben ertasten? Das ist natürlich nicht der

Fall. Hersteller unterliegen zahlreichen Normen, die angegeben werden müssen, was die „BGV A8, ASR A1.3 und DIN 4844“ vorschreibt.

23:00 Uhr: Endlich finde ich die ersehnten Kabelfarben! Der kleine Ausschnitt, gedruckt als Beipackzettel, hätte die Einbauzeit um 5 Stunden verkürzt! Doch welchen Durchmesser soll der Kreisausschnitt im Panel haben? Eine Schieblehre wäre hilfreich oder eine Schablone auf dem Zettel zum Ausschneiden und Anzeichnen. Also noch mal zurück in eine andere Ordnerebene des Tankanzeigeneinbaus. Auf Seite 2 von 6 erscheint der Hinweis auf den Ausschnitt von 53 Millimeter. Bevor das Panel ruiniert wird, messe ich per Lineal nach und finde das viel zu groß. So wird weiter zur Seite 3 gescrollt, und siehe da, richtig ist die „Flush-Montage“ mit einem Ausschnitt von 48,1 Millimeter. So einen Kreisschneider gibt es nicht, aber mit der Rundfeile erweitere ich den Ausschnitt und schiebe um 23:05 Uhr das Viewline-Instrument in das Loch.

Sechs der dünnen Kabel verbinde ich mit dem Bordnetz und hoffe darauf, dass mit „8-polig-voll belegt“ tatsächlich die richtige Datei erwischt wurde und mein Werk nicht im Rauch eines Kabelbrands aufgeht. Zwei Kabel für den „Programmierport TX – gelb/schwarz und Programmierport RX – gelb/rot“ werden nur isoliert.

24:00 Uhr: Zur Geisterstunde schalte ich den Sicherungsknopf der Tankanzeigen ein. 60 Liter sind im 90 Liter fassenden Zusatztank – und tatsächlich zeigt der Zeiger des Instruments den richtigen Füllstand an. Besser wäre es gewesen, den Tankgeber erst im trockenen Zustand zu eichen, aber man kann beim Einbau auch mal auf sein Glück vertrauen.

Ein paar Tage später ist der Ärger der sechsstündigen Einbauorgie verdaut und ich frage den Verkäufer, warum nicht ein Zettel „Kreisausschnitt und Kabelfarben“ dem Produkt beiliegt. Resigniert meint der Händler, dass sich Juristen und Marketingleute gegen Mechaniker durchgesetzt hätten. Verkäufer verlieren viel Zeit damit, Kunden nachträglich zu betreuen und per Ferndiagnose ihre Einbauprobleme zu lösen. Er meinte, dass Ölfinger und Strippenzieher erst am Ende der „Nahrungskette“ stünden. Der Zeitaufwand der Privaten ist unwichtig. Hauptsache, Regressforderungen seien ausgeschlossen. Doch viele Unternehmen sind für sachliche Kundenkritik dankbar. Absichtlich wird wohl niemand sein Produkt verkomplizieren. Und tatsächlich hat der Hersteller auf Hinweise positiv reagiert. Künftig finden sich ausgedruckte Schaltpläne auf den Beipackzetteln – die Montage ist wieder ohne Computer möglich.

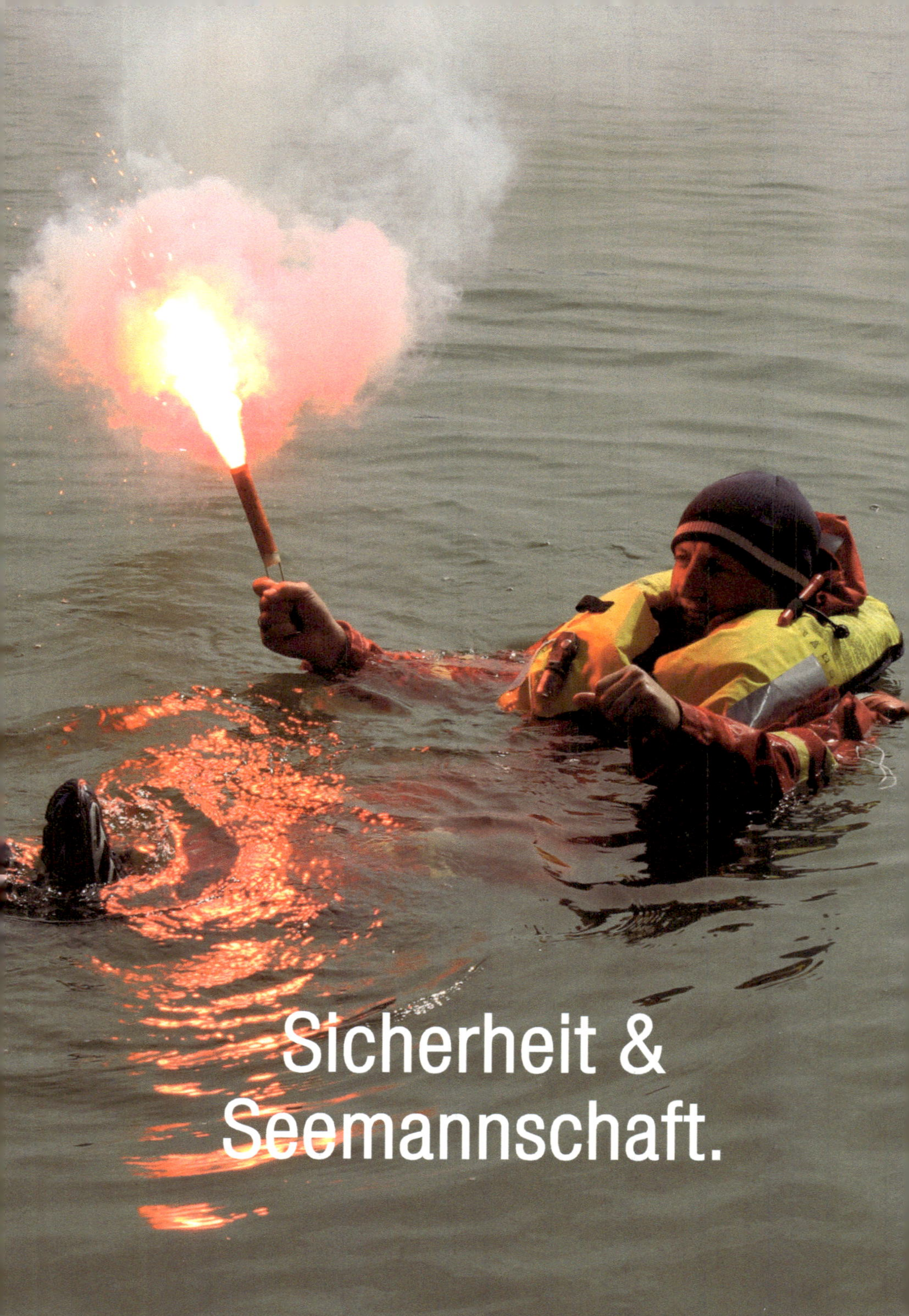

Sicherheit & Seemannschaft.

Schiffsrisiken & Versicherungen.

Schon bevor das eigene Schiff das erste Mal ins Wasser kommt, ist die Wahl der Versicherung eine entscheidende Frage. Versicherungen schützen uns davor, im Fall der Fälle nicht „bootlos“ dazustehen und jahrelang die Schäden an fremden Eigentum abzubezahlen, die man verursacht hat. Immerhin geht es um unser schwimmendes Zuhause. Die Prämien von Vollkaskobeiträgen sind bei Yachten im Verhältnis zu Kraftfahrzeugen akzeptabel. Die Versicherungen zahlen in der Regel sogar, wenn „der Himmel“ aufs Boot stürzt und es untergeht. Oder wenn es der Schlag in Form eines Krans trifft … Wie sinnvoll eine Vollkaskoversicherung grundsätzlich ist, zeigt das folgende Beispiel.

Ein kurioser Kranunfall.

Rusbend, Mittellandkanal, 28. August 2012. Ein dunkler Schatten beendet die Gedanken an einen sonnigen Schwedenurlaub meiner Freunde. Der mobile Kran, mit dem gerade das Schiff aus dem Wasser geholt werden soll, stürzt plötzlich um und kracht auf das Deck der geliebten Yacht. Der gewaltige Schreck, das Zusammenzucken durch den plötzlichen Lärm und die instinktive schnelle Flucht der Crew sind eins. Der Kranführer hängt hilflos in der Kanzel. Dann rutscht der Kran weiter ab, fällt ins Wasser und geht unter. Ein Alptraum. Am Mittellandkanal in der Nähe von Minden ist passiert, was jeder Bootseigner am meisten fürchtet: Halten die Gurte? Rutscht das Boot beim Kranen aus ihnen heraus? Bleibt der Kran aufrecht stehen? Viele wenden sich beim Kranen ab und schauen erst wieder hin, wenn das Boot sicher steht oder schwimmt. In diesem Fall hatten die Eigner Glück im Unglück, dass das Boot noch nicht über der Kaje schwebte. So konnte es die Wucht des gigantischen Keulenschlags im Wasser abfangen. Trotzdem werden die Eindrücke des Erlebten alle Beteiligten noch lange begleiten. Um zu vermitteln, wie sehr beide am Boot hängen und wie belastend ein Bootsunfall sein kann, möchte ich zunächst ihre Vorgeschichte erzählen:

Marliese und Manfred Hoffmann (50,60) aus Minden bilden eine erfahrene Crew. 1992 machten sie ihre Sportbootführerscheine und begannen mit einer 470er Jolle auf dem Steinhuder Meer. Manfred stammt aus einer waschechten Binnenschifferfamilie. Bald kam der Entschluss, eine eigene Yacht anzuschaffen. Fünf Jahre planten und sparten sie darauf. Der Maschinenbautechniker und seine handwerklich kreative Frau ließen den Aluminiumrumpf in einer Werft bauen. Pläne der Reinke 11 MS hatten sie vom bekannten Konstrukteur gekauft. Der makellos geschweißte Kasko wurde 1995 geliefert. Sie pallten ihn in ihrem Garten am Wasserstraßenkreuz von Weser und Mittellandkanal auf: „Wir haben jedes Stück Holz, jedes Kabel und sogar den Mercedes-Diesel selbst eingebaut. Allein an einem Teppich mit dem Symbol und Namen des Bootes habe ich drei Monate geknüpft“, sagt Marliese. „Den Bleischrott für den Ballast haben wir auch allein organisiert und selbst eingeschmolzen“, ergänzt Manfred. „Anstatt ein Traumhaus anzuschaffen, haben wir uns ein Traumboot gebaut. Jahrelanger Verzicht und Sparen auf einen frühen Berufsausstieg bildeten die Grundlage.“

Zeit füreinander und Zeit mit dem Boot sind ihr Lebenselixier. Den Bau haben sie in einer Schiffsmappe mit Bildern und liebevoll gestalteten Texten dokumentiert. 108 Seiten stark. Als das 8,5 Tonnen schwere Boot fertig ist, wendet der Handwerker seine besonderen Kenntnisse der Hebeltechnik an. Nur mit Bohlen und einer einzigen Hydraulikpresse verlädt er es im Garten auf einen Trailer.

„Ich weiß nicht, ob wir wirklich Segler sind. Eher Segelwanderer“, sagt er. Das mag man dem bescheidenen Mann kaum glauben, denn die Asy-Kimmkiele trennte er bald wieder ab und schweißte einen 1,5 Meter tief gehenden Monokiel unter den Rumpf. Erst dann waren beide mit den Segeleigenschaften zufrieden. Die ersten zwei Jahre fehlte ihnen noch das Geld für Mast und Takellage. Trotzdem nannten sie ihr Schiff WALIMAI, ein Name für „Wind“ südamerikanischer Ureinwohner. Sie fanden ihn in Isabel Allendes Buch *Eva Luna*.

„Wir hatten wundervolle Reisen“, setzt Manfred fort, „das Boot wurde immer besser ausgestattet. Sicherheit war stets ein wichtiger Faktor. Sogar ein AIS-Sender kam dazu. Unsere Freunde konnten im Internet verfolgen, wo wir gerade waren. 14.000 Seemeilen legten wir bisher zurück. Polen, Litauen, Lettland, Estland, Finnland. Sogar rauf bis Haparanda.“ Schweden hat es ihnen besonders angetan. Die letzten zwei Jahre blieb WALIMAI in einer Bootswerft in Oxelösund bei Nyköbing. Ein wunderbares Schärenrevier und eine günstige Flugverbindung schienen für ihre Bedürfnisse perfekt. „Einfach ideal für Skandinavien-Fans wie uns“, schwärmt Marliese. Trotzdem war es mal wieder an der Zeit, das Boot zur Überholung des Unterwasserschiffs nach Hause zu holen. Ihre Route führte sie über den Götakanal, rund Vänern-See, Dalslandkanal, Samsö, die Schlei bis nach Arnis. Weiter über den NOK, die Elbe bis nach Hamburg. Es sind die Stationen eines ausgedehnten Sommertörns. In Hamburg legen sie den Mast. Weiter geht es über den Elbeseitenkanal und den Mittellandkanal bis kurz vor Minden. Dort ist ihr 700-Liter-Tank beinahe leer. Ebenso der Wassertank. Selten war die Yacht so leicht, um Bezug auf die nahende Katastrophe zu nehmen. In Rusbend, einem kleinen Dorf am Mittellandkanal, soll ein Autokran das Boot an Land stellen.

„In den Jahren zuvor haben wir das schon fünfmal dort erledigt. Am Nachmittag des 28. August hatten wir wieder alles vorbereitet. Auch die fertigen Baustützen, die man in die Püttinge zum Aufpallen einhängen konnte, lagen wieder bereit“, erinnert sich Manfred. „Einerseits ist es Routine, andererseits jedes Mal aufregend und mit einem flauen Gefühl in der Magengegend verbunden. Es mag an dieser Hilflosigkeit liegen, wenn das geliebte Boot zwischen Himmel und Erde pendelt. Ich hätte aber nie wirklich daran gedacht, dass es schiefgehen könnte.“

„Der Kranführer (47) hatte den alten Autokran wie sonst am Kanalufer abgestellt und die vier Stützen ausgefahren. Direkt an der Hafenkante war die Auslage des Arms nur gering. Zuerst wurde der Mast runtergehoben. Dann ging es an den Rumpf. Den hinteren Gurt fixierten wir zusätzlich mit einer Sorgleine an den Winschen, damit er nicht nach vorn rutschen konnte. Der vordere Gurt sollte unter dem Rumpf vor dem Kiel laufen, hing aber tatsächlich unter der vorderen Kielkante. Wir bemerkten es sofort, als das Boot einen Meter aus dem Wasser gehoben wurde. Also bat ich den Kranführer, die Reinke noch einmal ins Wasser zu setzen. Wir schoben dann den Gurt ein paar Zentimeter nach vorn und gaben erneut Zeichen zum Aufholen. Jeder stand dabei mit einer Führungsleine am Ufer. Dann ging alles rasend schnell. Die Ereignisse laufen immer noch wie in einem Film vor uns ab."

Marliese beschreibt es so: „Michael" (Name geändert), der Kranführer des Bootsabstellplatzes, hebt das Schiff an, so wie in den Jahren zuvor. Ich halte die Leine, die am Bug befestigt ist. Manfred hat die Heckleine. Nachdem das Schiff in den Gurten hängend gedreht war, läuft Manfred plötzlich wie von der Tarantel gestochen an mir vorbei. Dann platscht es auch schon und die Yacht fällt zurück ins Wasser. Verdammt, der Kran beginnt weiter zu kippen. Zuerst ganz langsam. Beinahe wie in Zeitlupe. Instinktiv versuche ich, unser Boot zu mir zu ziehen, doch es hängt ja in den Gurten. Der Kran kippt weiter und schlägt auf das Kajütdach. Seltsam, dass ich nichts hörte, obwohl das Deck eingedrückt wird und die Fenster platzen. Ungläubiges Staunen. Das kann doch nicht sein! Wohl gleichzeitig bemerken wir Michael. Der hängt wie erstarrt im Führerhaus, doch das schwebt bereits über dem Wasser. Wir schreien, dass er springen soll. Immer wieder. Endlich lässt er sich nach bangen Sekunden ins Wasser fallen.

Doch er schwimmt in die falsche Richtung, genau unter den weiter vom Boot abrutschenden Ausleger. Unsere Yacht liegt mit fast 90 Grad Schlagseite tief im Wasser. Wir schreien ihn wieder an, dass er zwischen Kran und Boot rausschwimmen soll. Er wendet. Sekunden später rutscht der ganze Kran ins Wasser und verschwindet in einer gewaltigen Gischtwolke, wo Michael eben noch war. Von ihm ist nichts mehr zu sehen. Ich befürchte das Schlimmste. Doch Gott sei Dank, da schwimmt er. Wir ziehen ihn an Land und brauchen dringend Hilfe. Notruf? Mein Gott, wie ist die Notrufnummer? 112! Ich beginne zu telefonieren. Die Feuerwehr meldet sich. „Wir brauchen mal die Wasserschutzpolizei! Was passiert ist? Unser Boot, der Kran ist draufgefallen und ins Wasser gerutscht. Verletzte? Nein, keine Verletzten." Die ganze Zeit laufe ich auf dem Platz hin und her. Peter, Manfreds Bruder, war auch die ganze Zeit dabei. Er steht immer noch mit der Kamera in der Hand und fotografiert unablässig weiter. So entstanden die Bilder."

„Auf dem Wasser trieben diverse Gegenstände. Auch der Öltank des Krans hatte sich gelöst", berichtet Manfred weiter. „Wir ließen ein

Dingi ins Wasser, mit dem Michael den Tank bergen konnte. Er zitterte, doch hörte nicht damit auf, weitere Sachen aus dem Wasser zu fischen."

Marliese: „Wir hören Sirenen. Die Feuerwehr kommt. Ich öffne das Tor … und sie rauschen an mir vorbei. Dann steigen alle aus und laufen auf das Gelände. Der Chef schreit sie an, dass einer am Wagen bleiben muss, wie sie es gelernt haben. Zwei Feuerwehrleute nehmen das Sammelgut von Michael an und sagen, dass er aus dem Wasser kommen soll. Erst mit mehrmaligem Zureden verschwindet er und zieht sich trockene Sachen an. Der arme Kerl. Er tut uns so leid. Im Moment sind wir doch nur froh, dass er überlebt hat. Niemand ist ihm böse! Der Unfall ist allen unerklärlich. Doch jetzt ist es ihm schrecklich peinlich, dass unser Boot beschädigt wurde. Und sein Kran liegt auf dem Grund des Kanals."

Die Feuerwehrleute legen Ölsperren aus und schneiden die Gurte ab. Sie ziehen das Schiff an die Spundwand. Oben sieht es nach einem Blechschaden aus, aber drinnen herrscht reines Chaos. Alles ist aus den Regalen gefallen. In der Bilge und im Motorraum steht das Wasser bis zu den Bodenbrettern. Wer denkt denn bei einer Kanalfahrt an 90 Grad Lage? So ist die Bodenluke in der Pflicht aufgegangen und hat einen Schwall ins Innere fließen lassen. Der Kühlschrank ist auch aus der Halterung gefallen. Die Deckenverkleidung hängt herab. Darunter sind Alustreben gebrochen. Am Schlimmsten sind jedoch die vielen Glassplitter. Sie stecken teilweise fest im Holz der Verkleidungen, als die Scheiben platzten.

„Ich kann das doch unmöglich wieder alles reparieren", ist Manfreds erster Gedanke. „Jahrelang sorgsam jeden Kratzer vermieden, und nun das. Aber dann handelte ich intuitiv weiter und prüfte die Systeme. Kein weiterer Wassereinbruch. Sogar der Motor startete sofort. So konnten wir wenigstens auf eigenem Kiel wieder wegfahren."

Mittlerweile füllte sich der Platz. Das Boot der Wasserschutzpolizei aus Minden hat den Kanal gesperrt, nachdem vorher noch zwei Binnenschiffe langsam vorbeigefahren sind. Eins hat den Notfall per Funk an die Revierzentrale gemeldet, wie wir später erfahren. „Landpolizisten" kommen auch dazu: Zwei aus Niedersachsen und zwei aus Nordrhein-Westfalen. So ist das wohl bei gemischter Wasser-Bundesgrenzland-Zuständigkeit. Marlies und Manfred wissen kaum noch, wem sie nun Fragen beantworten sollen: Schiffsdaten, Adresse, woher sie kommen. 15 Feuerwehrleute und ein Notarztwagen sind im Einsatz. Die Segler bitten darum, ihr beschädigtes Boot nach Minden an den Sportbootanleger fahren zu dürfen. Eigentlich darf es dort nur drei Tage liegen, aber nun ist auch ein Herr von der Wasser- und Schifffahrtsverwaltung eingetroffen. Sie bekommen die Erlaubnis.

Schon bald ist klar, dass schnellstmöglich Kräne und Taucher zur Bergung des Krans her müssen. Die ganze Nacht hindurch wird die Feuerwehr unter großen Schwierigkeiten arbeiten, bis sie unter Wasser die Ketten an immer neuen Holpunkten befestigt haben und Michaels Kran endlich wieder am Ufer steht. Schlamm quillt überall heraus. Der Motor ist „abgesoffen". Es ist ein Totalschaden, ganz klar. Die Unfallermittler machen sich an die Arbeit. Das Ergebnis sollten wir nie erfahren. Behörden und Versicherungen behielten es für sich.

Der Einsatzleiter erlaubt ihnen am Abend, nach Hause zu fahren. Manfred und Peter schippern WALIMAI nach Minden. Sie schwimmt wieder aufrecht, aber die zerstörten Scheiben müssen vor dem nächsten Regen abgeklebt werden.

Manfred: „Zu Hause sitzen wir uns zuerst schweigsam gegenüber und hängen unseren Gedanken nach. Wenn ich an den maroden Kran in Oxelösund denke, dann war der Kran am Kanal bestens in Ordnung. Und unser Boot war viel leichter als früher. Einige Autoladungen Urlaubsgepäck waren schon draußen. Der Wasserpass schaute merklich höher aus dem Wasser als sonst. Langsam kommen Angst und Unsicherheit in uns auf. Wird die Versicherung zahlen? Wer soll das reparieren?" Sie können sich diese Reparatur selbst nicht leisten. Ihre Lebensplanung ist auf sparsames Reisen ausgelegt. Dann bricht der Schock aus ihnen heraus und die Tränen laufen die Wangen hinunter.

29. August: Am nächsten Morgen haben sie keine Zeit mehr zum Hadern. Und das ist vielleicht auch gut so. Sie funktionieren wieder als Team, wie im schweren Wetter auf See. Tausend Dinge sind zu erledigen. Sie dulden keinen Aufschub.

Um 08:05 Uhr die Meldung an die Versicherung. Dietrich Kuhlmann aus Bremen von der Subdirektion der „Nationale Suisse Versicherung" macht ihnen Mut. Vollkaskoversicherung, natürlich. Schon vier Stunden nach dem Anruf kommt ein Sachverständiger aus Aurich vorbei. Der Fall hat Priorität. Mit der Ursache hält man sich stets bedeckt, aber die Hoffmanns trifft keine Schuld. Einen Tag später, gerade 24 Stunden nach ihrer Erstmeldung, erhalten sie telefonisch die Deckungszusage: Sie atmen auf.

Und nun? Ihr Boot musste in eine professionelle Werft, das war klar. Nach dem Grundsatz der „Festen Taxe“ wurde es weder billig noch einfach. Der Aluminiumrumpf trägt keinen Lack. „Ausbeulen und Spachteln“ reicht nicht aus. Das Kajütdach ist verzogen. Dann die Tischlerarbeiten des Innenausbaus. Wer kann so etwas? Der Sachverständige holt Angebote ein. Vielleicht eine Werft in Bremen, Emden oder Hooksiel? Ein Transport auf dem Wasserweg, so spät in der Saison? Manfred winkt ab. Zu deprimierend wäre der Anblick des Schadens bei tagelanger Fahrt. Und mit einem Riesenloch im Aufbau möchte er auch nicht aufs Meer hinaus. So bleibt nur ein neuer Krangang samt LKW-Transport. Doch ein halbes Jahr später, pünktlich zur neuen Saison, ist WALIMAI wieder „wie neu“ und segelt nach Schweden. So hat sich gezeigt, wie wichtig eine gute Versicherung ist: Deckungszusage nach einem Tag, trotz unklarer Haftungsfragen in Bezug auf den Kranführer. Man sollte sich also genau erkundigen, welche Fälle durch die eigene Versicherung abgedeckt sind.

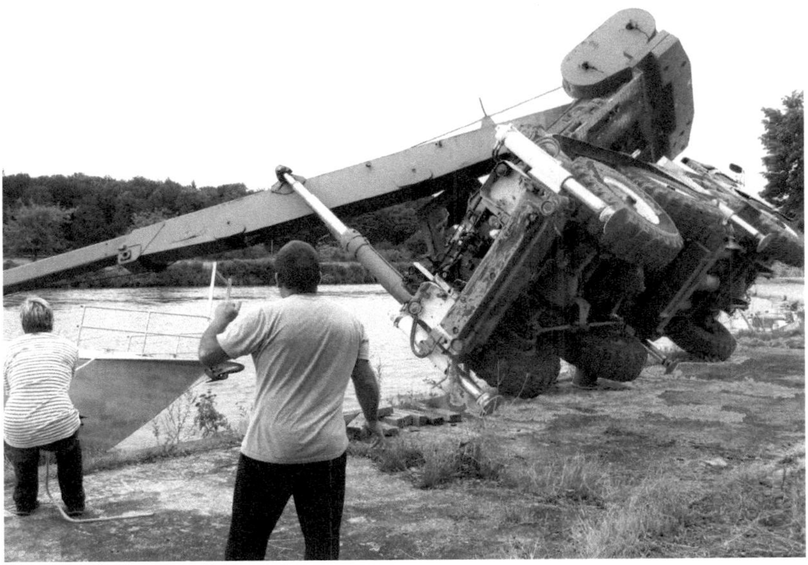

Ein Alptraum für jeden Bootsbesitzer. Der Kran stürzt beim Herausheben des Schiffes um. Quelle: Eigner.

Welche Versicherung für den einzelnen besser oder schlechter ist hängt von den persönlichen Gegebenheiten ab. Für mich ist ein persönlich bekannter Ansprechpartner wichtig, der auch selbst Entscheidungen zur Regulierung eines Schadens treffen darf und jederzeit erreichbar ist. Bisher musste ich in meinem Skipperleben zum Glück nur einmal die Versicherung bitten, die Abschleppkosten an die DGzRS zu erstatten, was problemlos lief. Was oft nicht bedacht wird: Für Sportboote gibt es keine Pflicht zur Haftpflichtversicherung. Manche Liegeplatzvermieter fordern sie ein, andere nicht. Und wenn im Urlaub ein Boot längsseits geht, dann ist auch nicht klar, ob dessen Eigner versichert ist. Sollte ein Nachbarboot in Brand geraten, was gar nicht so selten vorkommt, dann könnten die Flammen auf das geliebte Heim übergreifen. Als Geschädigter müsste man den Schaden einklagen oder darauf hoffen, dass die eigene Kaskoversicherung einspringt, falls man diese abgeschlossen hat. Diese würde im Gegenzug versuchen, den Verursacher in Regress zu nehmen.

Falls jedoch das eigene Boot in Brand gerät oder wegen eines Gaslecks explodiert, würde die eigene Haftpflichtversicherung Fremdschäden nicht grundsätzlich übernehmen, aber unter Umständen per Gutachten klären lassen, ob man seiner Sorgfaltspflicht nachgekommen ist.

Es ist ein juristischer Fallstrick: Nur bei Kraftfahrzeugen greift das Pflichtversicherungsgesetz. Egal ob Mofa oder LKW: Für motorisierte Landfahrzeuge gilt das Prinzip der Gefährdungshaftung. Würde die Standheizung eines LKW in Brand geraten und ein nebenstehendes Fahrzeug ebenfalls in Rauch aufgehen, reguliert dessen Schaden der Haftpflichtversicherer des LKW-Halters. Gerät die baugleiche Standheizung eines Bootes in Brand, bezieht man sich auf die Verschuldenshaftung gemäß § 823 BGB, wenn fahrlässig oder vorsätzlich ein Schaden verursacht wurde. Ergo: Falls ein Bootseigner nichts für einen Schaden kann, folgt auch keine Haftpflichtregulierung. Ein Mofafahrer muss ein Versicherungskennzeichen führen. Der Eigner eines 1000 PS starken Rennbootes braucht gar keinen Haftpflichtversicherungsschutz. Reißt beispielsweise ein Steuerseil und man katapultiert seine Rakete auf den Steg, müsste ihm der Gläubiger – egal ob gegnerische Versicherung oder Eigentümer – ein Verschulden nachweisen, um Ansprüche durchzusetzen. Folglich stehen wir als Wassersportfahrzeugführer anders in der Verantwortung und können bei gravierenden Wartungsmängeln gnadenlos in Regress genommen werden. Wir haften dann mit unserem Privatvermögen. Insofern rate ich dazu, unbedingt Gasuntersuchungsintervalle einzuhalten. Und: Wie sieht es bei längerer Abwesenheit von Bord aus, wenn elektrische Geräte oder die Bordheizung unbeaufsichtigt betrieben werden? Wie dehnbar ist die Zeitleiste, ab der Fahrlässigkeit als grobe Fahrlässigkeit bewertet wird?

Ein finanzielles Fiasko könnte folgen, wenn man etwa Totalschäden an zwei Nachbarbooten im Wert von 500.000 Euro und die Berufsunfähigkeit des Eigners oder Schlimmeres verursacht hat. Hier tummeln sich Juristen auf dem Feld der Schuldzuweisungen und daher rate ich dazu, die Risiken stets im Auge zu behalten und nicht bei der Technik zu schludern. Wenn ich mein Boot verlasse, ist das Ladegerät ausgestellt, ebenso die Dieselheizung – und sei es auch nur während des Gangs zum Hafenmeister. Was im Winter stets läuft, ist mein Ecomat-Heizlüfter, aber dieser steht in einem Blechbehälter, damit Flammen, die zumeist nach oben schlagen, nicht die Kajüte in Brand setzen. So versuche ich meine Sorgfaltspflicht nachzuweisen und kann nur auf die Angaben des Herstellers zum unbeaufsichtigten Betrieb vertrauen. Ob das ausreicht, vermag ich nicht zu sagen, aber irgendwie muss hierzulande ein bewohntes Boot im Winter gegen Eisschäden gesichert werden, denn auch diesen ist auf geeignete Weise zu begegnen. Ein Restrisiko bleibt natürlich. Jedenfalls werde ich wohl zeitlebens auf Lithium-Ionen-Batterien verzichten, was auf der Recherche zu einem Unfall aus dem Jahr 2017 beruht, der sich im Heimathafen der WALIMAI in Minden ereignet hat. Dabei wurden 18 Personen schwer verletzt und es entstand ein Sachschaden von rund 500.000 Euro.

Es beginnt scheinbar harmlos. Jemand bemerkt Rauch aus der verschlossenen Kajüte einer Motoryacht, deren Eigner ist nicht an Bord. Das Landstromkabel wird abgezogen, die Feuerwehr Minden alarmiert. Zwei Feuerwehrleute steigen auf das Deck. Man vermutet einen Schwelbrand. In dieser Sekunde kommt es zur Explosion, die ein Drohnenpilot zufällig aufgezeichnet hat: Über einem Feuerball schießt das Deck in den Nachthimmel. Die beiden Feuerwehrleute fliegen mit in die Luft, stürzen dann in den Rumpf und werden unter Trümmern begraben.

„Die Druckwelle hat ihre Atemschutzmasken und sogar Schuhe von den Körpern gerissen“, sagt der Leiter der Feuerwehr Minden, Heino Nordmeyer. Ein Feuerwehrkamerad gerät im sinkenden Rumpf unter Wasser und kann nur durch eine Reanimation gerettet werden. Drei Kameraden sind schwer verletzt, fünfzehn weitere haben ebenfalls Blessuren erlitten und einer leidet noch immer unter den Folgen. Auch drei Yachten und ein PKW werden schwer beschädigt. „Diese waren jedoch vollkaskoversichert“, berichtet mir ein Mitglied des Mindener Yacht-Clubs.

So wurden die Schäden benachbarter Fahrzeuge zunächst von ihren eigenen Kaskoversicherern übernommen. Und wie üblich äußern sich Verursacher vor dem Abschluss aller Gerichtsverfahren nicht zu aktuellen Versicherungsfragen. Diese Verfahren laufen im Hintergrund weiter und können sich über Jahre hinziehen. Im Rahmen der Ursachenforschung haben die Wasserschutzpolizei Duisburg und die Staatsanwaltschaft Bielefeld ein Vorermittlungsverfahren zur Klärung der Explosionsursache und einer möglichen strafrechtlichen Relevanz geführt. Staatsanwalt Christoph Mackel teilt mir auf Anfrage mit: „Da die Ermittlungen nicht zur Feststellung eines strafrechtlich relevanten Fehlverhaltens beteiligter Personen geführt haben, ist ein Verfahren gegen eine der beteiligten Personen nicht eingeleitet worden, wurde also nicht bei Gericht anhängig. Nach den Feststellungen der Polizei und eines beigezogenen Sachverständigen führte vermutlich ein nicht erkannter oder zwingend erkennbarer Schaden an der Isolation der Überwachungsleitungen zwischen Lithium–Polymer–Zellen und Batteriemanagementsystem zu einem Kurzschluss der Überwachungsleitungen mit anschließender Zündung brennbarer Komponenten im Akkumulator und der daraus resultierenden Explosion.“

Dazu erklärt Heino Nordmeyer: „Wir hatten Glück, dass die Druckwelle der Explosion senkrecht nach oben ging, sonst könnten wir dieses Interview nicht führen. Als ich mich umsah, hätte ich nicht vermutet, dass wir überlebt haben. Offen sind allerdings noch zivilrechtliche Ansprüche von Feuerwehrleuten gegen den Eigner oder Hersteller des Hybridbootes. Der Ausgang ist unklar.“

Dieser und ähnliche Fälle zeigen, wie durch kleine Ursachen lebensgefährliche Gefahren und finanzielle Notlagen entstehen können. Im Zweifel ist zu empfehlen, die Bordtechnik von Fachleuten überprüfen zu lassen und das Gespräch mit Versicherern zu suchen, welche Lösungen akzeptiert werden. Im nächsten Kapitel habe ich weitere Gefahrenquellen näher untersucht. Denn: „Eigentum verpflichtet“.

Feuer an Bord durch defekte Elektrik.

Brände an Bord, egal, ob sie auf hoher See, im Hafen oder an Land auftreten, sind stets ein Desaster. Und manchmal sind mit ihnen Tragödien verbunden: Als am 15. Mai 2015 ein siebenjähriger Junge im Vorschiff einer Segelyacht beim nächtlichen Ankern auf dem Langen See bei Köpenick ums Leben kam, überlebte sein 33-jähriger Vater schwer verletzt das Unglück. Einiges deutet auf eine „Verpuffung" von Benzin- oder Gasdämpfen hin. Die Energie zum Entzünden eines Luft-Gas-Gemischs oder von auslaufendem Kraftstoff aus schmelzenden Leitungen liefert leider nur allzu häufig ein Kabelbrand.

Dieses Thema muss ich so umfangreich von allen Seiten beleuchten, weil es beim Wohnen an Bord nicht nur um Ihr Leben, sondern auch um meines geht, falls Sie eines Tages im Päckchen neben mir liegen. Beim Wohnen in Häusern ist schon Sorgfalt geboten, doch in der Regel werden Sie keine Batterien, Benzin- oder Öltanks unter Ihrem Bett lagern. Auf einer Yacht schlafen Sie dagegen auf mehreren hundert Litern Diesel, diversen Gasflaschen, Batterien oder Lithium-Akkus, die Ihnen ruckzuck das Lebenslicht auspusten können. Und ich möchte wirklich nicht, dass Ihr Lebenstraum wegen Unkenntnis in Flammen aufgeht.

Wie ich beinahe mein Schiff verloren hätte.

Es riecht nach verbranntem Gummi – irgendwo im Vorschiff? Ich bin allein mit FUCHUR unterwegs. Nach meinem Nordseetörn habe ich gerade in Cuxhaven angelegt, um ein finnisches Boot zu testen. Auf der Suche nach der Geruchsquelle hebe ich die Matratzen im Vorschiff auf und von der einen auf die andere Sekunde ist es mit der Ruhe vorbei.

Das Kojenbrett ist heiß, Qualm schlägt mir ins Gesicht; innerhalb von Sekunden kann ich in der Kajüte nicht mehr atmen, ohne die Gesundheit zu gefährden oder einfach umzukippen. Ein Relais des Bugstrahlruders brennt und der anliegende Kabelsalat steht unter Strom.

Das „Exturn 300“ läuft mit 24 Volt, es wird gespeist aus zwei Batterien im Bug. Beim Anlaufen zieht der Bürstenmotor kurzzeitig bis zu 1000 Ampere, im Betrieb immer noch 150. Zwei Kabel zu den Relais glühen weiß. Sie verschmelzen mit anderen und der feurige Lindwurm wird länger, kriecht rasend schnell weiter. Wehe, wenn er hinter den Verkleidungen verschwindet! Ich habe keinen Gedanken an die beiden Schaumfeuerlöscher, sondern denke nur an das Abschalten des Stroms. Fünf Sicherungen schalte ich aus, doch nichts ändert sich. Es sind bereits Kabel zu den Batterien im Vorschiff verschmolzen. Sie haben eigene Elektronenbrücken gebildet. Panik setzt ein. Ich reiße die Polklemmen herunter, hoffe auf ein Ende des Alptraums. Doch die Anlage hat noch immer Saft von den fünf Mittschiffsbatterien. Und die liegen unter der Empore der Reinke im Deckssalon. Sie sind unerreichbar für mich.

Wo ist er, der verdammte Seitenschneider? Zwischen knallenden Funkenschlägen kappe ich alles, was Strom führen könnte. Dann muss ich raus aus der Kajüte und durchatmen. Kaum eine Minute hat der Spuk gedauert. Als ich lüfte, erkenne ich, welches Glück FUCHUR hatte: Die Kojenbretter sind von unten 2 Millimeter weggebrannt, aber von allein wieder verlöscht. Das lag wohl am Sauerstoffmangel des rundum dichten Vorschiffkastens.

Ursachenforschung.

Mir kommt ein Verdacht: Der Vorbesitzer, ein Elektrotechniker, hatte davon geschwärmt, wie er mit einer „eigenen Schaltung“ die vorderen Batterien im 12-Volt-Betrieb für das Bordnetz nutzte, aber nur bei Bedarf für das Bugstrahlruder mit sechs zusammen schaltenden Relais ansteuerte, die dann erst die originalen 24-Volt-Hochleistungsrelais von Marinno ansprachen. Die Originalrelais hielten auch stand. Aber eines der nachgerüsteten Kfz-Relais war verschmort, die über Monate hinweg funktioniert hatten. Waren sie trotzdem überlastet?

Der Voreigner meines Schiffes hatte im Jahr 2011 das Bugstrahlruder bei der Yachtwerft Heiligenhafen gekauft und mit einer individuellen Lösung selbst eingebaut. Kurz darauf kam das Boot an Land, um von uns erst 2014 gekauft und gefahren zu werden. Ich vertraute der Fachkenntnis des Voreigners, aber ein paar Tage vor dem Brand setzte das Bugstrahlruder erstmals aus. Ein Anlegemanöver wäre beinahe danebengegangen. Unvermittelt wurde ich beim Anlegen vom Ausfall des Bugstrahlruders überrascht. Statt des vertrauten Bugstrahlruderbrausens war nur ein einfaches Klacken zu hören. Erst funktionierte das Bugstrahlruder nicht, dann nur als müder Quirl im 12-Volt-Betrieb. Der Fehler schien leicht behoben zu sein. Ich zog eines der Pluskabel an einem Relais ab und der entstehende Abreißfunken schlug durch die Kfz-Relais. Der Funke „reparierte“ das hängende Relais, die Anlage funktionierte wieder einwandfrei. Dass ich nun mit einem einmal geschädigten Relais bei jedem Anlegemanöver einen Brand auslösen konnte, ahnte ich noch nicht.

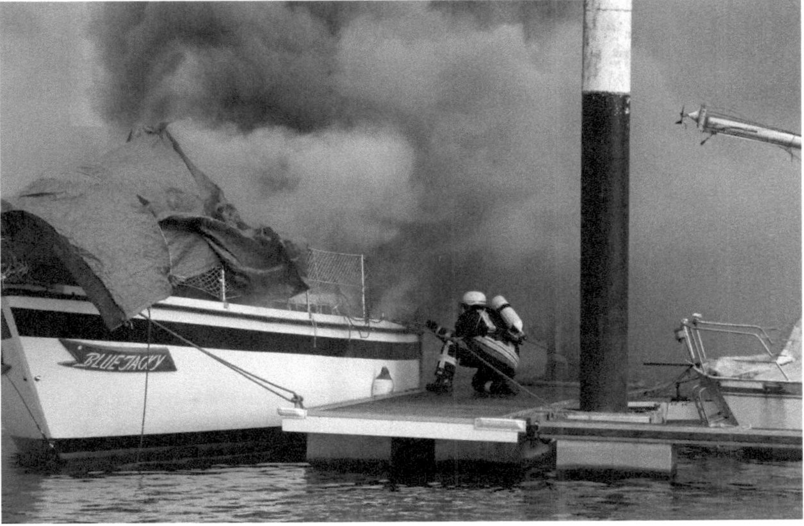

Lauenburg: BLUE JACKY steht nach einem Kabelbrand in Flammen – Eigner Hansi Sack bleibt keine Zeit zum Löschen. Der Kabelbrand ist im Bereich der Bordheizung in der Achterkajüte entstanden. Die Ursache wurde nicht gefunden. Brennender Kraftstoff eines durchgeschmolzenen Reservekanisters lief in der Bilge und verursachte weitere Brandnester. Foto: Timo Jann.

Trotzdem verunsichert, fotografierte ich das „Phänomen der Relaisreparatur durch Abreißfunken“ und schickte das Bild zusammen mit dem Schaltplan des Voreigners an die Yachtwerft Heiligenhafen. Danach segelte ich in den Urlaub.

Werft-Elektronikspezialist Sebastian Ebeling nahm sich der Sache an. Er ist gelernter Bootsbauer in Heiligenhafen und hat schon rund 80 Exturn-Bugstrahlruder eingebaut, befand sich aber selbst im Urlaub. Trotzdem prüfte er den Schaltplan und erkannte sofort den Fehler der zu kleinen Kfz-Relais vor den Originalrelais von Marinno und die zu kleinen Kabelquerschnitte. Er antwortete per E-Mail mit dem Rat, die Schaltung sofort stillzulegen. Es bestünde Brandgefahr! Doch auf See hatte ich die Nachricht nicht mehr abgerufen. Und so trat ein, was der Fachmann vorausahnte: Ein Brand brach aus. Beinahe hätte ich nicht nur FUCHUR verloren, sondern wahrscheinlich auch den Versicherungsschutz. Eine derartige Eigenkonstruktion hätte ein Gutachter wohl als Pfusch erkannt.

Aus dem Fall zog ich meine Lehre: Nachdem ein Motorenmechaniker in Cuxhaven wenig beizutragen hatte und ein Yachtelektroniker nicht erreichbar war, änderte ich den Kurs: ab durch den NOK und zur Yachtwerft Heiligenhafen, die sich kompetent bei der Gefahrenanalyse erwiesen hatte.

Sebastian Ebeling ging ans Werk: Gnadenlos schmiss er alles raus, was untauglich war: dünne Strippen, nachgerüstete Plastikrelais, eine „4-Minuten-Zeitschaltuhr“, vorgesehen als „Überhitzungsschutz“ – an sich schon eine überflüssige Fehlerquelle. Stattdessen schaltete er die beiden vorderen Batterien mit dicken Kabeln zusammen und montierte ein „Batterie-zu-Batterie-Ladegerät“ von Sterling mit 24 Volt, das sowohl von der 12-Volt-Lichtmaschine als auch vom 12-Volt-Landstromladegerät gespeist wird. Die gesamte Bugsektion erhielt einen separaten Hauptschalter und eine eigene Sicherung mit 100 Ampere. Die bewährte sich schon ein paar Tage später beim Anlegemanöver in Lemkenhafen, als Seegras das Bugstrahlruder blockierte. Sie löste aus. Bestens!

Schon beim ersten Test zeigte sich, dass das Bugstrahlruder viel mehr Kraft hatte als zuvor, nur eine Batterie knisterte: Beim Kabelbrand war eine Zelle beschädigt worden. Unter Last zeigte sie nur noch 10,8 Volt – der Energiespeicher musste erneuert werden.

Bootsbauer Sebastian Ebeling über Relais im Yachteinsatz: „Yacht-Relais sind eigentlich robust. Die Wolframoberflächen der Kontaktschalter sind für mindestens 150.000 Schaltvorgänge ausgelegt, sofern sie nicht überlastet werden. Mit Funkenlöschfunktion ausgestattet, könnten sie sogar in Backskisten sicher arbeiten, selbst wenn Benzindämpfe aus einem Kanister austreten."

Aber was passiert, wenn ein Relais „hängt"? „In der Regel hat sich eine Materialbrücke zwischen den Kontaktflächen gebildet, die durch den Abreißfunken beim Abziehen des Steckers verdampfen kann, denn es entsteht ein Lichtbogen. Zunächst mag der Schalter wieder funktionieren, doch der Schaden an den Kontaktflächen ist bereits eingetreten. Dieses Indiz muss beachtet werden: Raus damit!"

Früher hat man einem hängenden Anlasserrelais gerne mal per Hammerschlag wieder auf die Sprünge geholfen. Das hat gleichzeitig den Effekt, verklebte Kontakte zu lösen. Man sieht ähnliches rabiates Vorgehen zuweilen in amerikanischen Kinofilmen bei russischen Kosmonauten, wenn sie in Raumstationen wild mit dem Schraubenschlüssel auf die Anlagen einschlagen und damit zum Erfolg kommen.

Tatsächlich sind alle Relais durch Funkenschlag gefährdet, wenn sie überlastet werden. Die Originalrelais der außenliegenden Exturn-Bugstrahlruder von Marinno sind deswegen im entsprechenden Umfang ausgelegt. Die Firma wurde mittlerweile vom Weltmarktführer der Tunnel-Bugstrahlruder SIDE-POWER übernommen, der seine eigenen Relais einsetzt, wie Verkaufsmanager Olaf Strobel berichtet: „Eines der Features ist, dass die modernen Relais Funkenlöschkondensatoren besitzen."

Können Halbleiterrelais ohne Mechanik eine Alternative sein? Meine Recherche hat keinen Produzenten ausfindig gemacht, der Halbleiterrelais für Bugstrahlruder einsetzt. Sie werden auch als Solid-State-Relais (SSR) bezeichnet. Rein elektronische Halbleiterrelais werden in der Regel nicht verwendet, da die Voltzahl zu tief absinken kann und sie zudem zu teuer sind.

Brandrisiken reduzieren.

Der beste Schutz für das eigene Boot liegt darin, das Risiko für einen Brand so weit wie möglich zu minimieren. Worauf an Bord besonders zu achten ist, zeigen die folgenden Seiten.

Gasanlagen prüfen und Brandschutzschalter einbauen.

Ich habe mich in etlichen Häfen umgehört: Kaum jemand wusste, ob die Gasanlagen der benachbarten Boote fristgerecht gewartet werden. Viele Hafenbetreiber fragen auch nicht danach. In der Regel reicht für einen Liegeplatzantrag eine Haftpflichtversicherung. Trotzdem sind Dichtigkeitsprüfungen unverzichtbar und alle sechs Jahre ist der Austausch von Schläuchen und Druckminderern erforderlich. „Vereinsinterne Kontrollen sind keine Schikane, sondern dienen der Sicherheit aller Hafennutzer“, sagt Werner Lüders, Vorsitzender des Wilhelmshavener Segelclubs. „Jeder soll sicher sein, wenn er an den Booten entlang geht. Also kontrolliert unser Hafenmeister künftig die Prüfbescheinigungen.“

Trotzdem kann ein weiteres Risiko bei unbeaufsichtigtem Betrieb von 230-Volt-Netzen an Bord vorhanden sein – erhöhte Widerstände an Verbindungsstellen: von der Landanschlusssteckdose über den Leitungsschutzschalter, den FI-Schutzschalter mit 30 mA bis zu Steckdosen, Ladegeräten, Heizlüftern, Mikrowellengeräten und anderen Endverbrauchern. Vibrationen oder gequetschte Leitungen belasten Kabelverbindungen und hohe Luftfeuchtigkeit lässt sie schneller als in Gebäuden korrodieren. Irgendwann kann es zu gefährlichen seriellen, brandauslösenden Lichtbögen kommen, auf die herkömmliche Schutzschalter nicht reagieren. Dann kann eine Kajüte längst in Brand geraten sein. Auf solches Ungemach stößt man zuweilen bei verschmorten Steckdosen, wenn sie durch zu viele Verbraucher überlastet wurden. In Deutschland ereignen sich jährlich rund 200.000 Brände, davon werden 34 Prozent durch Elektrizität verursacht. Bei diesen Bränden kommen etwa 100 Menschen ums Leben. Trotzdem sind Brandschutzschalter (AFDDs – Arc Fault Detection Devices) gemäß der seit dem 18. Dezember 2017 geltenden Norm DIN VDE 0100-420 nur für Betriebe mit hohen Feuerrisiken oder in Schlafräumen von Kindertagesstätten oder Seniorenheimen vorgeschrieben. Doch auch nach einem langen Segeltörn schläft man bekanntlich tief und könnte auf die neue Technik setzen. Hört man sich in der Branche um, sind manche Gebäudeelektroniker damit trotzdem nicht vertraut, obwohl sie den Meisterbrief in der Tasche haben.

„Diese „Fehlerlichtbogen-Schutzeinrichtung“ (auch Brandschutzschalter genannt) würde ich an Bord unmittelbar nach dem Landanschluss in einem Kleinverteiler einbauen“, sagt Yachttechniker Hermann Christians, der an der niedersächsischen Nordseeküste Boote aller Art betreut. „Das anhängige 230-V-Bordnetz soll sofort abgeschaltet werden, wenn irgendwo ein Lichtbogen auftritt. Das ist der bestmögliche Brandschutz.“

Allerdings liegt mir nach weiteren Recherchen ein Bericht vor, wonach ein als empfindlich geltendes Fabrikat in einem Holzhaus auf ein Funkgerät reagiert hat. Daher habe ich die seit 2012 immer wieder weiterentwickelte Siemens Brandschutzschalter-Kombination mit FI/LS-Schalter eingebaut. FUCHUR hat einen Trenntransformator und eine unabhängige Steckdose, unter anderem für den Heizlüfter. Unterschiedliche Verbraucher wurden angeschlossen und das Funkgerät bedient: der Siemens-AFDD 5SM6 funktionierte im primären Bordnetz einwandfrei. Nach dem Bordstromeingang werden nur die blauen (Neutralleiter, N) und braunen (Phase, oder Außenleiter, L) Adern von unten nach oben an den Schalter angeschlossen.

Der gelb-grüne PE-Schutzleiter wird vorbeigeführt. Das ist in wenigen Minuten erledigt. Zudem können die bereits eingebauten FI-Sicherungen erhalten bleiben. Der zukunftsweisende Vorteil: Brandschutzschalter sind sinngemäß Scanner, die auf sich anbahnende Widerstände in elektrischen Leitungen reagieren und beispielsweise harmlose Lichtbögen in einer Bohrmaschine von einer gefährlichen

Brandquelle unterscheiden können. Diese seriellen Lichtbögen, die einen Brand verursachen, entstehen ab einer Leistung von etwa 500 Watt.

Fazit: Die Kombination des Ecomat-Heizlüfters, der bei Abwesenheit mit nur 450 Watt betrieben und in einer Metallkiste aufgestellt wird, und des Brandschutzschalters ist aufgrund meiner Geräteprüfung nach sechsjährigen Langzeitbetrieb eine besonders sichere und effektive Heizung für Winterlieger.

Beispiel für die Austattung an Bord von FUCHUR:

- ➪ Siemens-AFDD 5SM6, dreiteilig kombiniert als Brandschutz-Personenschutz-Leitungsschutzschalter, 16 A / 30mA, im Feuchtraum-Kleinverteiler, 10 x 15 cm, Gesamtpreis zirka 150,- Euro.
- ➪ Für das sekundäre 230V-Netz nach dem Trafo wäre ein weiterer Brandschutzschalter einzubauen, beispielsweise der besonders schmale Brandschutzschalter 5SV6 (Online für etwa 100 Euro erhältlich) mit integriertem Leitungsschutzschalter, was bei Yachten ohne galvanische Trennung nicht erforderlich ist.

Das letzte Wort dazu hat Feuerwehreinsatzleiter Heino Nordmeyer: „Wassersportler, Hafenmeister, Marinas und Vereine bilden eine Gefahrengemeinschaft. Jeder sollte wissen, wie und womit sein Nachbar Geräte betreibt und wie er telefonisch erreichbar ist. Einsatzkräfte benötigen sofortige Informationen:

- ➪ Wo lagern Benzinkanister und Gasflaschen?
- ➪ Liegen Butangaskartuschen in belüfteten Gaskästen oder irgendwo unter Deck?

Erhebliche Gefahren gehen bei Hitzeeinwirkung oder Überladung von Lithium-Batterien aus. Boote mit solchen Akkus sollten einheitlich gekennzeichnet sein, was bisher nicht geregelt ist.“

„Neuinstallationen sind nichts für Laien", sagt Sebastian Ebeling. Kabelquerschnitte sind zu berechnen und fachgerecht zu verlegen. Da darf im Seegang nichts scheuern oder gepresst werden, sonst beginnt der Brand womöglich hinter einer Verkleidung, wo man auch mit dem Feuerlöscher nicht mehr herankommt. GFK- oder Holzboote können irgendwann „weichgesegelt" werden; unter Last verändern sich Spaltmaße des Interieurs ganz erheblich. Dann wird es auch für Kabel eng, wo jahrelang genug Platz war.
Metallboote haben das Problem nicht, aber ihre Rümpfe leiten Strom: Kabel sollten durch Schläuche zusätzlich geschützt und niemals über Kanten geführt werden.

„Mein eigenes Boot ist 30 Jahre alt", sagt Ebeling. „Als ich es gekauft habe, habe ich zuerst die gesamte Elektrik rausgeworfen und alles neu angelegt. Relais würde ich einsparen, wo es nur geht. Wenn doch, so müssen sie nicht nur die Kapazität für den Betrieb verkraften, sondern auch die bedeutend höheren Anlaufströme zu Beginn von Schaltvorgängen. Hier darf man nicht sparen!" Ansonsten empfiehlt Ebeling, gegebenenfalls weitere Hauptschalter und Sicherungen einzubauen, die Stromkreise zuverlässig unterbrechen.

Auf der Insel Fehmarn steht Dirk Hassel den Seglern mit Lötkolben, Messgeräten und Fachkenntnissen bei Fragen zur Yachtelektronik zur Seite. Er hat noch einen Tipp für mich: „Gerade Kabel zu den Maschinen sind hohen Vibrationen und Temperaturunterschieden ausgesetzt. Sie werden enorm beansprucht. Doch viele Boote haben keine Sicherung zwischen Starterbatterie und Anlasser. Da gehört eine 500-Ampere-Sicherung hinein und natürlich ein separater Hauptschalter."

Im Mai schippert der 71-Jährige Horst Günther mit seiner ONLY YOU, einer Dehler 31, von Warnemünde nach Barhöft. Es herrscht Flaute, vier Stunden Motorfahrt hat er hinter sich. 2 Seemeilen vor Darßer Ort bemerkt er Qualm aus dem Niedergang. Etwas stimmt mit dem 19-PS-Yanmar nicht. Als er das Motorenschott abnimmt, schlagen ihm offene Flammen entgegen. Er kippt eine Pütz Wasser darüber, doch das hilft nichts. So funkt er „Mayday“, kann aber keine Antwort empfangen. Er wählt per Handy 124124. Glücklicherweise hat er in Landnähe ein Handynetz, erreicht die Seenotleitung Bremen: DGzRS-Rettungskreuzer THEO FISCHER eilt zu Hilfe. Die Besatzung handelt sofort: CO2-Löscher gegen den Brand, Sauerstoffmaske für den Segler, Schleppleine für ONLY YOU: Horst Günther kommt mit einer leichten Rauchgasvergiftung davon und kann den Rettungswagen wieder verlassen, ohne ins Krankenhaus zu müssen.

Was war die Brandursache an Bord der 26 Jahre alten Yacht? Eine Kraftstoffleitung hatte sich aus einer Halterung gelöst und war am Auspuff durchgebrannt. Flammen im Maschinenraum verschmorten die Batteriekabel zum Anlasser und so kam ein Kabelbrand hinzu, der mit der Pütz nicht zu löschen war. Außerdem: An den Hauptschalter kam der Skipper nicht mehr heran. Er fand ihn im dichten Qualm einfach nicht mehr. Es war Glück im Unglück, dass die Seenotretter rechtzeitig aufkreuzten und dass es den Nothafen Darßer Ort überhaupt noch gab. Von anderen Stationen wären die Retter zu spät gekommen. Auf der FUCHUR ist deswegen ein CO2-Löscher in der Backskiste montiert, dessen „Rüssel“ in den Maschinenraum führt. Er kann aus dem Cockpit heraus ausgelöst werden.

Auch Kabel altern.

Immer mehr Elektronik kam in den letzten Jahren auf den Markt. Diese wird schon mal an altgediente Stromkreise gehängt, ohne Kabelquerschnitte anzupassen. Lebensgefährlich werden Provisorien bei Landanschlüssen. „Was ich auf den Stegen sehe, ist zuweilen abenteuerlich. Kaum jemand hält sich an Vorgaben zur Kabelqualität“, sagt Dirk Hassel. Ansonsten gilt: Jeder Brand beginnt mit dem ersten Funken, und der kann durch die simpelste Strippe entstehen. „Segler sollten sich nicht erst Gedanken machen, wenn etwas ausfällt“, sind sich Sebastian Ebeling und Dirk Hassel einig. „Alle 20 Jahre sollten Kabel ausgetauscht werden, bei erkennbaren Schäden früher. Isolierungen werden brüchig, durch salzige Luft kann grüner Kupferwurm einziehen, Widerstände erhöhen sich unbemerkt.“ Dirk Hassel meint dazu: „Maschinen werden gewartet, erhalten Inspektionen. Diese Zuwendung braucht auch die Elektrik von Zeit zu Zeit.“

Durch Salz und Feuchtigkeit kann es auch auf bestens betreuten Booten brennen, wie die Regatta-Crew der UCA aus Kiel erfahren hat. Am 9. August 2014 legen sie nach dem letzten Lauf der ORC-Weltmeisterschaft in Kiel an. Bootsmann Jan Dabelstein nimmt das Lewmar-Bugstrahlruder zu Hilfe. Kurz darauf steigt dichter Qualm aus dem Vorschiff auf. Mit einem ABC-Pulverlöscher kann die Crew den Brand zunächst eindämmen, aber die Kabel knistern weiter, bis alle Stromkreise abgeschaltet sind.

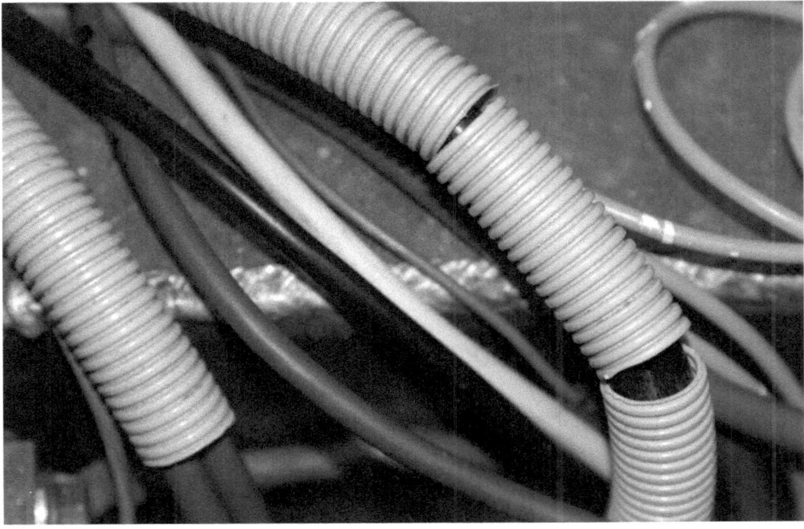

Gefahrenquelle: Auf Kanten und besonders auf Metall müssen alle Kabel mit Schläuchen oder Kabelkanälen gegen Durchscheuern geschützt werden. Hier besteht dringender Handlungsbedarf.

Die Feuerwehr untersucht die Yacht mit einer Wärmebildkamera und findet keine weiteren Brandnester. Brandquelle war die Steuereinheit des Bugstrahlruders, an deren Kabeln sich Spuren von Salz und Korrosion zeigen. Im harten Regattaeinsatz bleibt Feuchtigkeit in der Vorpiek nicht aus. Aber auch dieses Beispiel zeigt, wie die Tücke im Detail selbst auf einem bestens gepflegten Boot zur Beinahekatastrophe führen kann.

Mehrere Feuerlöscher an Bord und trotzdem keine Chance, den Brand zu löschen?

So erlebte es Hansi Sack beim Brand seiner BLUE JACKY in Lauenburg: „Pechschwarzer Qualm quoll aus der Achterkajüte. Schnell füllte er das Cockpit. Ich stürmte hinaus, versuchte zu erkennen, was dort brannte. Doch ich war völlig blind und schlug nur noch mit der Jacke ins Dunkle der Achterkajüte hinunter. Das war natürlich sinnlos. Ich merkte nicht mal, wie meine Haare versengten und Flammen die Haut meiner Hände verbrannten. Sehen konnte ich die Flammen nicht. Erst sechs Wochen später ließen die Schmerzen nach."

Die Yacht brannte völlig aus. Besonders heimtückisch: Ein Reservekanister schmolz. Unter den Bodenbrettern lief brennender Kraftstoff von achtern nach vorn, verursachte weitere Brandnester in der Kajüte. Sechs Feuerlöscher halfen ihm nichts. Seine neue Yacht hat nun überall Rauchmelder erhalten.

Notfallausrüstung unter den Kojenbrettern?

Wenn Brandbekämpfung nicht mehr möglich ist und das Boot verlassen werden muss, kann ein weiteres Problem entstehen: Liegen die Rettungsinsel und die Notfalltonne unter einer Koje, besteht Lebensgefahr. Man hat keine Chance, im dichten Rauch unter Deck an die Rettungsinsel zu gelangen und würde sich bei dem Versuch, sie unter der Koje hervorzuwuchten, unweigerlich eine schwere Rauchvergiftung einfangen oder gar innerhalb weniger Minuten ersticken. Die Backskisten scheinen bessere Plätze für die Lagerung der Rettungsinsel zu sein. Empfehlenswert sind zudem CO_2-Löscher, die über feuerfeste

Schläuche mehrere Sektionen im Rumpf „fluten“ können. Ideal sind Batterien, die leicht zugänglich sind, um Pohlkabel zu entfernen. Das wäre eine sinnvolle Aufgabe fürs Winterlager. Ebenso das Nachrüsten von Rauchmeldern. Wenn es erst brennt, zählt jede Sekunde.

Ansonsten gilt: In Bootsrümpfen sollte man jede Konzentration von Luft-Gas-Gemisch vermeiden. Schon der Außenborder in der Backskiste oder ein undichter Benzinkanister können einen entzündlichen Kraftstoffnebel verursachen. Ein paar Lüftungsgitter und regelmäßige Kontrollen, besonders nach jedem Törn, können Explosionen vermeiden. Eine einwandfreie Installation gehört dazu. Übrigens halte ich gar nichts von Pulverlöschern auf Booten: Sie nehmen beim Löschen jede Sicht und verursachen innerhalb einer Kajüte sofort erhebliche Atembeschwerden. Zudem kann das aggressive Pulver hinter Verkleidungen kaum noch entfernt werden. Daher setze ich auf Schaumlöscher und einen CO_2-Löscher für den Maschinenraum.

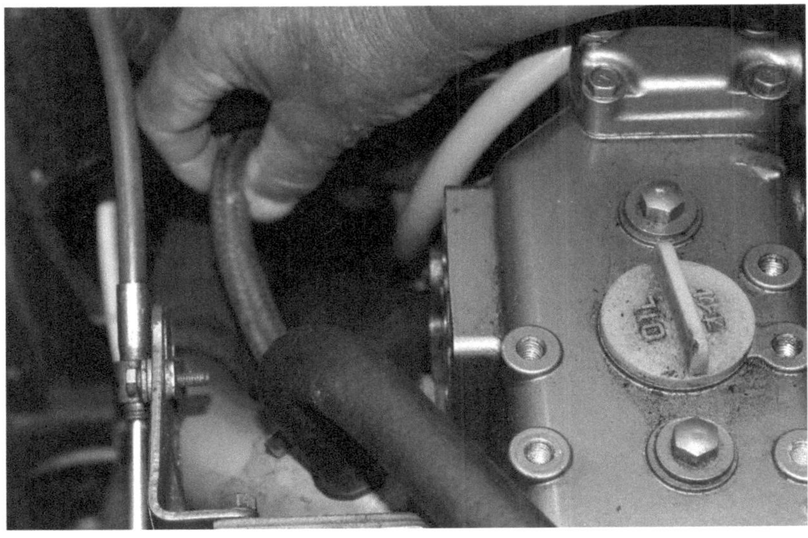

Die Kraftstoffleitung gerät an den Auspuff und brennt durch. Die Folgen: unüberschaubar.

Ursachen in der Sportschifffahrt sind Undichtigkeiten im Kraftstoffbereich, in Gasanlage oder Kurzschlüsse in der Bordelektrik. Daher gilt:

- ➪ Kabel und Verbindungen auf Quetschungen, Korrosion oder gelöste Anschlüsse prüfen; Aderendhülsen verwenden.
- ➪ Vorsichtig mit dem Anklemmen von „Stromdieben“, mit denen zusätzliche Verbraucher an vorhandene Leitungen angeschlossen werden: Kabelquerschnitte und Sicherungen anpassen.
- ➪ Vor jeder Fahrt: Tank, Motor, Leitungen des Kraftstoffsystems und die Gasinstallation auf Undichtigkeiten prüfen.
- ➪ Maschinenraum vor dem Motorstart und nach dem Bunkern lüften, insbesondere bei benzingetriebenen Fahrzeugen.
- ➪ Benzinkanister und Gaskartuschen in belüfteten Gaskästen ohne Kabeldurchführungen lagern.
- ➪ Alle nicht erforderlichen Stromkreise bei Abwesenheit ausschalten.
- ➪ Temperaturfühler an Batterien anbringen.
- ➪ Die korrekte Spannungsstärke der Laderegler einstellen: Beispielsweise nur AGM2-Batterien mit 14,7 Volt Ladestrom versorgen.
- ➪ Pulverlöscher sind wegen der Sichtbehinderung beim Einsatz und Kontamination von Atemwegen an Bord nicht geeignet. Schaumfeuerlöscher verwenden und gemäß den Herstellerangaben regelmäßig warten.
- ➪ CO_2-Feuerlöscher in der Backskiste zum Fluten des Maschinenraums einbauen.
- ➪ Gaswarnanlage, Rauchmelder und Wassermelder für die Bilge.
- ➪ Mobiltelefonnummer gut sichtbar an mehreren Stellen anbringen, um für Einsatzkräfte erreichbar zu sein.
- ➪ Bootsschlüssel beim Hafenmeister hinterlegen, um im Brandfall schnellen Zugang zu ermöglichen.
- ➪ Stegnachbarn informieren, wie das Boot bei Abwesenheit beheizt wird und wo brennbare Gefahrenstoffe lagern.

Schutz vor Langfingern und Vandalen.

Wer an Bord lebt, ist wegen seiner ständigen Anwesenheit statistisch gesehen einer größeren Gefahr ausgesetzt, irgendwann auf einen nächtlichen Einbrecher zu treffen. Im Jahr 2014 wurden in Deutschland 280 Sportboote und 1354 Außenborder gestohlen. Der Trend geht nach oben. In Lübeck wurde gar der 26 Meter lange Traditionssegler „Hansine" vollständig geplündert – inklusive Segel – an „offener Kaje". Im Steuerstand fehlte das Steuerrad samt Ruderanlage. Den Kreiselkompass und die 300 Kilogramm schwere Rettungsinsel nahmen die Täter auch mit. Allein dieser Schaden wurde auf 100.000 Euro geschätzt. Nur wenige Fälle werden überregional bekannt. Wie sieht nun die Diebstahlgefahr tatsächlich aus und wie gut sind Boote gesichert? Leider reicht schon ein Schraubendreher einem Dieb aus: Damit hebelt er beinahe jedes Schott auf, wenn keine Sicherheitsschlösser vorhanden sind. Doch helles Licht mag er nicht. Ein Bewegungsmelder, der den Deckstrahler einschaltet, würde ihn ins Licht stellen. Schauen wir uns zunächst einige Fälle näher an.

Großalarm wegen herrenloser Segelyacht.

Spaziergänger entdeckten in Eckernförde eine Segelyacht am Strand. Da von der Besatzung jede Spur fehlte, wurde eine Suche im Seegebiet von Eckernförde veranlasst. Unter Deck fand man gebrauchtes Geschirr. War die Besatzung der 12-Meter-Yacht über Bord gefallen? Im Einsatz waren das Küstenboot FALSHÖFT der Wasserschutzpolizei, der Seenotrettungskreuzer BERLIN, das Seenotrettungsboot ECKERNFÖRDE, zwei Einheiten der Marine, ein zufällig vorbeikommender finnischer Seenotrettungskreuzer und der Rettungshubschrauber CHRISTOPH 42. Erst als man den Eigner festgestellt und mit ihm gesprochen hatte, wurde klar, dass Unbekannte mit der Yacht unterwegs gewesen waren. Seine Telefonnummer am Schott hätte nach einem Anruf die gesamte Suchaktion nicht mehr erforderlich gemacht.

Dieser Fall wirft trotzdem eine Reihe von Fragen auf: War es ein Diebstahlversuch oder eine „Spritztour unerfahrener Segelsportfreunde"? Wie hätte das Auslaufen der Yacht verhindert werden können?

Berichte über Fakten und Fahndung: Wasserschutzpolizeiaufgaben sind Ländersache. Und an den Grenzen fahnden die Bundespolizei und der Zoll. Alle Behörden haben ein Auge auf Trailerboote und Motoren. Verdachtsmeldungen fließen bei einer zentralen Erfassungsstelle zusammen, und zwar beim „Kompetenzzentrum Bootskriminalität Baden-Württemberg", ansässig bei der Wasserschutzpolizeistation Konstanz. Auszüge aus Deutschlands Kriminalitätsstatistik der Jahre 2010 bis 2014 vermitteln einen Eindruck von der Diebstahlhäufigkeit. Die Übersicht umfasst Boots- und Außenborderdiebstähle, aufgeschlüsselt nach Bundesländern. Demnach war die Diebstahlhäufigkeit und Schadenssumme noch nie so hoch wie 2014: Rund 10 Millionen Euro Schaden des Jahres 2014 stehen 9 Millionen des Jahres 2013 gegenüber. Gestohlen wurden 280 Sportboote und 1354 Außenborder, wobei der Durchschnittswert eines Außenborders für die Statistik mit 5000 Euro angesetzt wurde.

Angesichts der Aufschlüsselung nach Bundesländern blickt man an Stammtischen im Zuge der EU-Erweiterung gerne nach Osten – da sei das Risiko höher. Hört man sich beispielsweise auf niedersächsischen Steganlagen um, winken viele Bootsbesitzer ab: „Bei uns ist es sicher." Ist die Autobahn weit entfernt und die Gegend ländlich, „dann wird schon nichts passieren". Dabei wurde im Nordwesten der Republik die höchste Steigerungsrate der Bootsdiebstähle registriert: Die Zahl stieg von 14 auf 36 Boote. So wurde auch über den Trailerboot-Diebstahl einer Neptun 22 im ostfriesischen Rhauderfehn berichtet. Einige Wochen später klingelte das Telefon des Eigners. Die niederländische Polizei in Groningen hatte sein Boot sichergestellt – es war von den Dieben gründlich ausgeschlachtet worden. Der junge Segler erhielt sein Boot ohne Segel, Instrumente und Außenborder zurück. Die Beute wird also nicht zwangsläufig im Osten verhökert. Besonders ärgerlich ist es für ihn, weil seine Versicherung die Regulierung abgelehnt hatte: Der Trailer besaß nur ein Kupplungsschloss, aber keine Radkralle.

Ähnliches Ungemach mit Versicherungen droht beim Verlust von Außenbordern. Immerhin 357 Motoren verschwanden im Jahr 2014 allein in Brandenburg, viele waren offenbar schlecht gesichert. Ebenso schlecht gesichert waren die fünf neuen Motoren, die bei der „InWater Bootsshow" in Rechlin über Nacht aus einem Pavillon gestohlen wurden – die Täter nahmen einfach die Ständer mit, an denen sie angekettet waren. Bereits im Jahr 2008 wies das Landgericht Bochum (Az. 4 O 31/09) die Klage eines Eigners ab, der kein hochwertiges Schloss mit der sogenannten VdS-Zertifizierung vorweisen konnte: Vier Schrauben im abgeschlossenen Bootsinnern reichten nicht aus, um 10.000 Euro Schaden einzuklagen. Und auch das Motorengewicht von 170 Kilogramm spielte keine Rolle. Selbst wenn besonders dreiste Diebe ganze Heckspiegel herausschneiden, sollte das bestmögliche Schloss samt Kette am Rumpf nachgewiesen werden – und zwar mit Zertifizierung. Es kann sich lohnen, schon beim Kauf bei seiner Versicherung nach den notwendigen Sicherungen für den Motor zu fragen und ein Foto samt Kaufbeleg einzureichen.

Manchmal tauchen gestohlene Bootsmotoren wieder auf.

Das Kompetenzzentrum Bootskriminalität der Konstanzer Wasserschutzpolizei berichtete auch über internationale Fahndungserfolge – sie beruhen auf Internetauswertungen und dem Austausch mit Polizeibehörden anderer Länder. Als das Team bei einer Schulung von estnischen, polnischen und litauischen Kollegen zusammen mit ihnen im Internet fahndete, identifizierten sie einen in Schweden gestohlenen Jetski und fünf Außenbordmotoren. Auf einer litauischen Internetseite stieß man auf fünf weitere Außenborder, die im Bereich Heilbronn und Lauffen am Neckar gestohlen worden waren. Über Interpol wurde ein Rechtshilfeersuchen gestellt. Litauische Polizisten nahmen den Dieb fest und stellten die Motoren sicher. Erst internationale Zusammenarbeit zahlt sich aus: Nach Hinweisen aus Konstanz stellten polnische Bootsfahnder ein auf Usedom gestohlenes Sportboot samt Trailer sicher – Wert etwa 40.000 Euro.

Vermuten würde man, dass im Seglermekka Schleswig-Holstein die Diebstahlzahlen besonders hoch sein müssten: Nordsee, Ostsee und 1000 Seen tragen viele Boote. Doch die Statistik sagt etwas anderes: Die Bootsdiebstähle gingen von 41 auf 14 zurück, Diebstähle von Außenbordern von 137 auf 95.

Und doch – wer im Internet sucht, findet täglich Diebstahlsmeldungen, so wie diese: „Mindestens sechs Bootsmotoren stahlen Unbekannte am Bleilochstausee. Zuletzt kam es zu mehreren Diebstählen von Bootsmotoren im Raum Ostthüringen." Manche Täter nutzen sogar Hilfsmittel, die sie in Häfen finden, wie hier in Zeulenroda: Langfinger durchtrennten die Leinen eines Ruderboots und eines Schlauchboots der Wassersportschule des Seehotels. Mit dem Ruderboot wurde das Schlauchboot ans gegenüberliegende Ufer geschleppt und der Bootsmotor abtransportiert. Aufgrund des Gewichts des 135 Kilogramm schweren Motors wird von mehreren Tätern ausgegangen. Der Schaden beträgt 12.000 Euro.

Wer nun meint, Täter würden jeden Club bestenfalls nur einmal heimsuchen, ist auf dem Holzweg: Kurz zuvor hatten Langfinger denselben Segelclub heimgesucht und einen Außenbordmotor im Wert von 5000 Euro gestohlen. Ist es eigentlich so einfach, auf fremde Stege zu marschieren? Anscheinend muss man das bejahen. Ein freundliches „Moin" und eine beliebige Legende scheinen zu genügen; schon kann man sich in aller Ruhe umschauen – und nachts wiederkommen.

Doch gibt es Fälle, in denen zunächst gar keine Diebstahlabsicht vorliegt und das Boot trotzdem weg ist? Das Anschwimmen von Stegen ist zur warmen Jahreszeit gerade bei Jugendlichen, die am Strand feiern, beliebt. Sie klettern schon mal Bootsleitern hinauf und machen Kopfsprünge ins Wasser. Je nach Grad der Alkoholisierung ist der Weg zum vermeintlichen Schabernack kurz: Wie leicht ist eine Leine losgeworfen – und der geliebte Kahn driftet davon. Ich habe einst meine Hai 710 auf der Aller bei Celle vermisst, die den Fluss hinabtrieb und an einer Buhne hängenblieb. Fortan lag mein Boot an der Stegkette. Das Fatale: Versicherungen zahlen nur bei Diebstahl. § 242 StGB fordert ausdrücklich die „rechtswidrige Zueignungsabsicht". Doch die ist nicht unbedingt gegeben, wenn das Boot nur losgebunden wird. Kommt es durch eine Kollision zu Schaden, liegt tatbestandsmäßig eine Sachbeschädigung vor – im Volksmund „Vandalismus"; der Eigner geht leer aus.

Zurück zu den dicken Fischen.

Die Wasserschutzpolizei Konstanz berichtet, dass der Trend bei Diebstählen eindeutig zu größeren Außenbordmotoren geht, was sich entsprechend in der Schadenssumme auswirkt. Dieser Trend ist auch aufgrund der ständig ansteigenden Nachfrage, insbesondere aus den osteuropäischen Ländern, erklärbar.

Wurden früher überwiegend Motoren mit kleinerer Leistungsstufe hergestellt, ist die Produktentwicklung stark vorangeschritten. Heute werden Außenbordmotoren von 2 bis 350 PS angeboten. Letztere haben einen Wert zwischen 35.000 bis 38.000 Euro.

Die Fahnder warnen außerdem vor den vielfältigen Facetten verdächtiger Verkaufsangebote. Insbesondere gestohlene Außenbordmotoren mit ver- und gefälschten Seriennummern finden ihre Abnehmer häufig über das Internet.

Teilweise handelt es sich dabei um „umfrisierte Re-Importe", also Motoren, die beispielsweise in Deutschland oder den Nachbarländern gestohlen wurden: Ihre Seriennummern werden meist im Ausland professionell verändert – um dann von dort wieder „unverdächtig re-importiert" zu werden. Aber auch gestohlene Sportboote werden im Netz mit plausiblen Historien verkauft.

Vorsicht bei unpersönlichen Käufen: Der Beratungsservice des KBK.

Die Fahnder warnen bei Internetkäufen davor, arglos zu sein. Um die Bürger davor zu schützen, Diebesgut zu kaufen und sich dabei selbst strafbar zu machen, bieten die Ermittler des KBK an, potenzielle Kaufobjekte *möglichst vor dem Kauf* zu überprüfen. Dieses Angebot gilt ausdrücklich auch für Bürger der Schweiz und aus Österreich. Anfragen können telefonisch (+49 7531 5902-300) oder per Mail (kbk@polizei.bwl.de) an das Kompetenzzentrum Bootskriminalität gerichtet werden.

Die Polizei weist in diesem Zusammenhang darauf hin, dass man in Deutschland an gestohlenen Gegenständen kein Eigentum erwerben kann, und zwar selbst dann nicht, wenn der Gegenstand bei einem Händler gekauft wurde!

Alte Masche in neuem Gewand.

Auf eine weitere, altbekannte, aber immer noch sehr beliebte Betrugsmasche möchte das KBK hinweisen: Bei Verkaufsofferten, die preislich besonders günstig gehalten sind, werden für den Transport des infrage kommenden Bootes hohe Vorabzahlungen, meist über ausländische Finanzdienstleister, gefordert. Geht der Kaufinteressent oder der Verkäufer auf die Forderung ein, ist er sein Geld los – das für ihn vermeintlich gute Geschäft findet nie statt. Es geht dem Betrüger nur darum, Interessenten durch extrem günstige Preisangebote zu ködern, um ihnen dann durch den zu organisierenden Transport des Verkaufsgegenstands das Geld aus der Tasche zu ziehen.

Betrüger „inserieren" auch selbst im Internet Sportboote mit dem Ziel, dem vermeintlichen Käufer wieder über die Transportmasche oder einen angeblichen Verkauf zu prellen. Links zu scheinbar professionellen Spediteuren, mit denen der „Verkäufer" angeblich erst kürzlich schon beim Transport von Kraftfahrzeugen und anderen Gegenständen sehr gute Erfahrungen gemacht hat – oder gescannte (verfälschte) Pässe und Bootsurkunden – verstärken das Gefühl, dass alles seriös ist. Mittlerweile schalten Betrüger mit falschen oder ebenfalls betrügerisch erlangten Kontodaten bundesweit auch in den Printmedien Anzeigen.

Daher gilt: Übermitteln Sie an den Interessenten nie gescannte persönliche Dokumente wie Reisepass, Bootsurkunden usw. Ihre Dokumente werden eventuell in leicht verfälschter Form bei den nächsten Transaktionen der Betrüger verwendet, um andere damit zu täuschen! Übermitteln Sie *niemals* Bankdaten wie IBAN und BIC!

Die gute Nachricht lautet: Man kann sich schützen – und das ist gar nicht so schwer. Die Stärke von Kriminellen ist zugleich ihre Schwäche. Treffen sie auf zu viel Widerstand, drehen sie ab – oder lassen es gleich ganz bleiben. Im Folgenden ein paar Tipps, um Bootsdiebe auszutricksen.

- Kraftstoffhahn versteckt einbauen.
- Batteriehauptschalter „tarnen“ und Batteriekabel abnehmen.
- Pinne abmontieren: Flügelschrauben helfen für eine schnelle Demontage.
- Bei hydraulischer Steuerung: Umschaltventil öffnen. Das Rad dreht leer.
- Ein Bewegungsmelder schaltet den Deckstrahler an. Empfindlichkeit und Reichweite sollten beachtet werden, wenn zusätzlich ein Alarmton erschallt.
- Scheibendurchblick: Geschlossene Vorhänge am Tage sind ein Indiz für die eigene Abwesenheit.
- Wertsachen oder gar ein „Weinregal“ sollen in der Kajüte durch die Scheiben nicht sichtbar sein.
- Besonders bei Liegeplätzen an Flüssen gilt: Das Boot gehört an die Stegkette.
- Hinter Schleusen: Kontakt zum Schleusenwärter aufnehmen. Er sollte jede Crew kennen.
- Auffällige Farben helfen Fahndern bei der Suche nach einer gestohlenen Yacht: Ein neonfarbener Streifen hebt ein Boot aus der „weißen Masse“ hervor.
- Falls die Yacht losgebunden wird und herrenlos abtreibt: Ein Namensschild mit Mobiltelefonnummer des Eigners deutlich sichtbar im Cockpit anbringen. So wird die Suchaktion erleichtert.
- Vor Anker: Möglichst lange Kette stecken und die Ankerwinde blockieren. Ansonsten gilt ohnehin das Gebot der Ankerwache.
- Winterlieger: Wird Eis begehbar, ist das Boot nicht mehr sicher. Gerade dann sollte eine akustische Alarmanlage vorhanden sein – kombiniert mit einem Schwimmerschalter in der Bilge, um ein platzendes Seeventil rechtzeitig zu bemerken.
- Liegt der Hafen so einsam, dass niemand den Alarm hören kann, ist eine Hausalarmanlage mit Kameraüberwachung und Bildübertragung auf das Smartphone die bessere Wahl.

Alarmanlagen für mehr Sicherheit an Bord.

Alarmanlagen fürs Boot? Diese nützlichen Helfer bieten mehr Sicherheit und ein gutes Gefühl, wenn man nachts an Bord schläft oder das Boot allein lässt.

Ein Gasalarm kann ebenso wichtig für unsere Sicherheit sein, wie ein „Taschenalarmgeber“ und ein strahlendes LED-Licht mit Bewegungsmelder. Wenn nachts ein Fremder ins Cockpit steigt, steht er zunächst im blendenden Licht. Will er etwa Gas in die Kajüte leiten, um die schlafende Crew zu betäuben, meldet sich der Gasalarmgeber. Versucht jemand einzusteigen, wird sich das Kontaktblech am Steckschott öffnen, welches den 130 Dezibel lauten Taschenalarmgeber mit Blinklicht aktiviert. Dann ist man wach und die übrigen Hafenlieger höchstwahrscheinlich auch. 130 Dezibel haben eine hohe abschreckende Wirkung. Geht der Clip auf oder wird der Pin gezogen, geht der Alarm los. Der nützliche Helfer kann auch die Handtasche sichern oder im Notfall Helfer auf den Plan rufen.

Diese „fantastischen vier Alarmgeber“ funktionieren alle mit Blockbatterien und kosten zusammen kaum 50 Euro. Man schläft entspannter, besonders in Stadthäfen mit Publikumsverkehr an der Kaje. Doch wie lässt sich unser geliebtes Boot sichern, wenn wir nicht an Bord sind?

Neuerdings suche ich nach einer passenden „Hausalarmanlage“, die über einen Router Bilder einer Überwachungskamera auf mein Smartphone überträgt. So könnte ich über weitere Kameras auch sehen, ob die Bilge trocken ist oder wie es um die Seeventile steht. Bei Jahresverbindungskosten um die 30 Euro bieten mittlerweile Bootsheizungshersteller Fernüberwachungen an, mit denen die Temperatur in der Kajüte oder sogar der Standort des Bootes angezeigt wird. Es gibt also eine ganze Reihe von neuen Optionen, die von Jahr zu Jahr auf den Markt kommen, um unser schwimmendes Zuhause zu sichern. Nach dem Alarm kann man notfalls bei der Feuerwehr, der Polizei, im Club oder in der Marina anrufen, damit jemand nach dem Rechten sieht oder den Langfinger schnappt.

Weil die Bildübertragungsanlage und der erforderliche Router konstanten Energiefluss benötigen, sollten sie vom Landstromnetz und vom Bordbatterienetz unabhängig sein: Ein Landstromkabel könnte jemand abziehen und der teuren Batteriebank droht dann die Tiefentladung.

Wer das Boot wochenlang in fremden Häfen im Ausland zurücklassen muss, für den kommen die folgenden Lösungen infrage: Energieversorgung der Überwachungsanlage in Kombination aus einer separaten Autobatterie mit Sicherung und Schalter zu den vorhandenen Solarpanelen. Nur an dieser Batterie hängen Alarmanlage, Kameras, Basisstation oder der mobile WLAN-Router. Auf instabile oder zuweilen überlastete WLAN-Netze in Marinas würde ich mich nicht verlassen. Wird die Verbindung getrennt, schalten sich viele Systeme nicht wieder automatisch ein.

Neuerdings werden kabellose Kameras mit zweijähriger Lithiumbatterieversorgung angeboten, die Videos in einer Cloud speichern und zwei-Wege-Gespräche ermöglichen, sobald der Bewegungsmelder die Kamerabilder per App an das Smartphone sendet. Allerdings belastet das Datenvolumen die SIM-Karte eines mobilen WLAN-Routers und nicht jeder mobile Router funktioniert im Ausland.

Mein Router schaltet sich zuweilen bei Nichtbenutzung selbst aus und zickt bereits im niederländischen oder dänischen Netz, obwohl dieselbe SIM-Karte in einem USB-Stick einwandfrei per Roaming funktioniert. Nur kann ein USB-Stick ohne laufendes Notebook keine Daten übertragen und müsste direkt über eine Basisstation betrieben werden. Diese ist irgendwo im Boot verbaut und hat vielleicht keinen guten Empfang.

Beim Kauf einer Überwachungsanlage ist folglich die Beratung im Fachhandel mit Hinweis auf die beabsichtigte mobile Datenverbindung im Ausland zu empfehlen.

Rettung aus Seenot.

Sicherheit auf See – das heißt nicht nur eine passende Versicherung für Notfälle, Maßnahmen für Brandschutz an Bord und Sicherheit gegen Diebstahl und Vandalismus. Es bedeutet selbstverständlich auch die Befolgung der guten alten Seemannschaft an Bord. Es gibt keinen „leichten" Seeunfall, zumal wenn man allein oder mit kleiner Crew unterwegs ist. Einen Über-Bord-Gegangenen selbst bei leichtem Seegang wiederzufinden und die Person wieder an Bord zu holen, ist schwieriger als man es sich an Land vorstellt. Daher im folgenden Kapitel einige Hinweise zu praktischen Hilfsmitteln, die ich selbst an Bord mitführe und die ich selbst getestet habe. Selbst dann, wenn es bedeutet, im Frühling in das noch eiskalte Wasser der Nordsee zu springen.

Die elektronische Handfackel.

Dass ein Seenotsignal bemerkt wird und man im Notfall schnell gefunden wird, ist nicht selbstverständlich. Neben der Notsituation als solcher ist vor allem der Zeitfaktor ausschlaggebend. Besonders wenn der in Not geratene Signale gibt. Konstruieren wir einen beliebigen Fall: An einem leicht diesigen Tag ist eine Crew unterwegs. Man ahnt nichts Böses und blickt in die Runde. Doch da: Hat am Horizont gerade etwas rot aufgeleuchtet oder war es nur eine weit entfernte Fahrwassertonne? Man ist unsicher und blickt erneut zum Horizont.

Beobachter haben eine natürliche Scheu davor, einen Notfall zu melden, wenn sie sich nicht sicher sind. Gerne fragen sie noch eine weitere Person um Rat, wie diese „den leuchtenden Punkt am Horizont" einschätzt. Damit steht es schlecht für den im Wasser oder in der

Rettungsinsel treibenden Unglücksraben, wenn seine Handfackel nach kaum einer Minute schon wieder erloschen ist. Die wenigen Raketen sind schnell verschossen und ob das Handfunkgerät noch funktioniert, ist nach einem Blitzschlag an Bord nicht sicher.

Genau aus diesem Grund empfehle ich die elektronischen und zugleich wasserdichten Handfackeln Odeo Distress Flare oder die kompakte MK3 Distress Flare für die Jackentasche. Sie werden mit einfachen Batterien betrieben. Die Power-LEDs leuchten ebenso hell, wie pyrotechnische Handfackeln – jedoch über mehrere Stunden. Selbst auf hoher See tauchen immer wieder Schiffe am Horizont auf, doch selten suchen Rudergänger permanent den gesamten Horizont ab: Eine ständig leuchtende Handfackel, die über mehrere Seemeilen sichtbar ist, erhöht die Chancen auf Rettung um ein Vielfaches. Und noch zwei Aspekte sprechen für die kompakten Handfackeln: Sie funktionieren ohne Pyrotechnik, lassen sich also problemlos im Fluggepäck mitnehmen, wenn man auf Chartertörn geht. Und: Für die Handfackel ist kein Sachkundenachweis nötig!

Auch abgetriebene Surfer oder verletzte Bergwanderer könnten von ihnen profitieren. Als mir vor einiger Zeit ein herrenloser Kite-Schirm in der Nordsee entgegentrieb und ich eine Notmeldung absetzte, beschrieb ich der Hubschrauberbesatzung die vermutete Position, wo sie den Surfer suchen sollten. Mit Erfolg, denn der Mann wurde schnell geborgen, weil noch helles Tageslicht herrschte. Mit einer elektronischen Handfackel würde die Besatzung eines Rettungshubschraubers den in Not Geratenen auch ohne genaue Ortsangabe leichter erkennen. Dass besonders im kalten Wasser jede Minute kostbar ist, ist selbstredend.

Nebenbei: Die Verwendungszeit pyrotechnischer Signale ist begrenzt. Sie laufen ab und müssen ersetzt werden. Bei der Odeo-Flare reicht der Austausch der AAA-Batterien. Dass wegen ihrer Steighöhe von 300 Metern trotzdem Signalraketen an Bord sein sollten, ist selbstverständlich.

Das Peterson-Manöver.

Wie das schwächste Crewmitglied einen Mann alleine aus dem Wasser holen kann.

Wer im Winter oder im kalten Wasser unterwegs ist, muss ein Crewmitglied schnell aus dem Wasser holen können. Innerhalb weniger Minuten setzt sonst eine lebensgefährliche Unterkühlung ein. Für die Rettung benötigt man eine taugliche Badeleiter, ein Standardmanöver, das blind beherrscht wird – und eine Hebevorrichtung, mit der man eine Person in jeder Situation bergen kann. Machen wir uns klar: Ob ein Mensch im Wasser noch agieren kann oder nicht, ändert sich von Minute zu Minute. Retten müssen wir auch jemanden, der das Bewusstsein verloren hat. Hier geht es nicht mehr um Minuten, sondern um Sekunden.

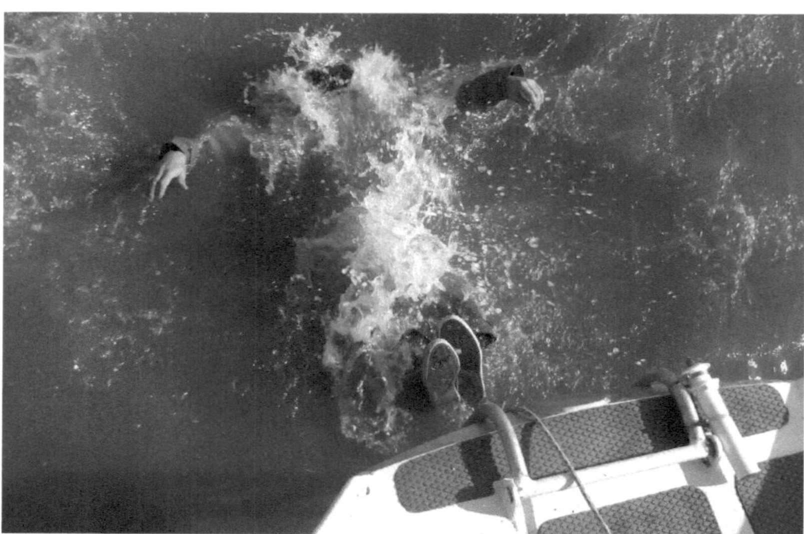

Ein Alptraum: Mann über Bord in der noch winterlich kalten Nordsee.

Vielleicht ist die eigene Crew nicht betroffen, aber als erste an einer Unglücksstelle. Wie reagiert man, welche Hilfsmittel werden benötigt und kann ein besonderes Rettungsmanöver die Standardlehre der Segelschule ersetzen? Ich habe es ausprobiert.

Ein Praxistest vor vielen Begleitbooten: Am 1. Mai falle ich bei 6 Grad Wassertemperatur und 4 Beaufort bei der Ansteuerung von Wangerooge über Bord – absichtlich. Meine Frau rettet mich innerhalb von sechs Minuten. Allein und ohne Hilfe holt sie mich über die Seite zurück ins Leben. Meine einzige Unterstützung ist das Einhaken der Bergeleine in meine Rettungsweste. Seemannsgarn? Das hier vorgestellte Manöver kann Leben retten – auch wenn es nicht im Kanon der Ausbildungsmanöver steht. Bevor es so weit war, testeten wir ein Jahr lang alle denkbaren Varianten.

Segeln Paare allein, sind es meist die Männer, die auf dem Vorschiff etwas klarieren. Fallen sie über Bord, bleibt der Frau oft nur zehn Minuten, um ihren Mann vor dem Tod durch Unterkühlung zu retten – je nach Wassertemperatur. So kommt es, dass vielleicht die zierlichste Person den schwersten Menschen bergen muss. Doch selbst Bodybuilder ziehen nicht so einfach eine hilflose Person die Bordwand hinauf.

Auf See können wir uns nicht auf das rechtzeitige Eintreffen der Seenotretter verlassen. Für eine einzelne Person an Bord stellt sich ein gewaltiges Problem: Sie darf den Verletzten im Seegang nicht aus den Augen lassen, soll die MoB-Taste am Plotter drücken und gleichzeitig einen Seenotfall melden. Nur ist das Funkgerät meist unter Deck. Einen Seenotfall aus dem Cockpit heraus melden zu können, wäre schon die erste, im Ernstfall vielleicht sogar lebensrettende Verbesserung an Bord.

In die Rolle des Retters kann jeder kommen, wenn er Hilfe leisten muss, etwa für einen abgetriebenen Surfer, Wattwanderer oder gar für Brandopfer, die von ihrem brennenden Boot nur noch ins Wasser springen konnten. Und auch unseren Bordhund möchten wir nicht ertrinken lassen. Was tun wir, wenn Hilfesuchende nicht allein die Badeleiter erklimmen können oder die Wellen viel zu hoch sind, um sich dem stampfenden Heck zu nähern? Zahlreiche tragische Unfälle haben gezeigt, dass selbst mehrere Männer einen Verletzten nicht einfach über die Reling zerren können.

Die drei Probleme bei „Mann über Bord".

Wenn man einen Über-Bord-Gegangenen retten will, gibt es drei grundsätzliche Probleme.

1. Es bedarf eines tauglichen Standardmanövers für an Bord verbliebene Einhandsegler zum Ansteuern der Person.
2. Eine Leinenverbindung muss hergestellt werden.
3. Man braucht die richtige Kraftquelle, um den Verletzten an Bord zu hieven.

Wir haben die klassischen Schulmanöver für eine Rettungssituation alle auch bei Starkwind ausprobiert – und wieder verworfen. Der „Aufschießer" gegen den Wind in die Nähe des Opfers kann bei starkem Seegang nicht funktionieren, weil der Bug ohne Fahrt im Schiff bei stärkerem Wind so schnell abdriftet, dass ein einzelner Retter keine Leinenverbindung herstellen könnte. Mit einem Fender lässt sich das nur bedingt üben. Ab 3 Beaufort driften Boot und Person ganz anders auseinander, als man es in der Schulung lernt.

Dies gilt besonders für moderne Boote. Sie sind hochbordig und aufgrund von U-Spantrümpfen mit einer geringen Lateralfläche unter dem Vorschiff ausgestattet. Das Herstellen der Leinenverbindung ist bei Starkwind auch nicht einfach – weil die Leine gegen den Wind zur Person in Luv geworfen werden muss, wird die Leine schon nach wenigen Metern ins Wasser fallen und sie nicht erreichen. Als untauglich erachte ich auch den nachgeschleppten Rettungskragen, wobei man nur Kreise zieht, anstatt den Menschen im Wasser „einzuschnüren". Wenn es doch irgendwann gelingt, dann hängt das Crewmitglied entkräftet am Ende einer 40 Meter langen Leine, an der er sich schon bei Abdrift des Bootes nicht mehr heranziehen kann, falls er überhaupt noch bei Bewusstsein ist. Oder wie soll das Manöver im Wattenmeer oder in engen Fahrwassern mit Tonnen und Untiefen ablaufen, wo ein Aufschießer nicht möglich ist oder die nachgeschleppte Bergungsleine nur an einer Pricke hängenbleibt?

Noch schlechter sieht es bei der geeigneten „Kraftquelle" aus, um einen Mann aus dem Wasser zu bergen. Wir haben rund 50 Pärchen befragt: Keine Frau war in der Lage, ihren Mann per Winsch mit kurzer Kurbel in den Mast zu ziehen – folglich auch nicht aus dem Wasser. Wer nicht regelmäßig Krafttraining macht, dem fehlt es schlicht an Armkraft, um mehr als 50 Kilogramm zu bewältigen. Ein über Bord gegangener Mann wiegt aber samt nasser Kleidung schnell mal 100 Kilo.

Gleiches gilt für das Ausbaumen und Umschäkeln der Großschot. Mit einer vierfach geschorenen Talje sind wegen des Reibungswiderstands immer noch 25 bis 50 Kilogramm durchzuholen. Wie soll das allein durch die Kraft der Arme bei Seegang funktionieren? Und dabei wäre gleichzeitig noch der schlagende Baum und das Abdriften der Yacht zu kontrollieren! Wir haben es wie gesagt ausprobiert: Meine Frau war bei ihrer Größe von 1,60 Meter nicht in der Lage, dieses Manöver allein zu bewältigen.

Kommt es ganz schlimm, dann treibt der Mann nach einer Patenthalse sofort bewusstlos im Wasser, nachdem ihn der Baum von Bord gefegt hat. Dann muss man mit der Bergungsleine selbst ins Wasser und den Karabiner oder Schnappschäkel bei ihm einpicken. Wie aber gelangt man danach wieder an Bord, wenn die Yacht nach dem Aufschießer sofort abtreibt und man garantiert nicht so schnell hinterher schwimmen kann, zumal die Bergungsleine mit dem bewusstlosen Mann nach 30 Metern am Ende ist? Man kann es drehen und wenden, wie man will: Die klassischen Manöver funktionieren mit Jollen auf Binnenseen, aber nicht mit veritablem Yachten und kleiner Crew jenseits von 3 Beaufort.

Seenotfall auf der Jade.

Skipper Matthias Steen (55), Heimathafen Hooksiel, ist mit einem befreundeten Pärchen unterwegs. Während eines Manövers vom Großbaum am Kopf getroffen, fällt sein 52-jähriger Freund bewusstlos über Bord. Seine zum Saisonbeginn gewartete Rettungsweste öffnet sich nicht: Er ist in Rückenlage über die Reling gefallen, sodass die Salztablette nicht nass wird und sich die Weste nicht öffnet. Durch die Luft in der Jacke bleibt die Weste über Wasser. Der Mann droht zu ertrinken. Bei 6 Beaufort driftet die Bavaria 34 schnell ab: „Ich konnte bei diesem Anblick nur noch hinterherspringen“, berichtet Matthias Steen. „Die Auslöseleine meines Kameraden zog ich von Hand – bei 11 Grad Wassertemperatur hätten wir nur wenige Minuten durchgehalten.“

An Bord bleibt die 46-jährige Frau zurück und will die Maschine starten. Zwar läuft der E-Starter, aber der Diesel springt nicht an: Sie drückt den speziellen Vorglühknopf der Bavaria nicht, da sie selten selbst steuert. Nun driftet das Boot unter gesetzten Segeln schnell ab. Sie eilt unter Deck und setzt einen Notruf ab. Ein Rettungskreuzer und andere Segler machen sich auf die Suche nach den beiden Männern im Wasser. Die Crew einer 9 Meter langen Yacht findet die Männer zuerst. Während Steen den Freund mit der Schulter die Badeleiter hochstemmt, zerren ihn zwei kräftige Männer von oben. Das gelingt gerade so eben: Steen ist als Triathlet kräftig, der Verletzte wiegt nur 72 Kilo. Mehr, und die Bergung wäre auf diese Weise nicht möglich gewesen.

Unterdessen hat die Frau an Bord der Bavaria Mühe, die Segel zu bergen und zur Unfallstelle zurückzukehren. Ungewöhnlich ist das auch für erfahrene Segelpärchen nicht. Die Aufgabenteilung, die sich über Jahre an Bord so mancher Yacht einschleicht, beeinträchtigt die Seemannschaft. Der typische Männersatz „Ich mach das schon" ist gut gemeint, aber gefährlich. Da wird schon mal erfolglos an einer Reffleine gezerrt, anstatt sie über die Winsch zu holen. Und noch etwas ist Matthias Steen aufgefallen: Die auslösende Rettungsweste wird am Hals schnell zu eng – sie nimmt den Atem. Er musste bei seinem Kameraden Luft aus der Weste lassen. Zudem hat er nach dieser Erfahrung Schrittgurte nachgerüstet, damit ein Bewusstloser bei der Bergung nicht aus der Weste herausrutschen kann. Am Ende fragt er sich, wie eine Frau beide Männer nacheinander über die Reling seiner Bavaria hätte ziehen können, wenn die Retter nicht so schnell aufgekreuzt wären, denn auch ihn verließen im kalten Wasser schnell die Kräfte. Fakt ist: Not verleiht keine Flügel. Eine Seglerin meinte, als ich sie befragte, was sie tun würde, falls ihr Mann über Bord geht, ihr „würde schon etwas einfallen". Was das wäre, vielleicht noch bei aufkommender Panik, wusste sie allerdings nicht zu sagen. Und wie ist es um die Einsatzfähigkeit bestellt, wenn Zerrung oder Kalkschulter wenig Kraft an der Kurbel lassen? Im Ernstfall können Ideen an Kleinigkeiten scheitern, etwa daran, dass das Großfall am niedergeholten Segel zu hoch ist, um vom Kopfbrett abgeschlagen zu werden, oder ein Schnappschäkel klemmt, die Reffleine auf der Winsch falsch belegt wird und die versprödete Rettungsleine des Kragens „kinkt", was auch Mathias Steen in der akuten Notfallsituation festgestellt hat. Dann ist der Mensch im Wasser längst außer Sicht.

Große Boote erfordern neue Bergemanöver.

Bei der Lösung der Probleme war uns bald klar, dass Tabus gebrochen werden müssen: Die Boote sind größer geworden und das durchschnittliche Lebensalter der Besatzungen höher. Es ist ein Unterschied, ob man mit 30 eine Segelfläche von 35 oder mit 60 eine Segelfläche von 75 Quadratmetern bedienen muss, um das Manöver „Mann über Bord“ mit einer hochbordigen Segelyacht oder mit einem Katamaran zu fahren – dessen breites Deck nimmt dem Rudergänger beim Ansteuern per Aufschießer jede Sicht zum Menschen im Wasser. Fehler sind nicht mehr zu korrigieren. Doch auch mit einem Monorumpf ist es noch kompliziert genug. Daher wurde für das Peterson-Manöver ausprobiert, was bei jeder Sportbootführerscheinprüfung zum Aus führt: Der Propeller darf beim Ansteuern und ggf. auch beim Bergen eingesetzt werden. Ich zeige, wie das gefahrlos gelingt.

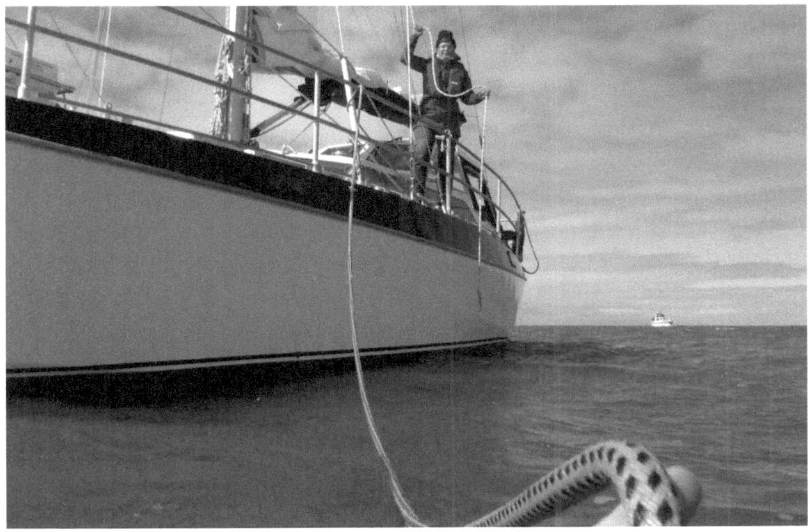

Die Leinenverbindung steht. In Lee von FUCHUR sind die Wellen flach. Aber wie soll meine Frau nun die Kraft aufbringen, mich aus dem Wasser zu heben?

So haben wir nach einem Jahr des Grübelns am 01.05.2015 das „Peterson-Bergemanöver“ ausprobiert. Den Namen haben wir aus einem einfachen Grund gewählt: Wir haben es erfunden. Und wenn jemand im Ernstfall dabei zu Schaden kommt, werden wir uns der Diskussion stellen. Telefonisch haben wir die „Vollübung“ bei der DGzRS angemeldet und uns war klar, dass es trotz Überlebensanzug nicht ungefährlich sein würde. Unser Funk-Partner von „Bremen Rescue“ möchte zur Vermeidung eines Fehlalarms nicht, dass wir fotogerecht eine Signalfackel zünden. Deswegen kommt die Fackel erst später im Hafen zum Einsatz. Aber: Eine Signalfackel in der Tasche kann Leben retten, wenn die Yacht endlich gewendet hat und der verbliebene Rudergänger nach dem „Kopf im Wasser“ sucht. Selbst bei geringem Wellengang ist das ein schwieriges Unterfangen. So wurde vor Jahren ein über Bord gegangener Ostseefischer nur entdeckt, weil er eine Fackel entzündete.

„Mann über Bord“ – ein Selbstversuch in der Nordsee.

Wenn man anderen ein neues Rettungsmanöver empfehlen möchte, muss man es ausprobieren, und zwar unter realen Bedingungen bei Wind, Wellen – und bei Kälte. Unser Ziel: einfach, schnell und für beinahe jedes Boot anwendbar. Mogeln gilt daher nicht: Niemand darf meiner Frau helfen und das Bugstrahlruder ist ausgeschaltet. Mein Sohn ist nur im Schlauchboot „Stand by“, falls mein Kreislauf im kalten Wasser kollabieren sollte. Leicht bin ich nicht: Zu meinen 85 Kilogramm Gewicht addiert sich der vollgelaufene Überlebensanzug. Die Bordwaage zeigt damit 105 kg an.

Kaum bin ich auf offener See im Wasser, naht auch ohne Signalfackel ein Motorbootfahrer und will helfen. Wir winken ihn weiter. Es herrschen 4 Beaufort, in Böen 5. Das ist auch die Zahl der Minuten, die wir uns bei der geringen Wassertemperatur gönnen, um mich wieder an Bord zu holen.

Zum gesamten Bergen gehört das Ansteuerungsmanöver. Entgegen jeder Lehrmeinung wird es von uns anders gefahren und soll sogar für moderne U-Spant-Boote mit Doppelruder oder Saildrive ohne Bugstrahlruder in schwerer See sicher funktionieren, ohne dass der Bug abtreibt. Und kann eigentlich jedes Segelboot als Rettungsboot taugen, wenn ein Fall oder eine Dirk zum Aufholen eingesetzt wird? Zwar haben viele Boote Fallwinschen am Mast, aber Winschen sind oft nicht selbstholend: Die Trommel rutscht bei hohem Gewicht einfach durch. Man kann auch nicht bei hoher Last kurbeln und gleichzeitig die Leine dichtholen. Kräftige elektrische Winschen zum Bergen oder Mastholen sind natürlich die beste Lösung, aber schon der Umrüstsatz einer vorhandenen Winsch kostet rund 1900 Euro und der Unterbau des E-Motors könnte in die Kajüte ragen. Deswegen haben wir einfachere Kraftquellen ausprobiert, mit denen mich meine Frau oder sogar meine zehnjährige Tochter zwei Meter anheben können. Doch zunächst zum Ansteuerungsmanöver, um eine Leinenverbindung herzustellen.

Das Peterson-Manöver – so funktioniert's.

Mann über Bord! Sofort wird „in den Wind geschossen“. Die Hebelklemme des Großfalls wird geöffnet und das Großsegel kommt herunter. Auf unserem Boot fällt es an kugelgelagerten Rutschern in die Lazy-Jacks. Das ist gut so, denn wir wollen zunächst das Großfall einsetzen, auch wenn ein freies Spifall oder die Dirk verfügbar sind. Viele Boote haben diese Möglichkeit aber nicht.

Nun startet man die Maschine und rollt die Fock weitgehend ein. Wenn das nicht geschafft wird, kann sie zum Beidrehen verwendet werden oder man lässt die Schoten ausrauschen, ohne dass sie ins Wasser und in die Schraube geraten. Dagegen hilft das Fixieren auf den Bugklampen.

Nun folgt das Ansteuern, und zwar immer vor dem Wind und mit den Wellen, um sofort in die „abdriftfreie Lage“ zum Verunfallten zu kommen. Das Aufstoppen soll bis zu 20 Meter vor dem Mann erfolgen. Dann nähert man sich langsam und hält ihn etwa 5 Meter querab im vorderen Drittel der Bootslänge. So kann sich der Rudergänger auf die Abdrift der Person im Wasser und das Verhalten des Bootes einstellen, ohne ein neues Anlaufmanöver fahren zu müssen. Stimmt die Position, reicht der „kleine Hafengang rückwärts“, um etwa bis 5 Beaufort das Boot auf der Stelle zu halten – stets mit dem Heck zum Wind. Pustet es stärker, wird die Drehzahl etwas erhöht. Ist der Wind stattdessen zu schwach und das Boot neigt wegen des Radeffektes zum Drehen über das Heck, legt man das Ruder nach Luv und schaltet die Maschine auf Leerlauf: Das Boot hat beigedreht und driftet breitseits auf den Mann zu. Von Vorteil ist also stets die Seite, auf die das Boot durch den Radeffekt versetzt. Bei uns ist es die Backbordseite.

Das Boot wird zur Windfahne.

Das Heck bleibt unter Maschine bei stärkerem Wind eben nur luvwärts in stabiler Position, ohne dass der Bug unkontrolliert wegdreht. Das Herstellen der Leinenverbindung ist danach der wichtigste Faktor und dazu ist das stabile Halten der Position unabdingbar für eine einzelne Person an Bord. Bei Starkwind in engen Schleusenzufahrten halten erfahrene Segler ihre Boote auf dieselbe Art im Zaum. Wir legen beispielsweise mit dem Heck gegen den Wind am Steg an, damit unser Bug nicht abdriftet. Der Eigner einer wahrlich nicht kleinen Puffin 50 scheut sich ebenfalls nicht davor, Anlegemanöver im Sturm auf diese Art zu fahren – ebenfalls allein.

Der Clou: Der Winddruck auf dem aufgerollten oder frei killenden Vorsegel reicht aus, genug Zugwiderstand auf den Bug zu bringen. Trotz Radeffekt des rückwärts drehenden Propellers wird das Boot keine Wende über das Heck fahren. Gleiches ist bei Saildrive-Propellern oder Doppelrudern möglich, wo der Propellerstrom in Vorausfahrt kaum auf die Ruder trifft und das Boot nicht mit dem Bug gegen den Wind zu trimmen ist. Daher: Bei Rückwärtsfahrt gegen den Wind wirkt der Propeller wie ein Seeanker, ist aber leicht wieder in Vorausfahrt zu bringen.

Ist der Mann auf Wurfweite heran, passt die Drehzahl und ändert sich die Position des Bootes nicht mehr, dann können Ruder und Gashebel verlassen werden, um die Bergeleine zum Holen an den Rumpf zuzuwerfen.

Das Boot steht in Luv und so zeigen sich gleich mehrere Vorteile des „Heck zum Wind“-Manövers: Der Schraubenstrom geht unter dem Boot nach vorn hindurch – keine Wurfleine kann in den Propeller geraten. Der Mann im Wasser wird querab jedoch nicht dem Strom ausgesetzt. Der Werfer kann ihm die Leine einfach zuwerfen. Entweder trifft er das Opfer direkt oder die Leine treibt auf das Opfer zu. Der Vorteil: Niemals muss gegen den Wind geworfen werden. Für das Werfen eignet sich alles, was gerade griffbereit ist – beispielsweise ein Festmacher mit einem Fender oder Ankerball am Ende. Besser ist sonst eine Schwimmleine, doch manche handelsüblichen Leinen verspröden am Heckkorb und bilden Kinken. Im Nachgang haben wir zuerst eine spezielle Bergeleine mit einem Snatchblock zum Einhängen in ein Fall entworfen, doch dazu später mehr.

Treibt das Opfer bewusstlos neben dem Bug, kann man notfalls in dieser stabilen Bootsposition beidrehen, auf Leerlauf schalten, mit der Bergeleine ins Wasser springen und den Mann sichern. Auch dann schwimmt man in Lee des Bootes und mit den Wellen auf den Mann zu, um sich danach an derselben Leine selbst zurück zum Heck des Bootes zu ziehen: In kaum einer Minute, die das Heranschwimmen dauert, kühlt der Körper nicht so weit aus. Vorausgesetzt, man hat eine gute Badeleiter und der Seegang ist nicht so hoch, dass man beim Zurückklettern an Bord durch das stampfende Heck gefährdet wird, ist diese allerletzte Option sorgfältig abzuwägen. Die eigene Konstitution, Wassertemperatur, Seegang – viele Faktoren spielen eine Rolle. Doch was ist die Alternative? Hilflos beim Tod durch Unterkühlung oder Ertrinken des Crewmitglieds zusehen? Oder handeln? Wer eine bessere Lösung hat, wie man ganz allein eine Leinenverbindung von einer hochbordigen Yacht zu einem Bewusstlosen herstellt, den bitte ich um Nachricht. Und auch der Bojenfanghaken ist oft zu kurz, um ihn von Bord aus einzupicken. Ich meine, dass eine breitseits auf den Mann zudriftende Yacht ein paar Schwimmzüge in Lee durchaus zulassen kann. Die Regel des Notfalls ist eher nicht Windstärke 9, sondern Wasserstürze durch unglückliche Umstände oder „Patenthalsen“. Immer dann, wenn das Unfallopfer nicht mehr die Leine selbst greifen und sich nicht die Rettungsschlinge umlegen kann, ist dieses Manöver die einzige Option. Einkreisen mit nachgeschleppter Leine ist dann völlig untauglich.

Wenn die Leinenverbindung steht, wird das Opfer – oder der Bordhund – zur Mitte des Rumpfes an die Seite gezogen. Das Großfall oder Spifall wird mit einem Auge, einer Bergeschlinge oder zum Einpicken mit einem Schnappschäkel in die Rettungsweste heruntergereicht. War man selbst im Wasser, verbindet man jetzt nur noch das kurze Ende der Bergeleine mit dem Fall.

Das Boot sollte grundsätzlich mit einem um mindestens drei Meter längeren Fall als üblich ausgestattet sein; man kann es so ins Wasser reichen und zusätzlich von der kleinen Fallwinsch auf die große Schotwinsch führen, um mehr Kraft zum Einholen zu haben.

Die Bergung.

Das Opfer wird über das Groß- oder Spifall zurück über die Reling gezogen. Welche Kraftquellen dabei noch zum Einsatz kommen können, darüber mehr im nächsten Kapitel. Die Maschine läuft immer noch rückwärts: Das Boot hält die stabile Position auf der Stelle. Die weitere Versorgung des Opfers ist möglich, ohne dass die Yacht dabei auf eine Untiefe läuft. Weil viele Unfälle bei der Hafenansteuerung im flachen Wasser passieren, kann das Halten der Position nach dem Bergen weiterhin wichtig für die Schiffssicherheit sein. Welche Alternative gibt es sonst, wenn der Bug per Aufschießer gegen den Wind gehalten werden soll und die Leinenverbindung nicht sofort klappt? Wenn keine sichere Wurfposition erreicht wird und das Opfer durch Strom vertreibt, wäre ein neuer Anlauf nötig, was unter Segeln wertvolle Zeit kostet. Unterdessen sinken Handlungsfähigkeit und Kerntemperatur des Verunfallten. Deswegen: Heck zum Wind und Rückwärtsgang einlegen. Zur Übung eignet sich auch ein Grundgewicht mit Ankerball oder Fender.

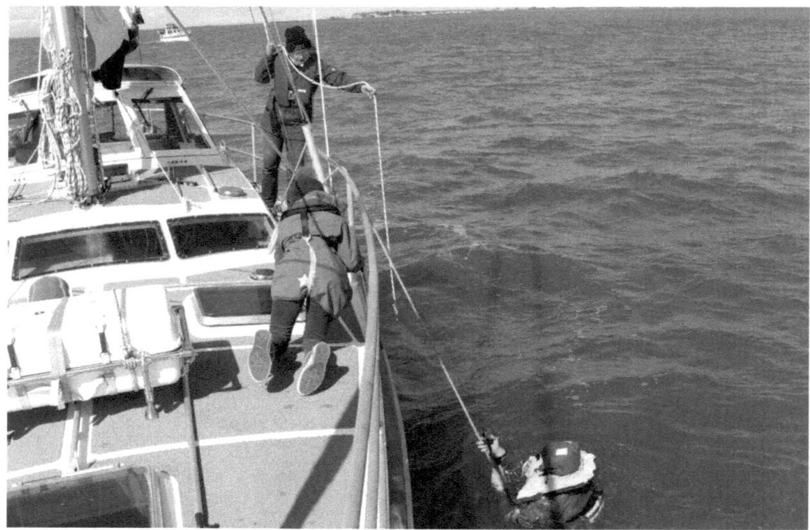

Propellerstrom zum Bug: Der Mann an der Seite wird durch den Propellerstrom in der richtigen Position gehalten. So kann keine Leine in den Propeller geraten. Das stampfende Heck kann den Schwimmer nicht gefährden.

Rettungsschema Peterson-Manöver.

1. Ansteuern des Mannes unter Maschine vor dem Wind.
2. 20 Meter vorher aufstoppen.
3. Kleiner Hafengang rückwärts – Heck hält Position gegen den Wind – Feinregeln der Maschinendrehzahl.
4. Mann im Bugbereich 2 bis 10 Meter querab halten.
5. Mann wird durch Schraubenstrom querab nicht getroffen.
6. Leinenwurf mit Wind und Welle.
7. Leinenverbindung herstellen. Mann pickt sich selbst ein.
8. Mann an die Seite ziehen. Mann mit Fall/Spifall/Dirk oder Kettenzug bergen.

Mensch bewusstlos und daher keine Leinenverbindung möglich?

1. Ruder luv, Maschine aus, beidrehen.
2. Rettungsleine am Heck belegen, anschwimmen, einpicken, an Rettungsleine zurück zum Boot ziehen.
3. Mann mit Fall/Spifall/Dirk oder Kettenzug bergen.

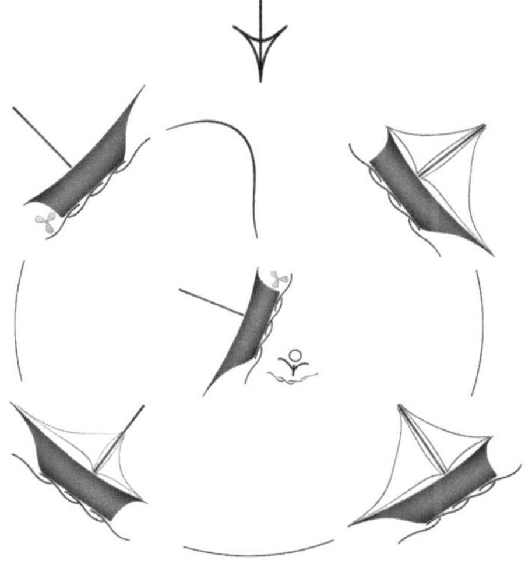

Grafik: Thorben Jureczko, goodlight-photo.at

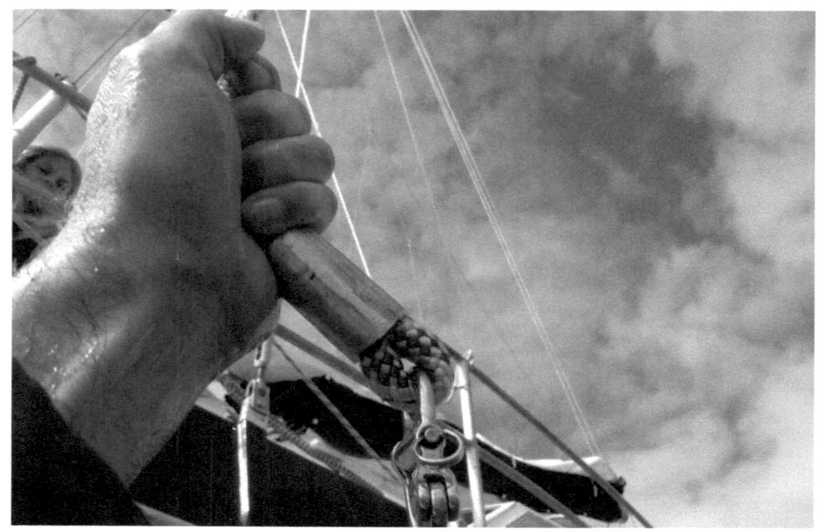

Dramatisch ist die Situation aus Sicht des Schwimmers: Mein Anzug ist vollgelaufen, eisiges Wasser saugt die Kraft aus den Gliedern. Jetzt muss es klappen!

Noch einen Meter, dann kann ich mich selbst an der Reling hochziehen.

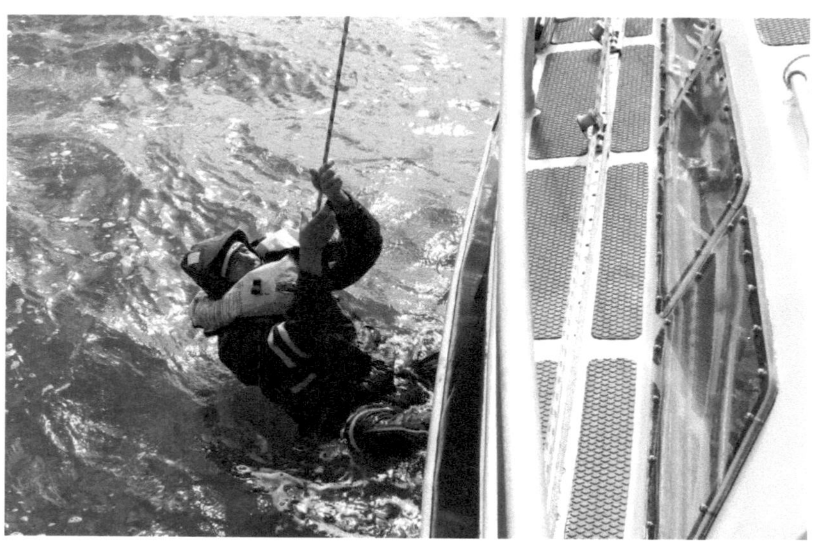

Winschen und Kurbeln, um einen Menschen an Bord zu hieven.

Beim Anblick des Walzenspills der Hansekogge des Bremerhavener Überseemuseums hatten wir die Idee für das neue Bergemanöver: Wenn man im Jahr 1380 mit Spill und Leine über den Mast tonnenschwere Lasten an Bord hieven konnte, müssen doch auch heute bis zu 150 Kilogramm zu schaffen sein? Eine elektrische Winsch wäre die beste Lösung – auch zum Mastholen – aber nicht jeder möchte mehrere Tausend Euro investieren. Ich suchte nach günstigeren Mitteln. Es gilt, die Hebelgesetze anzuwenden. Ein Fall oder die Dirk wird dabei auf der großen Schotwinsch dichtgeholt. Bei uns bringt der Wechsel von der 21er Fallwinsch auf die 28er Schotwinsch bereits Vorteile. Meine Frau schafft es mit der großen Winsch an kurzer Kurbel allein aber noch nicht, mich an Bord zu hieven, weswegen wir eine verlängerte Winschkurbel anfertigen ließen. Diese verlängerte Winschkurbel kann jede Menge Kraft bringen.

Jeder muss zuvor an Bord seines Bootes selbst ausprobieren, wie viel „Weg und Länge" er benötigt und ob der Platz im Cockpit zur Verfügung steht. Dazu eignen sich nur Zweigangwinschen, weil nur „stückchenweise Arbeitsweg" zur Verfügung steht und gegenläufig auch im schnellen Gang geholt werden muss. Dafür kann man sich am langen Hebel mit dem ganzen Körper „reinlegen", statt nur auf die Armkraft zu vertrauen. Zum Ausmessen der Hebellänge kann eine Dachlatte mit Schlauchschellen an der Kurbel befestigt werden, um die notwendige Hebelkraft für das schwächste Crewmitglied zu ermitteln. In der Regel sollten 70 Zentimeter ausreichen, um einen passenden Hebel zu erreichen.

Wo gibt es lange Kurbeln? Unsere 90 Zentimeter lange Aluminiumkurbel wurde von der Bootswerft Maleika in Bremen angefertigt.

Die Kurbelenden dürfen dabei nicht einfach stumpf zusammengeschweißt werden, sondern sollten fachgerecht eingepasst werden. Im Zubehörhandel sind Edelstahlkurbeln erhältlich, die schweißtechnisch einfacher zu verlängern sind, aber dann auch deutlich mehr wiegen. Zu beachten ist der Kröpfwinkel, wenn weiterhin die Fallwinsch auf dem Kajütdach statt der größeren Schotwinschen zum Einsatz kommen soll. Dann „rudert" man bei verlängerter Auslage unserer 90 Zentimeter langen Kurbel schon beinahe in Kopfhöhe und verliert die Wirkung. Da wir aber das Fall „im Notfall" grundsätzlich auf der Schotwinsch belegen, ist die Kurbel das perfekte Fitnessgerät.

Mit dieser verlängerten Winschkurbel auf der 28er Schotwinde hat mich unsere zehnjährige Tochter in gut drei Minuten aus dem Wasser gehoben. Doch diese Minuten, neben dem Boot im Bergegurt der Rettungsweste hängend, können lang werden. Der Gurt und die Rettungsweste können die Atmung behindern. Trotzdem ist die Methode in der Not zu empfehlen. Der Mann muss an Bord, bevor seine Kerntemperatur lebensbedrohlich sinkt. Würde das Manöver in kaltem Was-

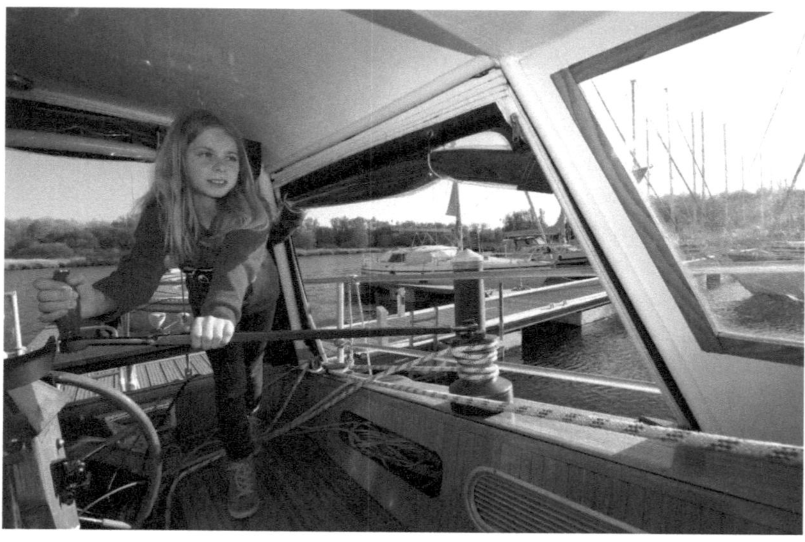

Zersägt und verlängert: Auf 90 Zentimeter wurde unsere „Testkurbel" aus Aluminium verändert. 60 bis 70 Zentimeter sollten auch reichen. Angefertigt wurde die Kurbel von: Bootswerft Maleika, Bremen. www.bootswerft-maleika.de

ser erheblich länger als zehn Minuten dauern, wäre die Bergung nur in Horizontallage sinnvoll, was aber von einer Person von Bord aus und ohne Bergeliege gar nicht machbar wäre. Weil wir bisher jedes Manöver deutlich unter zehn Minuten geschafft haben, bleiben wir bei unserer Variante.

„WinchRite" – eine elektrische Winschkurbel für die Bergung?

105 Kilo, per Fall direkt auf unserer 21er Winsch belegt: Mehrfach setzt die WinchRite aus, aber nur für jeweils eine Sekunde. Durch erneutes Drücken des Hebels läuft sie wieder an und zieht mich aus dem Wasser. Ich merke: Das ist ihre Belastungsgrenze. Eine einfache Talje zur Untersetzung würde die WinchRite entlasten.

Sie kam auf der 21er-Fallwinsch von Meissner zwar an ihre Grenzen, aber hat es ohne Umlenkung im kleinen Gang zweimal geschafft, mich zu retten und einmal bis in den Mast hinaufzuziehen. Allerdings bekommt bei dieser extremen Belastung die Steckverbindung zum sternförmigen Winschadapter mehr Spiel. Verstärkt haben wir den Verschleiß durch eine Fehlbedienung: Wir haben die elektrische Kurbel per Drahtseil schräg nach unten auf der Schotwinsch fixiert, um die Drehkraft für meine Frau abzufangen und sie nur durch einfaches Schalterdrücken zu bedienen. Dadurch entstanden Winkelkräfte beim Anzug, die ein Kippmoment der WinchRite über der Trommel verursachten.

Die quadratische Stahlachse im Sternadapter ist dann unterdimensioniert. Deswegen ist die WinchRite ohne Hilfstalje mit Halbierung der Zugkräfte zum Hieven von Personen (siehe SnatchBlock auf Spifall im nächsten Absatz) auf die Dauer nicht geeignet, dieses Rettungsmanöver unter Schwerlast oder zum generellen Mastholen beliebig oft zu wiederholen. Zumindest wäre sie dann in der richtigen horizontalen Ebene zu fixieren, um kein Kippmoment zu verursachen.

Meine Empfehlung: Sollte der Hersteller die Option schaffen, ein Modell mit kürzerer Untersetzung anzubieten und das Endstück des Vierkants noch robuster ausführen, wäre es das perfekte Rettungsmittel in Verbindung mit selbstholenden Zweigangwinschen. Der Hersteller weist aber darauf hin, dass das Mastholen nicht zulässig ist. Das hat haftungsrechtliche Gründe. Um die WinchRite zu entlasten, haben wir versucht, nach folgender Methode den notwendigen Krafteinsatz zu halbieren.

Der Snatch-Block macht aus Spi- und Großfall eine Bergetalje.

Auf ein freies Spi-Fall wird ein Snatch-Block gesetzt – beispielsweise von Barton für rund 86 Euro (14-Millimeter-Leine/Tragkraft 900 Kilogramm). Am Block wird die Bergeleine angeschlagen. Das Ende des Spifalls wird mit dem Großfall verbunden – beim Dichtholen rollt der Block auf dem Spifall – und dann hat die WinchRite weniger Gewicht zu hieven: Ihr schnell wirkendes Drehmoment kommt voll zum Einsatz. Der 1,5 Meter lange Lift aus dem Wasser ist in wenigen Sekunden erledigt.

Statt des Spifalls könnte sich auch die Dirk eignen. Unsere Dirk hat bereits einen Block samt Karabinerhaken am Großbaum, ist folglich bis zum Masttopp als Bergetalje ausgeführt und kann im Cockpit – so wie das Großfall – mit der Winsch eingeholt werden. Den Baum stützt der Rohrkicker, er benötigt die Dirk nicht unbedingt. Wird der Block der Dirk mit der Bergeleine des Mannes im Wasser verbunden, reichen eine etwas verlängerte Kurbel oder die WinchRite aus, um auch den schwersten Brocken über die Reling zu heben.

Diese Kombination schont den Antrieb der WinchRite. Sie kann auch bei hoher Last von schwächeren Anwendern leicht mit den Händen auf der Winsch gehalten werden, ohne sie mit einer Leine gegen das eigene Drehmoment fixieren zu müssen.

Der Motor wird dann auch selten an seine Belastungsgrenze kommen. Trotzdem sollte man sicher sein, dass sie stets voll aufgeladen ist. Das gefiel mir nicht. Ich suchte weiter nach einer mechanischen Option.

Entlastung an der Winschkurbel – elektrisch oder manuell.

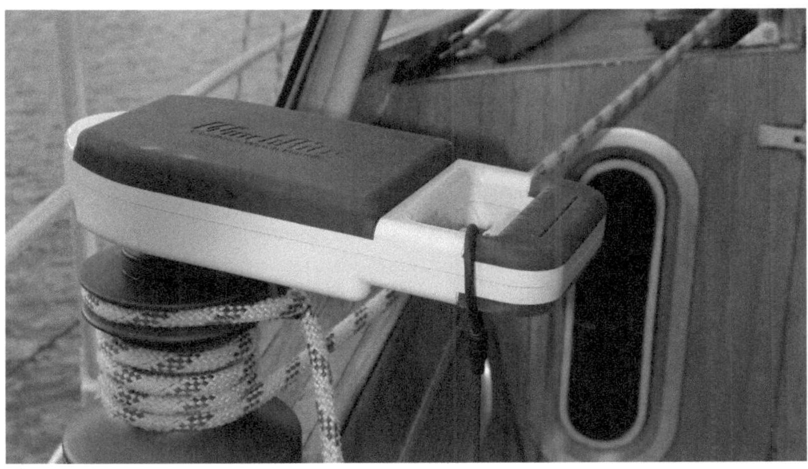

Das in der Grundausrüstung länger ausgeführte Großfall auf die Schotwinsch legen. Über diese 28er Zweigangwinde zieht die WinschRite in Verbindung mit dem Snatch-Block auf dem Spifall auch ein Schwergewicht aus dem Wasser. Mit dieser Technik habe ich mit der kurzen Winschkurbel auf der 21er Fallwinsch einen Mann von 120 kg in 20 Sekunden um 2 Meter angehoben. Der gleiche Test ohne Spifall und Block funktionierte nicht. Die Talje mittels Snatch-Block zahlt sich aus.

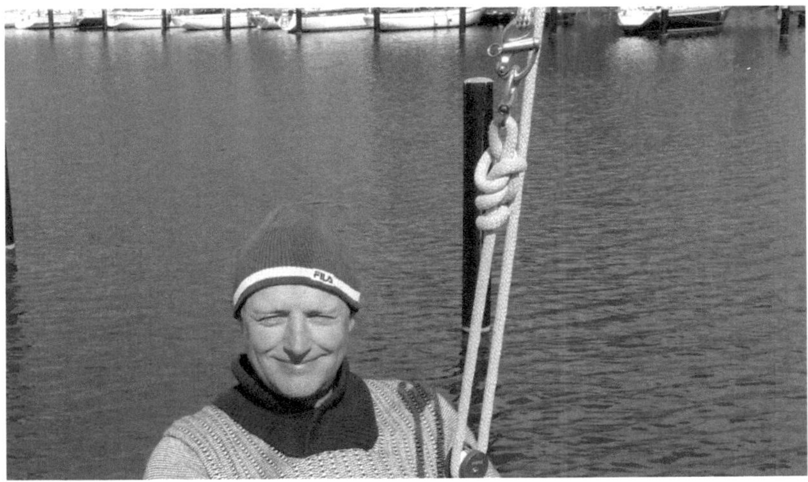

Lässt sich die Ankerwinde als Bergewinde nutzen?

Will man die Ankerwinde als Bergewinde einsetzen, hat sie wegen diverser Überläufer ihre Tücken. Hier ist also Vorsicht geboten. Ausprobiert haben wir eine elektrische und eine manuelle Ankerwinde: Das Großfall muss dann am Mastfußblock oder von der Mastfallwinsch zur Ankerwinde umgelenkt werden.

Die elektrische Winde hat zunächst enorm viel Kraft und zieht jeden mit Leichtigkeit in den Masttopp. Die manuelle Ankerwinde ist von kräftigen Männern ebenfalls leicht zu bedienen – schwächere Crewmitglieder benötigen einen längeren Hebel. Zum Mastholen bieten sie nur vordergründig eine Alternative. Zuerst ist die Ankerkette abzunehmen. Dann ist die Leine beim Drehen kräftig dichtzuholen, weil Ankerwinden in der Regel keine selbstholenden Leinenführungen haben.

Aus demselben Grund eignen sich auch die meisten Fallwinschen am Mast nicht dafür – ihre Trommeln sind zu glatt für eine hohe Last. Beim Fieren produzierte unsere Ankertrommel ständig Überläufer. Man wird dann längere Zeit „hängen gelassen“. Wer bereits unterkühlt an der Bordwand baumelt, wird gefährdet, denn er soll möglichst schnell in die waagerechte Position gebracht werden. Besonders bedenklich empfanden wir die exponierte Lage am Bug, wo keinerlei Gashebelkorrekturen möglich sind. Sollte jedoch ein zweiter Helfer an Bord sein, ist die Methode besser, als den Baum auszubringen.

Einfache Lösungen zum Einsatz von Großfall, Spifall oder Dirk – auch für Boote ohne selbstholende Winschen.

Mein Favorit: Die handliche Hebelratsche der österreichischen Firma *Rotek* wiegt gerade 2,2 kg, kann aber 250 ziehen und wurde laut Anleitung einer Prüflast von 375 kg unterzogen. Getestet haben wir auch den baugleichen 500-Kilo-Zug, aber dessen Übersetzung ist zu kurz – das Manöver dauert dann zu lange.

Geliefert wird der Kraftzwerg mit einer Gürteltasche. 1,5 Meter Kette reichen bei kleineren Booten aus, um auch einen Mann aus dem Wasser bis zur Reling zu ziehen. Ausgestattet mit zwei nicht zu großen Haken, wird er einfach an ein Fall oder eine Reling gehängt. Auf

Wangerooge hat ihn auch die Crew der IPANEMA ausprobiert; ihre Gib Sea 282 besitzt keine selbstholenden Winschen und benötigt eine direkte Kraftquelle am Fall. Das Ergebnis ist beeindruckend: Skipper Gerd Scheffler hat in einer Minute seinen 2 Meter großen Mitsegler bis zur Relingshöhe gezogen.

Auch meine Frau hatte damit keinerlei Mühe, obwohl der Hebel sehr kurz ist. Wesentlich schneller als mit der Fallwinsch konnte sie die Last hieven. Was besonders gefällt: Der Umschalthebel in die jeweilige Richtung hat eine Leerlaufstellung. Per Handzug kann die Kettenlänge leicht angepasst werden. Durch die Abwärtsfunktion wird der oder die Gerettete notfalls sanft am Fall ins Cockpit abgesenkt.

Der Rotek-Hebelzug kann auch zur schnellen Notreparatur gebrochener Wanten, zum Bergen eines gebrochenen Mastes oder zum Herausheben eines Motors eingesetzt werden. Zwar hat er keine offizielle Zulassung zum Hieven von Personen, aber das ist uns im Notfall egal. Zudem würde man ja nur einen Meter zurück ins Wasser fallen. Im Test hat er sich von allen Mitteln am besten bewährt.

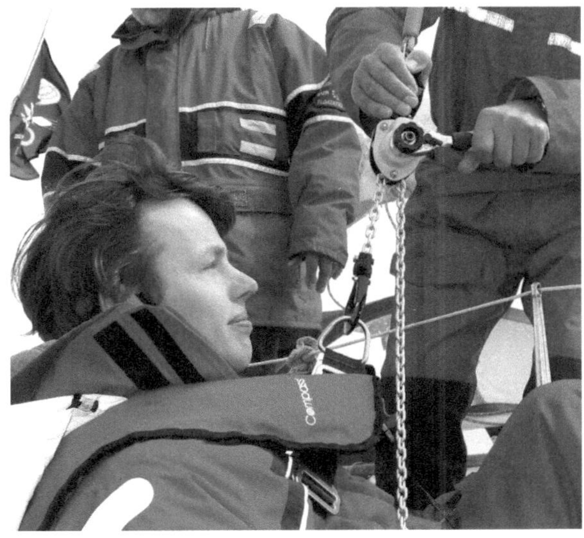

Mit dem Rotek-Hebelzug 250 kg hebt man leicht einen Menschen aus dem Wasser. An ein Fall hängen und aufholen, tauglich für jedes Boot.

Erhältlich ist der Hebelzug auf Anfrage mit längerer Kette, um eine bewusstlose Person über die Reling zu schwenken; für Sportboote wären 3 Meter Kettenlänge zum Drehen in Brusthöhe und Einschwenken noch besser geeignet – einfach zusätzlich mit bestellen. Man hängt ihn in der eigenen Kopfhöhe in den Schäkel des Falls.

Faustformel zur Hubhöhe: Distanz von der Wasserlinie bis zur Reling plus einen Meter. Um auch für die hohen Bordwände von Traditionsschiffen tauglich zu sein, ist jede andere Länge lieferbar: office@rotek.at. Dieses Produkt finden Sie über Ihre Suchmaschine unter „Rotek 250 kg Ratschenzug" auch im Versandhandel. Mein Modell habe ich mir für 62 Euro bei Amazon gekauft. Mancher Leser moniert dann vielleicht, dass die Kette nur verzinkt ist und der Zug schnell rosten könnte. Wir haben unseren Hebelzug nun seit Jahren an Bord und mehrfach im Salzwasser – er hat keine Korrosion und funktioniert weiterhin sehr gut. Nachgespült wird mit Süßwasser, ohne ihn mit Öl einzusprühen. Die kleine Tasche bleibt im Cockpit neben der Bergeleine und ist stets griffbereit.

Der 8 kg schwere Kettenzug ist dagegen deutlich unhandlicher, wird aber ebenfalls an einem Fall angeschäkelt. Auch hier ist keine Winsch erforderlich. Sein Vorteil: Damit kann sich ein Mann an der ins Wasser reichenden Einholkette sogar selbst hochziehen, sobald er sich an der 2,5 Meter langen Zugkette eingepickt hat – 1000 kg werden reichen … Auch der Retter an Bord kann die Durchlaufkette mit geringem Kraftaufwand bedienen. Dieser Kettenzug wird bei Forstarbeiten verwendet und ist stark eingeölt – folglich für den Bordgebrauch gegen Korrosion sehr gut geschützt. Unser Modell von „Holzinger" kostet ganze 36 Euro und kann beispielsweise auch an der Reling einer Motoryacht befestigt werden.

Allerdings kann das höhere Gewicht des Kettenzuges von 8 Kilogramm auf einer Segelyacht – im Seegang am Fall hin und her schwingend – gefährlich werden, solange der Kettenzug noch nicht durch das Gewicht des Menschen im Wasser gegen das Pendeln stabilisiert wird. Der 2,5 Kilogramm leichte Hebelzug ist besser geeignet.

Ein Sportboot kann mit einfachen Mitteln zum Rettungsboot werden. Hierfür habe ich mehrere Methoden vorgestellt. Einige funktionieren schnell, andere etwas langsamer. Schon eine verlängerte Winschkurbel kann Leben retten oder es der Crew ermöglichen, einen Mann zur Reparatur in den Mast zu holen. Doch egal, welche Kraftquelle man einsetzt – erst mit dem Peterson-Manöver, bei dem das Boot als Windfahne seine Position hält oder sofort zum Beidrehen übergeht, gewinnt man die Zeit, eine sichere Leinenverbindung herzustellen. Der Bug verändert nicht seinen Abstand zum Mann im Wasser und der bleibt stets in Wurf- oder Schwimmweite in Lee. Das ist die Voraussetzung zum Bergen bei jeder Windstärke. Der Schiffbrüchige, der eben noch seine Arme geschwenkt hat, kann schon in der nächsten Minute das Bewusstsein verlieren. Dann ist Schnelligkeit gefragt.

Eines sei bei den hier beschriebenen Lösungen noch gesagt: *Es gibt kein Sicherheitszertifikat – ihr Einsatz erfolgt stets auf eigene Gefahr.* Aber bei mir hat es bestens funktioniert.

Nachdem der Hebelzug bei unserem Test schon als das beste Bergungsmittel abgeschnitten hatte und man ihn mit 3 Metern Kette am Fall einhängen kann, habe ich denselben Kettenzug mit 15 Metern Hubhöhe zum Mastholen ausprobiert und eine längere Kette bestellt. Die Idee ist anwendbar: Die lange Kette wird zuerst mit dem Fall in die Mastspitze gezogen. Dann wird der Bootsmannsstuhl unten an den Hebelzug gehängt. Das Gesamtpaket mit der langen Kette wiegt rund 8 Kilo.

Der untere Kettenauslauf wird dabei in einer Stofftragetasche aufgefangen, die mit am Haken des Bootsmannsstuhls hängt und so weder den Mann belastet noch gegen den Mast schlagen kann. Darum braucht man sich nicht zu kümmern – die Kette läuft ganz allein hinein.

Bis zur Saling in 7 Metern Höhe habe ich nur wenige Minuten benötigt. Dann wird es langsam anstrengend, aber in 15 Minuten komme ich allein in den Masttopp. Zusammen mit dem Bootsmannsstuhl und dem Gewicht des Zuges wiege ich dabei rund 100 Kilogramm.

Herunter geht es leicht, aber dann verklemmt die Kette manchmal. Das ist wegen des Umschalthebels allerdings kein Problem – man löst das Blockieren durch einen kurzen Zug aufwärts. Außerdem kann eine zweite Person den Mann leicht am Fall abfieren, das ja unten auf der Winsch liegt. Damit bietet der Kettenzug zum Mastholen eine Alternative, wenn man keine teuren Maststufen installieren will.

Vor der Brust kann man mit beiden Armen die Hebel bedienen und hat genug Kraft für den langen Weg zur Mastspitze – eine durchaus sichere Alternative für Einhandsegler.

Der Hebelzug lässt sich vielseitig einsetzen. Mit 15 Metern Kettenlänge lässt sich auch ein gebrochenes Want ganz einfach sichern, wenn der Kettenzug unten in das Püttingeisen eingehängt wird. Weitere Möglichkeiten ergeben sich zum Hieven des Ankers, falls die Ankerwinde versagt – oder zum Sichern des Bootes bei Sturm, um das Schiff zu verholen.

Wie komme ich wieder an Bord? Bootsleitern im Test.

Was passiert, wenn einen niemand an Bord ziehen kann und man selbst wieder an Bord gelangen muss? „Es ist ja nur 1 Meter …“, denkt man vielleicht. Dass es gar nicht so einfach ist, mithilfe einer Rettungsleiter wieder an Bord zu kommen, zeigt der folgende Praxistest. Es kostete auch mich ungeahnt viel Kraft.

Manche Konstrukteure verzichten aus optischen Gründen auf sichtbare Leitern. Gerade bei Booten mit ausklappbaren Badeplattformen ist das üblich. Manchmal werden gute Rettungsleitern abgebaut, um Platz für einen Windpiloten zu schaffen. Ersatzweise werden „Strickleitern“ angeschafft und bei bestem Sommerwetter in Badehose ausprobiert. Doch schon verhältnismäßig niedrige Trailerboote oder Beiboote sind ohne tiefgehende Leitern nicht zu erklettern, wenn die Kraft im kalten Wasser mit vollgesogener Kleidung schnell nachlässt.

Unser Hoffen, dass die Not zusätzliche Kräfte mobilisiert, gerät aus physischen und physikalischen Gründen nur allzu oft zum Trugschluss. Die Hebelgesetze erlauben Klimmzüge nur an Reckstangen, nicht an senkrechten Bordwänden. So fiel am 24.9.2014 ein Segler im österreichischen Mondsee von seinem Boot, der nur ins Beiboot übersteigen wollte. Das berichteten österreichische Zeitungen. Immer wieder versuchte er an Bord zu klettern. Und als das nicht funktionierte, wollte er ans Ufer schwimmen. Schon nach kurzer Distanz verließen ihn die Kräfte. Seine mit Wasser vollgesogene Kleidung verzögerte zwar die Auskühlung, aber behinderte seine Schwimm- und Kletterversuche. Mit letzter Kraft klammerte er sich an eine Boje, rief um Hilfe und wurde – „kurz vor knapp“ – gerettet.

Weil es einen Unterschied macht, ob man im Juli mit Badehose oder im März mit dicker Bekleidung über Bord fällt, ist ein Test unter schweren Bedingungen angesagt. Also springe ich im kalten Frühjahr am 04.03. in die Nordsee. Das Datum passt zur Wassertemperatur. Ich will herausfinden, mit welchen Leitern man schnell wieder an Bord kommt.

Gleiches gilt übrigens für Stege: Wer hört den einsamen Rufer, der im nächtlichen Hafen vom Steg stolpert? Wo findet er die nächste Rettungsleiter? Und lässt sich die Badeleiter des Bootes vom Wasser aus herunterklappen? Neben Badeleitern hält der Handel zum Nachrüsten „Rettungsleitern" bereit. Sie können vom Wasser aus heruntergezogen werden und lassen Verunglückte zurück ins Leben steigen – angeblich. Oder bieten sie nur Sicherheit für Athleten und Kletterkünstler? Wie steht es um die Sicherheit von Kindern, Greisen oder Sportmuffeln? Eine Überprüfung der Marketingaussagen der Hersteller ist fällig.

Zurück an Bord: der Praxistest.

Die Nordsee bietet die richtigen Bedingungen. Damit der Fotograf nicht meine Strampelversuche an den Rettungsleitern unter Wasser aufnehmen muss, lassen wir FUCHUR an der Jade vor Minsener Oog trockenfallen. So kann ich zunächst innerhalb weniger Minuten alle Rettungsleitern bei normaler Wasserlinie ausprobieren. Meine Kletterversuche würde ich eine Stunde später bei fallender Tide vor der Linse erneut demonstrieren. Die gerade noch erreichbaren Ansatzpunkte der Hände wurden in Schwimmlage markiert.

Das Thermometer zeigt 6 Grad Wassertemperatur und 12 Grad Lufttemperatur – nur im Überlebensanzug lässt sich ein solcher Test zu dieser Jahreszeit bestehen. Regelmäßig im Fitnesscenter, muss ich mit nassem Überlebensanzug ein Gewicht von 100 kg an Bord bringen, das ich per Klimmzug an der Reckstange auch bewältigen kann. Doch meine Reinke 11S hat keine Reckstange, sondern relativ gerade Bordwände, von denen heute drei Rettungsleitern baumeln. Auf See würde die Yacht beim Aufentern etwas abdriften. Man muss dann als Schwimmer neben der Bordwand den Fuß in die im Strom pendelnde unterste Stufe setzen. Auch diese Simulation gelingt im Wattfahrwasser – der Ebbstrom läuft mit einem Knoten. Was wir nicht simulieren können, ist das

Stampfen des Rumpfes im Seegang. Und so springe ich endlich hinein. Das Wasser schlägt über mir zusammen, bis die Rettungsweste auslöst und mich wieder an die Oberfläche bringt. Der Strom hat mich bereits 15 Meter von der Yacht entfernt. Ich schwimme zum Boot. Das kalte Wasser und die nasse Kleidung kosten Kraft. Jetzt gilt es, die Leitern im Praxistest auf ihre Rettungstauglichkeit zu prüfen.

Rohrrettungsleiter.

Gut erreichbar ist der Pfropfen der mit Schellen befestigten Rohrstrickleiter. Ohne sich zu vertüdeln, reichen die dünnen „Flaggenleinen mit Mini-Sprossen" ebenso tief wie die 1,20 Meter lange ausklappbare Badeleiter der FUCHUR. Doch diese feste Leiter muss ich ignorieren. So greife ich die scharfkantige Plastikstufe. An kurzer Leine hängt in der Hülse noch eine weitere Metallstufe, aber sie kommt nicht mit heraus – ist schlecht gepackt. Mit den Fingern könnte ein Schwimmer die zusätzliche Metallstufe nicht herausziehen.

Ersatzweise greife ich zum Rand des Rohres der Badeplattform, um denselben hohen Ansatzpunkt zu bekommen. Doch das eigentliche Problem liegt „ein Stockwerk tiefer": Unter Wasser misslingen die ersten Versuche, die unterste Stufe zu erhaschen. Die Leiter trudelt im trüben Strom und kann mit beschuhten Füßen nicht ertastet werden. Dabei herrscht noch nicht mal Seegang, weil die Yacht bereits auf ihren Kimmkielen steht. Ohne Schuhe wäre sie jedoch viel zu schmal für den triefenden 100-Kilo-Mann.

Als die Stufe mithilfe der Hände erreicht wird, drücken sie meine Füße unter das Heck. Der Austritt der beiden Leinen aus dem Rohr vermittelt keinerlei Halt gegen Drehbewegungen – also muss ich mich mit einer Hand schwimmend ausrichten, mit der anderen festhalten. Doch nun ist es unmöglich, den klappmessergleichen Körper aufzurichten, ohne dass ich komplett unter dem Heck verschwinde und meine Füße zum Himmel zeigen. Bei Seegang wäre jetzt Feierabend. Der Versuch, hier heraufzuklettern, wäre schon im Ansatz gescheitert.

Daraus resultiert die Erkenntnis: Am Ansatzpunkt über dem Rohr muss mindestens ein Haltegriff für zwei Hände vorhanden sein. Das gibt es auf vielen Booten nicht.

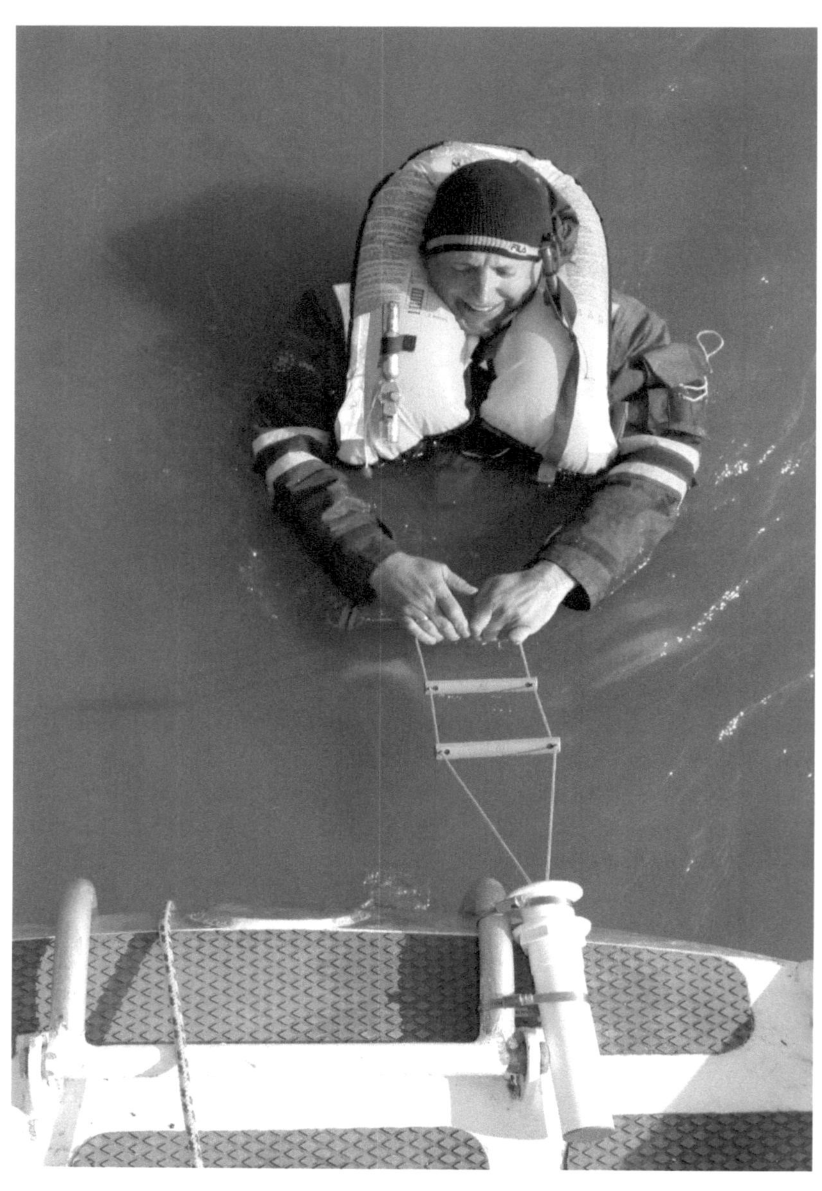

Eine Rohrrettungsleiter ist kaum zu erklimmen.

Von den Anstrengungen sichtlich gezeichnet, halte ich mich am eigentlich bündig unerreichbaren Endstück des Plastikrohrs fest und ziehe mich zur Badeplattform hoch. Das gelingt aber nur, weil ich mich auf dem per Hydraulik arretierten Ruder der Reinke abstützen kann – bei weiter vorn sitzenden Spatenrudern wäre das nicht möglich. Nun endlich zur aufrechten Haltung gekommen, unterstützen auch die Beine und ich stehe senkrecht auf der Strickleiter.

Damit komme ich noch immer nicht hinauf, denn normalerweise befindet sich auf der Badeplattform kein Haltegriff. Nun ergreife ich den nachträglich montierten Griff am Spiegel, um mich auf die Badeplattform zu ziehen: Gerettet! Mein Dank gilt dem Verkäufer des Wassersportausrüsters: „Nehmen Sie unbedingt einen Haltegriff für den Spiegel mit, der wird oft vergessen", gab er mir mit auf den Weg.

Die Taschenleiter.

Deutlich breiter als die schmale Rohrrettungsleiter sind die Stufen der „Help Ladder" aus der orangefarbenen Tasche; diese kann an die Fußleisten gebunden werden.

Um vom Wasser aus überhaupt erreichbar zu sein, geht das Aufsteigen bei dem hochbordigen Backdecker nur am Heck. Beim Herausziehen zeigen sich allerdings ihre Tücken: Alle Stufen müssen zunächst auf die Abstandshülsen heruntergezogen werden. Doch bei der Länge von 150 Zentimetern erreicht man zunächst nicht die oberste Stufe. Gut zu ertasten ist unter Wasser dagegen die erste Trittstufe, aber wie bei der dünnen Strickleiter verschwinden die Füße unter dem Rumpf. Als „Klippenhänger" müssen die Arme den Oberkörper allein hochziehen.

Der Klimmzug an der geraden Bordwand misslingt – die Ellenbogen können nicht nach vorn – die Hebelkraft ist zu groß. Die Arme müssen den entscheidenden Klimmzug von allein schaffen, erst sekundär kommt die Kraft der Beine hinzu. Und eben das ist aus diesem Winkel an der Bordwand fast unmöglich, wenn die Kraft nachlässt.

Anders wäre es bei einem sehr flachen Boot, bei dem eine feste Reling erreichbar ist. Als mit größter Anstrengung die oberste Stufe erreicht ist und ich den Körper an der Bordwand aufrichten kann, zeigt sich das nächste Problem: Bis zur Reling fehlt schlicht noch eine Stufe.

Als ich mit einer Hand loslasse, um die hohe Reling zu greifen, rutsche ich mit der Leiter zur Seite weg und gerate wieder in die Klippenhangposition.

An Bord gelange ich irgendwann doch noch, als ich im dritten Versuch die feste Reling greifen kann. Wenn ich mir aber vorstelle, dass am abdriftenden Rumpf und mit Seegang zu versuchen, muss ich davon ausgehen, immer wieder den seitlichen Halt zu verlieren. Ich rate also dringend dazu, diese Leiter am eigenen Boot unter erschwerten Bedingungen auszuprobieren, bevor man sich darauf verlassen sollte.

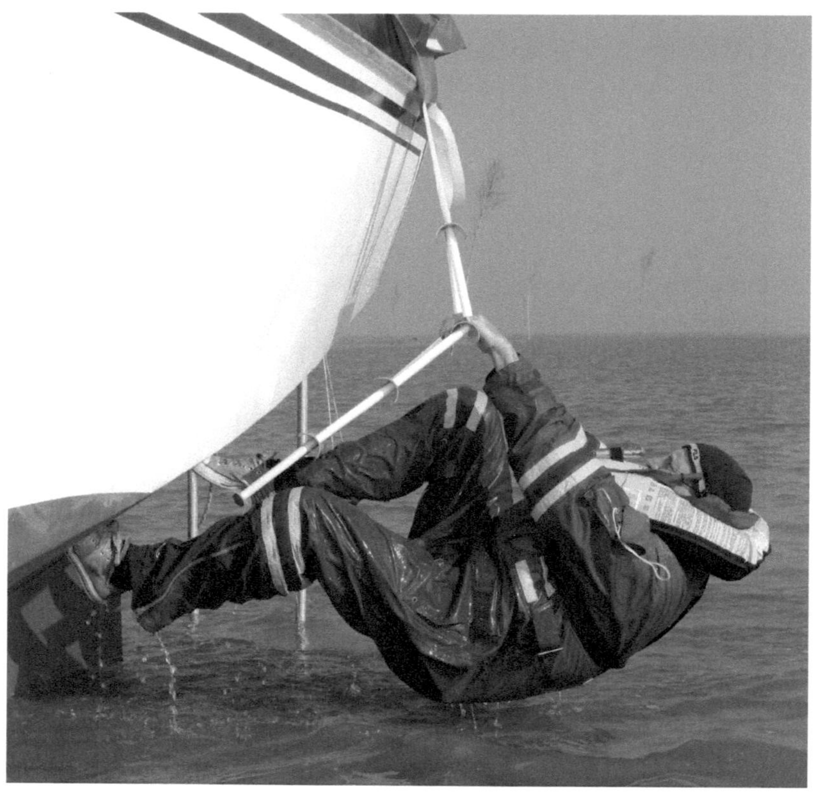

Die „akrobatische" Taschenleiter mit der fehlenden oberen Stufe: Man hätte die Leiter höher binden können, aber dann hätte sie nicht mehr weit genug unter Wasser gereicht. So oder so: 1,5 Meter Länge sind zu kurz für die Seite der 12 Meter langen Yacht.

Die „Poolleiter".

Positive Erwartungen bestanden für den Einsatz der „festen Badeleiter" zum Einhängen an die Bordwand: Alurohre, vier breite Plastikstufen, Abstandshalter. Es gibt sie in drei bis fünf Stufen. Bei der Reinke waren das aber immer noch mindestens zwei Stufen zu wenig. Weil sie nicht unter die Wasseroberfläche reichten, bestand keine Chance zum Aufentern. Ohne Hilfe der Beine konnte ich an der Bordwand keinen Klimmzug ansetzen. Ein Reinfall – dieser Test scheiterte im Ansatz.

Zwischenergebnis.

Rettungsleitern in Form von Strickleitern taugen nur dann, wenn sie auch vom schwächsten Bordmitglied in nasser Bekleidung benutzt werden können. Das muss man ausprobieren – voll bekleidet –, denn schnell ist die Kraft im Wasser dahin: Hohe Wellen, Erschöpfung, Unterkühlung, Kreislaufschwäche zehren an demjenigen, der das Pech hatte, ins Wasser zu fallen. Zu glauben, dass man in der Not schon die Zähne zusammenbeißt und es irgendwie schafft wieder an Bord zu kommen, kann fatale Folgen haben.

Warum können „Strickleitern" an Yachtrümpfen keine Sicherheit bieten? Konstruktionsbedingt ragen Rümpfe von Segelyachten nicht mindestens 60 Zentimeter weit als gerade Wand unter Wasser. Haltegriffe fehlen ebenfalls häufig. Deswegen wird anfangs stets die „Klippenhänger-Haltung" eingenommen, in der rund 80 Prozent des Körpergewichtes an der Zugkraft der Arme hängen, bis man sich aufrichtet. Doch schon die Beinkraft vieler Menschen reicht dazu nicht aus, geschweige denn die Armkraft. Deswegen gehören feste Leitern an das Heck seegehender Yachten. Wer einen Windpiloten nachrüstet, muss eine neue ausklappbare Leiter daneben anbringen – ob das nun gut aussieht oder nicht. Deswegen stehe ich ausklappbaren Badeplattformen kritisch gegenüber, weil meistens kein Windpilot und keine feste Leiter montieren werden kann. Wie eingangs beschrieben, kommen oft kräftezehrende Umstände hinzu: Unterkühlung, vollgesogene Bekleidung, Verletzung – und hoher Seegang. Dann kippt man an „Strickleitern" zur Seite weg und gelangt nicht mehr an Bord.

In der Werft Hooksiel stehen zum Frühlingsbeginn noch die meisten Boote an Land. Zu sehen sind die unterschiedlichsten Varianten. Der leider verstorbene Werftchef Burkhard Kähler freute sich nach meiner Anfrage auf einen Rundgang, denn Sicherheit lag auch ihm am Herzen. Der Segler wusste aus Erfahrung: „Badeleitern müssen möglichst tief ins Wasser reichen. Es geht eben um die entscheidenden Stufen mehr. Und sie sollten möglichst breit sein. Barfuß auf 25 Millimeter dünnen Rohren aufzusteigen, tut richtig weh.“ Jedes Heck ist anders, erfordert eine eigene Lösung. Manche Serienwerften haben hervorragende Lösungen gefunden, andere Boote sind leicht nachzurüsten. Manchmal hilft schon der Besuch beim Schlosser um die Ecke.

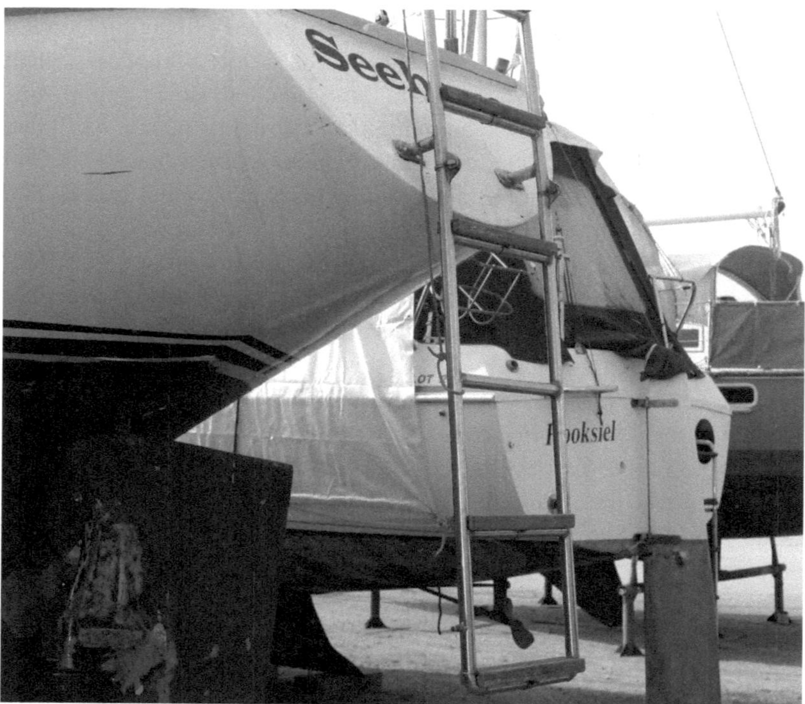

Im perfekten Winkel führt eine ausklappbare Leiter 70 cm tief ins Wasser und oben bis zur Reling.

Ausklappsicherungen.

Badeleitern in Durchstiegen von Heckkörben können tückisch sein. Beim ersten Überführungstörn von FUCHUR wäre ich im Februar im Nordostseekanal beinahe baden gegangen: Von der Badeplattform aus trimmte ich die Achterstagen und hielt mich wegen der Heckwelle eines Schiffes versehentlich an der Badeleiter fest. Sie war aber nicht arretiert und hatte keinen Sicherungshebel. Ein Hebel sollte aber auch vom Wasser aus bedienbar sein.

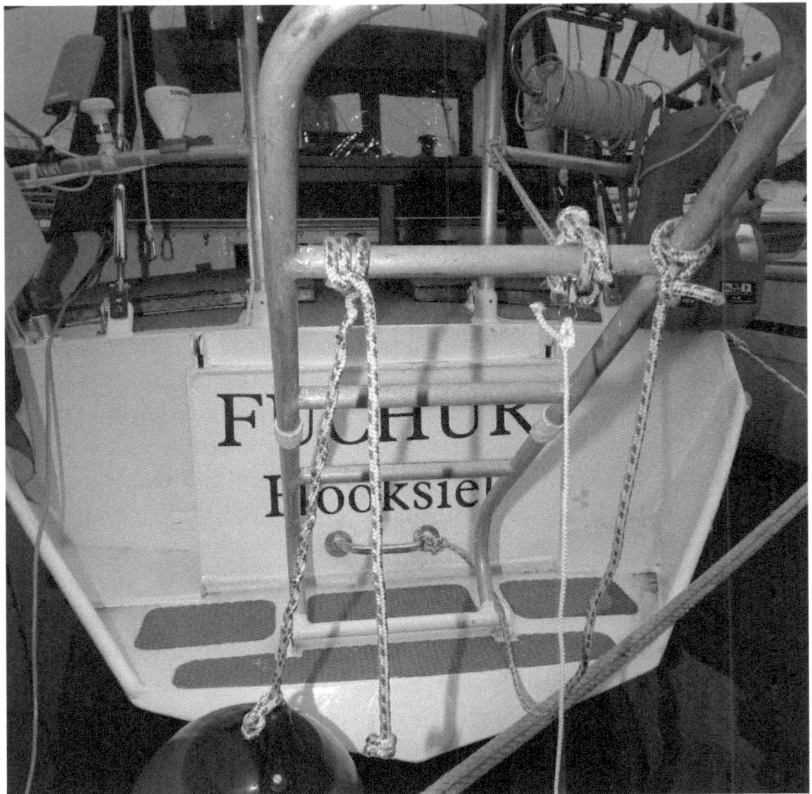

Der 45-Grad-Winkel positioniert den Kugelfender vor das Heck. Vom Wasser aus ist die Flaggenleine erreichbar, die den Schnappschäkel öffnet und notfalls die Badeleiter zum Einstieg freigibt.

Im Winterlager sah ich eine ganze Reihe von festgebundenen Leitern. Andere hatten trügerische Klemmlaschen, Gummistropps oder von oben übergelegte Metallringe: Gemeinsam ist ihnen, dass sie nicht vom Wasser aus bedienbar sind.

Dabei kann man sich mit einem Schnappschäkel behelfen, der mit einem Rundtörn die Badeleiter am Heckkorb fixiert: Eine am Stift des Schäkels angebundene Flaggenleine, die vom Wasser aus greifbar ist – schon lässt sich das Problem lösen. Diese Leitersicherung erlaubt zunächst das Ausklappen um 45 Grad. An meiner Badeleiter hängt ein Kugelfender, der beim Anlegen im Rückwärtsgang zum Einsatz kommt. Wenn ich dann übersteige, kann ich mich an der Badeleiter festhalten und mit ihr die Yacht zum Belegen der Leinen ausrichten. Trotzdem reicht ein kurzer Zug an der Leine zum Schnappschäkel, dann fällt die Badeleiter ganz herunter.

Leitern an Badeplattformen.

Aus optischen Gründen vermeiden manche Konstrukteure und Eigner fest montierte Badeleitern. Geschlossene Badeplattformen lassen sich jedoch nur von Deck aus ausklappen. Das ist nichts für Einhandsegler. Erst nach dem Ausklappen kommen Teleskopleitern zum Vorschein. Um keine Stolperfallen zu bieten, fehlen oft Haltegriffe neben den Anschlägen. Diese Anordnung ist fraglich, denn ohne Griffe ist das Anbordziehen mühsam oder unmöglich. Teleskopleitern haben zudem eine geringe Stabilität. Sie verbiegen leicht, denn die Hebelkraft der durchgestreckten Beine beim Aufrichten kann rund 100 Kilogramm betragen – horizontal statt vertikal.

Um bei nicht ausgeklappter Badeplattform vom Wasser aus an Bord zu kommen, werden Rohrstrickleitern in die Spiegel neben den Plattformen eingesetzt. Bei einer werftneuen Sun Odyssey 509, die ich sah, wurde ein Haltegriff darüber montiert, jedoch sehr hoch über der Notleiter. Falls der senkrechte Einzelgriff im Notfall vom Wasser aus erreicht wird, wird sich der Körper bei dieser Lösung leicht zur Seite wegdrehen. Besser wären zwei waagerechte Griffe im Abstand von ca. 30 Zentimetern neben dem Rohr, um einen stabilisierenden Klimmzug zu ermöglichen. Nur dann würde die Rettungsleiter ihrem Namen gerecht werden.

Besonders GFK-Yachten sind empfindlich, wenn nur ihre Heckkanten die Leiteranschläge begrenzen. Wird dagegen eine Badeleiter mit Abstandsbögen auf der Plattform ähnlich einer Poolleiter montiert, reduzieren sich die Winkelkräfte und es werden zugleich Haltegriffe zum Hochziehen gesetzt. An Spitzgattern und Booten mit positivem Spiegel sollen durch Abstandshalter die Leitern zumindest senkrecht montiert werden, damit das Gewicht nicht zu sehr an den Armen hängt.

Die besten Lösungen.

In Hooksiel steht eine Najade 900, sie ist mehr als 40 Jahre alt. Der Eigner ist trotz des schmalen Hecks keine Kompromisse eingegangen: Im perfekten Winkel führt eine ausklappbare Leiter 70 Zentimeter tief ins Wasser und oben bis zur Reling. Sie ist mit Holzstufen versehen, die trotz geringem Moosbewuchs immer noch fest sind. Ein simpler Klapphebel auf einer Achse sichert die Konstruktion. Sie ist leicht per Leine vom Wasser aus bedienbar.

Eben diesen Klapphebel hat auch Niro Petersen aus Flensburg zum Nachrüsten im Programm. Die Firma bietet noch individuellere Lösungen an. Inhaberin Birthe Reimer segelt seit Kindertagen: „Wir haben bei unserem Boot die kurze Leiter neben der Badeplattform sofort durch eine eigene Konstruktion ersetzt. Sie reicht 30 Zentimeter tiefer. Ich kann sie sogar im Seegang vom Wasser aus herunterziehen."

Die Leiter ihrer Yacht wurde formschlüssig seitlich neben dem Durchstieg in die Badeplattform integriert. Zudem werden passende Riegel angeboten, die auch unter Last vom Wasser aus funktionieren. Die Stufen der Leitern sind so profiliert, dass kein pflegeintensives Holz erforderlich ist.

Ich habe keine zertifizierte Rettungsleiter gefunden, da keine Zertifizierung in der Sportbootrichtlinie nach CE-Standard vorgesehen ist und die Hersteller vermutlich auch kein Interesse haben, sie zu beantragen. Der Unterschied zwischen Bade- und Rettungsleitern sollte daher entfallen. Eine Badeleiter ist zugleich eine Rettungsleiter, denn auch aus einem harmlosen Bad im Meer kann sich ein Notfall entwickeln. Meine Empfehlungen für eine Rettungsleiter sind einfach. Sie sollte:

- fest montiert und durch hohes Gewicht oder Hebelwirkung der Beine nicht zu verbiegen sein,
- mindestens 60 cm weit unter Wasser reichen,
- senkrecht ohne Überhang montiert sein,
- von Schwimmern zu entriegeln und auszuklappen sein,
- breite Trittstufen aus Holz oder Metall besitzen,
- Rohrstufen mit mindestens 30 mm Durchmesser haben und
- möglichst wenige Gelenke oder Teleskopverbindungen aufweisen.

Dass sogar Schlauchboote mit einer Rettungsleiter ausgerüstet werden sollten, zeigt das folgende Beispiel: Skipper Helmut Wippich (71) fiel im August 2013 beim Wolfsbarschangeln im Seegatt zwischen Wangerooge und Spiekeroog über Bord. Der Grund: Sein Boot wurde instabil, nachdem es Luft in einer Kammer verloren hatte – eine Fischkiste hatte sich an einem Ventil verhakt. Der Skipper hing nach einer hohen Welle außenbords und kam nicht mehr in sein Schlauchboot hinein. Nach einer halben Stunde spülte ihn der Flutstrom auf eine Sandbank. Nur so konnte er sich retten. In der Werft Hooksiel ließ er nach dieser Erfahrung eine ausklappbare Rettungsleiter für das Schlauchboot bauen. Sie klappt nicht unter das Heck und reicht 60 cm tief. Und seine Frau hat darauf bestanden, dass er künftig beim Angeln eine leuchtende Treibjagdmütze trägt, falls er wieder mal in Seenot geraten sollte …

Rettungsinseln: Gewicht, Lagerung, Einsatz.

Zur Erinnerung: Wir leben an Bord, wollen „Menschen des Meeres“ sein, sollen in jeder Situation die bestmögliche Entscheidung treffen. Eben weil wir nicht nur an zwei Wochen bei schönem Wetter im Charterurlaub sind, muss das Wissen über Rettungsmittel umfassend sein – und zwar für jeden an Bord. Wir sind ja „immer hier“. Auch wenn Kurzurlaubssegler sich damit ebenso auskennen sollten, so steigt für Bootsbewohner aufgrund der Dauer ihrer Anwesenheit an Bord die Wahrscheinlichkeit, irgendwann einen Seenotfall zu erleben. Damit stellen sich zwei Fragen: die „technischen“ Bedienung der Rettungsmitteln und, ganz pragmatisch, kann auch das schwächste Crewmitglied das Rettungsfloß aus der Halterung holen und öffnen?

Rückblick ins Jahr 2001: LEVIATHAN, meine damalige Reinke Taranga, schießt über einen Wellenkamm hinaus. Im freien Fall geht es 3 Meter abwärts. Der Bug bohrt sich in die nächste Welle, kommt nicht rechtzeitig hoch, grünes Wasser rauscht über das Deck. Verdammt – warum wurde der Sturm nicht angesagt? Wir kämpfen auf der Stelle, Mitternacht, es sind noch 20 Seemeilen bis Helgoland. Der Kurs ist kaum zu halten, Wind und Strom versetzen uns, nur knapp rauschen wir an der Tonne „Elbe 3“ vorbei. Kurz darauf bricht der Haltebolzen des Ankers. An einem Meter Kette hängend, hämmert der Anker bei jeder Welle in den Bug. Hätte er ein großes Leck geschlagen, was bei einer GFK-Yacht vielleicht passiert wäre, wie lange hätten wir in diesem Chaos benötigt, die Rettungsinsel klarzumachen und mit allem, was nötig ist, einzusteigen? In diesem Chaos aus Sturm und Wellen die Rettungsinsel zu bedienen, bedarf der Vorbereitung. Und ganz ehrlich: Viel zu selten denken wir darüber nach. Das Szenario ist sieben polnischen Seglern in der Nacht zum 12.08.2020 vor Cuxhaven vermutlich nach einer Kollision mit einer Fahrwassertonne widerfahren: Den Seglern gelang es, von der schnell sinkenden Yacht in ihre Rettungsinsel überzusteigen. Ihre 15 Meter lange Segelyacht „Sharki“, Heimathafen Stettin (Polen), befand sich auf dem Weg vom Nord-Ostsee-Kanal nach Helgoland.

Dort war sie keine Unbekannte: Es handelt sich bei der „Sharki“ um die frühere „Rubin“ des 2014 verstorbenen langjährigen Präsidenten des Deutschen Segler-Verbandes, Hans-Otto Schümann. Mit der jetzt gesunkenen Ex-Rubin gewann er 1973 den legendären Admiral's Cup – also eine als besonders solide geltende Yacht, gebaut für schweren Seegang.

Szenenwechsel. Im Vorhafen von Brunsbüttel zum Nord-Ostsee-Kanal brannte im August 2015 eine Segelyacht aus, nachdem unter Deck ein Feuer ausgebrochen war. Die Crew konnte nur noch über Bord springen. Ihr Glück im Unglück: Das Ufer war nah und das Wasser im August war warm. Ein anderer Skipper geriet Tage zuvor in der Ostsee ebenfalls in Not. Als seine Yacht ausbrannte und sank, konnte er sich nur mithilfe der Rettungsinsel in Sicherheit bringen.

Ursachen kann es viele geben, das Boot zu verlassen. Ich erinnere an Maurice und Maralyn Bailey, deren neun Meter langer Kimmkieler 1973 im Pazifik mit einem Wal kollidierte. Ihr Boot sank so schnell, dass sie nur wenig Ausrüstung in die Rettungsinsel und ins Beiboot mitnehmen konnten. 137 Tage mussten sie darin ausharren, drifteten im weiten Bogen um die Galapagos-Inseln. Mehrere Schiffe fuhren an ihnen vorbei, ohne sie zu sehen. Halb verhungert, vom rohen Fleisch gefangener Schildkröten und Regenwasser am Leben gehalten, wurden sie schließlich von der Besatzung eines Fischtrawlers gerettet.

Dank moderner Kommunikation ist ein ähnliches Szenario heute unwahrscheinlich, sofern die Notfunkboje, ein Satellitentelefon oder unser UKW-Handfunkgerät einen Kontakt zu einem Schiff in der Nähe ermöglichen. Doch eine Rettungsinsel gehört auf jedes Boot, auch wenn es „nur“ im küstennahen Bereich unterwegs ist.

Unter bestimmten Umständen kann es passieren, dass man die Kajüte innerhalb eines Zeitfensters verlassen muss, das dadurch begrenzt ist, wie lange man die Luft anhalten kann. Rettungswesten helfen uns nur wenige Minuten, wenn das Wasser noch kalt und das Ufer weiter als 200 Meter entfernt ist. Im eiskalten Wasser setzt bereits nach wenigen Minuten eine lebensbedrohliche Unterkühlung ein. Und wer durch eine Explosion verletzt ist, schafft nicht einmal eine kurze Distanz bis zum rettenden Ufer.

Ergo: Es ist eine Sache, Rettungsmittel zu besitzen und damit spazieren zu fahren. Aber es ist eine andere, sie unter realen Bedingungen bei meterhohen Wellen oder gar auf einem brennenden Schiff innerhalb einer Minute zu bedienen. Probieren Sie das mal aus: Klatschen Sie in die Hände, brüllen Sie „Feuer“ und rufen Sie „Alles klar für die Rettungsinsel – alle von Bord“. Und dann versuchen Sie, die Luft anzuhalten und aus der Kajüte noch Ausrüstung zu bergen. Dieses Experiment starten Sie nicht mit vorheriger Ankündigung, sondern unvorbereitet. Das Ergebnis wird ohne Übungen entsprechend ausfallen. Und was würde passieren, wenn der „starke“ Skipper selbst so verletzt ist, dass er nicht mehr Denker und Lenker auf dem Schiff ist? Wenn der Held der sieben Meere im Seenotfall den Großbaum an den Kopf bekommen hat, liegt er hilflos an Deck. Vielleicht erleidet er auch einen Rippenbruch mit Atembeschwerden? Wer zerrt dann die schwere Rettungsinsel aus ihrem Stauraum? Alles, was getan werden muss, lastet plötzlich allein auf den Schultern der Crew – in der Regel also von Frau und Kindern – so wäre es auch bei uns.

Nach Murphys Gesetz wird ein Notfall nie bei bestem Badewetter eintreten. Weiß die Crew, was dann zu tun ist? Haben die übrigen Mitglieder überhaupt die Kraft, das Rettungsboot aus seinem Stauraum herauszuholen und klarzumachen? Dieser Frage gingen wir noch auf PALOMA nach. Alles begann damit, dass die jährliche Prüfung der Rettungsmittel anstand. Unter der Hundekoje lagerte unsere hochseetaugliche Rettungsinsel in der Tasche. Da war sie „sicher“, denn eine Rettungsinsel im Container am Heck kann durch Seeschlag abgerissen werden. Oder wäre sie nicht doch besser am Heckkorb aufgehoben? Weil in den Backskisten der Mittelcockpityacht kein Platz war, hatte ich mich für die Lagerung unter Deck entschieden. Das war ein Fehler, wie mir bei näherer Analyse schnell klar wurde.

Absichtlich hatte ich beim Kauf die Rettungsinsel „eine Nummer größer“ gewählt, weil die Enge kleiner Rettungsinseln ohne Liegemöglichkeit die Seekrankheit fördert. Unsere Rettungsinsel war für sechs Personen ausgelegt und besaß einen isolierten Boden. Ihr Gewicht betrug 34 Kilogramm. Das war hoch, aber ich meinte, dieses Monstrum jederzeit an Deck wuchten zu können.

Wie sich herausstellte, war das Wunschdenken, denn die Tasche klemmte durch ihr eigenes Gewicht und Verformung nach einiger Zeit fest unter der Koje. Und durch den Niedergang passte sie gerade eben. Was vor 8 Jahren noch recht gut funktioniert hatte, forderte nun vollen Körpereinsatz und Hebeltechnik. So wurde mir klar: Was mit 40 klappt, funktioniert mit 50 Jahren vielleicht nicht mehr. Das gilt auch für das Aufentern in den Mast.

Da ich unter diesen simulierten Bedingungen „ausgefallen war“, mussten meine Frau Birgitt und meine Tochter Josephine ran. Das bittere Ergebnis der Notfallübung: Selbst bei optimalen Bedingungen, wie einem bewegungslosen Boot im Hafen, hätten die beiden keine Chance gehabt, die Rettungsinsel einzusetzen. Ihre Kraft reichte nicht aus, sie an Deck zu wuchten. Im Seegang und bei dem rutschigen Boden eines gefluteten Rumpfes, vielleicht sogar noch nach dem Durchkentern im Sturm, wäre auch der Einsatz durch mich fraglich. Noch am selben Tag kam die Insel von Bord. Doch womit sollte ich sie ersetzen?

10 Kilogramm Gewichtsersparnis können über Leben und Tod entscheiden.

Bei einem Wassersportversand wurde für 799 Euro ein neues Modell angeboten. Mit nur 24 Kilogramm Gewicht war sie wohl die leichteste Rettungsinsel auf dem Markt. Vergleichbare Ausführungen wiegen mindestens 28 Kilogramm. Sie besitzt eine Tasche, Platz für vier Personen, trotzdem einen isolierten Boden und Kenterschutzsäcke mit je 55 Kilogramm Auftrieb. Darin enthalten sind sogar Signalraketen und ein Notlicht. Pauschal lässt sich ein derartiges Angebot nicht bewerten, denn es kommt natürlich auch auf das Fahrtgebiet der jeweiligen Yacht an. Wer nach Grönland segelt und vielleicht tagelang in einer Rettungsinsel ausharren muss, braucht einen gut isolierten Boden. In Nord- und Ostsee wird dagegen ein Rettungshubschrauber innerhalb einer Stunde vor Ort erwartet werden können, wenn unser Notruf aufgefangen wird. Hier könnte man die Dimensionen der eigenen Rettungsinsel entsprechend kleiner ausfallen lassen.

Nebenbei bemerkt: Wie legt man überhaupt die Rettungsschlinge an? Beruflich hatte ich in jungen Jahren das Glück, an diversen Seenot-Übungen teilzunehmen. Und so hing ich oft „unter dem Hubschrauber" oder wurde mit drei Kollegen in der Ostsee in einer Rettungsinsel ausgesetzt, damit uns die Hubschrauberbesatzungen suchen und bergen konnten. Im „Downwash", dem Abwindbereich des Rotors, kenterte unsere Insel vor Großenbrode, als wir zu dritt versuchten, die Rettungsschlinge zu erwischen: Wir hatten versäumt, für den richtigen Gewichtstrimm zu sorgen. Die Unkenntnis dieses Aspekts einer Rettung aus der Luft kann eine schiffbrüchige Crew gefährden. Ein professionelles Sicherheitstraining ist eine gute Option. Ich habe meine alte Rettungsinsel unserem Verein gespendet. Zunächst war es spannend zu sehen, dass sie sich noch aufgeblasen hat. Die Rettungsinsel lag dann am Ausbildungssteg und so konnten alle über den Sommer damit üben.

Im hohen Seegang kommt es natürlich auf den richtigen Trimm an. Besitzt eine Insel aufgrund ihres geringen Grundgewichts und zu klein dimensionierter Kenterschutzsäcke wenig Stabilität, ist das nicht gut. Natürlich gibt es keine „perfekte" Rettungsinsel. Eine leichte Rettungsinsel ist vielleicht schneller bei einem Brand einzusetzen. Sie lässt sich einfacher ausbringen. Eine schwere Ausführung bietet hingegen mehr Sicherheit gegen das Kentern. Auch die Platzfrage an Bord spielt eine Rolle. Ist das Boot nicht groß genug, um die Insel im Container in einer Garage im Heck oder in einer Halterung auf dem Vordeck zu lagern und muss in einer Tasche transportiert werden, darf sie nur relativ leicht sein – deswegen haben wir uns dann für die leichte Version in einer Tasche entschieden, als wir noch unser Boot PALOMA hatten. Auf FUCHUR war stattdessen auf dem Vordeck genug Platz für eine 6-Personen-Insel von BFA.

Im Frühjahr 2019 war es an der Zeit, eine neue Rettungsinsel zu kaufen. Die neue Insel sollte vor allem eines: Sich bei Minustemperaturen auslösen lassen, denn wir sind auch bei Eis und Schnee unterwegs. Unter solchen Bedingungen benötigt eine derartige Rettungsinsel selbstverständlich auch einen isolierten Boden und für die Wartung ein weltweites Servicenetz. Auch die Größe spielt eine Rolle: Sollte es eine Insel für vier oder für sechs Personen sein? Eine größere Insel kentert leichter, wenn sie nicht mit vollem Gewicht ausgelastet ist. Auf Langfahrt sind wir überwiegend zu zweit, aber es kann sich jederzeit Besuch ankündigen – daher muss der Platz für sechs Personen oder für zusätzliche Wasserbehälter ausreichen, falls wir zu zweit auf hoher See in Not geraten. Wenn es im Notfall auf einer kleineren Insel zu eng ist, um die Füße auszustrecken, ist der ohnehin strapaziöse Wellenritt noch schlechter zu ertragen. *Fazit:* Wir entschieden uns dafür, nach einer sechs-Personen-Insel zu suchen.

Unsere Rettungsinsel sollte die folgenden Eigenschaften aufweisen: bis zu minus 15 Grad auslösbar – das fällt unter den Standard ISO 9650-1. Diese Norm wird auch bei Hochseeregatten gefordert. Nach langem Überlegen und vielen Vergleichen entschieden wir uns für das Modell Viking RescYou aus dänischer Fertigung, das wir beim Schiffsausrüster Toplicht in Hamburg bestellten. Für 500 Euro weniger wäre beispielsweise auch eine Plastimo-Insel in Frage gekommen und ich kann mangels eigener Erfahrung nicht behaupten, dass die dänische Viking-Insel der französischen Plastimo überlegen wäre. Das französische Modell verfügt zwar über eine Schutzhülle über den Auftriebsschläuchen, doch wenn ein Leck im gelben PVC-Schlauch entstünde, wäre das natürlich nicht gut: Es wäre nämlich kaum zu entdecken und bei feuchter Oberfläche nur sehr schwer zu flicken. Dagegen ist ein Loch in einem der schwarzen Gummischläuche der Viking-Insel leichter auszumachen und das Vulkanisieren mit einem Flicken kennt man von Fahrradschläuchen.

Ebenfalls zur engeren Auswahl stand eine englische Insel, doch ich fragte mich angesichts des bevorstehenden Brexit, ob eine Firma aus Großbritannien auch in 15 Jahren noch Ersatzteile für die Wartung liefern könnte? Und wenn ja, würde die Lieferung jeweils beim Zoll abgeholt werden müssen? Das Vertrauen ist dahin, wenn die dreijährigen Wartungsintervalle überzogen werden oder Ventile und andere Ersatzteile womöglich nicht mehr lieferbar sind. Solche Brexit-Auswirkungen sind momentan nur hypothetisch – wer kann das im Jahr 2019 schon genau vorhersagen – aber auch hier punktet Viking: Der globale Marktführer rüstet die Berufsschifffahrt aus und besitzt mit 270 Servicestationen das wohl beste Wartungsnetz. Also fiel uns unsere Entscheidung am Ende leicht: Es sollte die Viking RescYou werden. Sehr gerne hätten wir zwar auch die selbstaufrichtende RescYou-Pro-Version genommen, aber diese wäre rund 800 Euro teurer gewesen, und mit 48 Kilogramm auch recht schwer – die leichtere Viking-Insel lässt sich bei Notfällen hoffentlich leichter aufrichten. Zum Üben von Notsituationen oder dem Aufrichten nach der Kenterung verwenden wir die dem Club gespendete alte Insel.

Praktische Übungen für die Crew.

Um einen Seenotfall zu überstehen, sollte die Crew auch ohne den Kapitän die folgenden Aufgaben im Schlaf beherrschen. Es bietet sich an, diese Übungen unangekündigt zu wiederholen. Denn ein Seenotfall geschieht in der Regel ebenfalls überraschend. Zudem halten Übungen die Crew einschließlich des Skippers fit und man erkennt Fehler, die einem im Ernstfall nicht unterlaufen dürfen.

Alle Mitglieder der Crew und auch Gäste an Bord sollten ihre Notfallrollen kennen und in der Lage sein, die Notfallrollen anderer Crewmitglieder zu übernehmen.

Die praktischen Übungen sind so wichtig, dass ich sie hier auf je einer Seite als Checkliste anfüge. So können Sie sie ausdrucken und auf einen Törn mit Freunden mitnehmen. Jedes Crewmitglied kann so jederzeit seine Notfallrolle an Bord überprüfen.

Bedienung des Hand-GPS, Feststellen der Position.

➪ Zuständig: ____________________

Absetzen eines Notrufs mit korrekter Positionsangabe.

➪ Zuständig: ____________________

Notruf über Funkgerät, Handfunkgerät und Handy.

➪ Zuständig: ____________________

Den Inhalt der Notfalltonnen an Bord der Yacht kennen und die Tonnen mitnehmen.

➪ Zuständig: ____________________

Zusätzliches Trinkwasser! Ein paar Liter Wasser in einer Rettungsinsel reichen nicht aus. Wer seekrank wird und sich erbricht, benötigt viel Flüssigkeit.

➪ Zuständig: ____________________

Herausholen der Rettungsinsel aus dem jeweiligen Stauraum.
Anbinden der Auslöseleine an der Reling.

➪ Zuständig: ____________________

Herausholen der Auslöseleine: Eine Rettungsinsel besitzt keine Salztablette. Sie wird sich erst durch den kräftigen Ruck an der Leine entfalten.

➪ Zuständig: ____________________

Ruder in Luv-Stellung laschen: Das Boot soll beidrehen und nicht unter Topp und Takel abdriften.

➪ Zuständig: ____________________

Fertigmachen der Insel zum Wurf über Bord.
Durchschneiden der Leine zum Lösen vom Boot – das Messer nicht vergessen, auch wenn Rettungsinseln damit ausgestattet sind.

➪ Zuständig: ____________________

Einsatz der Signalraketen.

➪ Zuständig: ____________________

Einsatz eines Rauchtopfs.

➪ Zuständig: ____________________

Erste Hilfe. Dosierung von Seekrankheitstabletten, -pflaster und -zäpfchen kennen.
Zuständig: ____________________

Inhalt der Notfalltonnen.

- Hand-GPS.
- Handfunkgerät, Batterien separat.
- Zweithandy mit Prepaid-Karte – jede zusätzliche Kommunikationsmöglichkeit muss nutzbar sein.
- AIS-Notfunksender.
- Diverse Seenotsignale Tag und Nacht.
- Kombiwerkzeug.
- Verbandkasten.
- Zusätzliches Flickzeug nach Herstellervorgabe.
- Bindedraht und Bändsel.
- Wasser, Notverpflegung, Müsliriegel.

Zu guter Letzt.

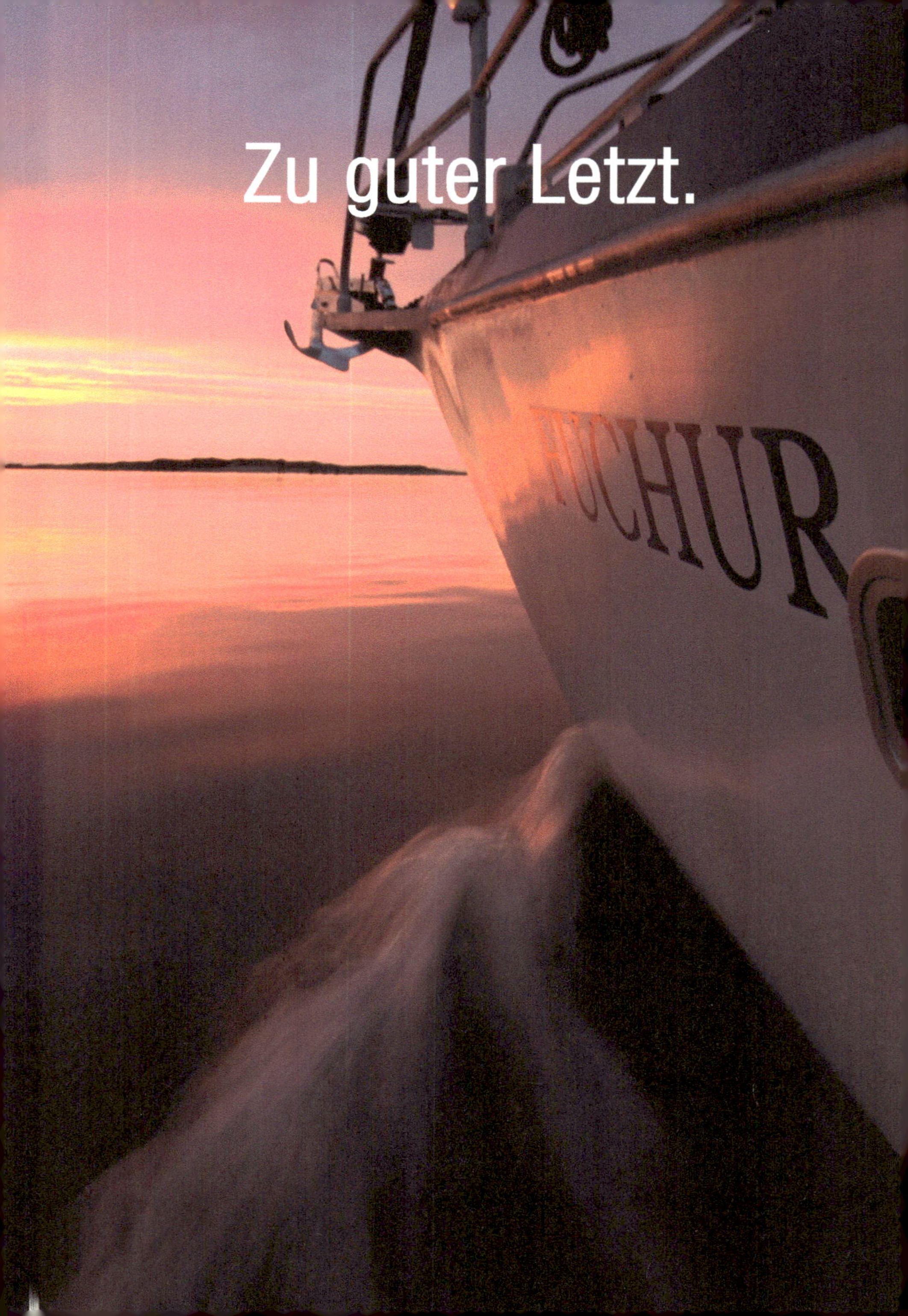

Segelpraxis: Vor- und Nachteile unterschiedlicher Fahrtenyacht-Takelungen.

Nun haben Sie sich bis hierher durch dieses Buch gearbeitet und finden nur einen einzigen Abschnitt über die Hauptantriebsquelle eines Segelboots: die Segel. Bitte sehen Sie es mir nach, denn in 30 Jahren musste ich in die Segel meiner Boote nur wenig Geld investieren. Der Grund ist einfach: Alle meine Boote hatten neuwertige Segel oder sie waren von guter Qualität. Eigentlich ist dieses Kapitel auch nicht so wichtig, denn es geht ja vornehmlich um das Leben an Bord. Mit der Wohnsitzwahl haben daher Segel nicht viel zu tun. Trotzdem gilt es einige Dinge zu beachten, will man an Bord nicht nur leben, sondern mit seinem Boot auch unterwegs sein.

Um ein Boot zu kaufen, beginnt die Wahl bei Kiel und Ruder und endet bei der Mastspitze. Die Kieltiefe entscheidet, wohin Sie segeln können. Was für ein Mast an Deck steht, spielt eine untergeordnete Rolle. Dass ich persönlich Topptakelungen den längeren Masten mit tiefer ansetzendem Vorstag vorziehe, liegt daran, dass ich größere Vorsegel lieber mag als größere Großsegel. Vorsegel lassen sich einfacher beherrschen – sie kennen keine Gefahr durch „Patenthalsen". Außerdem ist ein toppgetakelter Mast den entscheidenden Meter kürzer, was den Masttransport bei Kanalfahrten erleichtert. Eine Ketsch oder Yawl, also ein Zweimaster, hätte vielleicht noch kürzere Ausführungen, doch diese Art Boote sind überwiegend älter. Ein zweiter Mast ist nicht nur ein zusätzlicher Kostenfaktor, wenn die Masten erneuert werden müssen, sondern steht garantiert immer im Weg oder knallt einem den Baum in den Bauch, wenn man das Achterdeck unvorsichtig betritt. Also weg damit, wie es auf PALOMA geschah.

Was braucht man, um eine gute Basisausstattung der Segel zu haben? Sofern nicht vorhanden, würde ich stets ein Rollvorsegel nachrüsten. Man kann es aus dem Cockpit heraus bedienen und die Segelfläche in Sekunden anpassen. In Notfällen rutscht niemand auf übereinanderliegenden Falten auf dem Vorschiff aus. Ein universelles Rollsegel kostet keinen Platz unter Deck, den Säcke mit mehreren unterschiedlichen Vorsegeln benötigen würden. Segel, die wir abschlagen und verstauen, sind oft nass und salzig. Ich mag sie nicht „ins Wohnzimmer" schleppen.

Das gute alte „doppelte Vorstag" bei Booten bis zu 9 Metern ist sonst gar nicht schlecht. Zwei unterschiedlich große Vorsegel auf die Reling zu laschen ist unkompliziert. Ansonsten bin ich ein großer Fan einer möglichst großen Rollgenua. Alle meine Boote liefen damit ganz vorzüglich und gerade auf Vorwindkursen und bei Windböen ist es eine feine Sache, auf das Großsegel verzichten zu können.

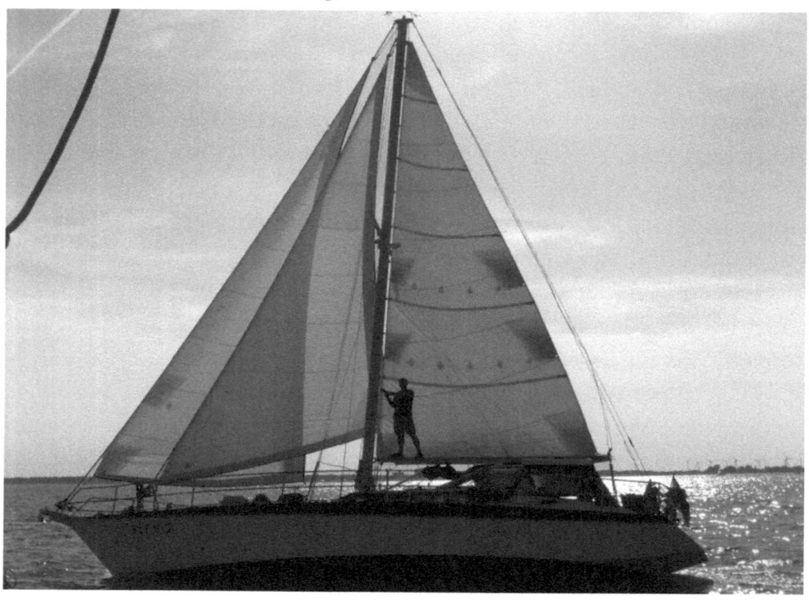

Die Vorsegel wurden kurz nach dieser Testfahrt getauscht: Das vordere ehemalige Treckersegel wird heute als Fock gefahren – die hochgeschnittene achtere Fock wurde zum Klüversegel. So wirkt auch die „Düse" zwischen Fock und Mast besser.

Dass sogar zwei Rollgenuas an zwei Masten zeitgemäß sein können, habe ich beim Test von Sailjet erfahren, einer finnischen Leichtbauyacht mit zwei Carbonmasten ohne Großsegel.

Nun wird man sein gebrauchtes Boot wohl nicht zusätzlich mit einem zweiten Mast ausstatten und 400.000 Euro für das finnische High-Tech-Boot wird der Einsteiger auch kaum aufbringen. Eine Ketsch, Yawl oder ein Schoner sind auch nicht zeitgemäß, wenn man unterhalb von 15 Metern bleibt. Die Kuttertakelung der zwei Vorsegel ist auch nicht unbedingt erforderlich. Bei meinem Boot PALOMA war der Spalt zwischen Klüver- und Fock recht gering – bei jeder Wende musste man den Klüver einholen.

Reffen des Großsegels: Ich bin kein Fan von Großsegeln, die in den Baum gerollt werden. Auf meiner alten Stahlyacht stand es zwar mit seinen langen Segellatten ganz hervorragend und sorgte für ordentlich Winddruck, was den Langkieler ungeahnt flott segeln ließ.

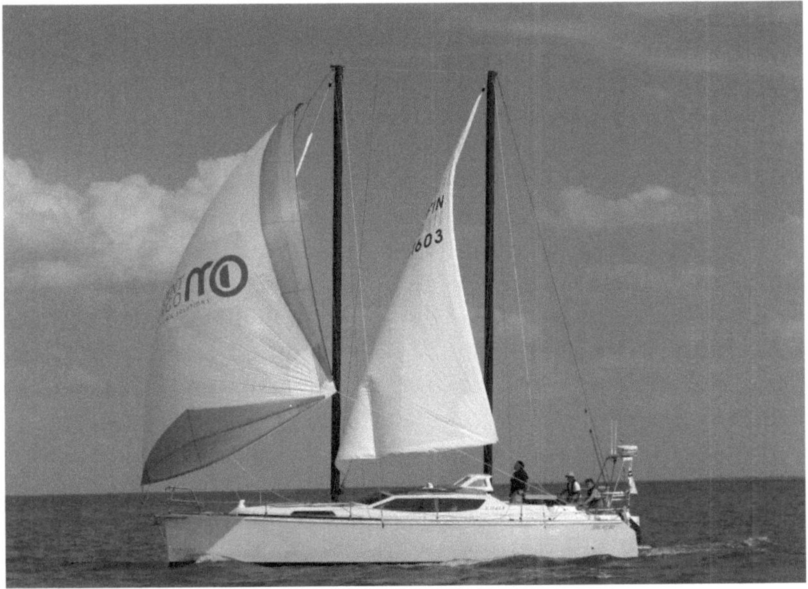

Sailjet 40: Zwei Masten mit jeweils nur einer Rollgenua – kein Groß! Das finnische Boot segelte trotz gleicher Länge meiner schweren FUCHUR davon. Allerdings wiegt es nur die Hälfte und hat hier zusätzlich bei 3 Beaufort einen Gennaker gesetzt.

Aber das Setzen und Reffen ist nur genau im Wind möglich, sonst bekneift sich das Vorliek in der Mastnut. Wenn man einhand unterwegs ist, springt man ständig zwischen Steuerrad und Reffleine hin und her. Gerade bei hohen Wellen ist es nicht leicht, den Bug genau in den Wind zu halten. In den acht Jahren, in denen ich auf PALOMA segelte, habe ich mich damit arrangiert und hätte das System nicht geändert, zumal die Reffpunkte gut erreichbar waren. Aber selbst hätte ich PALOMA damit nicht ausgerüstet. Ergo: Das Setzen und Bergen habe ich auch einhand geschafft, aber nur, weil das Steuerrad des Mittelcockpits direkt greifbar war, wenn ich das Fall bediente. Ich habe die Leinen all meiner Boote ins Cockpit umgelenkt. Mit Blöcken am Mastfuß und Hebelklemmen ist es ein echter Sicherheitsgewinn. Je seltener man bei ruppiger See aufs Vorschiff muss, desto besser. LEVIATHAN besaß ein nagelneues Mastrollreffsegel. So war es auf jedem Kurs kinderleicht, das Segel zu setzen, zu reffen oder zu bergen. In Sekundenschnelle hatte ich es angepasst. Der Stand war auch nicht schlecht, obwohl der Spalt zwischen Baum und Segel recht groß war – verschenkte Fläche. Und doch fühlte ich mich mit einem Rollgroß nie ganz wohl: Wenn die Spindel beschädigt wird, ist eine Reparatur auf See kaum möglich. Und wenn das Segel aus irgendeinem Grund entfernt werden muss, klappert die Spindel erbärmlich im Mast. Das Boot ist dann unbewohnbar und Stegnachbarn werden froh sein, wenn man verschwindet.

FUCHUR besitzt wiederum ein konventionelles Lattengroßsegel, aber kugelgelagerte Mastrutscher. Sie sind gut, aber wenn sich ein Schräubchen löst, blockieren sie gnadenlos das Setzen des Segels. Deswegen sollten alle Schräubchen mit Loctite neu eingesetzt werden. Sonst ist bei kugelgelagerten Rutschern besonders das Bergen leicht – das Segel fällt durch sein Eigengewicht schnell herunter und wird von Lazy-Jack-Leinen aufgefangen. Das Segel hat durchgehende Fieberglasstangen. Der Voreigner hatte keine Kosten gescheut. Ein einzelner Mastrutscher kostet rund 120 Euro, eine Segellattenschraube 35 Euro und auf dem Vorschiff schlägt die Furlex-S300-Rollfock mit rund 3800 Euro zu Buche. Davon besitzt FUCHUR zwei Anlagen. Segel kommen noch hinzu.

Muss das so teuer sein? Es ist schön, dass die Ausrüstung auf meinen Booten bereits vorhanden war, aber es geht einfacher. Die Segelgarderobe steht für mich als Fahrtensegler an letzter Stelle. Da findet sich auf dem Gebrauchtmarkt manches abgelegte Schätzchen, von dem sich ein Regattasegler trennt, aber womit ich als Fahrtensegler noch auf Jahre hinaus glücklich bin.

Eine wichtige Überlegung in Sachen Nachrüstung: UV-Schutz auf den Vorsegeln. Die Schutzschläuche nach jedem Wochenendtörn aufzuziehen gefällt uns nicht. Dazu hatten wir die ehemalige Trecker-Fock der Reinke, die ursprünglich an einem Baum auf dem Vordeck gefahren wurde, zur Rollfock umschneidern lassen; aber so recht steht sie nicht – eine Fehlentscheidung.

Oft fahren wir nur die beiden Vorsegel – durch die „Kutterdüse" läuft der Asy-Twinkieler ab vier Beaufort recht gut. Zudem eignen sich die beiden Vorsegel als „Vorschiffs-Butterfly" bei stärkerem Wind. Auf das patenthalsenträchtige Großsegel verzichte ich dann gerne und das Boot rollt trotzdem nicht zu sehr.

Das ursprüngliche Trecker-System hat sicher eine ganze Reihe von Vorteilen, aber es kann gerade für Einhandsegler bei Arbeiten auf dem Vorschiff zum Killer werden. Aus Sicherheitsgründen möchte ich auf dem Vorschiff beim Segeln stets aufrecht stehen können, ohne dass mich der Baum eines Vorsegels umwirft; immerhin wird er knapp über der Reling angesetzt. Mir geht es stets darum, etwas technisch so zu gestalten, dass es sicher und einfach ist: eben für die Praxis des Fahrtensegelns geeignet. Auf zusätzliche Spielereien, wie doppelte Spibäume oder Spinnacker, konnte ich bisher leichten Herzens verzichten. Ist das unsportlich? Vielleicht. Aber ich stehe lieber gelassen am Ruder und lasse die Blicke schweifen, statt permanent konzentriert auf den Verklicker zu starren. Für mich ist anderes wichtig: Die Segel sollen möglichst einfach zu bedienen sein, damit jeder an Bord damit klarkommt. Selbstholende Zweigangwinschen gehören unbedingt dazu, jedenfalls bei unserem Boot.

Was das mit Wohnen an Bord zu tun hat? Wir haben ein Wohn- und zugleich ein Reiseboot. Nur Haus- und Motorboote brauchen keine Segel. Daher: Kaufen Sie ein Boot, das Sie lieben, und rüsten Sie irgendwann nach, was Sie sich leisten möchten. Glücklich segeln Sie auch mit alten Lappen. Ich kenne da jemanden in Nordfriesland, der sich einen supergroßen Alu-Katamaran gebaut hat. Nach einem Mastbruch setzte er als Notrigg den Mast eines Surfriggs und spannte zusätzlich einen Schlafsack auf. Die Geschichte ist nicht erfunden – ich muss ihn bei Gelegenheit mal intensiver interviewen.

Vom Zauber der Sterne – Astronomie im GPS-Zeitalter.

Was hat Astronavigation in einem modernen Segelbuch zu suchen? Ganz einfach: Sterne helfen Seefahrern seit uralten Zeiten, nächtliche Kurse zu halten. Gehörte das Wissen, welche Sterne oder Planeten erkennbar sind, ehedem noch zur Ausbildung aller Hochseesegler der „Vor-GPS-Zeit", so geht dieses Wissen leider inzwischen verloren. Wir sind im Alltag wohl alle eher zu „Plottermatrosen" geworden, wie mein alter Freund Els Sanders mit 84 Jahren spitz bemerkt. Hier berichte ich über Sternenkunde, weil es ein Beispiel ist, wie man beim Bordleben in der Natur seinen „natürlichen Blick" zurückgewinnen kann.

Außerdem: Wie schön ist es, von Rollo Gebhard oder Bobby Schenk zu lesen, wie sie „die Venus als Morgenstern" aufgehen sahen oder Fixsterne benannten, die sie mit Sextanten „schossen". Hand aufs Herz: Wie soll ich die Venus erkennen, wenn ich mich nicht mit Astronomie beschäftige? Dabei funktioniert die Kunst der alten Hochseenavigatoren auch nach Kabelbrand und Blitzschlag, wenn die Bordelektronik streikt. Denn selbst separate Zweitgeräte können nach einem Blitzschlag defekt sein. Also habe ich bei Ebay gesucht und das Glück gehabt, für nur 400 Euro einen original erhaltenen Trommelsextanten von Cassens & Plath zu ersteigern, Modell „Bobby Schenk".

Doch Astronavigation kann mehr sein: Besatzungen können sich einen Spaß daraus machen, wer Jupiter und Mars zuerst peilt oder Aldebaran von der Wega unterscheiden kann. Wer erinnert sich noch an die Sagen der griechischen Mythologie, deren Akteure am Himmelszelt stehen?

Leicht erkennbar ist der große Wagen – eigentlich nur Schwanz und Schinken des großen Bären –, aber kaum jemand kennt den mittleren Deichselstern Mizar – eine Doppelsonne. Ihr kleiner Begleiter dreht sich in 90 Jahren einmal um die Muttersonne. Manche nennen ihn das „Reiterlein“: Die kleine Sonne des Doppelsterns heißt genau genommen „Alkor“. Allerdings braucht man gute Augen, um sie bei Nacht zu erkennen. Das „Reiterlein“ diente schon römischen Legionären bei der Rekrutierung von Söldnern als Nachtsehtest.

Solange man die Sternenbilder noch nicht unterscheiden kann, ist der Standort, an dem man sich befindet, besonders wichtig. Wer nachts die Sterne peilen möchte, für den sind Ankerplätze ohne Restlicht, Stegbeleuchtung und verbauten Horizont wichtig. Je nach Lichtsmog sind in unseren Breiten bis zu 2000 Sterne und Planeten sichtbar. Versuche, mithilfe von Büchern oder Computerprogrammen Sterne zu benennen, sind oft zum Scheitern verurteilt. Bis sich die Pupillen nach dem Blick ins helle Licht wieder geweitet haben, hat man die Peilung und Konstellationen wieder vergessen.

Viel benötigt man zum Einstieg in die Bordastronomie trotzdem nicht: Eine drehbare Sternenkarte für Mitteleuropa, das Kosmos Himmelsjahr und eine Kopflampe mit Rotlicht, alles zusammen für rund 50 Euro zu bekommen. Zunächst lokalisiert man mit der Sternenkarte die Konstellationen und einige besondere Fixsterne, beispielsweise Sirius im „Großen Hund“, Aldebaran im „Stier“ oder die Wega in der „Leier“.

Für die Suche nach Planeten ist das Himmelsjahrbuch unverzichtbar. Mit seiner Hilfe erkennt man sie fast alle mit bloßen Augen. Schon ein Bordfernglas mit siebenfacher Vergrößerung reicht aus, um die Jupitermonde zu sehen. Den Saturnring wird man damit allerdings nicht erkennen.

Auf der ersten Seite jedes Monats sind die „Highlights“ abgebildet: So stehen am 20. Februar nur 10 Grad über dem Horizont oberhalb der dünnen Mondsichel Mars und Venus direkt nebeneinander und Jupiter ist die ganze Nacht sichtbar. Die Position des Polarsterns zwischen Himmels-W und Großem Wagen ist ebenfalls in einem Sonderkasten dargestellt. Auf der Seite daneben ist jeweils ein Mondkalender des Monats abgebildet: Auf einen Blick kann man sehen, welche Nachtsichtverhältnisse zu erwarten sind – bei der Planung von Nachtfahrten ein wichtiger Faktor.

Bei hellem Mondschein kann man Prickenfahrwassern folgen, bei Neumond eben nicht. Sehr gut ist es, dass sich die Angaben überwiegend auf die frühen Abendstunden beziehen, wenn die kleinen Navigatoren an Bord noch nicht in den Kojen liegen. So bietet sich Astronomie als Abenteuer für die ganze Familie an.

Wer nachts segelt, hat mit dem Nordstern einen zuverlässigen Begleiter. Um ihn zu finden, sollte zunächst Kassiopeia gefunden werden; von Bremer Seglern wird es auch gerne als „Werder-Bremen-W“ bezeichnet. Die Mitte des „Sternbild-Ws“ zeigt zum Polarstern, genau wie der große Wagen von der anderen Seite aus bei fünffach verlängerter Hecksterndistanz auf ihn zeigt. Man kann wegen seiner „festen Position“ den Polarstern ansteuern, doch er taugt nur auf nördlichen Kursen oder steht oft zu hoch im Zenit. Für die Ewigkeit ist er auch nicht, unser Nordstern: In 12.000 Jahren werden sich Segler an der Wega orientieren müssen. Wegen der Erdkreiselneigung löst sie den Polarstern als Richtungsgeber „schleichend“ ab.

Ernsthaft: Wenn man stundenlang auf GPS, Plotter oder Kompass starrt, ist das anstrengend. Viel leichter ist es, rechts oder links vom Mast einen markanten Stern anzupeilen und danach zu segeln. Allerdings darf man ihn nicht mit einem Planeten verwechseln und stündlich muss eine Kurskontrolle erfolgen, sonst verläuft die Fahrt bis zum Sonnenaufgang im Halbkreis. Wie sagte doch Schauspieler Jeff Bridges als Kapitän im Film „The White Squall“: „Ein guter Navigator braucht nur die Sterne über sich …“

Wie sich die Kurse kreuzen.

Was mir am Leben an Bord so gut gefällt: Bei Steggesprächen stößt man immer auf neue Geschichten. Manchmal wird man auf die eine oder andere Weise selbst eingebunden. Das Pärchen des Nachbarbootes kennt beispielsweise Dirk Krauss, einen der Autoren des Buches *GewitterSegeln* des millemari.-Verlages, in dem auch *Mein Boot ist mein Zuhause* erscheint. Mit seiner Reinke Taranga namens LEVIATHAN hat er einen gewaltigen Gewittersturm erlebt. Genau genommen: Mit meinem ehemaligen Boot, denn er hatte im Jahr 2001 diese Stahlyacht von mir gekauft. Als er sich 13 Jahre später nach einer komfortableren Westerly umsah, hätte dieses Pärchen beinahe mein altes Boot von ihm übernommen. Auch ich habe mit diesem Boot die Sturmfahrt meines Lebens erlebt. Überlebt trifft es besser: Über den Sturm meines Lebens auf der nächtlichen Nordsee berichte ich in meinem Buch *Wie wir im Norden segeln*.

Und in meinem dritten Buch ist die rote Stahlyacht mit ihrem markant-klobigen Deckshaus noch einmal dabei: *Von Menschen und von Booten* handelt von den besonderen Beziehungen, die sich erst durch den Besitz eines Bootes entwickeln. Ich hatte LEVIATHANs ersten Skipper und Erbauer, Uwe Kley, abgeholt, um mit Dirk Krauss und dem neuen Eigner das Boot gemeinsam zum Refit in den Niederlanden zu besuchen. So entstand das Kapitel „Das Treffen der vier Kapitäne“. Es war eine anrührende Szene, als ihr Skipper Nummer 1 im hohen Alter noch einmal die Leiter zu seinem Boot hinaufstieg, das er seit 1999 nicht mehr gesehen hatte. Der alte Mann und das Meer … er wollte sich von seinem Boot verabschieden. Ich hatte Tränen in den Augen.

Auf der Rückfahrt waren wir lange schweigsam und hingen unseren Gedanken nach. Irgendwann sagte Uwe Kley: „Es kommt der

Tag, an dem bist du an den Lehnstuhl gefesselt und hast nur noch deine Erinnerungen. Nichts von meinem Leben der jüngeren Jahre habe ich mehr vermisst, als an Bord sein zu dürfen, die Segel zu setzen und ferne Ziele anzusteuern. Wenn du noch Großes vorhast, wirf die Leinen los, so bald wie möglich. Verschwende keine Zeit."

Recht hat er. Ich bin froh, so früh im Leben das erste gebrauchte Boot gekauft zu haben. Froh, über all die Fahrten und Erlebnisse. Froh, dass meine Familie ebenso gern mitfuhr. Froh, dass alle Boote so zuverlässig waren. Und ich bin froh, viele Leute kennengelernt zu haben, die genauso denken. Einige waren noch ein wenig konsequenter. Das Pärchen des Nachbarbootes, mit dem wir Seite an Seite den Winter 2016/17 verbrachten, gehört dazu. Ich beneide sie ein wenig, weil sie noch früher das Landleben hinter sich gelassen haben als ich. Dies ist ihre Geschichte.

Segeln, Surfen und ein VW-Bus.

Von der Bretagne nach Bremen: Im letzten Winter gab es an der bretonischen Küste viel Wind, meist mehr als 6 Beaufort, der auch ihre 9,14 Meter lange Albin Ballad vor blankem Mast an besonders stürmischen Tagen um 20 Grad auf die Seiten legte. Dafür gab es keinen Frost im Biskaya-Hafen von Camaret sur Mer, in dem sie während ihres Sabbatjahres überwinterten. Und es gab keinen Grund für Birte Lämmle (36) und Nico Strangemann (40), zu den Bremer Stadtmusikanten zurückzufahren. Beide hatten das Glück, eine Auszeit nehmen zu können. Als sich diese dem Ende zu neigte, kehrten sie an die Weser zurück, um neue Pläne auszuhecken. Dafür wollten sie eine Wohnung mieten. Es war September. Sie besichtigten Angebote. Standen in Schlangen. Sahen die Tristesse von Häusern mit Flachdächern. Manchmal gab es Grünflächen, nie den Blick auf das Wasser. Sie vermissten das Wasser. Irgendwie fühlte sich keine Wohnung richtig an. Das Reisefieber hatte sich noch nicht abgekühlt. Würde es jemals nachlassen? Mehrere Monate in einem Hafen zu liegen; kein Problem. Aber von Bord an Land zu ziehen … was für ein Bruch ihrer liebgewonnenen Lebenslinie.

Ihre Albin Ballad hat wenig Komfort, im Vorschiff gibt es nicht mal Stehhöhe. Aber sie ist urgemütlich und uneingeschränkt seetauglich. Ein Kind der 70er Jahre mit drei Meter schmaler Taille. Wenn sie etwas vermissen, dann nur eine Achterkajüte, um eine große Winterjacke so ablegen zu können, dass sie im Salon nicht im Weg ist. Aber wenn darin das ganze Problem liegt, wie unsinnig und irrsinnig teuer ist dann der Umzug in eine Wohnung? Sie wäre ohnehin leer, denn das größte Glück empfanden beide, als sie knapp zwei Jahre zuvor ihr altes Leben „aufgeräumt" hatten. „Es war wunderschön, zur Mülldeponie zu fahren und die Kisten mit überflüssigem Ballast wegzuwerfen, die wir nicht verkaufen oder verschenken konnten", sagt Nico. „Wir sind beide von Kindheit an mit Booten aufgewachsen."

Birtes Eltern haben einen uralten Segelkutter restauriert, ANNA-MATHILDE. Ein Holzschiff, beinahe 100 Jahre alt, und mit einem Ungeheuer vergangenen Motorenbaus im Bauch: Der 1-Zylinder-Glühkopfmotor muss mit der Lötlampe vorgeheizt werden. Und das Umsteuern des Getriebes beherrschen heutzutage auch nur noch wenige. „Meine Kindheit verbrachte ich meistens im Heimathafen in Orth auf Fehmarn", sagt Birte. „Gesegelt wurde schon, aber noch mehr Zeit verging beim Restaurieren. Wir hatten eine voll ausgerüstete Werkstatt, mit allen Werkzeugen: Schweißgeräte, Hobelmaschinen und Schleifmaschinen jeglicher Art. Bis hin zur eigenen Drehbank war alles vorhanden. Für mich war es immer normal, am Schiff zu arbeiten."

Wir klönen bis Mitternacht in der Kajüte von FUCHUR. Ich setze die zweite Kanne Tee auf. „Irgendwas ohne Alkohol ist uns lieber", sagt Nico. Die beiden sind ein gutes Team. Es scheint keine Arbeitsteilung zu geben, wie sie so oft bei Paaren an Bord praktiziert wird. Ihr Boot haben sie 2010 gekauft und zusammen wieder fit gemacht. Es sieht aus wie neu. Eine Aries-Windsteueranlage ist am schmalen Heck verschraubt, die sie günstig für 800 Euro im Emsland gefunden und überholt haben. Ein Windgenerator und zwei Solarpanelle versorgen sie mit Energie.

Wenn Nico über Technik spricht, ist daran nicht zu zweifeln: Er gehört zur VW-Schrauberszene. „Den Käfer für Viertelmeilerennen und den Bulli zum Reisen. In manchen Jahren habe ich öfter im Bulli geschlafen, als Zuhause", erzählt er. Als sich Birte und Nico vor 14 Jahren kennenlernten, stand bei beiden das Windsurfen und Wellenreiten an erster Stelle, obwohl auch Nico durch die Segelbegeisterung seiner Familie von klein auf mit Booten unterwegs war: Zuerst im Faltboot, dann mit einer Delanta 75, schließlich mit RAFAGA, einer Benneteau Jouet

36. Vater und Sohn überquerten mit ihr gemeinsam den Atlantik von der Karibik über die Azoren nach Portugal.

Das erste gemeinsame Boot von Birte und Nico war eine Waarship 725, gefolgt von einer Albin Accent mit 8,25 Metern Länge. Nun ist es eine Albin Ballad. Wir ihr Traumboot aussieht? Sie haben eine frankophile Ader, es könnte eine Französin aus GFK werden. Mit großer Achterkajüte, um bei einer Grippe getrennt schlafen zu können, aber auch, um mehr Stauraum zu haben. Wenn sie im Winter die Sonne vermissen, fahren sie im VW-Bus zu Freunden und Liveaboards, die in Camaret sur Mer geblieben sind. „Es hat ein halbes Jahr gedauert, bis der alte Hafenmeister mit uns sprach. Seine jungen Kollegen waren von Anfang an offen und hilfsbereit. Manche Bretonen sind introvertiert und grummeln vor sich hin. Aber als wir ihn auf einem bretonischen Musikfest trafen, wurden wir von ihm wie alte Freunde begrüßt. Das hält fürs Leben“, lachen die beiden. „Uns wurde immer ganz selbstverständlich Hilfe angeboten und man war interessiert an dem Woher und Wohin“, erzählen sie. Die bretonische Küste bleibt unvergesslich: Lange Wellen, die ungehindert über den Atlantik laufen, um mit ungeheurer Wucht die Felsen förmlich hinaufzuklettern. Oder die Normandie … sie schwärmen von den 60 Seemeilen langen Kreidefelsen mit den vorgelagerten Sandstränden: „Unser Lieblingshafen in der Normandie ist Dieppe“, sagt Birte. „Inmitten der langen Steilküste öffnen sich die Felsen und man gelangt direkt in die Innenstadt. Kleine Lokale, die Häuser der Altstadt und mittendrin der Hafen, das ist ein Traum!“

Jetzt, in diesen frischen Novembertagen im industrieromantischen Hafen von Bremen, sieht die Kulisse anders aus. Und doch fühlen sie sich wohl, denn sie sind in ihrem Zuhause und haben viele Freunde in der Nähe. Die Wohnungssuche haben sie aufgegeben. Stattdessen haben sie eine Standheizung nachgerüstet und verbessern die Isolierung des Rumpfes. Ihr Boot ist bestens ausgestattet – ein Refit ohne Makel, klar zur großen Fahrt. „Wir könnten unsere TAMTAM nur verkaufen, wenn der Käufer uns Zeit zum Wechseln auf ein neues, größeres Boot lässt. Übergangsweise eine Wohnung zu mieten, ist weder finanziell sinnvoll, noch mental verträglich. Es ist einfach kein schöner Gedanke.“

Ihre Erlebnisse schildern Birte und Nico in ihrem Blog, der Lust macht, ihrem Kielwasser in die Normandie und Bretagne zu folgen: *www.tamtam-sailing.de*

Martinshörner und blinkende Blaulichter, jede Menge. Vor mir blockiert ein Kranwagen der Bremer Feuerwehr die Straße einer Bahnunterführung, die in den Stadtteil Woltmershausen führt. Und zum Yachthafen. Da passt er nicht durch und muss rangieren. Ein weiteres Feuerwehrfahrzeug hat einen Trailer mit einem Motorboot dabei. Die Rotte fährt hoffentlich nicht zum Einsatz in meinen Hafen?

Ich kenne keinen Grund, warum gerade mein Boot untergehen könnte. Nur ein Brand ist nie ganz auszuschließen und kann verheerend sein, schon wenn ein anderes Boot in der Nähe abbrennt. Die jüngsten Bilder der brennenden Bootshalle von Norderney habe ich noch vor Augen. Man konnte seine kumulusartige Rauchwolke sogar vom Festland aus sehen. Die Eigner und Vereinsmitglieder tun mir unendlich leid. Weil Brände in Bootshallen nicht selten sind, habe ich das technische Kapitel über Brände so ausführlich geschrieben. Beim Bordleben denkt man oft daran: Steht die Kerze kippsicher? Ist das Gasventil abgesperrt? Bekommt der Heizlüfter genug Luft oder ist der Staubfänger dicht? Oder könnte der Akku des Handys beim Laden in Rauch aufgehen? Eine feuerfeste Unterlage wäre beim Aufladen keine schlechte Idee.

Kurz darauf fahre ich auf den Parkplatz. Tatsächlich, ein Einsatz im Hafen: Frauen und Männer mit Feuerwehrhelmen, zwei Sanitäter, ein Wasserschutzpolizist mit gezücktem Stift und Schreibblock. Der Schwimmsteg neigt sich bedenklich unter dem Gewicht der vielen Helfer. Gleißendes Licht ihres Flutlichtstrahlers am ausgefahrenen Mast erleuchtet die Szenerie dieses späten Abends. Ein Wasserschlauch hängt aus dem Rumpf einer Holzsegelyacht. Er spuckt einen armdicken Strahl aus und leert den Bauch der alten Dame. Ihr Rumpf aus Eichenholz sollte mit großem Aufwand wieder flott gemacht werden, doch eine ihrer „782 Planken“ ist undicht geworden. Sie droht abzusaufen; der Maschinenraum steht schon unter Wasser. Zum Glück wird das Malheur rechtzeitig bemerkt. Der Vorteil des Bremer Hohentorhafens hat sich wieder mal bestätigt: Einige der Boote sind bewohnt. Ganzjährig. Irgendjemand ist immer da. Alle passen aufeinander auf. Ganz sicher.

Es ist Oktober 2016, ein Jahr nach der Veröffentlichung der ersten Auflage dieses Buches. Ich komme vom Dienst und freue mich auf die Bootfahrer unserer Wasser-WG. Ein Pärchen lebt auf einer komfortablen Motoryacht, gut 15 Meter lang. Einem Einhandsegler reichen 6,50 Meter, denn sein neues Segelboot ist ihm mit knapp 9 Metern zu unhandlich – er fühlt sich beim Segeln im hohen Cockpit zu weit weg vom Wasser. Die Ansichten sind unterschiedlich. Manchmal hängt das auch mit dem Alter oder den finanziellen Möglichkeiten zusammen. 19 Jahre alt ist das jüngste Pärchen unserer winterlichen Wasser-WG, 73 Jahre jung sind die Senioren. Hartmut Hecht macht jeden Morgen so viele Liegestütze, wie er Jahre zählt. Und ich muss gestehen, dass ich nicht 73 am Stück schaffe. Er war früher Leistungsturner und die Morgengymnastik hält ihn fit.

Zwei Tage zuvor hatte ich mich in Hooksiel vor dem Törn zum Hafen nach Bremen von einem 90-jährigen Skipper verabschiedet und hoffte, dass er wieder gut über den Winter kommt. Sein roter Langkieler schwebte gerade am Kranhaken über dem Wasser. Das Urgestein des Stegs bekommt dabei alle Unterstützung, die er braucht. Früher war er Kapitän, einer, der mit allen Wassern der Weltmeere gewaschen wurde. Davon ahnt man nichts, wenn man ihn mit seiner Ohrenklappenmütze langsam zum Boot gehen sieht und er seiner Frau beim Einsteigen hilft. Der Rollator bleibt auf dem Steg. Im Gegenzug für die Hilfe beim Auf- und Abtakeln berät er junge Leute vor ihrem ersten Nordseetörn. Er erklärt ihnen, ob ihr Plan aufgeht oder worauf sie achten sollten. Der alte Kapitän warnt sie vor den weißen Wellen der äußeren Sandbänke, weit vor der Küste. Und doch, es war seine letzte Saison. Die rote Yacht sollte dann noch drei Jahre im Hafen an Land stehen, bis er sich zum Verkauf entschließen konnte. Aber vielleicht, ich weiß es nicht genau, hat der Gedanke an eine allerletzte Fahrt ihm weiterhin Mut und Antrieb gegeben. Er kam immer wieder zum Hafen, stand lange schweigend vor seinem Boot …

Und nun, der neue Eigner hat sich ans Werk gemacht, die ersten Reparaturen begonnen, der rote Langkieler soll wieder schwimmen, segeln, über alle Wogen, bis weit hinter den Horizont.

Fahrbare Hausboote – eine Alternative.

Immer, wenn wir dem 90-jährigen Pärchen begegneten, wurde uns klar, dass sich auch unsere Zeit auf dem Wasser irgendwann dem Ende zu neigen wird. Das werden wir feststellen, wenn wir nicht mehr den Niedergang herunterkommen und bei Schleusenmanövern nicht mehr wie die Springböcke über die Reling hüpfen. Sollten wir dann tatsächlich wieder an Land ziehen? Nein – das werden wir nicht. Nicht, wenn es sich irgendwie umgehen lässt. Das Lied von Udo Jürgens „Ich war noch niemals in New York" kommt mir dabei in den Sinn, die immerwährende Sehnsucht nach freiem Leben, nach dem Aus- und Aufbrechen. Und genau so sollte es bleiben. Wir wollen keine Rückkehr in eine Wohnung. Er würde uns zu sehr fehlen, der Blick auf das Wasser. Und sie würden uns fehlen, die Motorbootfahrer, die Segler, die maritimen Bastler und Tüftler. Und so haben wir schon jetzt ein neues Ziel ins Auge gefasst, nachdem uns der Prospekt eines Hausbootes an Bord flatterte.

Es geht um neue Typen von Hausbooten, die als Sportboote deklariert werden, weil sie eigene Motoren besitzen. Das erleichtert die Liegeplatzsuche, weil all die teuren Antragsverfahren mit Baurechten und Betriebsgenehmigungen entfallen. Im Grunde steuert man einen Hafen an, legt sich in eine breite Box und meldet sich beim Hafenmeister. Ganz so einfach ist es natürlich nicht, aber vom Prinzip her besteht kein Unterschied zwischen einem fahrbereiten Hausboot oder einem Sportboot.

Da gibt es beispielsweise die Modellpalette der HT-Hausboote, die die Firma IBK-Boats in Rüstersiel anbietet. Irgendwie ist es seltsam, wie ich nach Wechselgedanken immer bei Dirk Kroll in Rüstersiel lande, ohne es je geplant zu haben. Als ich das erste Mal autobahnmüde war, nicht mehr an die Ostsee pendeln wollte und mich von der Hochseeyacht LEVIATHAN trennte, fand ich durch Zufall von Celle aus bei ihm in Rüstersiel eine kleine Elvström 22. Das war unsere erste Begegnung. Als ich an Bord von PALOMA zog, stand sie bei ihm im Winterlager vor seinem Haus und ich durfte seine Adresse im Ausweis eintragen. Und nun vermute ich, dass ich in einigen Jahren wieder bei Dirk Kroll anklopfe, falls er dann noch immer Hausboote verkauft. Das Modell HT4 Sail mit einem Gewicht von 23 Tonnen ist mit 10 x 4,5 Metern groß genug, um komfortabel auf dem Wasser zu leben: Vier Räume, Dusche/WC, Kamin, sechs bis acht Schlafplätze. Man kann es mit einem Motor ausstatten, um auf geschützten Gewässern auch mal zu ankern oder es mit Hilfe des kleinen Steuerstands im Wohnzimmer in einen anderen Hafen zu verlegen. Bei diesen Maßen passt das Hausboot HT 4 zwischen die Pfähle von Sportboothäfen. Wir wären weiterhin Teil der Hafengemeinschaft.

Dirk Kroll berichtete mir, dass es mit einem 60-PS-Außenbordmotor im Schacht etwa 4 bis 5 Knoten fahren würde. Der „Bug“ ist schräg geformt. Das könnte ausreichen, denn auf Geschwindigkeit kommt es nicht an. Allerdings haben diese fahrfähigen Hausboote in der Regel nur die CE-Kategorie „D“. Sie an der Küste aus eigener Kraft zu verlegen, muss gut überlegt werden, denn ausgelegt sind sie für Fahrten in geschützten küstennahen Gewässern, kleinen Buchten, auf kleinen Seen, schmalen Flüssen und Kanälen, bei denen Wetterverhältnisse mit einer Windstärke bis 4 Beaufort, Wellenhöhen bis 0,3 Meter und nur kurzzeitige Wellen von höchstens 0,5 Meter entstehen. Damit sind Heckwellen von vorbeifahrenden Schiffen gemeint. Ich bezweifele jedoch, dass man über eine Flussfahrt eine Prognose abgeben kann, wenn es sich bereits um eine Seeschifffahrtsstraße handelt. Oberhalb von Bremen ist es auf der Weser gut möglich, stromabwärts dagegen unter Vorbehalt. Wer erlebt hat, wie ein Hochseeschlepper auf der Weser in Marschfahrt bis zu 2 Meter hohe Wellen in kurzer Frequenz verursacht, sollte in seinem Hausbootwohnzimmer ein salzwassertaugliches Sofa aufstellen und fest verschrauben.

Wenn beispielsweise die Marina Cuxhaven oder der neue Port Olpenitz an der Ostsee Plätze an fahrtaugliche Hausboote vermieten, kann man an offener Küste nicht einfach auf „eigenem Ponton“ anreisen. Und nicht alle Hafenbetreiber nehmen Hausboote auf, weil sie ihren

Hafen nicht als „Wohnhafen“ anbieten möchten oder weil diese Hausboote selten bewegt werden. Man muss dazu wissen, dass Liegeplätze auch Einnahmen von Gastliegern einbringen sollen, wenn der Dauerpächter unterwegs ist. Erst wenn der Betreiber ein Schild auf Grün drehen kann, erzielt der Vermieter mit Tagesliegern zusätzlichen Gewinn – und das ist eine kalkulierte Marge in jeder Bilanz. Wird zudem ein Werftservice geboten, müssen auch Liegeplätze für reparaturbedürftige Boote frei bleiben. Hinzu können betriebstechnische Auflagen für Hafenbetreiber kommen, die besagen, dass Boote technisch geeignet sein sollen, um aus eigener Kraft den Hafen zu verlassen. So ist es beispielsweise in der Marina Düsseldorf möglich, einen Liegeplatz für ein fahrtaugliches Hausboot zu bekommen, aber nur für Boote, die den Rhein befahren können.

Ob dafür ein 60-PS-Motor reicht, ist folglich zu prüfen, um nicht hilflos von einem Frachtschiff untergepflügt zu werden. Daher: Auch wenn diese als Sportboote deklarierten Hausboote in Marinas liegen können, sollte man sich vergewissern, ob ein Platz frei ist. So oder so, wir würden genau diese Hausbootoption wählen, wenn es die Gesundheit später zulässt. Und wenn es irgendwie möglich ist, können wir vielleicht ein Boot danebenlegen: für Kaffeefahrten. In einer Box von fünf Metern Breite könnte ein kleines Motorboot oder eine Jolle für die Enkel quer am Liegeplatz vor der Sonnenterrasse des Hausboots positioniert werden. In Hooksiel stelle ich mir das ganz wunderbar vor. Jedenfalls sind diese Hausboote zugleich eine Alternative für ältere Aussteiger, wie auch für junge Familien mit Kindern, die sich zum Leben auf dem Wasser einfach mehr Platz wünschen. Und natürlich kann ein Hausboot, je nach den wirtschaftlichen Möglichkeiten, mit jedem zusätzlichen Segel- oder Motorboot kombiniert werden. Hafenbetreiber würden folglich zwei Liegeplätze an einen Kunden vermieten können.

Dass diese Idee einschlägt wie Thors Hammer, erkannte ich an der Nachricht von Dirk Kroll, als er kurz nach der Markteinführung bis zum April 2017 bereits 70 Buchungen zum Probewohnen auf seinem Hausboot verzeichnete. Er hatte es auf der Bootsmesse in Berlin ausgestellt und per Schwertransport flugs wieder zurück auf die Maade verfrachtet. Und dabei ist Rüstersiel, ein Stadtteil von Wilhelmshaven, nicht unbedingt ein Touristenziel. Rund 60.000 Euro kostet ein neues HT4-Modell in der Grundausstattung.

Ach ja, ich gerate schon wieder ins Schwärmen. Das Leben auf dem Wasser kann die ideale Aktivität gegen Alterseinsamkeit sein, wenn nach und nach Weggefährten von uns gehen. Eine Hafengemeinschaft bildet sich schnell. Überall. Das ist ganz leicht: Einfach vor einem Boot stehenbleiben und interessiert ein Detail betrachten. Zur Eröffnung eine Frage nach dem Geräuschverhalten des Windgenerators oder der Steuerleistung des Windpiloten stellen. Man muss nicht mal Plattitüden heucheln. Wer in einem Bootshafen einsam ist, hat selber Schuld. Oder er mag es so. Und wer eben noch in eine neue Gegend gezogen ist, weil es der Job oder das Studium erfordern, muss nicht erst bei den Nachbarn klingeln. Bootfahrer leben vom ersten Tag an in einer neuen Gemeinschaft. Denn sie findet sich, wächst nach, füllt sich auf mit jedem Boot, das anlegt. Mehr über HT-Hausboote finden Sie unter dem folgenden Link: www.ibk-boats.de.

Noch einmal die Grundsatzfrage: Haus, Wohnung oder Boot?

Mit fremden Leuten, die in ein Haus einziehen, verbindet uns zunächst nichts. Mit Leuten auf Booten dagegen alles – es ist die bewusste Wahl einer anderen Lebensform. Bootsleben bedeutet, sich und sein Domizil zu bewegen. Wäre mir doch schon Anfang 20 dieses Buch in die Hände gefallen: Ich hätte kein Geld und keine Arbeitszeit in ein Haus investiert. Stattdessen hätte ich von Anfang an auf eine Yacht mit zwei Achterkajüten für die Kinder gespart, ein Hausboot gebaut oder – und das ist unser Kompromiss wegen unserer Arbeitsstellen im Binnenland – nebenbei nur eine einfache Wohnung unterhalten. Diese Wohnung kann vielleicht auf halbem Weg zwischen Arbeitsstelle und Heimathafen liegen, um große Distanzen zum Liegeplatz zu überbrücken. Wir haben einen Kleinwagen an einem Küstenbahnhof abgestellt. In der Bahn kann ich meine Reportagen schreiben, um dann die letzten Kilometer zum Hafen zu fahren. Beruflich kommt es schon mal vor, dass ich längere Zeit nicht an Bord sein kann. Wenn mir dann das Landleben gar nicht mehr gefällt und mir die Weite der See fehlt, schaue ich nachts nach oben und kann mir sogar das Chaos einer Stadt ganz einfach „wegdenken“. Beim Blick zu den Sternen fühle ich mich so, als würde ich nachts segeln. Dann finde ich meine Sternenbilder wieder und suche den Kurs nach einem Leitstern. So kann ich einen Teil meines Seemannslebens immer wieder spüren.

Häuser? Ihr fest umbauter Wohnraum ist für mich überflüssig geworden. Das immerwährende Eintauchen in die Weite der See – es hat mich verändert: Der Blick zum Horizont und das naturverbundene Leben in der Kajüte der alten Stahlyacht PALOMA haben mir endgültig klar gemacht, wie ich leben will. Früher verband ich mit meinem eigenen Haus auch ein Freiheitsgefühl, weil ich hinter dem Gartentor quasi der „Chef meiner Scholle“ war. Darum war der Einzug in unser erstes eigenes Haus durchaus ein Gewinn, aber in der eigenen Hütte war das Gefühl von Freiheit trotzdem nur eine Fiktion, denn zu viele Unwägbarkeiten können den Besitz eines Hauses vermiesen. Es fehlt einfach die Handbreit Wasser unter den Grundmauern, um auszuweichen, wenn die wilde Welle des Ungemachs heranrollt.

Falls Sie aus Mittel- oder Süddeutschland kommen: Unter 350.000 Euro wird man im Raum München, Stuttgart oder Frankfurt kein Häuschen kaufen können und sei es auch noch so klein. In Niedersachsen bekommt man dagegen auf dem Land schon Häuser mit großen Grundstücken ab 100.000 Euro. Für die Hälfte davon kann man stattdessen eine familientaugliche Fahrtenyacht finden, um sofort einzuziehen – zumindest reicht eine Größe um 11 Meter aus, wenn die Kinder noch klein sind. Mit mehreren Kindern würde ich stets eine Mittelcockpityacht bevorzugen, weil neben dem Salon unbedingt Stehhöhe im Achterschiff vorhanden sein muss. Unsere Reinke S11 hat mit ihrer Länge von knapp 40 Fuß zwar eine Achterkajüte mit Doppelkoje, aber man muss hineinkrabbeln und kann nur darin sitzen. Wenn schulpflichtige Kinder durchgehend an Bord wohnen, müssen sie einen Rückzugsraum haben, damit sie auch mit ihren Freunden im Winter ungestört Zeit verbringen können. Welcher Teenager will schon mit Mama und Papa am Tisch sitzen, wenn es ernste Themen zu besprechen gibt? Auch da kann ein Hausboot eine gute Alternative darstellen. Sonst würde ich als relativ günstigen Kimmkieler eine Colvic 35 AK oder CC für eine Familie durchaus geeignet finden. Einige Modelle tragen den Zusatz „Countess 35“. Ältere Moody-Kimmkieler kämen auch in Betracht, aber sie werden relativ teuer gehandelt. So oder so: Durch das Einsparen der Miete oder den Verzicht auf ein Haus lässt sich langfristig ein Traumboot finanzieren. Es ist es wert.

Zu guter Letzt …

Für die erste Auflage dieses Buches gab es Lob und Tadel. Einige Leser fanden den Text zu technisch. Darum hatte ich im Laufe der letzten Jahre jede Auflage um weitere Themen ergänzt. Auf unserem schwimmenden Zuhause wird immer weitergearbeitet, eben weil die technische Entwicklung voranschreitet.

Viel ist in Fachzeitschriften über das Thema Wohnen an Bord berichtet worden. Trotzdem machen Einsteiger immer wieder dieselben Fehler bei der Bootswahl. Einige probieren das Wohnen auf dem Wasser erst mal aus, finden es prima, aber merken dann bei einsetzendem Frost, wo die Probleme liegen: in der mangelnden Isolierung.

In Hannover wurde mir von einem jungen Mann berichtet, der euphorisch an Bord gezogen war und einen passenden Liegeplatz am Stichkanal in Hannover-Linden fand. Auch da gibt es Liegeplätze für ganzjähriges Wohnen auf dem Wasser. Leider stellte er erst in den kalten Oktobernächten diverse Isolationsmängel fest, als sein Rumpf von innen pitschenass wurde. Mit der nachträglichen Isolierung hätte er früher beginnen müssen, als sich noch kein Kondenswasser niederschlagen konnte. Denn auf nassen Flächen haftet der Kleber der Platten nicht. Außerdem sollte man wegen der Ausdünstungen des Klebers nur bei offenen Luken arbeiten. Den Ausbau eines wintertauglichen Bootes würde ich im September abschließen.

Diese Details sind selbst erfahrenen Salzbuckeln nicht immer bewusst, wenn sie nicht selbst bei Minusgraden an Bord gelebt haben.

Wenn Sie also Anregungen haben, ein Thema unbedingt im Buch sehen möchten oder einen Tipp haben für einen Hafen, in dem man ebenfalls gut an Bord leben kann und darf, senden Sie mir eine Mail. Ich freue mich über jede Rückmeldung unter:

segler153@googlemail.com

Über mich.

Was hätte ich in 50 Jahren ohne meine Boote unternommen? Fußballspielen, Motorradreisen, Motocross-Rennen fahren? Reiten? Das habe ich alles ausprobiert und noch heute fahre ich leidenschaftlich gerne Motorrad. Aber alle andere Dinge waren weder ganzheitlich noch mit der Familie in allen Facetten zu erleben. Anders ist es auf dem Wasser – ich kann es nicht verändern, muss mich anpassen, kann es nur nehmen, wie es ist: Ich begegne ihm auf Bächen, Flüssen, Seen – und auf dem Meer.

Die Verbundenheit erfasst mich, sobald ich an Bord bin. Der Bug teilt die Wellen, taucht ein in diese Wasserwildnis. Zusammen nehmen wir Fahrt auf, ich träume von unendlich vielen Zielen, erreiche nur wenige, aber bin „in meinem Element". Mit diesem Buch wollte ich schildern, wie umfassend das Leben von Fahrtenseglern mit ihren Booten verbunden sein kann, wenn es ihr Zuhause ist. Ich hoffe, es ist mir gelungen.

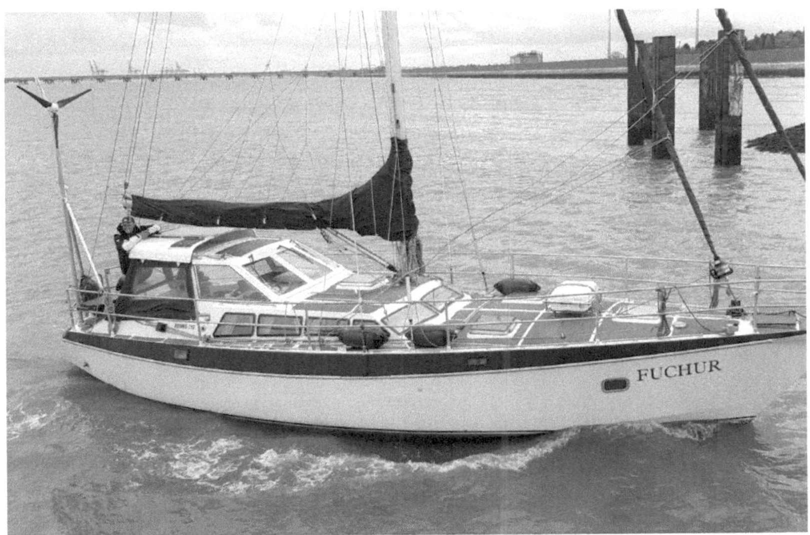

Allzeit gute Fahrt! Ihr Holger Peterson an Bord von FUCHUR.

Impressum.

4., erweiterte Auflage 2020, 2025
ISBN 978-3-96706-035-5

Geschäftsleitungssitz: Osterseenstraße 10 B, D-82393 Iffeldorf.
Postanschrift: Nymphenburger Straße 101, D-80636 München.
Web: www.millemari.de Mail: info@millemari.de
Autor: Holger Peterson
Lektorat: Susanne Guidera
Layout: Wolfgang Appun – bora-dtp. Susanne Guidera
Coverfoto & Bilder – sofern nicht anders angegeben: Holger Peterson.

Hinweis: Verlag und Autor haften explizit nicht für in diesem Buch vorgestellte Verhaltensweisen, Beschreibungen oder technische Hilfsmittel. Ihre Anwendung, Umsetzung und ihr Gebrauch erfolgt stets auf eigene Gefahr.

Mehr von millemari.

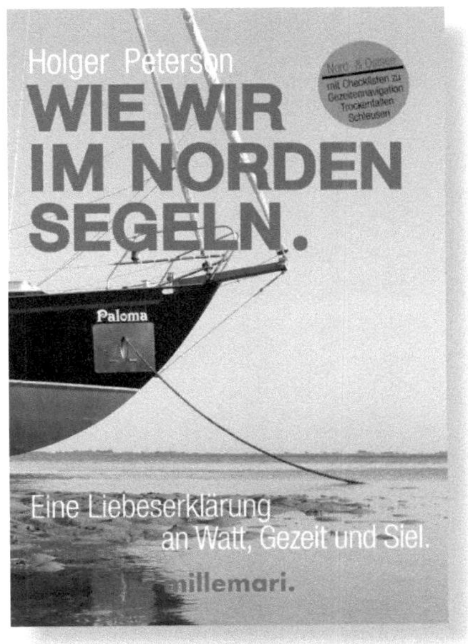

Holger Peterson
WIE WIR IM NORDEN SEGELN.
Eine Liebeserklärung an Watt, Gezeit und Siel.
252 Seiten

Paperback ISBN 978-3-946014-33-1, 24,95 €
eBook ISBN 978-3-946014-31-7, 14,99 €
Jetzt bestellen bei: www.millemari.de

Mehr von millemari.

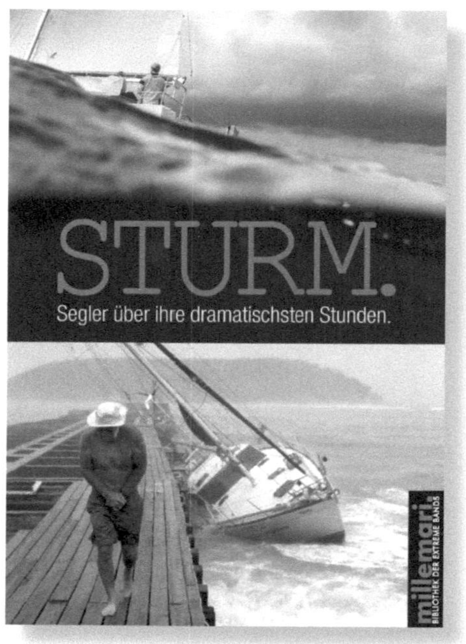

Gemeinsam gegen Rechts

Substanz

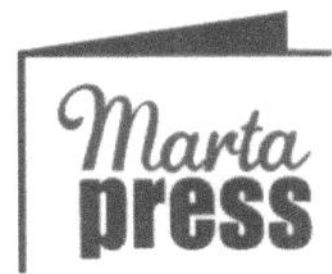

Elisa Fink

Gemeinsam gegen Rechts

Feministischer Aktivismus in Wien gegen den Rechtspopulismus in Österreich

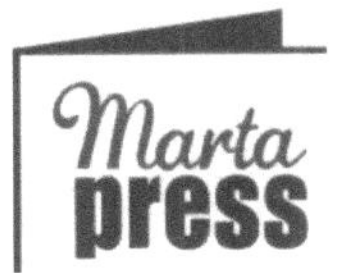

Die Deutsche Bibliothek verzeichnet diese Publikation
in der Deutschen Nationalbibliografie.
Detaillierte bibliografische Daten sind im Internet abrufbar unter
http://dnb.d-nb.de

Die Autorin dankt für die finanzielle Unterstützung
der wissenschaftlichen Arbeit durch:

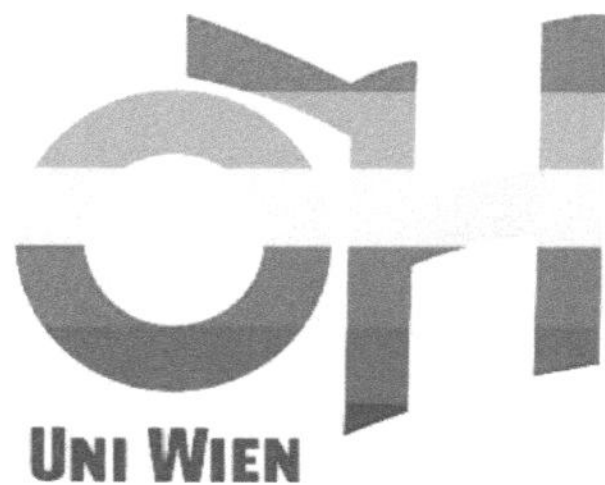

1. Auflage November 2021

www.marta-press.de

Lektorat: Jonathan David Hiller.
© Umschlaggestaltung: Andreas Imhof, Hamburg,
nach der Idee von Elisa Fink.
Printed in Germany.
ISBN 978-3-968370-02-6

Womöglich ist das aggressive Auftreten der Rechten
ein Zeichen ihrer Schwäche und ihres Endes.
Wir müssen trotzdem unsere Kräfte sammeln
und uns gegen diese Kräfte mobilisieren.

(Schutzbach 2018: 17f).

Dieses Buch ist für alle,
die gemeinsam in Solidarität einer ausgrenzenden Politik,
welche auch von ÖVP und Grünen fortgesetzt wurde,
entgegenwirken möchten.

#gemeinsamgegenrechts

Danke

Waltraud Malleier

Miša Krenčeyová

Paul Michel Frédéric Marie

Teresa Engelhart

Franziska SophiaWerner

Marlies Bauer

Sebsastian Reeh

RVO Team Doing Feminisms

ÖH Universität Wien

Interviewpartner:innen

Inhalt

1. Einleitung

In den letzten beiden Jahrzehnten gab es einen Aufschwung rechtspopulistischer Parteien europa[1]- und weltweit – einige davon wurden bereits in Regierungen gewählt (vgl. Siim et al. 2019b: 2). Seit den 1990er Jahren führen neoliberale Politiken[2] und deren Folgen in der Bevölkerung zu Unsicherheit und Angst (vgl. Michalitsch 2017: 273ff). Rechtspopulistische Parteien nehmen sich der Sorgen der Bevölkerung vermeintlich an und bieten eine ideologische Lösung, die mit der nostalgischen Vorstellung von einer ‚homogenen' Nation und der Erhaltung von ‚Kultur und Traditionen' einhergeht (vgl. Wodak 2015: 20ff). Viele rechtspopulistische Akteur:innen porträtieren sich als Verteidiger:innen westlicher Werte und Normen[3] sowie des demokratischen Wohlfahrtsstaates (vgl. Siim 2019b: 2).

Gestärkt werden rechtspopulistische Ideologien durch antifeministische Bewegungen, die oft religiöse Ursprünge haben (Henning 2018: 194). Religiöse und rechtspopulistische Akteur:innen teilen dasselbe Verständnis von einer ‚natürlichen' Geschlechterhierarchie, Geschlechterbinarität, von sozialer Ungleichheit und kultu-

---

[1] Beispiele für rechtsextreme Parteien innerhalb Europas: die Alternative für Deutschland (AfD) gewinnt seit 2016 an Wähler:innenstimmen; die nationalistische Bewegung für ein besseres Ungarn (Jobbik) ist 2014 bei der Parlamentswahl die drittgrößte Partei; die Rassemblement National in Frankreich erlangte in sechs von dreizehn Regionen die meisten Wähler:innenstimmen; Golden Dawn ist eine neo-faschistische Partei in Griechenland, die bei der Parlamentswahl 2015 die drittstärkste Partei war; die nationalistische finnische Partei war 2015 die zweitgrößte Partei in der Parlamentswahl; die Schwedendemokrat:innen stellen die drittgrößte Partei im schwedischen Parlament dar; die dänische People's Party ist seit 2015 die zweitgrößte Partei in Dänemark; die niederländische nationalistische Partei ist seit 2012 die drittgrößte Partei im Parlament; die Lega Nord in Italien wurde mit Salvini viertgrößte Partei in Italien (vgl. Chakelian 2017).

[2] Freihandel, Privatisierungen und Austeritätspolitik führen zu einer Prekarisierung von Arbeitsverhältnissen und Sozialabbau.

[3] U.a. Geschlechtergerechtigkeit, Meinungsfreiheit, Säkularismus und sexuelle Freiheit (vgl. ebd.).

reller Homogenität (vgl. Kováts 2018: 194): Männer und Frauen gelten als von Natur aus komplementär und ergänzen einander in der Familie, welche die Aufgabe hat, die Nation und deren kulturelle Homogenität aufrechtzuerhalten. Unterschiedliche gesellschaftliche Differenzlinien wie Herkunft, Ethnie, Religion, Gender, Körper, Klasse und Sexualität werden dazu benutzt, um einen ausgrenzenden Diskurs zu nähren und dementsprechende Maßnahmen zu implementieren, die letztlich zur Spaltung der Gesellschaft führen.

Feministisches Engagement und genderpolitisches Engagement basieren auf einer linkspolitischen Vorstellung einer gerechten Welt, in welcher die Idee von einer natürlichen Ordnung und der kulturell homogenen Gesellschaft abgelehnt wird (vgl. Henning 2018: 208) und soziale Ungleichheit als sozial kreiert verstanden wird. Rechtspopulistische Regierungen wirken den ideologischen und politischen Errungenschaften feministischen Engagements entgegen. Während sich in Österreich zwischen Dezember 2017 und Mai 2019 die rechtspopulistischen Ideologien der ÖVP-FPÖ-Regierung[4] in der politischen Praxis widerspiegelten, waren feministische Aktivist:innen besonders gefordert. Letzteren wurden allerdings mit dem Regierungsantritt die Förderungen gekürzt oder komplett gestrichen.

---

[4] Die Freiheitliche Partei Österreichs (FPÖ) gilt als rechtspopulistische, rechtsextreme und rechtsradikale Partei (vgl. Sauer et al. 2016: 81ff, Mayer et al. 2018: 270). Im Gegensatz zu vielen anderen rechtspopulistichen Parteien in Europa hat die FPÖ eine lange nationalsozialistische Tradition. Nationalsozialisten gründeten nach dem Zweiten Weltkrieg in Österreich den Verband der Unabhängigen *VdU*, 1955 wurde diese Partei in die FPÖ umbenannt. Die Österreichische Volkspartei (ÖVP) wird weder medial noch kaum in der wissenschaftlichen Literatur als rechtspopulistische Partei beschrieben. Die neue ÖVP (seit der Parteiübernahme von Sebastian Kurz wird die ÖVP als *neue* ÖVP bezeichnet) weist jedoch eindeutige Merkmale rechtspopulistischer Parteien auf (vgl. Wodak 2018, siehe Kapitel 4.1.).

In dieser Studie werden die Auswirkungen der Politik der ÖVP-FPÖ-Regierungspolitik von Dezember 2017 bis Mai 2019 in Österreich auf den autonomen[5] feministischen Aktivismus in Wien analysiert. Im ersten analytischen Teil werden die genderspezifischen Maßnahmen der ÖVP-FPÖ-Regierungspolitik aus Sicht der feministischen Akteur:innen in Wien diskutiert. Diese Auseinandersetzung ermöglicht einen Einblick in die Auswirkungen der Regierungspolitik auf genderspezifische[6] Errungenschaften, die wiederum unmittelbaren Einfluss auf das autonome feministische Engagement haben. Im zweiten analytischen Teil werden die Strategien der autonomen feministischen Aktivist:innen untersucht, welche sie in Bezug auf die rechtspopulistische Regierungspolitik entwickelten, um mit den entstandenen Herausforderungen umzugehen. Beide empirische Analysen ermöglichen einen umfassenden Einblick in die Auswirkungen der Regierungspolitik auf den autonomen feministischen Aktivismus in Wien. Dabei stehen autonome feministische Organisationen und Vereine in Wien im Fokus der Analyse. Die Forschungsfrage wird auf der Basis von qualitativen Interviews, einem E-Mail-Verkehr, einem Fokusgruppeninterview sowie einem Forschungstagebuch beantwortet.

---

[5] Autonom bedeutet, dass die Vereine und Organisationen von den feministischen Akteur:innen als parteiunabhängig, überparteilich, selbstorganisiert und autonom beschrieben werden (vgl. Birge, I2; Heidi, I1; Anonym, I6; Simona, I8; Brigitte, I4; Ulli, I5). Sie gelten als autonom, da sie sich ausschließlich durch Mitgliedsbeiträge, Abonnements (im Falle der Zeitschrift etc.) sowie durch geringe Förderungen der MA 57 (Frauenservice Wien) und der Österreichischen Hochschülerschaft finanzieren, wobei alle Akteur:innen unabhängig agieren können (vgl. Birge I2; Heidi, I1; Anonym, I7; Simona, I8; Brigitte, I4; Ulli, I5; Anonym, I9).

[6] Da die Analyse aus einer intersektionalen Perspektive zugrunde liegt, sind auf Gender bezogene Debatten und Diskurse in einem größeren Zusammenhang zu betrachten. Gender steht demnach nicht als einzige ‚Kategorie' im Fokus der Analyse, die Benachteiligung innerhalb einer Gesellschaft sichtbar macht, sondern zusammen mit anderen gesellschaftlichen Differenzlinien (‚Race', Klasse, Ethnie, Religion, Körper, Sexualität, Herkunft, Nation, Alter) als parallel wirkende Kräfte von Über- und Unterordnung.

Die Untersuchung basiert auf einer intersektionalen Perspektive, um die rechtspopulistischen Diskurse sowie feministische Theorien und Praxis bestmöglich analysieren zu können.

1.1 Forschungsgegenstand

Autonomer feministischer Aktivismus

Feministischer Aktivismus bezeichnet „purposive human activities specifically aiming to transform the gender relations that subordinate and devalue women“ (Ewig et al. 2013: 148). Diese feministische Arbeit wird vor allem von FLINTA*Personen[7] innerhalb sozialer Bewegungen und feministischer Organisationen getragen. Dabei ist der Zweck des Zusammenschlusses wichtiger als die jeweilige organisatorische Form: „[F]eminist transformation is better defined by its purpose than its form; feminism is more about the work of change-making than the particular structures in which this work is done“ (ebd.: 148). Autonomer feministischer Aktivismus stellt einen

> spezifischen Ausschnitt aus dem Feld der Sozialen Bewegungen [dar], mit denen er den grundsätzlichen Glauben an die Möglichkeit einer Veränderung der Welt ‚von unten‘, d.h. durch die koordinierte (jedoch herrschaftsfrei und nicht-institutionell organisierte) Aktivität vieler Menschen, teilt. Die Logik dieses Feldes ist dabei – im Unterschied zur institutionalisierten Politik – durch

[7] Frauen, Lesben, inter, nicht-binäre, trans- und agender Personen; * steht für jene nicht-cis-männlichen Personen, die sich nicht in eine der genannten sexuellen Orientierungen oder Genderidentitäten einordnen.

Unmittelbarkeit, basisdemokratische Grundsätze und weitgehende Ehrenamtlichkeit bestimmt (Mayer 2013: 17).

Feministischer Aktivismus zeichnet sich durch eine starke Vision sozialer Veränderung aus (vgl. Fotopoulou 2016: 1). Der Begriff Aktivismus beschreibt ein „aktives" und „zielstrebiges Handeln" und wird für die politische Praxis sowie im akademischen Diskurs verwendet (vgl. Ommert 2016: 41). In der Wissenschaft wird der Begriff ‚Aktivismus' allerdings wenig theoretisch debattiert (vgl. Leidinger 2015: 80). Während sich soziale Bewegungen im Protest definieren, kann Aktivismus in verschiedenen Sphären stattfinden: auf individueller Ebene oder im Kollektiv. Aktivismus kann innerhalb kollektiver Zusammenschlüsse und Aktionen, im täglichen Widerstand, im akademischen oder im bildungspolitischen Bereich stattfinden (vgl. Motta et al. 2011: 26ff).

Während die kollektive Identität[8] eine zentrale Rolle in der Koalitionsbildung von sozialen Bewegungen spielt, können sich Gruppen im aktivistischen Engagement auch „jenseits von Identitätskategorien oder Identitätskonstruktionen [...] temporär zusammenfinden, um ein konkretes Projekt gemeinsam zu verfolgen oder eine Aktion zu planen" (Ommert 2016: 42). Zusammenschlüsse haben eine größere Bedeutung als die kollektiven Identitäten bei sozialen Bewegungen und lassen demnach eine intensivere Fokussierung auf die politischen Ziele und Inhalte zu (vgl. ebd.). Formen, Ziele, Ideale sowie Strategien feministischen Engagements sind ‚kulturell', geografisch und historisch spezifisch (Ewig et al. 2013: 161).

---

[8] Die kollektive Identität ist ein wichtiger Begriff in der Bewegungsforschung. Akteur:innen sozialer Bewegungen streben eine maximale Übereinstimmung in ihren Interessen, Zielen und Werten an (vgl. Molm et al. 2000: 1402) und erzeugen die Illusion eines gemeinsamen sozialen Raumes, welcher auch in Abwesenheit einzelner Mitglieder fortbesteht (vgl. Giesen 2002: 70f). Soziale Medien ermöglichen das Fortbestehen kollektiver Identitäten über eine abstrakte Vorstellung von Zugehörigkeit (vgl. Eder 2005: 202).

Die interviewten feministischen Akteur:innen schließen sich in Vereinen und Organisationen zusammen und werden als solche analysiert. Feministische Organisationen und Vereine sind nicht zentrale Akteur:innen Sozialer Bewegungen, stellen allerdings einen spezifischen Ausschnitt aus dem Feld dar und beeinflussen diese maßgeblich (vgl. Alpizar 2007: 4). Sie gelten als starke politische Akteur:innen, die die Möglichkeit haben, die öffentlichen und privaten Sphären der Gesellschaft zu transformieren (Alpizar 2007: 10f). Umgekehrt haben Soziale Bewegungen ebenfalls einen wesentlichen Einfluss auf feministische Organisationen und Vereine. Einerseits etablieren sich viele feministische Organisationen und Vereine u.a. aus Sozialen Bewegungen heraus und bilden innerhalb der Zusammenschlüsse teils langfristige Koalitionen und/oder werden durch Soziale Bewegungen gestärkt oder geschwächt. Positive Auswirkungen auf feministische Organisationen und Vereine haben Soziale Bewegungen insbesondere dann, wenn sie medial präsent sind: Feministische Anliegen können dadurch (verstärkt) sichtbar werden und somit Aufmerksamkeit auf bestimmte Themen ziehen, Interesse wecken und so zu Erfolgen oder zur Verstärkung des Engagements führen (vgl. Alpizar 2007: 10f). Feministische Organisationen und Vereine haben die Macht, die gesellschaftliche Relevanz feministischer Themen in die Mitte der Gesellschaft zu tragen. Feministische Anliegen können somit als Anliegen ‚aller Menschen‘ diskutiert werden (vgl. ebd.: 8).

Feministischer Aktivismus im Kontext von Rechtspopulismus in Österreich: Zum Forschungsstand

Dieses Buch setzt an der Intersektion von lokalen Aktivismen und globaler Theorieproduktion an. Konkreter Forschungsgegenstand sind die Auswirkungen der rechtspopulistischen ÖVP-FPÖ-Regierungspolitik in Österreich von 2017 bis 2019 auf den autonomen feministischen Aktivismus in Wien. Es gibt einige Publikationen, die sich mit Rechtspopulismus in Österreich befassen (vgl. Sauer et al. 2016; Ajanović et al. 2015; Wodak 2015, 2018; Mayer et al. 2018, Mayer et al. 2014). Diese Arbeiten thematisieren die historische Entstehung der FPÖ und deren Diskurse rund um Differenz und Ungleichheit (vgl. ebd.). Wodak (vgl. 2018) setzt sich mit der *neuen* ÖVP als einer rechtspopulistischen Partei auseinander; ansonsten wird die ÖVP in diesem Zusammenhang jedoch kaum bis gar nicht wissenschaftlich debattiert. Lazaridis et al. (vgl. 2016) beschäftigen sich mit dem Aufstieg rechtsextremer Parteien in Europa und thematisieren deren rechtspopulistische Rhetoriken. Sauer et al. (vgl. 2016) analysieren in ihrem Buch die ausgrenzenden Diskurse der FPÖ am Beispiel des Diskurses über Muslim:innen und untersuchen die Vorgehensweisen zivilgesellschaftlicher Organisationen, die sich gegen Rassismus und Diskriminierung einsetzen.

Im europäischen Kontext gibt es einige Autor:innen, die sich mit rechtspopulistischen Regierungen und antifeministischen Bewegungen beschäftigen (vgl. Kováts 2018, Hall 2019, Henning 2018, Keskinen 2018, Siim et al. 2019a). Dabei steht ein intersektionaler Blickwinkel im Mittelpunkt der Auseinandersetzungen. In einem 2018 erschienenen Sammelband zum Thema Rechtspopulismus stehen zivilgesellschaftliches Engagement sowie Solidaritätsbewegungen als Gegenhegemonien im Zentrum (vgl. Siim et al. 2019a). Pajnik (vgl. 2019) untersucht Ideologien und Strategien in „Feminist Movements' Acts of Citizenship" in Slowenien. Sie ist die einzige Autorin, die über feministisches Engagement schreibt; in Bezug auf Rechtspopulismus bietet der Sammelband jedoch einige Anhaltspunkte. Gunnarsson Payne (vgl. 2020) beschäftigt sich in ihrem Artikel in der Zeitschrift „baltic worlds" mit Konflikten und Allianzen in einer polarisierten Welt, in welcher sich Antagonismen rund um verschiedene Ideologien bezüglich Gender etablieren: Antifeminist:innen, darunter Rechtspopulist:innen, vs. Feminist:innen (vgl. ebd.).

Während rechtspopulistische und rechtsextreme Diskurse an sich sehr gut erforscht sind, gibt es kaum Arbeiten, die sich mit den Strategien feministischen Engagements in diesem Kontext beschäftigen. Die Forschung zum autonomen feministischen Aktivismus in Österreich seit den 1970er Jahren ist bis zum heutigen Zeitpunkt als lückenhaft beschrieben (vgl. Mayer 2015). Es gibt „nur wenige wissenschaftliche (Überblicks-)Darstellungen [...], die den Fokus auf feministisches Handeln einer politischen Bewegung legen" (ebd.: 11). Dennoch sind in diesem Zeitraum einige Werke zu feministischem Aktivismus entstanden. Von der Frauenabteilung der Stadt Wien (vgl. MA 57) erschien 2011 ein Sammelband mit aktuellen Entwicklungen und Perspektiven für Wien (vgl. Smodics-Kuscher 2011). Die Publikation „Donauwalzer, Damenwahl" von Geiger und Hacker (vgl. 1989) stellt den ausführlichsten Überblick der ersten zwanzig Jahre der Frauenbewegung in Österreich und vor allem in Wien dar. Sie veranschaulicht eine detaillierte Auseinandersetzung über die Konflikte sowie die Komplexität der Bewegung, bietet in Hinsicht auf Strategien allerdings kaum Ansätze für mein Buch. „Female Consequences" von Reitsamer und Wienzierl (vgl. 2006) handelt von feministischen Ausdrucks- und Organisationsformen, auch hier gibt es kaum Anhaltspunkte.

In „Politik der Differenzen" setzt sich Mayer (vgl. 2015) mit „Ethnisierung, Rassismen und Antirassismus im weißen, feministischen Aktivismus in Wien" auseinander, diese Arbeit bietet einige Grundlagen bezüglich des Forschungsgegenstandes. Klüver (vgl. 2015) thematisiert in ihrer Masterarbeit „Kunst vermittelnd zu intervenieren" feministische, queer:feministische und antirassistische Aktivismen außerhalb des akademischen Feldes sowie die künstlerische Intervention als Feld queer:feministischer Theorie. Auch hier gibt es kaum Anknüpfungspunkte für mein Thema. Meine Strategieanalyse beruht auf der theoretischen Grundlage von feministischen Öffentlichkeitstheorien sowie dem feministischen Politikverständnis (vgl. Drüeke et al. 2019, Ajanocić et al. 2015, Fraser 2001). Auch hier gibt es nur wenige Autor:innen, die sich mit den Strategien beschäftigen. Allerdings bieten Drüeke et al. (vgl. 2019) einige spannende theoretische Grundlagen. Es gibt bis dato keine Werke, die die Auswirkungen der Politik der rechtspopulistischen Regierungspolitik 2017 bis 2019 in Österreich auf den autonomen feministischen Aktivismus in Wien untersuchen. Die Beantwortung der Frage mittels zwei Teilfragen, innerhalb welcher zunächst die Auswirkungen auf genderpolitische Errungenschaften aus der Sicht der Akteur:innen untersucht werden und anschließend die Strategien der Akteur:innen im Mittelpunkt stehen, füllen somit eine Forschungslücke, insbesondere im österreichischen Kontext, anhand des konkreten Beispiels des Wiener Raums.

1.2 Struktur des Buches

Nach dem einleitenden Kapitel mit der Darstellung des Forschungsgegenstandes sowie der Forschungsfragen bietet das Kapitel zu historischen, politischen und theoretisch-konzeptionellen Überlegungen einen Einblick in zwei große Themenblöcke: Rechtspopulismus und feministische Bewegungen (2.).

Im ersten Kapitel 2.1 wird das Phänomen Rechts-populismus theoretisch konzeptualisiert und der Zusammenhang zu neoliberalen Politiken offengelegt, um den Aufstieg rechtspopulistischer Regierungen besser verstehen zu können. Weiter werden rechtspopulistische Diskurse über Feminismen und Gender diskutiert. Hier werden einerseits antifeministische Diskurse veranschaulicht, die in der Literatur häufig als ‚Global Right' debattiert werden, während im nächsten Schritt neokonservative Diskurse erörtert werden, die insbesondere von rechtspopulistischen Parteien in Westeuropa gefördert werden.

Das Kapitel zu feministischen Bewegungen (2.2) bietet einen historischen Abriss, um die Strömungen, Konflikte, Auseinandersetzungen und Diskurse aktueller Tendenzen besser verstehen zu können. Dabei werden äußere Einflüsse auf Feminismen wie neoliberale Ideologien und innere Diskrepanzen innerhalb der Bewegungen erörtert, während anschließed Theorien diskutiert werden, welche sich mit Koalitionen trotz Differenzen und Diskrepanzen beschäftigen. Nach dem historischen Abriss werden aktuelle Tendenzen als Versuch einer ‚Status Quo'-Auffassung der feministischen Bewegungen skizziert. Beide Themenblöcke sind zentral für dieses Buch, um die Entwicklungen der feministischen Aktivismen in Wien während der Regierungsperiode analysieren zu können.

Das Kapitel zu den methodologischen Überlegungen beginnt mit einer Auseinandersetzung mit der feministischen Epistemologie (3.1). Intersektionalität gilt als Forschungsprinzip dieser Arbeit, welches in der theoretischen und praktischen Auseinandersetzung mit feministischen Bewegungen und Rechtspopulismus als unabdingbar gilt, um Unterdrückungs- und Diskriminierungsverhältnisse bestmöglich beleuchten zu können. Die feministische Öffentlichkeitstheorie und Politikgestaltung sind zentral für die Analyse der von den Aktivist:innen entwickelten Strategien. Anschließend folgt eine Reflexion über Verantwortung der Autor:innen innerhalb der Bewegungsforschung, von welcher Aktivismus einen spezifischen Ausschnitt darstellt. Die Forschungsmethoden bestehen aus qualitativen Interviews, einem Fokusgruppeninterview sowie einem Forschungstagebuch. Das Kapitel über die Auswertung des Datenmaterials (3.2) enthält Informationen über die Auswertung der Interviews, anschließend werden die Aktivist:innen innerhalb des Kapitels ‚Das Sample' (3.3) vorgestellt und reflektiert.

Der empirische Teil setzt sich aus zwei Unterkapiteln zusammen. Im ersten Teil werden die Auswirkungen der rechtspopulistischen Regierungspolitik auf den autonomen feministischen Aktivismus in Wien untersucht (4.1). Dieses Kapitel analysiert die Kritik der feministischen Akteur:innen an ideologischen Debatten sowie politischen Maßnahmen der ÖVP-FPÖ-Regierung und erzielt dadurch einen Einblick in die Auswirkungen der Regierung auf feministische Anliegen und erkämpfte Errungenschaften und somit auch auf den autonomen feministischen Aktivismus in Wien. Im zweiten Teil findet eine Analyse der Strategien statt (4.2). Beide Kapitel bieten einen umfassenden Einblick in die Auswirkungen der ÖVP-FPÖ-Regierungspolitik in Österreich auf den autonomen feministischen Aktivismus in Wien.

Im abschließenden Kapitel (5) werden die Ergebnisse der Analyse zusammengefasst und die Grenzen der Arbeit sowie mögliche Anknüpfungspunkte für weitere Forschungen angeführt.

2. Historische, politische und theoretisch-konzeptuelle Kontexte

In diesem Kapitel folgt eine theoretische Auseinandersetzung mit zwei zentralen Themenblöcken dieses Buches, einerseits mit Rechtspopulismus und anderseits mit feministischen aktivistischen Bewegungen. Es skizziert globale Herausforderungen und stellt die theoretischen Grundlagen dar, um die ÖVP-FPÖ-Regierungspolitik in Österreich sowie den feministischen Aktivismus in Wien analytisch erfassen zu können. Die theoretische Kontextualisierung gibt u.a. einen Überblick über den Handlungsbedarf feministischer Aktivist:innen, der durch rechtspopulistische Regierungen, deren ideologischen Ziele enorm von jenen der Aktivist:innen divergieren, besonders hoch ist.

2.1 Rechtspopulismus

In diesem Kapitel soll das Phänomen Rechtspopulismus theoretisch konzeptualisiert werden: Was ist Rechtspopulismus und in welchem Verhältnis stehen Neoliberalismus und Rechtspopulismus zueinander? Des Weiteren möchte ich innerhalb der theoretischen Auseinandersetzung Diskurse von rechtsextremen, christlichen und rechtspopulistischen Parteien über Feminismen und Gender darstellen. Dabei werden antifeministische sowie neokonservative Diskurse charakterisiert.

In diesem Kapitel werden Dimensionen des Rechtspopulismus theoretisch debattiert, während im Kapitel 4.1. die hier angeführten theoretischen Beispiele mit praktischen Beispielen aus der ÖVP-FPÖ-Regierungspolitik analysiert werden.

In der Literatur wird mit Populismus eine „Vielzahl recht unterschiedlicher politischer Phänomene positiver und negativer Konnotationen bezeichnet“ (Wehr 2011: 113). Inner- und außerhalb Europas wird der Begriff Populismus seit den 1980er Jahren benutzt, um viele verschiedene Bewegungen zu beschreiben (vgl. Lazaridis et al. 2016: 3). Dabei gibt es unterschiedlichste Auffassungen des Konzepts und Unstimmigkeiten über dessen Abgrenzung zu anderen Ideologien wie Rechtsextremismus und Faschismus oder zu sozialen Bewegungen (vgl. Wodak 2018: 326).

Im Populismus wird die Mobilisierung gegen bestimmte Gegner:innen im Sinne einer gemeinsame Identität gefordert (vgl. Wehr 2011: 113). Welche Bevölkerungsgruppen oder Identitäten dabei mobilisiert werden sollen, hängt von historischen, geografischen und anderen kontextbedingten Faktoren ab (vgl. Wodak 2018: 329). Gekennzeichnet ist eine populistische Politik durch einen be-stimmten politischen Stil, der mit der Vereinfachung komplexer Sachverhalte einhergeht. Wodak (vgl. ebd.: 328f) definiert vier Dimensionen von Rechtspopulismus: Autoritarismus, Anti-Establishment/Anti-Elitarismus, Konservativismus (die Vertretung von traditionellen Werten) und Nationalismus/ Antipluralismus (die Rekurierung auf das scheinbar homogene ‚Volk‘). Es müssen allerdings nicht alle Dimensionen erfüllt werden, um von Rechtspopulismus sprechen zu können (vgl. ebd.). Die Dimensionen können jedoch in „jeweils bestimmter Kombination [...] als typisch für rechtspopulistische Ideologien“ verallgemeinert werden (Wodak 2018: 329). ‚Eliten‘ können somit die EU, die UNO, die Wissenschaften, ökonomische Eliten etc. sein.[9]

---

[9] Diese Elemente sind sowohl bei der FPÖ (vgl. Wahl Europa 2019) als auch bei der ÖVP zu finden. „Es braucht einen neuen EU-Vertrag, der aktuelle ist nicht mehr zeitgemäß“ (Kurz 2019c). Und wenn es darum geht, die ‚illegale Migration‘ zu stoppen, dann müsse Europa allerdings die Grenzen nach außen hin schützen, um ein Europa ohne Grenzen nach innen zu bewahren (vgl. Kurz 2018).

Rechtspopulistische Parteien zeichnen sich zudem durch eine anti-elitäre, anti-intellektuelle und Anti-Establishment-Haltung aus, die meistens (in Europa) mit einer Euroskepsis und mit der Suche nach einer ‚echten', ‚wahren' Demokratie einhergeht (vgl. Wodak 2015: 20ff, 2018: 328f). Populist:innen präsentieren sich als Sprecher:-innen der unterdrückten und marginalisierten Personen und äußern sich kritisch gegenüber aktuellen Regierungsformen (vgl. Wodak 2018: 329ff), wobei sie zugleich nach innen autoritäre Strukturen aufweisen [10] (vgl. Schutzbach 2018: 43). Außerdem verbreiten Rechtspopulist:innen eine Stimmung der Unsicherheit, die die Sehnsucht nach einem ‚starken Mann' weckt, der die ‚Heimat' beschützt.[11] Die konservative ‚antipluralistische' Haltung basiert auf dem Rekurs auf die heteronormative Familie mit ihren starren Geschlechterrollen, die für die Aufrechterhaltung des scheinbar homogenen Volkes verantwortlich ist. Geschlecht, Herkunft, Sexualität, Religion und Ethnie werden zu Kategorien des Ausschlusses, auf die sich die ausgrenzenden Diskurse stützen. Die ‚Anderen' stehen der scheinbar homogenen und heteronormativen Gesellschaft gegenüber, die vermeintliche Werte, Traditionen und Geschichte teilt. Dies hat u.a. die Funktion, die vermeintlich homogene, ‚heimische' Gesellschaft näher zusammen zu rücken und die konstruierten ‚Anderen' ideologisch an den Rand der Gesellschaft

---

[10] Dieses Merkmal populistischer Parteien finden wir bei der ÖVP und der FPÖ wieder (vgl. Nehammer 2018: 24). Die Wahlplakate von Sebastian Kurz 2019 zeigen Slogans wie: „Einer, der in Europa Stärke zeigt. Das ist mein Kanzler" (zit. in Krone 2019). Strache bedient sich derselben Strategie: „Nur eine starke FPÖ garantiert eine politische Veränderung und löst die Fairness-Krise für unsere Österreicher" (zit. in Unsinn 2018: 108). Die Strategie findet Anklang bei den Österreicher:innen: 54 % der ÖVP-Wähler:innen gaben bei einer Umfrage an, die ÖVP wegen Sebastian Kurz zu wählen (vgl. News 2017), bei der FPÖ sind es nur 16 %, die die FPÖ aufgrund von Heinz Christian Strache wählen.

[11] Sebastian Kurz erfüllt die Kriterien eines charismatischen ‚Führers', welcher zwei Rollen innehaben soll: und zwar den beschützenden sowie den starken, strengen Mann, welcher für Recht und Ordnung sorgt (vgl. Wodak 2018: 329f). Kurz betont immer wieder seine konsequente Linie gegen die illegale Migration (vgl. zeit.de 2019).

zu drängen. Soziale Probleme werden diskursiv kreiert, welche die definierten Feinde anscheinend verursachen. Die konstruierte heimische Gesellschaft ist dabei das Opfer, das unter diesen Problemen leidet (vgl. Lazaridis et al. 2016: 19).

Rechtspopulismus kann als rhetorischer Stil, beispielsweise als mediales Performanzphänomen, beschrieben werden; allerdings betont Wodak (vgl. Wodak 2018: 327) die Kombination mit bestimmten ideologischen Inhalten, die entscheidend für die Wirkmächtigkeit des Phänomens sind. Die Mischung aus Inhalt und der Art und Weise, mit der kommuniziert wird, findet in den letzten Jahrzehnten bei vielen Wähler:innen u.a. in einigen Ländern Europas Anklang und führt rechtspopulistische Parteien an die Spitze (vgl. Pels 2012: 32). Die Grundlage rechtspopulistischer Parteien stellen Traditionen der radikalen und extrem rechten Ideologien dar (vgl. Lazaridis et al. 2016: 2). Die rechtspopulistische Rhetorik ermöglicht es, politische und oft rechtsextreme Positionen zu kaschieren. Die Normalisierung rechtspopulistischer und rechtsextremer Inhalte[12] sowie die rhetorische Abgrenzung zum Rechtsextremismus sind weitere Merkmale rechtspopulistischer Parteien (vgl. Wodak 2018: 324ff). Der Begriff ‚Rechtspopulismus' ist mit „völkisch-rassistischen Identitätsvorstellungen verbunden" (vgl. Salzborn 2015: 21) und somit „inhaltlich nah am Rechts-

---

[12] Die FPÖ wird immer wieder mit der rechtsextremen, neofaschistischen Identitären Bewegung in Österreich in Zusammenhang gebracht (vgl. die Presse 2019). Sie weist die Vorwürfe immer wieder zurück und versucht, sich gegen Rechtsextremist:innen abzugrenzen (vgl. Schmidt 2019). Dies ist u.a. für das Überleben der FPÖ notwendig, da die Partei ansonsten verfassungswidrig wäre. Sebastian Kurz vermittelt eine widersprüchliche Haltung: „In unserer Gesellschaft darf es keine Toleranz für gefährliche und menschenverachtende Ideologien geben! Ganz gleich, ob extremistischer Islamismus oder rechtsradikaler Fanatismus" (Kurz 2019b). Mit diesem Zitat grenzt sich Sebastian Kurz vom Rechtsextremismus ab. Die rassistischen Weltanschauungen rechtspopulistischer Akteur:innen erhalten dadurch automatisch demokratische Legitimität (vgl. Schutzbach 2018: 7f).

extremismus bzw. teilt mit ihm große Schnittmengen und kann keinesfalls bloß als eine Art ‚demokratischer' Ableger verstanden werden" (ebd.). Populist:innen finden durch ihre teils schockierende Rhetorik besondere mediale Aufmerksamkeit, durch die sie letztlich ihre Position in den Medien und in der Öffentlichkeit sichern (vgl. Schutzbach 2018: 11). Rechtspopulistische Parteien benützen Themensetzungen, Begriffe und ‚Framings'[13], die einerseits von einer Bevölkerungsgruppe skandalisiert werden können, jedoch zugleich nicht selten zu einem anerkannten gesellschaftlichen Diskurs werden (vgl. ebd.). Werden Inhalte von Rechtspopulist:innen skandalisiert, präsentieren diese sich häufig in einer Opferrolle und geben an, die Interessen der einfachen Menschen zu repräsentieren. Sie bezeichnen häufig die Medien als „Lügenpresse" (vgl. ebd.: 43) oder plädieren für demokratische Meinungsfreiheit, die ihnen angeblich entzogen wird (vgl. ebd.: 12).

Eine vergleichende Analyse rechtspopulistischer Parteien in Europa zeigt unterschiedlichste Facetten, Ideologien, Formen, Inhalte und politische Stile, die sich nicht vereinheitlichen lassen. Viele populistische Parteien in Europa bleiben am politischen Rande, andere werden ins Parlament gewählt.[14]

---

[13] Inhalte werden so formuliert, dass sie die Empfänger:innen auf eine bestimmte vorgesehene Art und Weise beeinflussen. Die Einbettung von Ereignissen und Themen in bestimmte Deutungsmuster betreffen insbesondere Themen, welche als problematisch dargestellt werden, wie z.B. die Migration, der Islam, Gender etc., um einen hegemonialen Diskurs von Ungleichheit und Ausschluss zu schaffen (vgl. Lazaridis et al. 2016: 16).

[14] In Österreich wurde die FPÖ 1999 mit 26,91 % (vgl. BMI 1999) in den Nationalrat gewählt und ging infolgedessen eine Koalition mit der ÖVP ein. Im Dezember 2017 erhielt die FPÖ in der Nationalratswahl erneut 26 % der Stimmen (vgl. BMI 2017a), die der Partei eine Koalition mit der ÖVP ermöglichte. Die FPÖ ist eine der ersten rechtspopulistischen bis rechtsextremen Parteien in Europa, die nach dem Zweiten Weltkrieg in eine Regierung gewählt wurden (vgl. Lazaridis et al. 2016: 15). Die ÖVP bedient sich derselben Mittel wie die FPÖ und hat laut Wodak deren Programmatik übernommen (vgl. Wodak 2018: 325). In den letzten

Neoliberale Maßnahmen und Implementierungen wirken in Europa seit den späten 1980er Jahren und bringen eine zunehmende Polarisierung sozialer Verhältnisse mit sich. Mittels Freihandelsabkommen, Privatisierungen staatlicher Güter, Deregulierungen und einer Austeritätspolitik kommt es unter der neoliberalen Logik zu Kapitalkonzentration, Gewinnmaximierung, der Prekarisierung von Arbeitsverhältnissen sowie zum Abbau des Sozialstaates und somit zur Verminderung sozialer Sicherheit. Ideologisch wird die neoliberale Politik mit liberalen Werten wie Freiheit, Selbstverantwortung, Selbstentfaltung, Selbstverwirklichung, Individualismus und dem Leistungsmythos verknüpft. Ungleichheitsverhältnisse sowie Chancenungleichheit werden somit verschleiert und als persönliches Versagen interpretiert (vgl. Michalitsch 2017: 273ff). Während privilegiertere Individuen von der neoliberalen Logik aufgefangen werden, kämpfen andere „an den ‚Rändern' der Gesellschaft weitgehend unsichtbar, [sic] um ihr Überleben" (ebd.: 274).

Die Folgen der neoliberalen Politik bieten rechtspopulistischen Parteien eine Bühne: Emotionen und Gefühle werden gebündelt, Sündenböcke definiert und zum Ventil der Gesellschaft gemacht. In ‚unsicheren Zeiten' wird der Schutz der ‚Heimat' und das Festhalten an ‚deren Überresten' und ‚Traditionen' in Kombination mit dem Verlangen, zu ‚vergangenen Zeiten' zurückzukehren, bestärkt (vgl. Michalitsch 2017: 274). Diese Voraussetzungen ebnen einem neuen Autoritarismus den Weg (vgl. ebd.). Die ‚Schwächeren' und die ‚Anderen' werden zum Ventil der Gesellschaft und die rechts-

---

Jahren entstanden auch kleinere Gruppen und Organisationen in Österreich wie u.a. die PEGIDA (Patriotische Europäer gegen die Islamisierung des Abendlandes), die Identitären (seit 2012) und kleinere Bürger:inneninitiativen, welche in den letzten Jahren an Bedeutung und öffentlicher Sichtbarkeit gewinnen und 2011 das Netzwerk *Bewegung pro Österreich* gründeten (vgl. Sauer et al. 2016: 82).

populistischen Parteien stilisieren sich mit ihren ausgrenzenden Diskursen zu Hoffnungsträger:innen der Nation (ebd.: 275).

Marginalisierte Gruppen sind jedoch jene, die am meisten unter den Folgen neoliberaler und rechtspopulistischer Maßnahmen leiden. In neoliberalen und rechtspopulistischen Diskursen stellt der ‚weiße', heterosexuelle Mann den unsichtbaren Maßstab dar (vgl. Saull 2018: 589). Es sind mehrheitlich FLINTA*Personen (insbesondere mit Migrationshintergrund), die jene reproduktiven Tätigkeiten leisten, die entweder gar nicht oder nur gering entlohnt werden und in hegemonialen Diskursen unreflektiert bleiben. Die kapitalistische Akkumulation basiert auf solch unbezahlter Reproduktionsarbeit. Sie bildet den Grundstein kapitalistischer Gesellschaften, die insbesondere auf dem Rücken von FLINTA*-Personen überhaupt erst existenzfähig sind. Kapitalistische Akkumulation geschieht dabei nicht nur innerhalb einer national gefassten Gesellschaft auf Kosten marginalisierter Gruppen, sondern auch länderübergreifend und global. Indem Arbeitnehmer:innen des globalen Südens unter für die Arbeitgeber günstigen Bedingungen und in prekären Verhältnissen produzieren, profitieren Konzerne im Norden. Sexismus und Rassismus sind demnach ein strukturelles Merkmal des Kapitalismus (vgl. Federici 2017: 5). Der sozialstaatliche Abbau bringt fatale Folgen für liberale Demokratien mit sich, nämlich den Aufstieg rechter und rechtspopulistischer Parteien, die in ganz Europa ‚Männerparteien' sind (vgl. Sauer 2018: 9).

Jacques Rancière (1997) beschreibt die Postdemokratie als einen entpolitisierten Zustand, indem Bürger:innen bloße Konsumen-t:innen des Politischen sind. Bürger:innen haben das Gefühl, nicht vertreten zu sein, die Entscheidungsmacht über politische Maß-nahmen wird den Wirtschaftslobbyisten, supranationalen Gremien (z.B. der EU) und den Vorständen multinationaler Konzerne zugeschrieben bzw. überlassen (vgl. Sauer 2018: 7, 9). Eine in der österreichischen Tageszeitung *Standard* veröffentlichte Umfrage zeigt, dass ein Drittel der Befragten der Meinung ist, dass Wahlen nichts an der politischen Situation ändern würden (vgl. Seidl 2017). Die allgemeine Politikverdrossenheit sowie die Folgen des Sozialabbaus ebnen den Weg für eine autoritäre Postdemokratie, welche Wünsche nach „einem Zurück zum ‚Vorher' zur liberalen Demokratie" hervorruft (Sauer 2018: 7ff). Die liberale Demokratie scheint die aktuellen Herausforderungen, die durch die neoliberalen politischen Maßnahmen seit den 1980er Jahren entstanden sind, nicht ändern zu können und ist „nicht in der Lage, die Krisen, die ökonomischen und sozialen Schieflagen des Kapitalismus einzuhegen und zu Gleichheit und Selbstbestimmung und zu einem guten Leben für Alle beizutragen" (ebd.).

Dass die Folgen der neoliberalen Politiken nicht nur österreich-, sondern europa- und weltweit spürbar sind, ermöglicht rechtspopulistischen Akteur:innen, eine Atmosphäre der Krise zu schaffen und diese in düsteren Zukunftsprognosen zu ‚framen' (vgl. Keskinen 2018: 160).

Rechtspopulistische Diskurse über Feminismen und Gender

Nach einer einführenden Einleitung und Skizzierung der Gemeinsamkeiten von rechtspopulistischen, rechtsextremen und christlichen Akteur:innen gibt dieser Abschnitt einen kurzen theoretischen Überblick über zwei unterschiedliche Facetten rechtspopulistischer Akteur:innen in ihren Debatten zu Gender und Feminismen. Zum einen möchte ich globale antifeministische Tendenzen mit rechtspopulistischen Parteien in Beziehung setzen, während anschließend die neokonservativen, liberalen Debatten im Zusammenhang mit Gender skizziert werden, die insbesondere von rechtspopulistischen Parteien in Westeuropa als Anpassung an veränderte gesellschaftliche (liberale) Bedingungen vertreten werden. Beide (antifeministische und neokonservative) Facetten sind in den Diskursen der ÖVP und FPÖ vertreten, wobei neokonservative Positionen immer stärker präsent sind. Diese Verschiebung im Verhältnis von Populismus und Gender ist allerdings eine scheinbare, die nur eine diskursive Anpassung an aktuelle Herausforderungen darstellt, während sich das Verständnis rechtspopulistischer Parteien von Gender nicht änderte.

Es sollen globale antifeministische, liberale und konservative Diskurse aufgezeigt und somit die Bedeutung von und Herausforderungen für globale feministische Bewegungen so wie jene in Wien während der ÖVP-FPÖ-Regierungsperiode veranschaulicht werden.

Das Verhältnis von Populismus und Gender ist relativ unerforscht (vgl. Abi-Hassan 2017: 541). Populistische Parteien und Bewegungen zeigen sich facettenreich, sodass das Phänomen selbst als

> a chameleon-like trend spreading across a great number of EU countries [which is] responding to various challenges (gloabisation, post-industrial economic conditions, immigration and European Union constraints) [zeigt] (Lazaridis et al. 2016: 14f).

So wie das Phänomen selbst, ist auch das Verhältnis zu Gender und Feminismus nicht geradlinig, sondern sehr vielseitig. Christliche, rechtsextreme und rechtspopulistische Akteur:innen teilen dabei ähnliche Vorstellungen von einer ‚natürlichen' Geschlechterbinarität, die auf einem ideologischen Verständnis von sozialer Ungleichheit und kultureller Homogenität basieren (vgl. Henning 2018: 194). Soziale Ungleichheit wird in rechten und christlichen Ideologien als von der Natur gegeben angenommen, wodurch Ungleichheit legitimiert und reproduziert wird (vgl. ebd.). So gelten auch Männer und Frauen in rechtspopulistischen, rechtsextremen und christlichen Ideologien als von der Natur aus unterschiedlich und komplementär und ergänzen einander innerhalb einer Familie. Die geteilten Ideologien verknüpfen die Aufrechterhaltung der heteronormativen Familie mit Kindern mit der Aufrechterhaltung der Nation und kultureller Homogenität (vgl. Henning 2018: 200). Außerdem teilen rechtspopulistische, rechtsextreme und christliche

Akteur:innen dasselbe Verständnis von Gender: Gender als Elitenprojekt und als ‚New Marxism' (vgl. Paternotte et al. 2018: 9), welche als große Gefahr für die Gesellschaft bezeichnet werden. Alle Akteur:innen bedienen sich populistischer Mittel und benutzen eine „language of threat and danger" (Henning 2018: 194). Alle Akteur:innen befürworten einen kulturellen Antipluralismus in jeglicher Hinsicht und stützen ihre Ideologien auf einen Diskurs des ‚Wir' vs. die ‚Anderen' (vgl. ebd.: 214).

Antifeministische Diskurse - Die ‚Global Right'

Einerseits gibt es seit Mitte 2000 (vgl. Paternotte et al. 2018: 7), verstärkt seit 2010 (vgl. Henning 2018: 1), verschiedene antifeministische Bewegungen und Kampagnen[15], initiiert von rechtspopulistischen, rechtsextremen und religiösen Akteur:innen, in welchen Gender als „gefährliche und totalitäre Ideologie" (Henning 2018: 194) auftritt. Verschiedene antifeministische Bewegungen und Kampagnen werden in der Literatur als ‚Global Right' zusammengefasst und als Gefahr für grundlegende Rechte und die liberale Demokratie bezeichnet, die den zivilgesellschaftlichen Raum eindämmen und die Stimmung eines massiven ‚Backlash' erzeugen (vgl. Paternotte et al. 2018: 7). Sie äußern sich dabei gegen LGBTIQ+ Rechte, reproduktive Rechte und Selbstbestimmungsrechte, sexuelle Erziehung an Schulen und gegen ‚Gender-Ideo-

[15] U.a. in Spanien (2004 - die katholische Kirche, konservative Gruppen und politische Parteien mobilisierten sich gegen die Regierung von Zapatero und gegen die gleichgeschlechtliche Ehe); Kroatien (2006 - Mobilisierungen gegen sexuelle Erziehung); Italien (2007 - Mobilisierung gegen gleichgeschlechtliche Partner:innenschaften); Slowenien (2009 - Mobilisierungen gegen gleichgeschlechtliche Ehen); Österreich, Frankreich (2012 - Mobilisierung gegen gleichgeschlechtliche Ehen); in Deutschland, Ungarn, Polen und der Slowakei gibt es einen Anstieg konservativer, antifeministischer, teilweise fundamentalistischer sozialer Bewegungen (vgl. Paternotte et al. 2018: 7f, Kováts 2018: 1).

logien' selbst, also gegen das Konzept Gender an sich (vgl. Paternotte et al. 2018: 9). Kováts (2018: 1) sieht antifeministische Bewegungen als Resultat des ‚fighting back' des Patriarchats bzw. der Heteronormativität, also als Antwort auf bereits erfolgreich erkämpfte oder zumindest ins Wanken geratene Räume. Der Aufstieg antifeministischer Bewegungen, zu welchen rechtspopulistische Parteien und Regierungen gehören, kann demnach als Aufschrei des Patriarchats gesehen werden, welcher die Wirkmächtigkeit feministischer Ziele und Interventionen beweist (vgl. ebd.).

Rechtspopulistische, rechtsextreme und christliche Akteur:innen füllen ‚Gender' strategisch als „empty signifier" (Laclau 2005) mit je eigenen Bedeutungen, auf welche eine Gefahr projiziert wird und gegen die es sich zu mobilisieren gilt (vgl. Barát 2020: 22ff): ‚Gender-Ideologie', ‚Gender-Theorie' und ‚Genderismus' würden eine Gefahr für die Aufrechterhaltung der gesellschaftlichen ‚natürlichen' Ungleichheit darstellen. „‚[G]ender-Ideology' is framed as a threat – to the family, to society, to children or the people" (Henning 2018: 209). Mit ‚Anti-Gender'-Protesten und mit politischer ‚Genderphobie' versuchen rechtspopulistische Akteur:-innen, dem Aktivismus rund um Frauen- und LGBTIQ+ Rechte und dem akademischen Feminismus entgegenzuwirken (vgl. Kuhar et al. 2017: 5). Die Implementierungen von transnationalen sowie regionalen Genderprojekten, um geschlechtsspezifischen Stereotypen entgegenzuwirken, von Seiten der EU sowie der UNO[16] basieren auf

[16] Seit 1980 finden ‚Awareness' Projekte zu Gender und sexueller Orientierung vonseiten der UNO statt. 2011 gab es ein Projekt zu „Human Rights, Sexual Orientation and Gender Identity" sowie 2013 eine globale Kampagne gegen Homophobie und Transphobie (vgl. Baisley 2016: 157). Die EU implementierte im Jahr 2000 ein Anti-Diskriminierungsprojekt, um Ungleichheit, die auf Alter, Religion, Ethnie, ‚Race', Gender und sexueller Orientierung basiert, entgegenzuwirken (vgl. Henning 2018: 211). Ab 2010 etablieren sich Anti-

der Unterscheidung der sozialen Kategorie Gender von Sex, dem biologischen Geschlecht. Diese Entwicklungen sehen rechtspopulistische, rechtsextreme und christliche Akteur:innen als ‚Wertezerfall' und als Bedrohung der Nation (vgl. Henning 2018: 211) und führten zu verstärkter Formung der ‚Global Right'. Die spürbare Transformation von ehemalig stabilen patriarchalen Strukturen führt wie bereits erwähnt zu Verlustängsten und Angst (vgl. Henning 2018: 210) innerhalb eines bestimmten Teils der Bevölkerung. Diese Sorgen werden von den ‚Anti-Gender-Bewegungen' instrumentalisiert, allerdings sollen diese nur als Symptom einer breiteren Krise verstanden werden (vgl. 2018: 3). ‚Gender' ist demnach nicht das endgültige Ziel der antifeministischen Mobilisierungen, sondern vielmehr die Spitze des Eisberges und wie Grzebalska et al. (2017) ihren Artikel nennen: Ein „how ‚Gender' became an umbrella term for the rejection of the (neo)liberal order".

Auch wenn sich christliche, rechtspopulistische und rechtsextreme Bewegungen unterscheiden und keinesfalls gleichzusetzen sind, sind deren Strategien in gewissen Aspekten ähnlich und erlauben ihnen, breitere Massen in der Gesellschaft zu mobilisieren (vgl. Henning 2018: 2010). Paternotte und Kuhar (vgl. 2018: 7) raten Wissenschaftler:innen allerdings von der Verwendung des Begriffes sowie der Zusammenfassung dieser Bewegungen unter dem Begriff ‚Global Right' ab, da solch breite Konzepte antifeministische Bewegungen wesentlich mächtiger erscheinen ließen, als sie tatsächlich seien.

Diskriminierungsprojekte u.a. im bildungspolitischen und im medialen Bereich (vgl. Henning 2018: 210). Insbesondere die Sexualerziehung in der primären Schulstufe sehen rechtspopulistische und christliche Akteur:innen als problematisch und bezeichnen die frühe Sexualerziehung als ‚Sexualisierung' der ‚unschuldigen' und ‚zerbrechlichen Kinder' (vgl. Henning 2018: 201).

Neokonservative Diskurse – rechtspopulistische Parteien in Westeuropa

Die Gendergleichheitsdebatten von rechtspopulistischen Parteien basieren auf Diskursen rund um ‚traditionelle' und ‚kulturelle' Familienwerte (vgl. Wodak 2015: 20ff). Diese und die Feminisierung von Genderrollen in der Gesellschaft scheinen die einzigen Charakteristiken in der Beziehung von Gender und Populismus zu sein und gleichzeitig dreht sich doch alles um diese (vgl. Abi-Hassim 2017: 558). Vor allem in Westeuropa plädieren rechtspopulistische Parteien häufig für Menschen- und Frauenrechte. Dies ermöglicht die Mobilisierung einer größeren Wähler:innenschaft (vgl. ebd.). Die ursprüngliche Vertretung von konservativen Werten und Genderrollen etablierte sich in Richtung liberaler Werte, die sich vielfach für Gleichstellung und Gleichberechtigung u.a. in der Arbeitswelt, die Akzeptanz von gleichgeschlechtlicher Ehe und die Verteidigung von Frauenrechten einsetzen (vgl. Akkerman 2015: 38fff). Mit dieser Positionierung für Gleichstellung und Gleichberechtigung gewinnen rechtspopulistische Parteien Legitimation für ihre Anti-Immigrant:innen-Diskurse (vgl. Abi-Hassim 2017: 557): Konservative Diskurse erfuhren dadurch einen Wandel in ihrer Position zu Gender, um den ‚(neuen) Feind', u.a. den Islam, als ‚rückständig' zu definieren: Die Reproduktionsrate von migrantischen Frauen[17], die scheinbar untergeordnete Rolle der Frau in der Familie, scheinbare sexuelle Unterschiede sowie äußere religiöse Merkmale wie das Kopftuch werden als Gefahr für die Nation konstruiert (vgl. Mudde et al. 2015: 17fff). In Europa basieren rechtspopulistische Diskurse über Gender demnach fast ausschließlich auf Familienbeziehungen, Immigration und Integration (vgl. Abi-Hassim 2017: 557). Die ‚eigene'

[17] Die Reproduktionsrate von Frauen mit Migrationshintergrund wird als viel höher und somit als Gefahr für die Nation dargestellt (vgl. ebd.).

konstruierte Kultur wird mit der Positionierung für Frauenrechte als fortschrittlich dargestellt; gleichzeitig werden allerdings konservative und ‚traditionelle' Werte vertreten. Zusammenfassend kann gesagt werden, dass Rechtspopulist:innen insbesondere in Westeuropa „gender as a universal value that Muslim women do not possess, which leads to a reconfiguration of gender equality as a marker of cultural boundaries (Andreassen et al. 2012: 31ff)" definieren. Gender-‚Issues' sind also willkommen, um die eigene xenophobe Position scheinbar zu legitimieren:

> In all manifestations of populism, old and new, left- or right-wing, European or Latin American, leaders and parties consistently advocate for gender equality and sympathize with gender struggles, while maintaining a rather traditional conservative approach to societal dynamics (family, work, political participation, etc.) (Abi-Hassim 2017: 559).

Das Verhältnis von Populismus und Gender kann somit eher als Kontinuität denn als eine Veränderung interpretiert werden (vgl. ebd.: 546).

Zusammenfassung

Durch die spürbaren Auswirkungen der seit den 1980er Jahren implementierten neoliberalen Politik kommt es transnational zu Unsicherheit in der Bevölkerung, die rechtspopulistische Parteien für ihre Zwecke nutzen. Europa- und weltweit ist ein Anstieg rechtspopulistischer Parteien und Regierungen zu verzeichnen. Menschenrechte, insbesondere LGBTIQ+- und Frauenrechte werden u.a. von rechtspopulistischen und religiösen Akteur:innen instrumentalisiert, um im Namen ‚der Menschen' für politische Projekte zu polarisieren (vgl. Gunnarsson Payne 2020: 3). Rechte Ideologien wünschen sich dabei kulturelle Homogenität, wobei Mann und Frau in deren komplementären Funktionen die Aufgabe zugewiesen bekommen, die Nation aufrechtzuerhalten. Dafür werden Diskurse rund um Differenz und soziale Ungleichheit konstruiert, die anders als in linkspolitischen, feministischen Diskursen als von Natur aus gegeben betrachtet werden (vgl. Henning 2018: 194). Gesellschaftliche und soziale Ungleichheit sowie Differenz und Ausgrenzung werden dadurch innerhalb einer Gesellschaft verstärkt und legitimiert (vgl. Sauer et al. 2016: 82: 89). Diese Bedingungen stellen eine große Herausforderung für die feministischen Aktivist:innen – im Kontext dieses Buches – in Wien in Bezug auf die ÖVP-FPÖ-Regierungspolitik dar; denn sie setzen sich für soziale Gerechtigkeit unabhängig von gesellschaftlichen Differenzlinien ein.

2.2 Feministische Bewegungen

Dieses Kapitel bietet einen umfassenden Überblick über die Auseinandersetzungen und Debatten feministischer Bewegungen. Dazu möchte ich als Erstes einen historischen Abriss der Bewegungen skizzieren und im Anschluss über die Differenzen innerhalb der und zwischen den Bewegungen eingehen, da diese bis heute wirken. Neben den Diskrepanzen innerhalb der Bewegungen stellen die gegenwärtigen neoliberalen und rechtspopulistischen Bedingungen[18] große Herausforderungen ‚von außen' für feministische Bewegungen und somit auch für feministischen Aktivismus in Wien dar. Im letzten Abschnitt sollen ‚aktuelle Tendenzen' feministischer Bewegungen seit 2015/16 skizziert werden; diese ermöglichen einen Überblick über temporäre Entwicklungen, die sich u.a. aufgrund der neoliberalen und rechtspopulistischen Bedingungen etablierten.

[18] Siehe Kapitel 2.1.

Feministische Bewegungen entstanden in der „Auseinandersetzung mit und Abgrenzung von anderen Bewegungen und legen den Fokus auf Geschlechterverhältnisse“ (Mayer 2013: 19) und vertreten dabei einen emanzipatorischen Anspruch (vgl. ebd.). Feministisches Handeln wird als Kampf gesehen, der darauf abzielt, die bestehenden Machtverhältnisse und -beziehungen zu verschieben (vgl. Arendt 1970: 44). Die Praktiken feministischer Zusammenschlüsse zielen auf die Veränderung von Annahmen, Einstellungen und Ansichten von Individuen und von sozialen Strukturen wie Institutionen, konstruierten Traditionen, ‚kulturellen‘ Normen sowie Herrschafts- und Machtverhältnissen ab (vgl. ebd.). Seit dem 19. Jahrhundert haben feministische Bestrebungen die Aufhebung von Unterdrückung, Ausbeutung und Ausgrenzung von Frauen[19] aufgrund des Geschlechts und somit die Befreiung bzw. Emanzipation aus geschlechtsspezifischen Herrschaftsverhältnissen zum Ziel (vgl. Ewig et al. 2013: 152f). Seit den 1980er und vermehrt ab den 1990er Jahren werden neben dem Geschlecht auch andere Faktoren berücksichtigt, die zu Benachteiligung, Unterdrückung und Diskriminierung führen (vgl. Davis 1981, Yuval-Davis 2006). Feministische Bestrebungen basierten von Anfang an auf der Vorstellung von einem „herrschafts- und gewaltfreien Leben für alle“ (Sauer 2012: 379). Der Begriff Frauenbewegung beschreibt einen

> kollektiven Handlungszusammenhang von Menschen, die für Gleichheit und Anerkennung für Frauen in allen Teilbereichen der Gesellschaft eintreten. Der Begriff wird mehrdeutig - und vielfach im Plural - verwendet und steht

[19] Das Subjekt der Emanzipationsbewegungen änderte sich mit der Zeit. Während Anfangs Frauen die zentralen Akteur:innen darstellten, stellten poststrukturalistische Ansätze in den 1990er Jahren das Subjekt feministischer Bestrebungen infrage. D.h. das Subjekt ‚Frau‘ wird durch alle Genderidentitäten ergänzt, welche Unterdrückung und Diskriminierung erfahren (vgl. Motta et al. 2011: 12f).

> u.a. für (1) soziale Bewegungen, in denen Individuen, lose Gruppen und Organisationen durch eine kontinuierliche Mobilisierung und minimale Koordinierung miteinander vernetzt sind und in denen die Anhängerinnen durch öffentlichkeitswirksame Aktionen versuchen, das politische und gesellschaftliche Agenda-Setting zu beeinflussen [...], (2) eine Reihe von wenig formalisierten, aber deutlich konturierten Trägergruppen, die, vor allem in den 1970er Jahren, den Bewegungsbegriff in ihren Namen aufgenommen haben [...] und (3) generell für Personen und Netzwerke, die für Gleichheit in den Geschlechterverhältnissen eintreten, ob in Behörden [...], Parteiorganisationen, Vereinen, Bildungseinrichtungen oder in informellen Gruppierungen (Schulz 2019: 911f).

Da feministische Kämpfe vom Wunsch nach sozialer Gerechtigkeit begleitet sind und bestenfalls einen intersektionalen Blickwinkel auf Ungleichheitsverhältnisse vertreten, werden meist auch andere Ziele sozialer Gerechtigkeit mitgetragen, wie bspw. antirassistische, antikapitalistische oder umweltbezogene Ansprüche (vgl. Ewig et al. 2013: 148). Emanzipationsbewegungen sind historisch mit anderen revolutionären Bewegungen verbunden, wie der sozialistischen, der Anti-Sklaverei-Bewegung, Demokratisierungsbestrebungen, Antikriegsbewegungen und mit Kämpfen für sexuelle Freiheit (ebd.: 152). Viele Bewegungen profitieren vom feministischen Engagement und umgekehrt (ebd.: 150). Diskurse, Verständnisse, Ziele, Strategien und Organisationsform variieren und sind nicht unabhängig vom historischen, geografischen und räumlichen Kontext analysierbar (ebd.: 149). Seit der Entstehung von Emanzipationsbewegungen kann nicht von einem Feminismus gesprochen werden, sondern nur von Feminismen im Plural: „A single perspective has not existed anytime in recent memory“ (Lotz 2003: 3). Die jeweils im Vordergrund stehenden Perspektiven hängen sehr stark mit dem jeweiligen Kontext zusammen. Theorien stehen deshalb auch immer im Zusammenhang mit lokalen, nationalen und regionalen Kontexten (vgl. ebd.). Lokale Erfahrungen bieten jedoch Anregungen für eine globale Diskussion (vgl. Ewig et al. 2013: 162, Motta et al. 2011: 10f).

> Feminist organising around the globe varies in timing and emphasis by region, takes advantages of opportunities that open intermittently, builds engagement by women and even men in varying forms over the life course, transmits values across generations, and increasingly appreciates the plurality of local feminist paths (Ewig et al. 2013: 162).

Im Nachhinein wurden die historischen Bemühungen feministischen Handelns und deren Organisation in drei Wellen eingeteilt, um die feministischen Bestrebungen greif- und überschaubar zu machen (ebd.: 150). Diese Einteilung spiegelt jedoch eine eurozentrische Sichtweise[20] wider, da diese Periodisierung den Fokus auf feministische Bewegungen im Globalen Norden[21] legt und somit andere Bewegungen und Bestrebungen unsichtbar macht. Global betrachtet ist diese Einteilung problematisch, da es nicht möglich ist, die globale, transnationale Vielfalt feministischer Bestrebungen zusammenzufassen. Diese Einteilung bleibt in Macht- und Herrschaftsverhältnissen verhaftet. Somit sind einige feministische Bestrebungen sichtbar, während andere unsichtbar bleiben.

---

[20] Als Eurozentrismus wird die diskursive Konstruktion des Westens bezeichnet, in welcher letztlich europäische Gesellschaften für fortschrittlicher und entwickelter als außereuropäische Gesellschaften gehalten werden. Diese Annahme und Trennung der Welt in den „Westen und den Rest" (vgl. Hall 1994) legitimierte den Kolonialismus und dessen Strukturen, die bis heute nachwirken. Die Beurteilung historischer Ereignisse aus einer europäischen Perspektive ist eine Tendenz, die bis heute aufrechterhalten wird.

[21] Die Verwendung der Begriffe Globaler Norden und Globaler Süden werden verwendet, um eine Hierarchisierung zwischen den Ländern zu vermeiden.

Historischer Abriss: Emanzipationsbewegungen und Feminismen

Der folgende Abschnitt stellt einen Versuch einer historischen Skizzierung der Vielfalt der verschiedensten Bewegungen und Feminismen dar, da die aktuellen feministischen Bewegungen u.a. in Wien nicht unabhängig von ihrem historischen Kontext betracht- und analysierbar sind.

Die bürgerliche Revolution in Frankreich 1848 gilt als der Ursprung der Frauenbewegungen (vgl. Ewig et al. 2013: 150). Mit der ersten ‚transnationalen' Frauenbewegung werden die Bestrebungen rund um das Frauenwahlrecht im globalen Norden zusammengefasst, dabei bleiben jedoch andere feministische Organisationsbemühungen [22] unbeachtet: Mit der Ersten Frauenbewegung gingen ein imperiales Zivilisierungsprojekt und die Antisklavereibewegung[23] einher. Afroamerikanische Frauen kämpften zu diesem Zeitpunkt in Amerika in erster Linie gegen Rassismus. ‚Weiße' europäische und US-amerikanische Frauen gingen davon aus, ‚zivilisierter' als beispielsweise muslimische Frauen zu sein (vgl. ebd.). Im Anschluss der Frauenbewegungen rund um das Frauenwahlrecht wurde in Europa und in den USA vor allem für Arbeits-, Scheidungs- sowie Selbstbestimmungsrechte (vgl. Allen 2005), sexuelle Reformen (vgl. Ferree 2012: 25ff) und soziale Fragen um Reproduktion (vgl. Laslett et al. 1989) gekämpft.

Die feministischen Kämpfe der 1950er bis 1970er Jahre werden der zweiten Welle der Frauenbewegungen zugeordnet (vgl. Ewig et al. 2013: 156f). Im Visier der Bewegung war das Sichtbarmachen der männlichen „Herrschaft und Gewalt im Geschlechterverhältnis"

---

[22] Die Wahlrechtsbewegung ging mit sozialen Gerechtigkeitsbestimmungen in anderen Bewegungen einher, die sich mit religiösen, erzieherischen Thematiken sowie Gefängnisreformen beschäftigten (vgl. ebd.).

[23] Mit der Antisklavereibewegung ging der Kampf gegen Sexarbeit und den Handel mit Frauenkörpern einher (vgl. ebd.).

(Sauer 2012: 379). Die Kategorie Geschlecht wurde als Analysekategorie für Unterdrückung und Diskriminierung herangezogen. Das ‚Private' wurde als ‚politisch' betrachtet und somit wurde Unterdrückung, Diskriminierung und Benachteiligung von Frauen nicht als individuelles Problem diskutiert, sondern als Folge festgeschriebener gesellschaftlicher Strukturen sowie deren Verankerung durch politische Institutionen und Normen (vgl. Ewig et al. 2013: 156f). Damit wurde auch die Trennung der öffentlichen und privaten Sphäre und somit auch die Trennung von produktiver und reproduktiver Arbeit und dadurch auch jene zwischen „Liebe und Macht" (Klinger 2004: 92) kritisiert. Liberale Feminist:innen im globalen Norden fokussierten ihre Kämpfe auf die „legal equality with men" (Lotz 2003: 3). Neben der Forderung nach Gleichstellung und der Integration in den Arbeitsmarkt stand die Sexualität im Fokus feministischer Kämpfe der 1970er Jahre (vgl. Ewig et al. 2013: 154ff): Feminist:innen bildeten Allianzen, um die männliche Macht über die weibliche Sexualität zurückzudrängen, die sich durch Prostitution/Sexarbeit, Vergewaltigung, sexuelle Belästigung, Pornografie äußert, und um Selbstbestimmungsrechte einzufordern (vgl. MacKinnon 1993). Lesbische Frauen stellten gleichzeitig die heteronormativen Annahmen von heterosexuellen Frauen infrage (vgl. Ewig et al. 2013: 154ff). Sozialistische oder marxistische Feminist:innen wiederum sahen den Ursprung der Unterdrückung von Frauen im Kapitalismus (vgl. Bryson 1992).

Während die Bestrebungen der 1970er Jahre im Norden dem ‚weißen', privilegierten ‚Mittelstandsfeminismus' zugeordnet werden, fanden in Lateinamerika und Afrika antirassistische, revolutionäre Befreiungskämpfe und antikoloniale Rebellionen statt, die häufig mit der Forderung nach Demokratisierungsprozessen einhergingen (vgl. Jakobsen 1998). In Afrika gelangen Debatten rund um ‚Race‘[24] ins Zentrum (vgl. Hassim 2006) und feministische Bestrebungen in Lateinamerika beschäftigten sich mit reproduktiven Rechten, Selbstbestimmungsrechten, Scheidung und Familiengesetzen (vgl. Blofield 2013). Auch in Indien forderten die Aktivist:innen in den 1980er Jahren härtere Strafen bei häuslicher Gewalt und Vergewaltigung (vgl. Subramaniam 2006). In Australien und China gab es ebenfalls feministische Bewegungen (vgl. Ewig et al. 2013: 162f).

Ab 1976 bis 1985 fand die von der UNO geförderte sogenannte ‚Frauendekade‘ statt. Seitdem stehen Frauenrechte auf der politischen Agenda inter- und transnationaler Organisationen, die in entwicklungspolitischen Projekten gefördert wurden. Dies wirkte sich auf viele nationale, regionale und lokale Bewegungen aus oder ließ diese überhaupt erst entstehen (vgl. Valk et al. 1999). Seit den 1980er Jahren haben intersektionale Ansätze eine wichtige Bedeutung im feministischen Engagement (vgl. Davis 1981, Yuval-Davis 2006).

Feministische Kämpfe ab den 1990er Jahren werden in der ‚dritten Welle‘ zusammengefasst (vgl. Ewig et al. 2013: 163). In unterschiedlichsten Ländern weltweit wird innerhalb feministischer ‚Grassroot‘ Organisationen für Demokratie und politische Freiheit gekämpft, manchmal mit großen Effekten und manchmal bleiben es marginalisierte Kämpfe (vgl. Ewig et al. 2013: 161). Genderpolitische Anliegen finden politische Implementierungen, der ‚state feminism‘ wurde vorangetrieben, genderspezifische Nichtregie-

---

[24] ‚Race‘ ist eine konstruierte soziale Analysekategorie und weist daraufhin, dass Menschen aufgrund (konstruierter) biologischer Merkmale bestimmten Gruppen zugeteilt werden, also rassialisiert werden. Die Analysekategorie bezieht sich nicht nur auf BIPOC (Black, Indigenous, People of Color), sondern impliziert auch ‚Weißsein‘, die unsichtbar gehaltene ‚*whiteness*‘, welche die Norm und Hegemonie darstellt. Alles, was davon abweicht, wird einer Minderheit zugeschrieben (vgl. Halley et al. 2011).

rungsorganisationen wachsen ab den 1990er Jahren weltweit in ihrer Anzahl (vgl. Ewig 2007). Diese Errungenschaften stellen einerseits einen wichtigen Gewinn um Machtverhältnisse und Zugang zu Machtquellen dar, weil die Forderungen der Emanzipationsbewegungen mit der Institutionalisierung die Möglichkeit besitzen innerhalb eines gesellschaftlichen Systems zu agieren und so Erfolge zu erzielen (vgl. Walby 2011). Feministische Forderungen erhalten dadurch gesellschaftliche Legitimation, und Forderungen von sozialen Bewegungen bekommen durch diesen Prozess den Beweis für ihre Wirkmächtigkeit. Feministische Vereine, Organisationen und Institutionen spielen eine wesentliche Rolle im genderpolitischen Engagement, verfügen allerdings meist über geringe Ressourcen. Mit der Institutionalisierung erhöht sich der Zugang zu Ressourcen durch den Staat. Gleichzeitig aber bewegt sich dadurch das Engagement innerhalb eines bestimmten vorgegebenen Rahmens, welcher die Autonomie einschränkt (vgl. Mayer 2013: 17). Daher sehen einige Autor:innen und Aktivist:innen die Institutionalisierung als Gefahr für feministisches Engagement, da dadurch Unabhängigkeit und Radikalität der Forderungen eingebüßt werden sowie eine Abhängigkeit von finanziellen Unterstützungen bestehen kann (vgl. Ewig et al. 2013: 161). Im nationalen Kontext hat sich die Verbindung von autonomen Organisationen mit Kontakt zu Regierungsorganisationen am meisten bewährt, so Ewig (vgl. 2007) – damit ist die Interaktion innerhalb des Staates, jedoch gegen den Staat gemeint (vgl. Rai 2013: 74).

Zum Zusammenhang von Feminismen und Neoliberalismus

Der seit den späten 1980er Jahren wirkende Neoliberalismus stellt eine enorme gesellschaftspolitische Herausforderung[25] u.a. für femi-

---

[25] Siehe Kapitel 2.1.1.

nistische Bewegungen dar. Im Folgenden möchte ich einen Einblick in die Debatten diesbezüglich geben.

Feministische Theoretiker:innen beschreiben die neoliberalen Maßnahmen, die seit den 1980er Jahren in vielen Ländern implementiert wurden, als ‚unkontrollierbare' Kräfte, die als neoliberale Logik teilweise bereits unbewusst in die feministische Agenda übernommen worden sind (vgl. Eschle et al. 2018: 223).

> Neoliberalism and feminism are juxtaposed to each other as ontologically separate forces, even if neoliberalism is seen by some to have differentiated, unpredictable effects when it attempts to consume its foe (ebd.: 231).

Eine unmittelbare gegenseitige Beeinflussung kann demnach nicht verhindert werden, da neoliberale Bedingungen und Ideologien alle Gesellschaftsbereiche durchbrechen (vgl. ebd.). Fraser (vgl. 2009), Einstein (vgl. 2009) und McRobbie (vgl. 2009) beschreiben in diesem Zusammenhang feministisches Engagement als auf dem ‚Nullpunkt' angekommen, da eine progressive Vision des Feminismus im Neoliberalismus verschleiert worden ist und dessen hegemoniale Wirkung wiederum durch feministische Diskurse verstärkt wurde (vgl. 2009):

> The overall result is that neoliberal capitalism has succeeded in producing a spectral version of feminist discourse, which it uses to its own ends (Fraser 2009: 114).

Der ‚Mainstream' – liberale – Feminismus trug dazu bei, die Ideen und Praktiken des Unternehmenskapitalismus zu legitimieren: Im globalen Süden soll Arbeit für geringe Löhne Emanzipation und Empowerment bewirken, während einzig und alleine die Interessen der ökonomischen Eliten repräsentiert werden (vgl. Eisenstein 2009: 39ff). Die Erziehung und Integration von jungen Frauen am Arbeitsmarkt durch neoliberale Agenden werden als Errungenschaft betrachtet, während Prinzipien von Freiheit und Gleichheit von politischen Eliten und der Popkultur instrumentalisiert werden (vgl. McRobbie 2009: 1f, 12ff, 72ff).

Begleitet ist die neoliberale Ära von einer rassistischen, sexualisierten und konsumorientierten Interpretation von Weiblichkeit und einer Zelebrierung von Weiblichkeit, die insbesondere seit den 1990er Jahren als individualisierte Konsument:in repräsentiert wird (vgl. McRobbie 2009: 94ff). In manchen Kontexten wäre in den 1990er Jahren Feminismus mit Konsumkapitalismus verwechselt worden oder besser gesagt durch Waren ersetzt worden, die die Freiheit von Frauen symbolisieren sollten (vgl. Baumgardner et al. 2010). Nancy Fraser stellt eine Wahlverwandtschaft zwischen der neuen feministischen Bewegung und der Ausgestaltung des neoliberalen Kapitalismus fest (vgl. 2009: 55), da letzterer die „individualisierte Idee von Freiheit an die Stelle der Gesellschaftskritik setzte" (Holland-Cunz 2018: 25). Fraser (vgl. Fraser 2009: 110f) kritisiert den Traum von der Unabhängigkeit der Frau als Motor kapitalistischer Kapitalakkumulation. Das sieht Klemenc (2018: 51) genauso: „Das einstige F-Wort ist zu einer Marke mutiert, die so wenig mit feministischem Aktivismus zu tun hat wie Feminist:innen mit der Kirche im Dorf". Außerdem werden Errungenschaften der feministischen Bestrebungen individualisiert, was mit einer Ablehnung des Feminismus als Bewegung einhergeht (vgl. Fraser 2009: 110f, McRobbie 2009: 72f). Neoliberale Ideologien promoten Selbstmanagement, individualisiertes Empowerment, Selbstüberwachung und Individualismus und ermöglichen dadurch, die wichtigen identitätspolitischen Errungenschaften der 1970er und 1980er Jahren zu untergraben (vgl. ebd.). Klemenc (vgl. 2018: 51ff) ist der Meinung, dass Feminismus als Marke Macht- und Ungleichheitsverhältnisse tarnt und verschleiert. Sie kritisiert das Tragen von Kleidung mit der Aufschrift ‚Feminismus' als Verschleierung von Ungleichheitsverhältnissen, da solche Kleidungsartikel meist von gut situierten, weißen, meist heterosexuellen und ‚able-bodied' Frauen und Männern getragen werden:

> „Wenn ursprünglich der Feminismus auf die Demokratisierung von gesellschaftlichen Macht- und Ungleichheitsverhältnissen abzielte, wird jener nun dazu benutzt, Macht- und Ungleichheitsverhältnisse zu individualisieren und zu legitimieren“ (ebd.).

Laut Fraser (vgl. 2009: 104) hat sich der liberale Feminismus somit in seiner Ideologie und in seinen Zielen von seiner politischen Linken getrennt. Die Autor:innen gehen davon aus, dass feministische Praktiken bestenfalls ineffizient und schlimmstenfalls Verbündete des Kapitalismus sind (vgl. Fraser 2009, Eisenstein 2009, McRobbie 2009). „On such a view, it is hard to see how feminists could have resisted the gravity pull of neoliberal forces […]“ (Eschle et al. 2018: 224).

Eschle und Maiguashca halten eine flächendeckende Kritik, wie sie von den angeführten Autor:innen ausgeübt wurde für zu verallgemeinernd. Außerdem sei diese Kritik der Gefahr ausgesetzt, eine eurozentrische Sichtweise zu repräsentieren, da dabei häufig regionale und lokale Feminismen unberücksichtigt bleiben (vgl. ebd.). In einer solchen Deutung aktueller feministischer Entwicklungen werden gegenwärtige marxistische und/oder sozialistische Strömungen ignoriert (vgl. Luxton 2014, Loveland 2017). Des Weiteren ist es schwierig, feministischen Widerstand zu erkennen, wenn der Neoliberalismus zugleich als schwere, singuläre Kraft gesehen wird, denn dieser Ansatz verschleiert bereits Widersprüche und Paradoxien in kapitalistischen sozialen Beziehungen (Aslan et al. 2011: 145), die die feministischen Bewegungen für sich nutzen können:

> Re-envisaging feminism as a collective, left-wing struggle, manifested in a range of sites, and entangled but never entirely captured within the complex weave of neoliberal power relations, allows us to see that feminist organising is not either/or but rather *both* inescapably constituted by its neoliberal context *and* continually attempting to reframe and

overturn neoliberal logics and effects (Eschle et al. 2018: 332).

Rottenberg (vgl. 2013: 432) definiert alle Feminismen zumindest theoretisch als Kritik an der herrschenden dominanten politischen Ordnung. Alle feministischen Bewegungen sollten trotz Spaltungen und Unstimmigkeiten ein linkes Projekt sein, da sie, egal in welcher Form, die Einstellung teilen, dass (Gender-)Ungleichheit überwunden werden und als sozial geschaffen verstanden werden muss (vgl. Bobbio 1996: 67). Linke kämpfen für eine kooperative, horizontale Gesellschaftsordnung, in der jede:r unabhängig von den eigenen Fähigkeiten, Leistungen, Umständen, Nationalität, Sexualität, Geschlecht, Ethnie und Religion, Alter oder Körper gleichwertig ist (vgl. Bobbio 1996: 67). Dies steht im Gegensatz zu der rechten Auffassung von Gerechtigkeit, in der soziale Ungerechtigkeit ein natürlicher Ausdruck unterschiedlicher Menschen mit ihren unterschiedlichen Fähigkeiten und Ambitionen darstellt. Für die Linke ist soziale Ungerechtigkeit ein sozial konstruiertes Problem, welches ständig durch ‚kulturelle' Praktiken, Normen, Gesetze, Zwänge und ‚Traditionen' aufrechterhalten wird (vgl. ebd.). Feministische Projekte[26] sollten demnach auch immer antikapitalistisch sein, da die Ungleichheiten zwischen den Individuen und Gruppen durch ein kapitalistisches Gesellschaftssystem kreiert, legitimiert und verstärkt werden (vgl. Federici 2017: 5f).

Differenzen innerhalb der feministischen Bewegungen

Im Laufe der Bewegungen etablierten sich verschiedenste feministische Strömungen innerhalb, jedoch auch zwischen den Bewegungen, die sehr stark mit der jeweiligen gesellschaftlichen

[26] Darunter liberale, egalitäre, sozialdemokratische, sozialistische/ marxistische oder anarchistische Projekte etc. (vgl. Bobbio 1996: 67).

Positionalität zusammenhängen und auf Machtverhältnisse innerhalb feministischer Theoriebildung und feministischer Aktivismen hinweisen.

Feministische Bestrebungen zeichnen sich durch unterschiedliche Strömungen aus, wobei viele Feminist:innen ihr Engagement innerhalb einer bestimmten Strömung verorten. Solche Strömungen sind unter anderem sozialistische oder marxistische Feminismen, Eco-Feminismen, Schwarze Feminismen, muslimische Feminismen, Weiße Feminismen, Queer Feminismen, poststruktualistische Feminismen, revolutionäre Feminismen, liberale Feminismen etc. Die unterschiedlichen Feminismen suchen unterschiedliche Theorien und Ansätze für sich aus, die entscheidend für ihre Strömung sind: „Everyone has their own unique understanding of their own feminism and everyone sees merits in the theory which resonates with them personally“ (Mackay 2015: 59). Die Trennlinien zwischen den Strömungen sind fließend und überlappend. Die verschiedenen Strömungen resultieren oft aus gemeinsamen Erfahrungen durch unterschiedliche Unterdrückungsmechanismen (vgl. Motta et al. 2011: 19).

Vor allem den Feminist:innen der 1970er Jahre des globalen Nordens wird vorgeworfen, eine weiße, liberale, bürgerliche, privilegierte Gruppe und Perspektive von Frauen darzustellen und somit die Lebensrealitäten von jenen Frauen und Personengruppen, die nicht zu den aufgezählten gesellschaftlichen Gruppen gehören, auszuschließen sowie deren Forderungen unberücksichtigt zu lassen (vgl. Motta et al. 2011: 2). Einige in den 1990er Jahren in den USA publizierte Bücher und Artikel kritisieren vorwiegend die feministischen Bestrebungen der 1970er Jahre, ohne jedoch eine eigene Theorie zu entwickeln (vgl. Lotz 2003: 1ff). Lotz beschreibt die Theorien ab den 1990er Jahren jedoch als postfeministisch:

> [P]ostfeminism addresses complicated theoretical developments such as poststructuralism, while also emphasizing the need to combat oppression caused by identity determinants that intersect with gender (ebd.: 4).

‚Third-Wave' Feminist:innen, postfeministische, intersektionale Theorien sowie Theorien aus Schwarzen Feminismen legen den gemeinsamen Fokus auf Debatten rund um Differenz, die verschiedene Unterdrückungsverhältnisse ins Zentrum stellen (vgl. Brooks 1997: 4).

1977 forderten Schwarze, lesbische und sozialistische Feminist:innen des *Combahee River Collective* in Boston die Entwicklung einer „integrated analysis and practice based upon the fact that the major systems of oppression are interlocking[,] the synthesis of these oppressions creates the conditions of our lives" (Combahee River Collective 1981: 210). Intersektionale Ansätze[27] werden ab den 1980er, insbesondere ab den 1990er Jahren, immer zentraler für die feministische Wissensproduktion sowie für die feministische Praxis. Neben der Analysekategorie Gender werden dabei andere gesellschaftliche Differenzlinien wie Klasse, ‚Race', Körper, Sexualität, Ethnie, Herkunft, Religion, Nation und Alter – und deren jeweilige Verknüpfungen und Wechselwirkungen – in die Analyse von Unterdrückung integriert. Collins (1990: 3) argumentiert, dass Klasse, ‚Race' und Gender in einer „matrix of domination" miteinander verwoben sind, und hinterfragt dabei die sozial konstruierte Dichotomisierung von Kategorien. Sie erläutert, dass unterschiedliche parallel wirkende Kräfte von Über- und Unterordnung herrschen (vgl. ebd.). Mit „Black Feminist Thought" appelliert Collins, Dimensionen gesellschaftlicher Unterdrückung wie ‚Race', Klasse etc., nicht als additive Kategorien zu Gender zu sehen, sondern als „distinctive systems of oppression as being part of an overarching structure of domination" (ebd.: 2).

---

[27] In unterschiedlichen historischen Kontexten gab es bereits Ansätze Geschlecht mit anderen Kategorien zu verknüpfen, wie beispielsweise im deutschsprachigen Raum in den 1920er Jahren: Clara Zektin warf 1928 der bürgerlichen Frauenbewegungen in der Schrift „Zur Geschichte der proletarischen Frauenbewegung Deutschlands" vor, die Verknüpfung von Klasse und Geschlecht zu ignorieren (vgl. Walgenbach 2007: 26).

Geschlechterverhältnisse sind darüber hinaus nicht nur über Klasse und ‚Race' bestimmbar, sondern „eher als territorialisierte Formen von ineinandergreifenden und überlappenden Ebenen von historischen und geopolitisch konkreten Macht- und Herrschaftsverhältnissen zu verstehen" (Rodríguez 2011: 88). Intersektionale Ansätze müssen innerhalb jener Macht- und Herrschaftsverhältnisse beleuchtet werden, in denen diese Kategorien überhaupt erst erschaffen wurden (vgl. ebd.: 94). Ansonsten laufen wir Gefahr, diese zu reproduzieren (vgl. ebd.).

Die in den 1990er Jahren etablierten poststrukturalistischen Ansätze rund um die Analysekategorie Gender führten ebenfalls zu großen theoretischen und praktischen Diskrepanzen innerhalb der feministischen Bewegungen (vgl. Motta et al. 2011: 12). Poststrukturalistische Ansätze lehnen Kategorien an sich sowie eine essentialistische Annahme fixer Identitäten vollkommen ab, „since an essentialist understanding of male und female lies at their heart" (Motta et al. 2011: 12). Mit dem Subjekt Frau und der Annahme einer dichotomen Geschlechterordnung wird u.a. auch in der Wissenschaftstheorie eine Kategorie gebildet, die essentialistische und universalistische Bestimmungen beinhaltet und Differenzen innerhalb dieser Kategorie ignoriert (vgl. Singer 2010: 297). Die Queer Theorie geht von „all the different kinds of gendered and sexed identities, identifications, possibilities, sexualities and sex and gender minorities" (Mackay 2015: 3) aus. Diese Theorie führte jedoch zugleich teilweise zu einer Krise in den feministischen Bewegungen, da viele Theoretiker:innen und Aktivist:innen in ihr die Entziehung der Grundlage ihrer Bemühungen und Bestrebungen sahen und teilweise immer noch sehen[28] (Hark 2010: 112). Die poststrukturalistische Queer Theorie liefert allerdings Anstöße, „die Identitätsvorstellungen in der Politik und Theorie infrage zu stellen

---

[28] Personen, die sich nicht mit dem von der Geburt zugewiesenen Geschlecht identifizieren können, werden bis dato im feministischen Aktivismus in Wien von verschiedenen Vereinen und Organisationen abgelehnt.

und eröffnet Möglichkeiten von neuen (theoretischen und politischen) Koalitionen über die Barrieren von Klasse, [race], Sexualität und Geschlecht hinweg“ (ebd.).

Die vom *Combahee River Collective* geforderte Aufmerksamkeit für Differenz sowie die Queer Theorie werden allerdings auch als Identitätspolitik kritisiert, welche aus politischen Differenzen ‚Identitätsunterschiede‘ konstruiere und letztlich zur eigenen Marginalisierung innerhalb der aktivistischen Bestrebungen führe, wodurch feministische Bewegungen maßgeblich geschwächt würden (vgl. Dean 1998: 5). Der Vorwurf ist die Spaltung der linken Bewegungen durch Partikularinteressen, welche ausschließlich spezifische Gruppen beträfen. Dies führe zu einer Zersplitterung des feministischen Engagements und linker Bewegungen (vgl. Susemichel et al. 2019). Mackay (vgl. 2015: 104) spricht sich in diesem Zusammenhang für eine Identitätspolitik aus, die so lange wichtig ist, bis keine Unterdrückung mehr stattfindet.

Feministischer Aktivismus war sehr lange Zeit mit öffentlichen Protesten und Konfrontationen verbunden. Auch die Strategien schienen in den ersten Jahren des 21. Jahrhundert nicht mehr dieselbe Bedeutung zu haben, wie in den 1960er, 1970er und 1980er Jahren (vgl. Sowards et al. 2006: 58). „Wer sozusagen in den 1970er Jahren jung war, idealisiert die Demos“ (Ulli, I5). Dicker und Piepmeier (2003: 11) beschreiben die Tendenzen ab den 1990er Jahren als „less politically energized than previous generations“, was auf die Gewinne aus den Kämpfen der zweiten Generation zurückzuführen sei. Somit wurde den Feminist:innen der sogenannten ‚dritten Welle‘ vorgeworfen, den feministischen Kampf nicht aufrechtzuerhalten (vgl. Baumgardner et al. 2010). Sowards und Renegar (vgl. 2006: 58) argumentieren, dass sich die Strategien mit dem 21. Jahrhundert zwar geändert hätten, ihren aktivistischen Charakter aber nicht verloren hätten, es gäbe allerdings ein viel breiteres Mobiliserungsangebot. Feministische Aktivist:innen bedienten sich nicht mehr ‚traditioneller‘ Formen von Aktivismus wie „confrontation, militancy, conflict, counterpublics

[…] and social movements“, sondern „non-traditional forms of feminist activism“, wie „strategic humor, creating grassroots models of leadership, building feminist identiy, sharing stories […] and shirking traditional stereotypes and labels“ (vgl. ebd.: 59f). Die unterschiedlichen Strategien können als Ursache für die verschiedensten Diskrepanzen zwischen den Feminist:innen der ‚zweiten‘ und ‚dritten Welle‘ gesehen werden (ebd.). Im ersten Jahrzehnt des 21. Jahrhunderts fand feministischer Aktivismus insbesondere in privaten Settings statt, weshalb diese oft unsichtbar in der theoretischen Debatte blieben, obwohl die Akteur:innen teilweise sehr provokativ interagierten (vgl. ebd.: 61): „Creating a meaningful private sphere through personal activism is as important as public activism […]“ (ebd.: 62). Weber (1994: 203) kritisiert die Einteilung der Feminist:innen in „good and bad girls“ als „politics of blame“, die einen splitternden Effekt auf den „feminist body“ produzieren (vgl. ebd.). Die Diskrepanz zwischen den Feminist:innen der ‚zweiten‘ und ‚dritten Welle‘ ergibt sich nicht zuletzt auch aus einem Generationenkonflikt, da die Feminist:innen der 1990er Jahre teilweise die 1970er Jahre nicht miterlebten (vgl. Henry 2004).

Einige Theoretiker:innen verorten die Blütezeit des Feminismus in den 1970er Jahren. Dies würde jedoch den stattgefundenen Wandel von Genderbeziehungen ignorieren und stellt laut Ewig und Ferree (vgl. 2013: 169) einen gefährlichen Mythos dar.
Feministische Diskurse sind heute stärker innerhalb der gesellschaftlichen Diskurse zu verorten und feministische Anliegen erhalten teils auch ihre Legitimation in der öffentlichen Debatte (vgl. Ewig et al. 2013: 166). Feministische und/oder genderpolitische Anliegen sind heute viel globaler, vitaler und transformatorischer (vgl. ebd.: 169). Die Gruppe von Menschen, die sich für feministische Anliegen einsetzen, hat sich in ihrer Größe vervielfacht und es gibt zahlreiche organisatorische Ressourcen, die sich Feminist:innen, deren Kämpfe sich als Bewegung der ‚ersten‘ und ‚zweiten Welle‘ zusammenfassen lassen, nicht vorstellen konnten

(vgl. ebd.). Feministisches Engagement baut auf Erreichtem auf, regt wichtige Debatten über Strategien, Verbündete, Wirksamkeit und transnationale Netzwerke an und befindet sich in einer ständigen Entwicklung: Die Blütezeit wird noch kommen und ist auf keinen Fall schon vorbei, so Ewig und Ferree (vgl. 2013: 168).

Koalitionsbildung trotz Differenzen

Dieser Abschnitt soll einen Überblick über verschiedenste Theorien geben, welche es ermöglichen ‚Differenzen' zu überwinden und Solidarität zwischen und innerhalb der Koalitionen zu schaffen und zu bestärken. Die Überwindung von ‚Grenzen' gilt als zentrale Herausforderung in globalen feministischen Aktivismen wie auch in Wien.

Feministische Allianzen und Koalitionen werden, insbesondere seit den 1990er Jahren, häufig rund um ihre Übereinstimmung bezüglich eines bestimmten Anliegens oder zur Lösung eines bestimmten sozialen Problems gegründet. Ähnlich wie bei den neuen sozialen Bewegungen sind die Allianzen ein

> complex interplay of differently organized groups, individuals, subcultures, etc., which share a common recognition of a social problem … but which can hardly be defined in terms of one goal, strategy or organizational form (Zoonen 1992: 455).

Koalitionen zwischen diversen Subjekten ermöglichen einen Kampf gegen komplexe Unterdrückungsverhältnisse (vgl. Lyshaug 2006: 77). Reagon (vgl. 2000) beschreibt die Koalitionsbildung über Differenzen hinweg als Überlebensstrategie, da ‚geschlossene Räume' hinsichtlich der Herausforderungen nicht überleben könnten (vgl. ebd.: 349).

Die unterschiedlichen Identitätserfahrungen sowie Strömungen erschweren allerdings zugleich nicht nur die Koalitions-, sondern auch die Theoriebildung (vgl. Boux 2016: 1). Theoriebildung ist u.a. deshalb wichtig, da sie ein Verständnis dafür vermitteln kann, wie die Welt abseits der eigenen Position aussieht. Theorie kann keine „all-seeing“ Perspektive bieten, sondern sollte andere Positionen neben der eigenen sichtbar machen (vgl. Boux 2016: 5): „[Theory] makes us see and engage with the experiences of those in different positions than ourselves“ (ebd.). Boux (vgl. 2016), Dean (vgl. 1998), Phelan (vgl. 1994) und Lyshaug (vgl. 2006) fordern in diesem Kontext eine „Solidarity without sisterhood[29]“, um Identitätspolitik überwinden zu können: Einzelne Positionen sind wichtig und sollen auch wahrgenommen werden; allerdings soll Solidarität im Mittelpunkt stehen. Feministische Bestrebungen sollen demnach einen vereinten Kampf auf der linkspolitischen Seite repräsentieren und sich für Gerechtigkeit auf allen Ebenen einsetzen (vgl. Eschle et al. 2014: 145ff). Feministische Koalitionsbildung benötigt trotz unterschiedlicher Unterdrückungserfahrungen einen gemeinsamen politischen Wunsch nach Transformation und Umsetzung in politischen Aktionen, ohne die Unterschiede in den Unterdrückungserfahrungen aufgrund von Gender in Verbindung mit anderen Intersektionen in den Vordergrund zu rücken (vgl. Dean 1998: 5f). Handeln in Bezug auf ein gemeinsames Ziel soll also möglich sein, ohne die Differenz zu unterdrücken (vgl. Lyshaug 2006: 78).

Die folgenden theoretischen Zugänge basieren auf Haraways Erkenntnis, dass Objektivität bestenfalls ‚situiertes Wissen‘ darstellt (vgl. Haraway 1988: 581). D.h. wir können mit unseren Biografien

---

[29] Die zweite Welle der Frauenbewegungen ging von einer globalen ‚Schwesternschaft‘ (Sisterhood) aus, in welcher die unterschiedlichen Unterdrückungserfahrungen nicht thematisiert wurden. Stattdessen wurde von ‚Gleichheit‘ aufgrund des Geschlechts ausgegangen, weshalb Unterschiede innerhalb feministischer Koalitionen keine Aufmerksamkeit bekamen. Im Gegensatz dazu meint ‚Solidarity without Sisterhood‘, gerade trotz unterschiedlicher Unterdrückungserfahrungen eine solidarische Koalition zu bilden (vgl. ebd.).

immer nur durch ‚partielle Perspektiven' (vgl. Collins 2004: 540) zu einem größeren Ganzen beitragen. Feministische Koalitionen benötigen demnach das Bewusstsein dafür, dass die eigene Perspektive immer nur eine partielle, unvollständige Perspektive darstellt und andere Perspektiven benötigt, um eine transformierende Wirkung zu erzielen: Transformatives Handeln benötigt transformative Koalitionen und diese wiederum benötigen eine transformative Kommunikation (vgl. Dean 1998: 22).

Dean schlägt das Konzept der „reflective solidarity" (ebd.: 5) vor, in welchem es darum geht, ‚Identität' zu überwinden und die größere Vernetzung in den Fokus zu rücken:

> By turning our attention away from our selves and toward our interconnectness, we reconceive our differences as opportunities, as perspectives and talents that give us new understandings of the relations of power in some peoples' live as well as new ways to combat and resist them (Dean 1998: 5).

Auch Phelan (vgl. 1994: 70) schlägt vor, die eigene ‚Differenz' als „specifity of locations or identity point", also als spezifische Unterdrückungsverhältnisse zu reflektieren und sichtbar zu machen, diese jedoch in einem Verhältnis zum größeren Ganzen zu sehen und die Verbindungen zueinander im Blick zu behalten. Dies ermöglicht einen ‚common ground', ohne Gleichheit zu schaffen (vgl. ebd.), also eine „Solidarity without Sisterhood" (vgl. Lyshaug 2006). Differenzen können innerhalb dieses Zugangs eine konstruktive Funktion haben (vgl. Dean 1998: 22f, Phelan 1994: 70f).

Auch Boux (vgl. 2016: 5) schlägt vor, die je eigene Position zu reflektieren und diese Positionen und Erfahrungen als Teil eines Kontinuums zu sehen. Dies ermöglicht, konkrete Schritte basierend auf unseren eigenen Positionen zu unternehmen. Feministische Koalitionsbildung kann also

> „productive partnerships forged not only among those explicitly identifying as feminists but also among women and men who are oppressed by systems of domination other than (or in addition to) gender - such as race, class, sexuality, and dis/ability- but who do not necessarily identify as feminist" umfassen (Boux 2016: 6).

Die Frage in Bezug auf Koalitionsbildung sollte demnach folgende sein: „not wether they are ‚really' allies, but how to make them allies" (Phelan 1994: 156). Ein gemeinsamer großer Nenner der unterschiedlichen Akteur:innen ist eine „shared humanity that unites them" (Lyshaug 2006: 79).

Innerhalb einer Koalitionsbildung über Differenzen hinweg ist die Auseinandersetzung mit Macht unabdingbar, da alle Menschen von unterschiedlichen gesellschaftlichen Differenzlinien geprägt sind, die wiederum an Machtverhältnisse gekoppelt sind. Allen (1999: 126f) unterscheidet verschiedene Formen von Macht, die über ein enges Machtkonzept, das diese auf Dominanz begrenzt, hinausgehen. Das ‚power with'- im Gegensatz zum ‚power over' Verständnis - ermöglicht die Idee von Macht als „the ability of a collectivity to act together for the attainment of an agreed-upon end or series of ends" (ebd.). Beim ‚power over' Verständnis kann nur eine Gruppe Macht besitzen, während eine andere automatisch Macht einbüßt. Dieses Verständnis ist weder geeignet die heteropatriarchale Gesellschaft zu überwinden, noch in einer Koalitionsbildung sowie auch innerhalb einer oder zwischen unterschiedlichen Bewegungen hilfreich (vgl. ebd.). ‚Power over' Strategien innerhalb der Koalitionsbildung sind problematisch: Diese Strategien sollten nicht von Feminist:innen benutzt werden, da diese jene Strukturen reproduzieren, von denen sie unterdrückt werden, und somit zur Aufrechterhaltung des Status quo beitragen würden (vgl. ebd.). „We need theory that will enable us to articulate ways of thinking about (and thus acting upon) gender without either simply reversing the old hierachies or confirming them" (Scott 1988: 33). Das teils angespannte Verhältnis zwischen den

Feminist:innen der zweiten und dritten Welle basiert auf der Reproduktion der ‚power over' Strategie (Allen 1999: 126f): Purvis (vgl. 2004: 107) empfiehlt, die Koalition innerhalb der Emanzipationsbewegungen als Kontinuum zu betrachten und nicht als Zusammenschluss komplett unterschiedlicher Gruppen, da sonst die ‚Power over' Strategie ausgeübt wird und somit bestimmte Ungleichheitsverhältnisse verewigt werden.

Boux bringt den Begriff der Verantwortung mit in die Debatte (vgl. 2016: 13f). Verantwortung zu übernehmen bedeutet, die eigene Position zu reflektieren, die eigenen Privilegien und nicht nur die eigene Unterdrückung wahrzunehmen, also auch Unterdrückungsmechanismen, die für andere eine Rolle spielen, zu beachten. Die Diskriminierungserfahrungen der einzelnen Mitglieder sollen dabei zwar auf vertrauensvolle Art und Weise miteinander geteilt werden, jedoch nicht die Basis der Koalitionsbildung darstellen. Stattdessen wird der Fokus auf die unverdienten Privilegien gelegt. Indem die eigenen Privilegien reflektiert werden, wird die eigene Einbindung in Unterdrückungsmechanismen offenbar, sodass die Koalitionsziele durch die gemeinsame Betroffenheit zum Interesse aller werden (vgl. Boux 2016: 16).

> This suggestion to focus not only on disadavantage but on unearned advantage make a more universal conceptualization of responsibility explicit, [...] it makes the issue hit home (ebd.).

Wenn dieser Fokus nicht beachtet wird, bleiben unterdrückende Strukturen aufrechterhalten. Außerdem kann Selbstinteresse innerhalb einer Koalition nicht immer das Wichtigste sein, sondern das Gruppeninteresse sollte in einer Koalitionsbildung an oberster Stelle stehen (vgl. Boux 2016: 15). Sowohl das ‚Wir' als auch wofür ‚Wir' stehen sollte demnach in der feministischen Theorie immer eine Frage der Komplexität von ‚Race', Gender, Sexualität, Dis/Abilität, Klasse, Religion etc. sein (vgl. ebd.). Dean (vgl. 1998: 15) empfiehlt, das ‚Wir' nicht als ausschließende, exklusive – also weniger als identitäre, sondern mehr als politische Kategorie im Sinne der gegenseitigen Anerkennung zu verstehen. ‚Wir' muss nicht die automatische Abgrenzung zu den ‚Anderen' bedeuten. Das ‚Wir' kann durch geteilte Fragen oder Erfahrungen entstehen. Außerdem wird das ‚Wir' ständig herausgefordert, neu kreiert und akzeptiert, und auch bei Meinungsunterschieden ist es wichtig, die Solidarität beizubehalten und diese sogar als Basis der Koalition anzuerkennen (vgl. ebd.: 16f). Nicht derselben Meinung zu sein und das zu äußern, basiert auf einer Haltung, „that they care about constructing common ground" (Mercer 1994: 284). Dabei ist zu beachten, dass „Feminist coalition, like feminism itself, is always in process, the ongoing accomplishment of our discussions, criticisms, and reflections" [ist] (Dean 1998: 16f).

Aktuelle Tendenzen: Neue Koalitionen, neue Strategien, neue Räume, neue Medien

Dieser Abschnitt stellt einen Versuch dar, die gegenwärtigen feministischen Bewegungen zu skizzieren, in welchen Allianzen, Strategien und Räume etabliert werden, um den aktuellen Herausforderungen gerecht werden zu können. Neue Koalitionen versuchen die Diskrepanzen, die die feministischen Bewegungen bis dato prägen – sei es innerhalb der Bewegungen oder ‚von außen' u.a. die neoliberalen und rechtspopulistische Herausforderungen, zu ‚überwinden'. Die mit dem *Black Protest*[30] in Polen und mit *Ni Una*

---

[30] Die rechtspopulistische Regierung in Polen beabsichtigte ein Gesetz zu verabschieden, das Schwangerschaftsabbrüche kriminalisiert hätte. Daraufhin fand am 3. Oktober 2016 ein nationaler Streik, der *Black Protest*, statt. Dieser Tag ging als *Black Monday* in die Geschichte ein. Anfangs standen reproduktive Rechte im

Menos[31] in Argentinien sowie mit den *internationalen Frauen*-streiks*[32] seit 2015/2016 entstanden Bewegungen sowie zahlreiche kleine Bewegungen werden als neue feministische Bewegungen bezeichnet, die sich in ihren Allianzen, Strategien, Räumen und Zielen von jenen davor unterscheiden. Fraser et al. (vgl. 2019) schreiben in ihrem Buch „Feminism for the 99%" von der Notwendigkeit zur Vereinigung gegen den Kapitalismus, den sie als Ursache und Grundlage für soziale Ungerechtigkeit ansehen. Hier würden die neuen Bewegungen ansetzen. Die Ziele seien antikapitalistisch, antirassistisch und würden die 99% darstellen (vgl. Gunnarsson Payne 2020: 17). Der *Black Protest*, *Ni una Menos* und die *internationalen Frauen*streiks* seien die praktischen Aktionen des Feminismus der 99%. Diese Bewegungen hatten die Möglichkeit, sich durch soziale Medien von lokalen zu internationalen

---

Vordergrund. Schnell wurden jedoch weitere politische Forderungen zu einem antikapitalistischen, antirassistischen und feministischen Kampf hinzugefügt. Der *Black Protest* wurde zu einer breiteren feministischen Bewegung. Mittels Sozialer Medien wurde mit *#blackprotest* zu globaler Solidarität, zu einem gemeinsamen Raum on- und offline, aufgerufen. Dieser Aufruf ermöglichte eine kollektive Identifikation und Mobilisierung (vgl. Gunnarsson Payne 2020: 12fff).

[31] *Ni Una Menos* ist eine Bewegung, die sich gegen genderspezifische Gewalt richtet. Im Juni 2015 fand die erste Demonstration in Buenos Aires statt. Grund dafür war ein 14-jähriges schwangeres Mädchen, das von ihrem Freund umgebracht wurde. Die Bewegung breitete sich mithilfe von sozialen Medien schnell auf andere Länder Lateinamerikas aus. ‚Nicht eine weniger' bezieht sich auf die zahlreichen jährlichen Femizide (geschlechtsspezifische Tötung von Frauen) weltweit, aber kämpft auch gegen sexuelle Belästigung, Geschlechterstereotype, den Gender-Pay-Gap, sexuelle Objektivierung und für den legalen Schwangerschaftsabbruch sowie für Sexarbeiter:innenrechte und für Rechte für transsexuelle Personen (vgl. Ni una Menos o.J. – eigene Übersetzung). Im Oktober 2016, nach zahlreichen weiteren Femiziden, organisierte *Ni una Menos* einen großen *March*, der *Miercoles Negro*, bei welchem die Aktivist:innen mit schwarzer Kleidung und Regenschirmen protestierten, wie die Aktivist:innen zwei Wochen vorher in Warschau.

[32] Menschen aus über 50 Ländern demonstrierten 2017 und 2018 am 8. März, am internationalen FLINTA*Tag, für einen Feminismus für die 99 %, also für all jene, die in Zeiten des Neoliberalismus marginalisiert und zum Schweigen gebracht wurden: Frauen, die innerhalb und außerhalb ihres Haushaltes arbeiten, BIPOC, Frauen mit Be-Hinderung, Migrant:innen und für homosexuelle, queere und trans-Personen (vgl. Women Strike 2020).

Bewegungen zu etablieren (vgl. Fotopoulou 2016: 6). Sie basieren auf der Vorstellung eines „feminist us" (Gunnarsson Payne 2020: 11), welches vom Black Protest hervorgerufen wurde und dazu führte, dass sich Menschen weltweit über Differenzen hinweg für genderpolitische Themen und soziale Gerechtigkeit einsetz(t)en. Alle Bewegungen benötigen eine „fantasmatic dimension" (ebd.: 14), in welcher geschichtliche Hintergründe genutzt werden können, um Identitäten zu stärken und Allianzen und Koalitionen über die Grenzen der Differenzen hinweg zu gründen (vgl. Scott 2001: 303). Das Ziel ist:

> [To] build a relationship of solidarity between diverse organizations of women, and all of those who seek to build a global feminist, working class movement" (Women Strike 2020).

Santomaso et al. (2017) geben folgendes Statement:

> [W]hat we are now witnessing is a new kind of feminism, a feminism for the masses [...] that offers a popular feminist collective identity against authoritarian, socially conservative and neoliberal, religious, economic and political elites (ebd).

In den sozialen Medien ist eine weltweite Solidarisierungswelle sichtbar, die lokal zu eigenen Protesten führte und sich zu einem „common struggle further both geographically to other parts of the globe, and temporally to historical events and into the future" (ebd.: 14) ausbreitete. Manche Wissenschaftler:innen sprechen von einer ‚vierten' Welle der feministischen Bewegungen, die sich durch das Internet etablierte (vgl. Cochrane 2013). Andere sind der Meinung, dass soziale Medien zwar wichtige Tools zur Verfügung stellen, feministische Praktiken und Kulturen jedoch nicht auf fundamentale Art und Weise ändern (vgl. Fotopoulou 2016: 6). Neue Allianzen benötigen demnach auch neue Strategien (vgl. ebd.: 60f). Die Feminist:innen der neuen Bewegungen greifen auf ein Repertoire an

Strategien zurück, das das Erbe ihrer Vorkämpfer:innen darstellt, denn sie scheinen die Strategien der ‚zweiten' und ‚dritten Welle' zu vereinen:

> By way of on- and offline strategies such as marches, solidarity manifestations and online communication through social media, they both also managed to create solidarity echoes across the globe, that linked the national and regional struggles to create the global International Women's Strike (Gunnarsson-Payne 2020: 18).

Zusammenfassung

Nachdem die ersten feministischen Kämpfe mit dem Frauenwahlrecht, einem imperialen Zivilisierungsprojekt und der Antisklavereibewegung einhergegangen waren (vgl. Ewig et al. 2013: 150), entwickelten sich in den 1970er Jahren im globalen Norden liberale Feminismen, welche später als gescheitert betitelt wurden, da ausschließlich die Forderungen weißer, privilegierter Mittelstandsfeminist:innen repräsentiert wurden (vgl. Motta et al. 2011: 2). Geschlecht wurde als Unterdrückungskategorie in allen Bereichen des Lebens entlarvt: ‚Das Private ist Politisch' war das zentrale Motto und sollte darauf hinweisen, dass Diskriminierung kein individuelles Problem ist, sondern die Folge von gesellschaftlichen Macht- und Herrschaftsverhältnissen (vgl. Ewig et al. 2013: 156f). Ab den 1980er Jahren etablierten Schwarze Feminist:innen Theorien, in welchen neben der Unterdrückungskategorie Geschlecht auch die Bedeutung von ‚Race' berücksichtigt wurde. Neben postkolonialen Ansätzen gerieten ab den 1990er Jahren poststrukturalistische, intersektionale Theorien sowohl in der wissenschaftlichen Debatte als auch in der Praxis in den Fokus (vgl. Brooks 1997: 4): Neben Gender sollten auch andere gesellschaftliche Differenzlinien wie Klasse, ‚Race', Sexualität, Herkunft, Ethnie, Nation, Religion, Alter oder Körper als Ursache von

Benachteiligung betrachtet werden. Die Analysekategorie Geschlecht wurde dekonstruiert, fixe und essentialistische Kategorien und Identitäten wurden innerhalb queerer Ansätze abgelehnt. Somit gilt nicht mehr die Kategorie Frau als zentrale Analysekategorie feministischer Kämpfe, sondern vielmehr auch alle Geschlechteridentitäten, die von der Norm abweichen und die, in Verbindung mit anderen gesellschaftlichen Differenzlinien, für eine benachteiligte Position in der Gesellschaft sorgen (vgl. Collins 1990: 3).

Solidarität wird zum Schlagwort feministischer Bewegungen. Differenzen sollten wahrgenommen werden; allerdings sollten identitätspolitische Logiken zugunsten einer gemeinsamen Bewegung überwunden werden (vgl. Lyshaug 2006: 78). Im Wahlsieg von Donald Trump gegen Hillary Clinton sehen einige Autori:nnen (vgl. Fraser et al. 2019) den Untergang des liberalen Feminismus, der unter neoliberalen Bedingungen in den Mainstream, u.a. von rechtspopulistischen Parteien, aufgenommen wurde. Neben den Unstimmigkeiten innerhalb der feministischen Bewegungen stellen neoliberale Bedingungen und die aus ihnen resultierenden Unsicherheiten, die in einigen Ländern den Aufstieg rechtspopulistischer Regierungen ermöglichten, eine große Herausforderung und gleichzeitig eine Bedrohung für feministische Bewegungen weltweit dar (vgl. Eschle et al. 2018: 223), denen sich neue solidarische Allianzen über gesellschaftliche und geografische Differenzen hinweg innerhalb der mit 2015/2016 entstandenen Bewegungen mit neuen Strategien annehmen (vgl. Fraser et al. 2019) und denen sich auch die autonomen feministischen Aktivist:innen in Wien stellen.

3. Methodologische Überlegungen und Methoden

Dieses Kapitel zielt darauf ab, epistemologische Annahmen und das methodische Vorgehen dieses Buches offenzulegen sowie die interviewten Aktivist:innen vorzustellen. Als Erstes möchte ich allgemeine feministische epistemologische Zugänge vorstellen, auf welchen dieses Buch basiert: Ein intersektionales Forschungsprinzip ist ein zentraler Aspekt feministischer Empirie, um gesellschaftliche Machtverhältnisse analysieren und ihnen bestenfalls entgegenwirken zu können. Feministische Zugänge zu Öffentlichkeit und Politikgestaltung sowie die Reflexion zur Bewegungsforschung sind unabdingbar in der theoretischen und empirischen Auseinandersetzung mit autonomen feministischen Aktivismen. Anschließend stelle ich das methodische Vorgehen vor, um den Forschungsprozess, die Datenerhebung sowie die Auswertung transparent zu machen. Zum Schluss möchte ich das Sample, also die feministischen Aktivist:innen in Wien, vorstellen.

3.1 Feministische Epistemologie

Sowohl die Gestaltung des Forschungsprozesses, also die Formulierung einer Forschungsfrage oder die Wahl einer Forschungsmethode, als auch die epistemologischen Annahmen haben Auswirkungen auf das produzierte Wissen (vgl. Milan 2014: 446). Das bedeutet, dass Wissenschaft auch eine Macht innehat und alle Forschungsergebnisse politische Implikationen haben (vgl. Fuster Morell 2009: 21). Es gibt also keine Forschung, die apolitisch oder neutral ist (vgl. ebd.).

> Die Frage nach Macht, Herrschaft und Gewalt spannt also nicht nur den politisch-strategischen Bogen frauenbewegter Politik auf, nämlich Fragen der Transformation von Gesellschaft, der politischen Mobilisierung von Frauen und des Verhältnisses von Frauenbewegung und Staat, sondern auch das gesamte thematische und epistemologisch-theoretische Spektrum der Geschlechterforschung (Sauer 2012: 380).

Feministische Theoriebildung wurde notwendig, weil alle Theorien bis zu den 1970er Jahren Geschlechterverhältnisse ignorierten, polarisierten oder als reine Intimbeziehungen behandelten (vgl. Knapp 2012: 165) und somit die „Ordnung der Geschlechter die Ordnung des Wissens bestimmt" (Singer 2010: 293). Seit den 1980er Jahren üben feministische Wissenschaftler:innen Kritik an der dominanten Wissenschaft, welche von einer Geschlechtsblindheit begleitet ist. Ein konkretes Anliegen ist dabei, in wissenschaftliche androzentrische[33] und sexistische[34] Diskurse mit dem Fokus auf das Geschlecht einzugreifen und somit „die männerbündlerische Dominanz in akademischen Institutionen zu stören" (vgl. ebd.: 292). Nicht nur die Wissenschaft an sich ist durch ihre Regeln und Normen männlich besetzt, sondern auch die Auffassungen über Rationalität, Objektivität und Universalität. Feministische Wissenschaftskritiker:innen hinterfragen die soziale und kulturelle Position der Subjekte, die Wissen und Erkenntnisse erzeugen und diskutieren und diese „jenseits von Körperlichkeit und Geschichtlichkeit [und] von Macht- und Herrschaftsverhältnissen" (Singer 2010: 292) verorten. Diese Subjekte haben eine „zentrale analytische Position" (ebd.) in der feministischen Theorie.

---

[33] Der Mann wird als Maßstab für die epistemologische Basis der Wissensproduktion herangezogen. Diese androzentrische Perspektive bleibt in der dominanten Wissenschaft unreflektiert - entsprechende Theorien lassen sich demnach von einem männlichen Selbstverständnis ableiten (vgl. ebd.: 292).

[34] Damit ist die Verzerrung und Abwertung weiblicher Denk- und Lebenserfahrungen in der Wissenschaft gemeint (vgl. ebd.: 292).

Die Wahrnehmung der empirischen Subjekte kann nicht unabhängig von ihrem historischen, sozialen, kulturellen und ökonomischen Kontext und somit nicht unabhängig von der gesellschaftlichen Position analysiert werden (vgl. ebd.). Diese Erkenntnis wird unter dem Begriff „situated knowledges" (Haraway 1988) diskutiert. Außerdem gibt es mit „den Einsichten in die soziale und historische Konstitution von Klasse, ‚Race' und Geschlecht [...] keine Rückkehr mehr zu Vorstellungen von einheitlichen Identitäten und stabilen Zugehörigkeiten" (ebd.: 42). Niemand hat eine „unschuldige Position", dennoch sind die Sichtweisen von „Unterdrückten" eine „angemessenere, nachhaltigere, objektivere, transformierende Darstellung der Welt" (ebd.: 84).

Es gibt demnach keine einheitliche feministische Epistemologie, sondern viele unterschiedliche Ansätze und Positionen, die, je nach historischen, politischen und ökonomischen Kontexten, vom jeweiligen Verständnis von Geschlecht abhängen und unterschiedliche Fragen, Forderungen und Ziele aufweisen (ebd.). Feministische Erkenntnisproduktion soll demnach eine relative Wissensproduktion darstellen, in welcher die Ansprüche auf Objektivität und Wahrheit aufgegeben werden sollen (vgl. Singer 2010: 294), wobei die Erkenntnisse jedoch intersubjektiv nachvollziehbar sein müssen. Je heterogener die Wissenschaftler:innen sind, desto höher ist die Möglichkeit ‚objektivere' Erkenntnisse zu generieren (vgl. ebd.: 298). Feministische epistemologische Ansätze haben „den Ansporn, wissenschaftliche Forschung mit Interaktion und Verantwortlichkeit sowie Wahrheits- und Objektivitätsansprüche mit Positionierung und Parteilichkeit zusammen zu denken" (ebd.: 300). Sie gehen dabei über die traditionelle Auffassung von Wissenschaft hinaus und interpretieren wissenschaftliche Praktiken „als Eingreifen und Verändern" (ebd.: 299 nach Haraway 1995). Dies impliziert eine Veränderung der Annahme einer gegebenen Welt und die Möglichkeit der Veränderung dieser. Feministische Wissenschaft trägt also die Verantwortung mit, die Welt entsprechend dem zu verändern, wie sie aussehen soll. Der Anspruch feministischer Forschung soll demnach eine Vision von gerechten globalen Verhältnissen beinhalten und dabei auf unterschiedlichen Perspektiven beruhen (vgl. Duran 2013). Auch Hauch (vgl. Mayer 2013: 19 zit. nach Hauch o.J.) sieht die feministische Wissenschaft als kein Wissenschaftsgebiet, sondern als eine Perspektive, welche einen anderen Blick auf die männerdominanten Paradigmen in der Wissenschaft sowie in den politischen Systemen und den zusammenhängenden gesellschaftlichen Befindlichkeiten bietet und somit deren Legitimierung infrage stellt.

Feministische Theorien berücksichtigen Ungleichheiten und zweifeln soziale Machtverhältnisse mit dem Bestreben nach deren Transformation an. Machtverhältnisse sind immer auch Geschlechterverhältnisse und umgekehrt (vgl. Bargetz et al. 2017: 11). Auch in Österreich etablierte sich die feministische Wissenschaft in den 1970er Jahren an den Universitäten[35] und verstand sich von Anfang an als Wissenschaftskritik, indem sie die vermeintliche Neutralität und Objektivität kritisierte, durch welche eine androzentrische Perspektive „kaschiert" (ebd.: 19) wird. „Wissenschaft, gesellschaftliche Verhältnisse und kulturelle Praktiken sind demnach als unlösbar verstrickt bzw. als Koproduktion vorzustellen" (Singer 2010: 294). Diese Annahme spielt eine zentrale Rolle in der feministischen Epistemologie, wirft jedoch unterschiedliche Fragen auf, die nicht einheitlich zu lösen sind.

Besondere Merkmale feministischer Wissenschaft sind die „Verbindung zu politischen Bewegungen, die späte, noch nicht abgeschlossene Institutionalisierung und die explizit politischen

[35] Durch die Reformphase in den 1970er Jahren fand eine ‚Öffnung' der Universitäten statt, der Frauenanteil stieg dadurch rasant an (vgl. Mayer 2013: 19). 1980 wurde das *Uni-Frauenzentrum* gegründet, im Sommer 1984 gab es *FrauenSommerUniversitäten* und 1986/7 fand das erste *interdisziplinäre Frauenforschungsseminar* an der Universität Innsbruck statt. Alle diese Errungenschaften wurden wesentlich von Student:innen getragen (vgl. ebd.: 19).

Zielsetzungen vieler Forscherinnen“ (Mayer 2013: 17). Feministisches Handeln soll in der Wechselwirkung von Theorie und Praxis einen Beitrag zu „einer alternativen Welt- und Gesellschaftssicht“ (Mies 1994: 107) leisten. Die feministische Wissenschaft ist besonders eng verbunden mit der politischen Praxis, also den historischen und aktuellen Emanzipationsbewegungen, insbesondere von Frauen (vgl. Mayer 2013: 16), und stellt aus diesem Grund eine kritische Wissenschaft dar, indem sie soziale Macht- und Ungleichheitsverhältnisse kritisch hinterfragt (vgl. Bargetz et al. 2015: 14ff). Feministisches Wissen war demnach von Beginn an praxisbezogen: die Frauenbewegungen der 1970er und 1980er Jahre sind der Grundstein für den akademisch gewordenen Feminismus[36] (vgl. Ajanović et al. 2015: 29f).

Eine Trennung des politischen Handelns der Emanzipationsbewegungen[37] von der feministischen Wissenschaft ist laut Mayer unmöglich (vgl. Mayer 2013: 16). Zugleich stellt die Akademisierung feministischen Denkens jedoch eine Disharmonie dar, da die autonomen Grundlagen durch die Institutionalisierung in Gefahr[38] sind. Andererseits bringt die Akademisierung die Möglich-

---

[36] Anfangs beeinflusste die Frauenbewegung der 1970er und 1980er Jahre vor allem die Geistes-, Sozial- und Kulturwissenschaften, später auch die Naturwissenschaften in verschiedenen Formen (vgl. Sauer 2015: 29f).

[37] Im Unterschied zum Begriff ‚Frauenbewegungen‘ werden beim Begriff Emanzipationsbewegungen auch INTA*-Personen inkludiert. Deshalb möchte ich ab der sogenannten ‚dritten‘ Welle letzteren Begriff verwenden.

[38] Innerhalb einer Organisation oder Institution tätig zu sein, kann nicht ohne Einfluss dieser Verortung auf das Bewusstsein geschehen (vgl. ebd.: 18). Ein Beispiel ist der strukturelle, neoliberale Umbau der Universitäten im Rahmen des Bologna-Prozesses seit 2007. Zeitliche und ökonomische Ressourcen wurden vor allem für geisteswissenschaftliche Disziplinen weniger (ebd.: 17). Es ist zwar in vielen Disziplinen möglich, feministische Lehrveranstaltungen zu besuchen; das Wesentliche der Disziplinen ist jedoch meist androzentrischen Vorgaben unterlegen. Diesen Vorwürfen kann sich auch die Disziplin *Gender Studies* nicht völlig entziehen (vgl. ebd.: 20). Außerdem wirken gesellschaftliche Macht-

keit mit sich, Wissen zu sichern und zu verbreiten (vgl. Mayer 2013: 15). Die feministische Wissenschaft kann jedoch nicht ausschließlich als „akademischer Arm der Frauenbewegung“ (ebd.: 17) existieren sowie deren Ziele in der Forschungspraxis übernehmen, da sie damit in der Wissenschaft nicht bestehen könnte. Zugleich würde die feministische Wissenschaft ihren eigenständigen feministischen Aspekt verlieren, wenn sie sich nur auf die politische Bewegung fokussierte statt auch Kritik an der dominanten Wissenschaft zu üben und möglichst machtkritische, feministische Perspektiven hineinzutragen.

Intersektionalität[39] als Forschungsprinzip

Wie bereits erwähnt ist es für feministische Forschungen unabdingbar eine intersektionale Perspektive einzunehmen, um gesellschaftliche Machtverhältnisse u.a. auch im feministischen Aktivismus bestmöglich beleuchten zu können. Des Weiteren ist diese Perspektive auch in der Auseinandersetzung mit Rechtspopulismus und rechtspopulistischen Parteien zentral, um die ideologischen Diskurse sowie die politischen Praxen analysieren zu können. Die rechtspopulistischen Diskurse sind nämlich rund um In- und Exklusion durch gesellschaftliche Differenzlinien konstruiert.

Im Sinne dieser Arbeit gelten Kategorien sozialer Differenz als sozial konstruiert und werden nicht als dichotom vorgestellt. Es wird von der Tatsache ausgegangen, dass parallel wirkende Kräfte von Unter- und Überordnung innerhalb einer Gesellschaft wirken (vgl. Collins 1990).

---

verhältnisse auch innerhalb von Universitäten und werden durch die neoliberale Ordnung verstärkt.

[39] Dieser Begriff wurde ursprünglich 1994 von der schwarzen Juristin und Feministin Kimberlé Crenshaw eingeführt.

Gesellschaften sind von vielseitigen und unterschiedlichen Differenzlinien strukturiert. Deshalb benötigt eine feministische Perspektive eine intersektionale Betrachtungsweise, um verschiedene Formen von Ungleichheiten in der Gesellschaft unter der Berücksichtigung von historischen und geografischen Kontexten sichtbar zu machen (vgl. Siim et al. 2019b: 6). Eine intersektionale Perspektive ist in der Forschung rund um genderpolitische, feministische Anliegen daher nicht wegzudenken: Indem Differenzlinien zwischen den Individuen innerhalb der Gesellschaft, u.a. FLINTA*Personen (vgl. Davis 2010: 58f), aufgezeigt und thematisiert werden, werden Ausgrenzungs- und Diskriminierungsprozesse sichtbar und können somit reflektiert und bestenfalls überwunden werden. Unterschiedliche Differenzlinien, also Kategorien sozialer Differenzierung, nicht nur das Geschlecht, sondern auch Klasse, Alter, Religion, Ethnizität, Nation, Sexualität, Lokalität oder Körper spielen dabei eine zentrale Rolle und müssen in ihren Wechselwirkungen analysiert und berücksichtigt werden (vgl. Walgenbach 2007: 23, Bargetz et al. 2017: 7). Die konstruierten sozialen Kategorien benötigen wiederum eine Berücksichtigung historischer und geopolitischer Herrschafts- und Machtverhältnisse (vgl. Walgenbach 2007: 61, Rodríguez 2011: 88). Dabei ist es unmöglich, „das Eine ohne das Andere adäquat zu analysieren“ (ebd.: 129). Auch die Kategorien Gender, Klasse oder Ethnizität müssen als in sich heterogen strukturiert, interdependente Kategorien, analysiert werden (vgl. Walgenbach 2007: 61). Das bedeutet, dass die einzelnen Differenzlinien dabei nicht addiert werden sollen, sondern in ihrer voneinander bedingten Wechselwirkung begriffen und analysiert werden müssen (vgl. Lutz et al. 2010: 10f). Gender als interdependente Kategorie zu analysieren, berücksichtigt poststrukturalistische Ansätze, welche nicht nur das Subjekt Frau in den Mittelpunkt ihrer Analyse stellen, sondern Gender als stellvertretend für alle Identitäten und deren „multidimensionale Machtmatrix“ (Walgenbach 2007: 62) sehen.

Diese Perspektive stellt die theoretische Grundlage dieses Buches dar.

Ein intersektionaler Zugang in der Aktivismus- und Bewegungsforschung bedeutet, Koalitionen zu bilden, die über gesellschaftliche Differenzlinien hinweg auf Solidarität basieren: Gender, Sexualität, ‚Race', Körper, Herkunft, Nation, Religion, Klasse und Ethnie sollen in der Koalitionsbildung um Gerechtigkeit keine Ausschlusskriterien darstellen. Im Gegenteil sollen diese in der Koalition genutzt werden (vgl. Boux 2016: 6; Phelan 1994: 156; Lyshaug 2006: 79), um so eine größere Koalition gegen Exklusion jeglicher Art zu bilden.

Feministische Zugänge zu Öffentlichkeit und Politikgestaltung

Die feministische Wissenschaft versteht sich also als „transformative Politik, die die Grenzen traditioneller Politik überschreitet und das Private zum Öffentlichen macht" (Ajanović et al. 2015: 29). Sie kritisiert politische Normen, Institutionen sowie den politischen Handlungsspielraum als „geschlechtsspezifische Herrschafts-, Unterdrückungs-, Gewalt- und Ausschluss-verhältnisse" (ebd.), die die politische Partizipation von FLINTA*Personen unmöglich machen (vgl. ebd.). Die Trennung des gesellschaftlichen Lebens in die öffentliche und private Sphäre[40] ist eine

> „androzentrische [...] Ausgestaltung von Rechten und Partizipationsmöglichkeiten [und stellt auch] in der politischen

---

[40] Als ‚modern' bezeichnete (europäische) Gesellschaften wurden durch die öffentliche und private Sphäre in zwei getrennte Bereiche geteilt. Demnach gelten Familie und Reproduktionsarbeit als privat, während Erwerbstätigkeit sowie Politik zur öffentlichen Sphäre zählen. Die private Sphäre ist weiblich besetzt und wird der Frau zugeschrieben, während die öffentliche Sphäre dem Mann zugeordnet wird (vgl. Habermas 1962).

Debatte und Praxis [...] einen Spiegel gegenwärtiger Macht- und Herrschaftsverhältnisse [dar]" (Bargetz et al. 2017: 13).

Indem der Staat entscheidet, welche Bereiche als privat oder öffentlich gelten, wird das Nichteingreifen in das Private legitimiert (vgl. Drüeke et al. 2019: 932). Die feministische Öffentlichkeitstheorie stellt den Dualismus von Öffentlichkeit und Privatheit infrage. Durch diese Trennung wird Ungleichheit geschaffen und reproduziert, deren machtpolitisches Ausmaß vom europäischen Sozialstaatsmodell sowie der neoliberalen Gouvernementalität gesichert wird[41] (vgl. Fraser 2009). Feministische Bewegungen gehen davon aus, dass „individuelles Handeln im Privaten sowie gesellschaftliche Strukturen und kulturelle Handlungsmuster ineinandergreifen" (Drüeke et al. 2019: 933).

Feministische Aktivist:innen positionieren sich bewusst in der Öffentlichkeit und eignen sich diese an (vgl. ebd.: 932). Indem sich feministische Akteur:innen im solidarischen Miteinander öffentlich positionieren, werden ihre Positionen, Diskurse, Forderungen und Ziele sichtbar und können somit in die Mitte der Gesellschaft getragen werden. ‚Macht' kann demnach in der kollektiven Praxis, in der gemeinsamen Aktion verwirklicht und verhandelt werden. Macht ist das „menschliche Vermögen gemeinsam zu Handeln" (Arendt 1970: 44), welches mit der bewussten Aneignung der Öffentlichkeit sichtbar wird. Feministische Öffentlichkeiten greifen mit dem Ziel der Geschlechtergerechtigkeit in gesellschaftliche Prozesse ein (Drüeke et al. 2019: 932). Diese Öffentlichkeiten sind durch unterschiedliche Bündnisse und Allianzen gekennzeichnet, die auf verschiedenen Feminismen und deren Positionen und auf unterschiedlichen Formen von Aktivismus basieren (vgl. ebd.: 932). Diese sind wiederum in kulturellen, historischen und geografischen

[41] Zahlreiche öffentliche ‚Verantwortlichkeiten' wurden an Individuen übertragen. Pflege-, Sorgearbeit und Bildung betrifft in erster Linie Frauen und wird zunehmend an Frauen mit Migrationshintergrund weitergegeben (vgl. Lotz 2003).

Kontexten sowie in den Emanzipationsbewegungen der jeweiligen Personen eingebettet (vgl. ebd.).

Außerdem kritisiert die feministische Öffentlichkeitstheorie den herkömmlichen Politikbegriff, welcher sich ausschließlich auf institutionalisierte Formen von Politik begrenzt, und führt einen neuen, emanzipatorischen Politikbegriff ein, der breiter gefasst ist und umfangreichere politische Partizipationsmöglichkeiten und eine breitere Politikgestaltung ermöglicht (vgl. Kreisky 1995). Ein solcher breitgefächerter und emanzipatorischer Politikbegriff beinhaltet die Gestaltung politischer Partizipation in „vielen Foren und Formen [...] und umfasst ehrenamtliche Tätigkeiten ebenso wie zivilgesellschaftliches Engagement und politische Interventionen" (Drüeke et al. 2019: 933). Ein weiteres Merkmal feministischer Öffentlichkeiten ist Annahme der Existenz von pluralen Öffentlichkeiten, welche die Intervention und Transformation des öffentlichen Diskurses ermöglichen. Dies steht im Gegensatz zur hegemonialen Öffentlichkeitstheorie, in welcher nur die Rede von *einer* Öffentlichkeit ist (vgl. Habermas 1995). Eine gerechte, demokratische Partizipation ist demnach nur durch vielzählige, plurale Öffentlichkeiten möglich (vgl. Fraser 2001). Dieses Verständnis von Teilöffentlichkeiten ermöglicht die Mobilisierung von subalternen, alternativen Gegenöffentlichkeiten (vgl. Benhabib 1997).

Reflexion zur Bewegungsforschung

Die Aktivismusforschung stellt einen Teil der Bewegungsforschung dar (vgl. Milan 2014: 446). Deshalb ist es auch in meiner Forschung unabdingbar, ethische Dimensionen zu reflektieren. In der Bewegungsforschung verfüge ich als die forschende Person über eine große Verantwortung gegenüber den Akteur:innen, deshalb ist es wichtig, eine bestimmte Sensibilität für die „new ways of seeing the world" (Cox, Forminaya 2009: 1) in der Forschung beizubehalten sowie einen respektvollen Umgang mit dem Prozess und den Strategien der Akteur:innen zu pflegen[42] (vgl. ebd.). Außerdem ist es wichtig, das Wissen und die politischen Vorstellungen der Praxis in der Theorie zu reflektieren und zu integrieren (vgl. Milan 2014: 446).

Diese Prinzipien versuchte ich umzusetzen, indem ich mich bemühte, bei den Interviews genau zuzuhören und nachzufragen. Die Teilnahme an sämtlichen Veranstaltungen ermöglichte mir einen tieferen Einblick in Debatten und Diskussionen innerhalb der Bewegung. Meine eigene Position sah ich während der Regierungsperiode der ÖVP und FPÖ außerhalb des autonomen feministischen Feminismus in Wien, allerdings sympathisierte ich mit meiner eigenen politischen Einstellung mit der (feministischen) Bewegung gegen die rechtspopulistische Regierungspolitik.[43] Da eine Forschung nie neutral sein kann (vgl. Fuster Morell 2009: 21), ist es wichtig meine Position offenzulegen.

Die Einbeziehung der Aktivist:innen in die Forschung hat Konsequenzen, die nicht ignoriert werden können und eine Reflexion benötigen (vgl. ebd.).

In demokratischen sowie in autoritären Gesellschaften besteht das Risiko, auf politische Repression zu stoßen: Analysen und Erkenntnisse über Dynamiken und Strategien offenzulegen, könnte den interviewten Personen selbst eine Benachteiligung durch Überwachung, Unterdrückung sowie zur Gefährdung ihres Engagements und ihrer Aktivitäten bringen. Die Forschung soll nicht nur mir, sondern auch der Bewegung dienen und bestenfalls relevant für diese sein. Der Forschungsprozess basiert auf Augenhöhe. Dazu stellte ich mir ständig die Frage, inwieweit ich das Engagement der Akteur:innen durch meine Arbeit gefährden oder

---

42 Aus diesem Grund schien es mir sinnvoll, meine Ergebnisse mit der Bewegung auszutauschen.

43 Allerdings gibt es durchaus allgemeine Positionen und Praktiken innerhalb der Bewegung, mit denen meine persönliche Einstellung und Ziele divergieren.

negativ beeinflussen könnte. Ich bin aufgrund des Austausches mit den Aktivist:innen zum Entschluss gekommen, dass diese Forschung bis dato das Gegenteil bewirkte: Eine Publikation bietet auch immer die Möglichkeit, feministisches Engagement ‚sichtbarer' zu machen, die (meist) ehrenamtliche Arbeit kann somit auch mehr Anerkennung bekommen.

Des Weiteren können die interviewten Aktivist:innen selbst Erwartungen oder Forderungen gegenüber der forschenden Person äußern. Forschung bedeutet also nicht nur viel Arbeit für die Forscher:innen selbst, sondern auch für die Aktivist:innen, die ohnehin begrenzte Ressourcen zur Verfügung haben, da Aktivismus in den meisten Fällen auf Ehrenamtlichkeit basiert – dies sollte auch in den Erwartungen beider Parteien mitreflektiert werden (vgl. ebd.: 447). Außerdem muss die Unterscheidung zwischen Aktion und Forschung und deren Organisationsstrukturen zwischen Aktivismus und Wissenschaft berücksichtigt werden. Die Forschung verlangt eine ständige Reflexion in Bezug auf Macht, Risiko, Rechenschaft sowie bezüglich der Vorteile und Einschränkungen des Forschungsansatzes (vgl. ebd.: 448).

3.2 Methodisches Vorgehen

Im Gegensatz zur quantitativen Forschung, in welcher das Messen und Herstellen von Korrelationen im Fokus steht, ist das Verstehen sozialer Phänomene das Ziel in der qualitativen Forschung. Interviews sind in der Aktivismus- und Bewegungsforschung besonders gut geeignet, um soziale Phänomene zu untersuchen, da sie einen direkten Einblick in die Lebensrealitäten der Befragten ermöglichen.

Meine Analyse und die Beantwortung der Forschungsfrage basieren auf neun leitfadengestützten Interviews, die von Mai bis September 2019 durchgeführt wurden – davon eines schriftlich per E-Mail, einem Fokusgruppeninterview (I10) mit vier der neun Akteur:innen und einem Forschungstagebuch, in dem ich Beobachtungen und Gespräche von Veranstaltungen sowie aus Sozialen Medienkanälen der autonomen feministischen Bewegung festhielt.

Bei den Einzelinterviews teilte ich den Aktivist:innen zwei inhaltliche Schwerpunkte im Vorhinein mit, welche meine Interessenschwerpunkte darstellten: erstens die feministische Kritik an genderspezifische Debatten und genderpolitischen Maßnahmen der ÖVP-FPÖ-Regierung vom Dezember 2017 bis Mai 2019 in Österreich und zweitens in diesem Zusammenhang die Strategien feministischer Akteur:innen in Wien

Die Kontaktaufnahme mit den Repräsentant:innen der Organisationen und Vereine erfolgte entweder bei feministischen Veranstaltungen (Podiumsdiskussionen, Feste, Buchvorstellungen etc.) oder schriftlich per E-Mail.

Ende Juni 2020, mit der ersten Fertigstellung der Ergebnisse, fand ein Online-Treffen mit den feministischen Akteur:innen statt. Dieses Treffen eignete sich besonders gut, um die Ergebnisse noch einmal gemeinsam mit dem Empfinden der Aktivist:innen zu reflektieren. Dabei entstand das Fokusgruppeninterview. Der Austausch bot den Aktivist:innen auch die Möglichkeit, die eigenen Positionen und das eigene aktivistische Engagement zu reflektieren und führte bestenfalls zur Stärkung dieser Positionen.

Die Daten wurden nach Mayring (vgl. 2010) ausgewertet.

3.3 Das Sample: feministische Akteur:innen in Wien

Forschungsgegenstand ist der autonome feministische Aktivismus in Wien während der Regierungsperiode der ÖVP-FPÖ-Koalition zwischen 2017 und 2019. Dabei wurden jeweils Vertreter:innen der feministischen Vereine und Organisationen interviewt. Die untersuchten feministischen Vereine und Organisationen sind autonom, da sie sich ausschließlich von Mitgliedsbeiträgen, Abonnements (z.B. die Zeitschrift *an.schläge*) sowie von geringen Förderungen der *MA 57*[44] (*Frauenservice Wien*) und der *Österreichischen Hochschüler:innenschaft* finanzieren, wobei alle Akteur:innen angeben, unabhängig zu sein und unabhängig agieren zu können (vgl. Birge, I2; Heidi, I1; Anonym, I6; Anonym, I7; Simona, I8; Brigitte, I4; Ulli I5; Anonym, I9). Die Unabhängigkeit wird u.a.

---

[44] Die Magistratsabteilung 57 spielt eine zentrale Rolle bei der Finanzierung des aktivistischen, feministischen Engagements in Wien. Förderungen bekommen die *Frauenhetz* und die *an.schläge*. Beide erhielten auch eine Förderung von der *ÖH Wien*. Aktionen (u.a. von den der Plattform 20.000 Frauen) wurden mittels Ansuchen durch die *MA 57* finanziert. Die *an.schläge* finanzieren sich außerdem über Zeitschriftenabonnements. *Radio Orange* wird u.a. durch Förderungen des *MA 13* finanziert. Alle anderen Akteur:innen werden durch Mitgliedsbeiträge finanziert. Die Tätigkeiten aller Vereine und Organisationen beruhen größtenteils auf ehrenamtlichem Engagement. Die interviewten Aktivist:innen vertreten etablierte Vereine und Organisationen (wie u.a. die *an.schläge*, die *Frauenhetz, Radio Orange, Plattform für 20.000 Frauen*), aber auch jüngere Initiativen (wie u.a. die *Omas gegen Rechts*, eine anonyme Organisation (vgl. I6), *Aufstand der Alleinerziehenden, Femme Fiscale*).

damit begründet, selbst entscheiden zu können und nicht in die politische ‚Grundstimmung' zu passen (vgl. Heidi, I1). Die Frage nach der Autonomie ist abhängig vom Stand der jeweiligen Gruppierung: Wo befinden wir uns mit unserer Arbeit und welche Strategien sind zu welchem Zeitpunkt wirkmächtig? Wie kann eine bestmögliche Dynamik für feministische Themen geschaffen werden (vgl. Anonym, I7)? Heidi (I1) spricht von einer Gratwanderung: „Wir brauchen finanzielle Mittel, um agieren zu können, müssen dabei jedoch das Maximum an Autonomie bewahren." Institutionen befinden sich immer in einem bestimmten Rahmen, durch den sie sich in der aktuellen Situation nicht mit feministischen Zielen vereinbaren lassen (vgl. Elisabteh, I7; Heidi, I1). Außerdem können innerhalb unabhängigen Engagements Themen aufgegriffen werden, die im Fall ‚abhängiger' Vereine und Organisationen nicht aufgegriffen werden können (vgl. Czak, I3).

Die Organisationen und Vereine wurden aufgrund ihrer sichtbaren aktivistischen Tätigkeiten gegen die Regierung ausgewählt. Das Sample sollte so heterogen wie möglich sein; nicht alle ausgewählten Organisationen und Vereine erklärten sich für ein Interview bereit. Die interviewten Personen wurden meistens durch die Organisation oder den Verein als Repräsentant:innen vorgeschlagen. Ulli (vgl. I5) definiert den Zeitgeist der aktuellen feministischen Bewegungen als ‚postpostmodern'. Das bedeutet, dass es sehr viele Bewegungen gibt, die sich jeweils in ihren Positionen und Feminismen voneinander unterscheiden.

Die feministische Praxis lebt von ihren vielen unterschiedlichen und diversen Perspektiven, um gesellschaftlichen Machtstrukturen entgegenzuwirken. Daher ist die Situiertheit und Partiellität (vgl. Haraway 1988) des Samples offenzulegen, um Machtverhältnisse bestmöglich reflektieren zu können. Obwohl das Sample in vielerlei Hinsicht heterogen ist und die Positionalität von allen spezifisch ist, weist das Sample bestimmte machtbeladene Gemeinsamkeiten auf. Es muss offengelegt werden, dass der autonome feministische Aktivismus in Wien, insbesondere in der Sichtbarkeit des

Engagements gegen die ÖVP-FPÖ-Regierung, von Organisationen und Vereinen geprägt ist, in welchen größtenteils ‚weiße' cis-Frauen tätig sind, die über eine europäische Staatsbürger:innenschaft sowie über einen akademischen Bildungshintergrund verfügen. Dies ist das Ergebnis von Machtstrukturen und -verhältnissen, da diese Akteur:innen über größere Ressourcen verfügen und ihr Engagement dadurch sichtbarer und präsenter ist.

Die meisten Aktivist:innen beschäftigen sich bereits seit ihrer Jugend mit genderpolitischen Anliegen. Ihr Alltag ist durch ein hohes feministisches Engagement gekennzeichnet. Die Mehrheit der Repräsentant:innen geben an, ihren Fokus auf intersektionale, queere feministische Ansätze zu setzen. Einzelne - vor allem jene Feminist:innen, deren Engagement auf die 1970er Jahre zurückgeht - geben an, Differenzfeminist:innen zu sein. Intersektionale Ansprüche können dabei in der feministischen Praxis nicht gelebt werden, da verschiedene Personen aufgrund ihrer Geschlechteridentitäten ausgeschlossen werden.

Die übergeordneten Ziele sind bei allen vertretenen Akteur:innen ähnlich: Alle vertreten antirassistische Positionen und setzen sich für ein gutes Leben für alle und für soziale Gerechtigkeit ein (vgl. Heidi, I1; Birge, I2; Andrea, I3; Brigitte, I4; Ulli, I5; Anonym, I6; Anonym, I7; Simona, I8). Alle feministischen Akteur:innen kritisieren die rassistischen, patriarchalen und neoliberalen Gesellschaftsstrukturen, die sich insbesondere auf FLINTA*Personen und marginalisierte Gruppen auswirken. Seit Dezember 2017 bis Mai 2019 rückte die ÖVP-FPÖ-Regierung mit ihren politischen Maßnahmen und ihren ideologischen Debatten in den Fokus der Aufmerksamkeit der Akteur:innen.

Unter den interviewten feministischen Akteur:innen sind Heidi Ambrosch (*Plattform 20.000 Frauen*), Birge Krondorfer (*Frauenhetz*), Brigitte Theißl (*an.schläge*), Ullrike Weish (*Radio Orange*), Andrea Czak (*Aufbruch der Alleinerzieherinnen*), Simona Edelman (*Omas gegen Rechts*) und drei weitere anonyme Akteur:innen (*Femme Fiscale*, zwei Repräsentant:innen einer unabhängigen Organisation, die ebenfalls von den Kürzungen der ÖVP-FPÖ-Regierung betroffen war). Sechs von neun Aktivist:innen sind einverstanden, mit ihrem Namen in Verbindung mit der Organisation oder dem Verein genannt zu werden.

Der Verein *Frauenhetz – Feministische Bildung, Kultur und Politik*, ist eine 1993 in Wien eröffnete parteiunabhängige selbstorganisierte Bildungsstätte. Sie kommt aus der Tradition der autonomen Frauenbewegung und versteht sich als „Schnittstelle zwischen akademischem Wissen und Alltagswissen" (Birge, I2). Es finden regelmäßig Veranstaltungen mit Vorträgen, Workshops, Podiums-diskussionen, Lesungen etc. statt. Die *Frauenhetz* bemüht sich „um für Frauen[45] aller Herkünfte zugängliche Diskussionen und ist auch selbst politisch aktiv" (ebd.).

Die *an.schläge* thematisieren seit 1983 „das aktuelle politische, gesellschaftliche und kulturelle Geschehen aus einer konsequent feministischen Perspektive" (an.schläge o.J.). Die Zeitschrift bemüht sich, Themen aufzugreifen, die sonst in ‚Mainstream-Medien' kaum beleuchtet werden. „Wir berichten über sozialen Protest und ‚Politik von unten', schreiben über Körper, Sex und Selbstbestimmung, analysieren die Entwicklungen in der neuen Arbeitswelt, nehmen wissenschaftliche Diskurse kritisch unter die Lupe und porträtieren upcoming female Artists aus Kunst & Pop" (an.schläge o.J.).

Die *Plattform 20.000 Frauen* wurde 2010/11 gegründet und macht sich für feministische und antirassistische Anliegen stark (vgl. Heidi, I1). Anlass der Gründung war der 100. Jahrestag des 19. März 1911, dem Tag der ersten großen Frauenrechtsdemonstration in Wien. Damals versammelten sich mehr als 20.000 Frauen, die ihre Rechte forderten, u.a. das „allgemeine Frauenwahlrecht, Arbeitsschutzgesetze, Mutter- und Kinderschutz, 8-Stunden Tag, gleicher Lohn für gleiche Arbeit, Senkung der Lebensmittelpreise,

[45] Die Bildungsstätte ist ausschließlich für cis-Frauen zugänglich.

Einführung der Sozialversicherung, Straffreiheit des Schwangerschaftsabbruchs und die Verhinderung des sich am Horizont bereits abzeichnenden 1. Weltkrieges" (Plattform 20.000 Frauen 2020). 100 Jahre später waren einige der Forderungen umgesetzt, diese wurden jedoch zunehmend wieder infrage gestellt, andere wurden nicht eingelöst und weitere Forderungen kamen inzwischen hinzu (vgl. ebd.). Die *Plattform 20.000 Frauen* macht es sich zur Aufgabe, den Kampf für ein gerechtes Leben für alle fortzuführen. *#proChoice* ist eine Initiative von den *20.000 Frauen*, die sich für Selbstbestimmungsrechte von Frauen einsetzen (vgl. Pro Choice Austria 2020).

Femme Fiscale ist ein Zusammenschluss von Netzwerken und Gruppen, welcher sich für eine gendergerechte Budget- und Steuerpolitik einsetzt. 2015 fand die erste Aktion statt. Die Budget- und Steuerpolitik ist nämlich ein wichtiges Werkzeug, um die Gleichstellung aller Geschlechter voranzutreiben (vgl. Anonym, I7). Mitglieder sind u.a. der Österreichische Frauenring, die *Plattform der 20.000 Frauen*, *Attac* und *feminist Attac*. Im Zentrum der Tätigkeiten stehen aktivistische Flashmobs, Straßenaktionen, ‚Pressekonferenzen' und die Teilnahme an Demonstrationen.

Das erste Vernetzungstreffen der *Omas gegen Rechts* fand im Dezember 2017 statt. Gründungsgrund war die ÖVP-FPÖ-Regierung. Ziel des zivilgesellschaftlichen, überparteilichen Vereins ist die

> Erhaltung der parlamentarischen Demokratie in einem gemeinsamen Europa, um den Einsatz für dieselben Rechte für Männer, Frauen und Kinder, um die sozialen Standards, die von den Eltern und Großeltern zum Teil bitter erkämpft wurden, um den Respekt und die Achtung gegenüber anderen Mitbürgerinnen und Mitbürgern unabhängig von ihrer Religion und ethnischer Zugehörigkeit u.v.m. Dabei müssen die bedrohlichen Entwicklungen wie Antisemitismus, Rassismus, Frauenfeindlichkeit und Faschismus erkannt und im Konkreten auch der politische Widerstand und

die Bewusstseinsbildung organisiert werden (Omas gegen Rechts 2020a).

Die Initiative *Aufstand der Alleinerziehenden* gründete sich Anfang 2017 aus der *Österreichischen Plattform für Alleinerziehende* (ÖPA). Die Gruppe ist eine „selbstorganisierte, feministische und antirassistische Gruppe in Österreich, die sich für bessere Lebensbedingungen von Alleinerziehenden engagiert" (Aufstand der Alleinerziehenden 2020). Durch die ideologische und ökonomische Förderung des ‚traditionellen' Kernfamilienmodells gibt es einen großen Handlungsbedarf für Alleinerziehende (vgl. Andrea, I3). Im Frühjahr 2019, mit dem Ende der Regierungsperiode, spaltete sich die Gruppe.

Das *Radio Orange* (seit 1989) ist das einzige freie Radio in Wien, es ist werbefrei, überparteilich, unabhängig und agiert nicht kommerziell (vgl. Radio Orange o.J.). Ziel von Orange ist es

> jenen Menschen, Gruppen und Meinungen Gehör zu verschaffen, die in anderen Massenmedien nicht oder unterrepräsentiert sind. Besonders hervorzuheben sind dabei die Schwerpunktbereiche ‚feminismus & queer' sowie ‚interkultur & migration'. Rassistische, sexistische, faschistische oder die Würde der Menschen verletzende Inhalte sind ausgeschlossen (ebd.).

Die anonymen Vereine setzen sich aus einer intersektionalen Perspektive für genderpolitische Anliegen ein. Beide Vereine haben einen hohen Bekanntheitsgrad, nicht nur innerhalb von Österreich, sondern u.a. auch in Deutschland und in der Schweiz. Ein Verein (vgl. I9) kümmert sich in erster Linie um Bildungsarbeit, während der zweite Verein (vgl. I6) konkrete feministische Forderungen vertritt, mit dem Ziel, diese gesetzlich in Österreich zu verankern.

4. (Empirische) Ergebnisse: Die Auswirkungen der ÖVP-FPÖ-Regierungspolitik auf den autonomen feministischen Aktivismus

Der empirische Teil zielt darauf ab, die Forschungsfragen zu beantworten. Dazu werden die Auswirkungen der rechtspopulistischen ÖVP-FPÖ-Regierungspolitik auf den autonomen feministischen Aktivismus in Wien analysiert. Diese werden mittels zwei Fragen, die jeweils ein Kapitel darstellen, erörtert. Das erste Kapitel soll die Auswirkungen der genderspezifischen Debatten und politischen Maßnahmen analysieren, während im zweiten Kapitel die Strategien der feministischen Aktivist:innen im Mittelpunkt der Analyse stehen. Beide Kapitel geben einen umfassenden Einblick in die Auswirkungen der rechtspopulistischen Regierung auf den autonomen feministischen Aktivismus in Wien.

4.1 Auswirkungen der Regierungspolitik der ÖVP-FPÖ auf genderspezifische Anliegen sowie Errungenschaften

Das Kapitel 4.1. stellt die Kritik der feministischen Aktivist:innen an den ideologischen Debatten sowie den politischen Maßnahmen der Regierung dar. Es bildet somit die Wahrnehmungen der interviewten Aktivist:innen und die für sie zentralen Inhalte strukturiert ab. Diese werden zu Einsichten aus Sekundärliteratur in Bezug gesetzt.

Da die Analyse aus einer intersektionalen Perspektive erfolgt, sind genderspezifische Debatten, Diskurse und Maßnahmen in einem größeren Zusammenhang zu betrachten. Gender ist demnach nicht die einzige Analysekategorie, die Benachteiligung innerhalb einer Gesellschaft sichtbar macht, sondern steht mit anderen gesellschaftlichen Differenzlinien als parallel wirkende Kräfte von Über- und Unterordnung im Fokus der Analyse. Die einzelnen Differenzlinien sollen daher auch in ihrer voneinander bedingten Wechselwirkung begriffen und analysiert werden.

Die ideologische Dimension der rechtspopulistischen Regierung basiert auf ihrer Beziehung zu Gender, die die Schnittstelle darstellt, auf welcher der Konservativismus und Anti-Pluralismus, also alle ausgrenzenden Diskurse, basieren.

> In a world where gender tends to be one of the key categories through which societies are organized, it should come as no surprise that different constructions of ‚the people' build on different understandings of gender (Gunnarsson Payne 2020: 5).

Die ideologische und politische Exklusion der ‚Anderen' basiert auf einer Ideologie, die auf der ‚einheimischen' heteronormativen Familie mit ihren ‚traditionellen' Geschlechterrollen beruht. Soziale Differenzen werden zu Kriterien des Ausschlusses, indem Diskurse eines konstruierten ‚Othering' erzeugt werden.

Die Kapitel wurden in ideologischen und politischen Auswirkungen getrennt, allerdings bedingen sich beide Aspekte gegenseitig, da sich die ideologischen Debatten in der politischen Praxis wiederfinden.

Allgemein würden die ideologischen Debatten und Diskurse sowie die politischen Maßnahmen eine Bedrohung für Frauen- und Menschenrechte sowie für die soziale Sicherheit darstellen, so die feministischen Aktivist:innen in Wien (vgl. Simona, I8; Anonym, I7; Birge, I2; Heidi, I1). „Ich habe einfach Angst davor, dass das, was wir vor 70 Jahren hatten, noch einmal kommt" (Simona, I8). Simona bezieht sich dabei auf den Nationalsozialismus, der in der Shoah und im Zweiten Weltkrieg endete. Das Vorhaben „den österreichischen Rundfunk in Richtung eines Regierungsfunks umzustrukturieren“ [46] (Strickner 2018: 21) sowie die geplante Maßnahme „fremdenrechtliche Sicherungshaft für gefährliche Asylwerber“ (die Presse 2019a) gelten dabei als bedrohliche Beispiele. Zugleich reflektiert Anonym (I7), dass diese Maßnahmen für die Feminist:innen wenig überraschend waren und eher den Befürchtungen entsprachen:

> Ich mein, es war uns von Beginn an klar […], dass das noch ein neues Level, eine neue Ebene an Angriffen auf die Geschlechtergerechtigkeit, aber auch auf zivilgesellschaftliche Organisationen, auf Demokratie, und Solidarität ist (Anonym, I7).

Nicht nur die Ideologien und Debatten der ÖVP-FPÖ-Regierung bereiteten den feministischen Akteur:innen in Wien Sorge, sondern auch die Eindeutigkeit, in welcher diese in der politischen Praxis umgesetzt wurden.

> Also relativ bald hat die neue Regierung bzw. hat Blau-Schwarz Position bezogen und gezeigt, was sie von feministischen Anliegen hält, und da kam dann ziemlich schnell die Ernüchterung, weil irgendwie war es uns eh klar, aber dass sie halt doch ganz klar antifeministische Positionen bezogen haben, war dann schon in der Eindeutigkeit ein bisschen überraschend (Anonym, I6).

Auswirkungen und Debatten im Kontext von Ideologie

Die Vertretung und Förderung des ‚traditionellen Frauenbildes‘, die Förderung des liberalen Feminismus sowie die rassistische Instru-

[46] Propagiert wurde diese Maßnahme mit der Abschaffung der Rundfunkgebühren.

mentalisierung von genderspezifischer Gewalt sind ideologische Aspekte, welche sich laut Aktivist:innen negativ auf die Anliegen und Errungenschaften feministischer Bewegungen, so wie auch jener in Österreich - Wien, auswirkten.

Das ,traditionelle Frauenbild' und die heteronormative Familie

Das im Parteibuch der FPÖ entworfene Frauenbild kritisierten die Aktivist:innen als sehr problematisch: „Das Frauenbild der FPÖ ist furchtbar", fasst Birge (I2) zusammen. Auch Heidi beschrieb dieses als „ganz, ganz schrecklich: In diesem Parteibuch gibt es ein Frauenbild, welches an die Zeit des Faschismus erinnert" (I1).

> Der vom Thron des Familienoberhaupts gestoßene Mann sehnt sich unverändert nach einer Partnerin, die trotz hipper den-Mädels-gehört-dieWelt-Journale, in häuslichen Kategorien zu denken im stande [sic] ist, deren Brutpflegetrieb auferlegte Selbstverwirklichungsambitionen überragt. Die von feministischen Dekonstruktionsehrgeiz zur selbstverwirklichungsverpflichteten Geburtsscheinmutter umdefinierte Frau [sic] sehnt sich nach einem ganzen Kerl, der ihr alle die emotionalen und ökonomischen Sicherheiten gibt, die eine junge Mutter braucht, um sich mit weitgehend sorgloser Hingabe dem Nachwuchs zuwenden zu können (Hofer 2013: 32).

Die patriarchale, monogame Kleinfamilie ist im FPÖ-Diskurs das Ideal. Mütterlichkeit gilt als natürlicher Ausdruck von Weiblichkeit. (vgl. Hofer 2013). Die natürliche Ungleichheit der beiden Geschlechter ergibt laut Götz (vgl. 2019: 13) bestimmte Hierarchien und Rollenverteilungen innerhalb rechtsextremer, faschistischer Diskurse. Zusammen mit dem komplementär gedachten Mann stellen die Frau und die Kinder eine „völkische Einheit" (Klammer 2019: 76) dar. Die FPÖ präsentiert in ihrem Parteiklubbuch eine konservative Familienideologie, indem sie Frauen auffordert, ihre

‚traditionellen' Rollen einzunehmen, als Mütter zu fungieren und den häuslichen Anforderungen gerecht zu werden. Der Mann wird als ‚starkes' Familienoberhaupt gesehen, das für den emotionalen und ökonomischen Schutz der Familie zuständig ist. Die Frau wird somit als ‚schwächer' dargestellt, jegliche Form von Feminismus wird abgelehnt und belächelt. Die Wortwahl „Brutpflegebetrieb" reduziert die Frau auf das Gebären. Durch die Annahme einer ‚natürlichen' Geschlechterdifferenz wird die Auffassung, dass Frauen von Natur aus das ‚schwache' und ‚emotionale' Geschlecht darstellen, legitimiert.

Heidi erwähnt in diesem Zusammenhang die Europaparlamentswahlen im Mai 2019 und verweist auf die rechtspopulistischen Bewegungen europaweit - „ganz abgesehen von Amerika mit Donald Trump, mit seinem ‚Frauenbild'. Das ist ganz gefährlich, wenn die Rechten da Zulauf haben" (ebd.). Die Aktivist:innen empfanden den ‚gloabalen Rechtsruck' als Rückschlag für feministische Kämpfe.

Dieses sogenannte ‚Frauenbild' ist mit der Vorstellung und Förderung der heteronormativen Familie und mit ‚traditionellen' Werten verknüpft. Die Aktivist:innen bewerten den von der Regierung verursachten ideologischen Aufschwung der heteronormativen Kleifamilie als sehr problematisch (vgl. Birge I2; Andrea, I3; Anonym, I6).

> Die Familie als Gemeinschaft von Frau und Mann mit gemeinsamen Kindern ist die natürliche Keimzelle und Klammer für eine funktionierende Gesellschaft und garantiert zusammen mit der Solidarität der Generationen unsere Zukunftsfähigkeit. Für uns stehen vor allem die Kinder im Mittelpunkt – Familie soll ein Ort sein, wo sie behütet aufwachsen können und gut auf das Leben vorbereitet werden (Regierungsprogramm 2017: 9).

Das Rekurrieren auf eine scheinbar homogene Gemeinschaft, das Volk und die damit verbundene Heimat und/oder Nation ist ein zentrales Merkmal rechtspopulistischer Parteien (vgl. Wodak 2015: 20ff). Diese besteht in einem solchen Verständnis aus Mann und Frau, die als komplementäre Einheit für den Erhalt der Nation verantwortlich gemacht werden. Dies ist die Grundlage und Basis für alle ausgrenzenden rechtspopulistischen Diskurse. Die Konstruktion der ‚Anderen' mittels Bilder, Metaphern und Symbolen (vgl. Sauer et al. 2016: 84) wird dabei bewusst als Gefahr für die Erhaltung der eigenen konstruierten Kultur und deren ‚traditioneller' Werte- und Normvorstellungen entworfen (vgl. Wodak 2015: 20ff).

> Es geht um Österreich, den Schutz unserer Heimat, die Erhaltung unserer Kultur und die Bewahrung unserer Werte und Traditionen (Strache[47] zit. in Unsinn 2018: 103).

Im Rahmen dieses identitätspolitischen Diskurses, in dem zwischen dem konstruierten, homogenen Volk und ‚den Anderen' getrennt wird, wo also Vorstellungen von ‚Österreicher:innen' jenen der ‚Fremden' gegenübergestellt werden, gelten bestimmte Identitäten als legitim, während andere hingegen als Gefahr für die Heimat, das ‚eigene' Volk und Traditionen dargestellt werden. Rechtspopulistische Parteien essentialisieren, naturalisieren und vereinheitlichen Identitäten und deren (vermeintliche) Interessen (vgl. Sauer et al. 2016: 114) mit der Besinnung auf eine ‚tief verwurzelte', ‚kulturelle' Auffassung von sozialer Zugehörigkeit und Nationalität (vgl. Blokker 2005: 371). Alle Formen von Pluralismus und Diversität werden in rechtspopulistischen Diskursen abgelehnt (vgl. Lazaridis et al. 2016: 8). Zum Erhalt der ‚Heimat' und deren ‚Traditionen und Werte' zählte die ÖVP-FPÖ-Regierung auch die Erhaltung eines heterosexuellen Familienmodells, welches mit ‚traditionellen' Geschlechterrollen und binären Rollenbildern sowie

---

47 Heinz-Christian Strache war von 2005 bis 2019 Parteichef der FPÖ und Vizekanzler während der ÖVP-FPÖ-Regierungsperiode von 2017 bis 2019.

nationalistischen Identitäten einhergeht (vgl. Haussman et al. 2007: 324).

> Wir wollen unsere Heimat Österreich als lebenswertes Land mit all seinen kulturellen Vorzügen bewahren. Dazu gehört auch, selbst zu entscheiden, wer als Zuwanderer bei uns leben darf, und die illegale Migration zu beenden (Regierungsprogramm 2017: 9).

Die FPÖ und die ÖVP stellten den Islam als Bedrohung und als unvereinbar mit den ‚kulturellen' Werten der Österreicher:innen dar. Geflüchtete Menschen, die laut UNO-Konvention das Recht auf Asyl, also Schutz vor Gefahr, in einem Land haben, wurden als illegale Migrant:innen bezeichnet. Rechtspopulistische Parteien halten nicht am klassischen, biologischen Rassismus fest, sie rekurrieren auf kulturelle Identität (vgl. Schutzbach 2018: 48). Die Regierung verwendete den Begriff ‚kulturelle' Vorzüge, bezog sich jedoch auf den Aufenthaltsstatus, wodurch Illegalität impliziert wird. Dazu vermitteln Rechtspopulist:innen den Eindruck, dass Menschen mit Fluchthintergrund nach Europa kommen, um von den Sozialleistungen zu profitieren. Rechtspopulist:innen geben der Bevölkerung das Gefühl, dass ihnen von ‚den Anderen' etwas weggenommen wird (vgl. ebd.: 54).

Das Zitat aus dem Regierungsprogramm impliziert die Vorstellung einer national begriffenen Gesellschaft, die auf genderspezifischen Vorurteilen und Ungleichheiten beruht (vgl. Lazaridis et al. 2016: 9). Die Erhaltung der eigenen, ‚heimischen' und scheinbar homogenen ‚Kultur' sowie der konstruierten Nation (vgl. Wodak 2015: 20ff) gelten in rechtspopulistischen Diskursen als Voraussetzung für ein gutes Leben und eine wünschenswerte Zukunft. Debatten rund um die Zukunft gehören ebenfalls zum Merkmal populistischer Parteien. Damit werden die Emotionen der Bevölkerung geweckt (vgl. Schutzbach 2018: 51f, Lazaridis et al. 2016: 12, vgl. Keskinen 2018: 160, vgl. Sauer et al. 2016: 83). Die Zukunft wird demnach nur im Zusammenhang mit den ‚Traditionen' der ‚eigenen Kultur' und somit auch mit der heteronormativen Familie, die als ‚natürlich' dargestellt wird, erstrebenswert sein. Durch die Bewahrung der Familie soll die Nation aufrechterhalten werden und vor ‚Eindringlingen' geschützt werden, wobei auch Angst vor einer muslimischen ‚Invasion' geschürt wird (vgl. Henning 2018: 200):

> Die Muslime-Studie bestätigt meine Haltung. Wir brauchen dringend eine Reduktion der Migration und müssen verhindern, dass Parallelstrukturen wie Islam-Kindergärten entstehen (Kurz 2017a).

Andrea und Birge (vgl. I3, I2) interpretieren die Passage im Regierungsprogramm, in der Zweigeschlechtlichkeit festgeschrieben wird, als ‚Backlash' für feministische Errungenschaften. Die feministischen Akteur:innen beziehen sich auf die im Regierungsprogramm beschriebene ideologische Grundannahme eines heteronormativen, heterosexuellen Familienmodells, das als von der Natur vorgesehen dargestellt wird:

> Die Besonderheit beider Geschlechter macht den Mehrwert für die Gesellschaft sichtbar. Die Verschiedenheit von Mann und Frau zu kennen und anzuerkennen, ist ein Bestandteil menschlichen Lebens und damit unantastbar mit der Würde des Menschen verbunden (Regierungsprogramm 2017: 105).

Das Frauenbild der ÖVP-FPÖ hat zur Folge, dass einzig die „Familie als Gemeinschaft von Frau und Mann mit gemeinsamen Kindern" (Regierungsprogramm 2017: 9) im Regierungsprogramm der ÖVP-FPÖ definiert wurde und somit als anerkannt galt. In der Wahrnehmung sowie in der politischen Praxis existierten folglich ausschließlich (heterosexuelle) Zwei-Eltern-Familien:

> Die Probleme der Alleinerzieherinnen werden nicht wahrgenommen, sie kommen einfach unter die Räder. Sie existieren im gesellschaftlichen Diskurs nicht. Ihre Bedürfnisse

existieren nicht. Ihre Kinder existieren nicht. Ihre Sorgen und ihre Armut existieren einfach nicht. Es gibt keine Wahrnehmung und dadurch auch keine Besserstellung (Andrea, I3).

In Österreich gibt es ca. 267.500 Alleinerziehende (Kaindl et al. 2019: 13), davon sind über 90 % Frauen (ebd.: 52). Laut Statistik sind 44 % der Alleinerziehenden armutsgefährdet (vgl. Statistik Austria 2019). Laut einer Umfrage der ÖPA bekommt jedes zweite Kind zu wenig Unterhalt, jedes fünfte Kind gar keinen und jedes zweite bekommt nur unregelmäßig Unterhalt. Dies bedeutet, dass größtenteils Frauen unterhalb der Armutsgrenze leben (vgl. APA-OTS 2018). Diese prekäre Situation bringt einen politischen Handlungsbedarf mit sich. Vor der Nationalratskampagne am 15. Oktober 2017 versprachen die SPÖ, ÖVP und FPÖ eine Unterhaltssicherung für Alleinerziehende (vgl. ORF 2017). In der ÖVP-FPÖ-Regierungspolitik blieb die Unterhaltssicherung jedoch ein leeres Versprechen. Alternative Lebensformen wurden im Regierungsprogramm allerdings gar nicht erst angesprochen (vgl. ebd.). Patchworkfamilien und Familien mit gleichgeschlechtlichen Paaren und Transgender-Personen, „die seit geraumer Zeit zur selbstverständlichen gesellschaftlichen Realität geworden sind“ (Götz 2018: 14), werden bewusst ausgeschlossen. Die politischen Errungenschaften der letzten Jahrzehnte (die Ehe für Alle, Adoptionsrechte für gleichgeschlechtliche Paare etc.) und mit ihnen auch feministisches Engagement erfuhren einen Backlash (vgl. ebd.). Über Jahrzehnte hinweg setzten sich feministische Bewegungen dagegen ein, dass das „Geschlecht über den Lebensentwurf entscheidet“ (ebd.: 13).

Einerseits sieht Anonym (I7) „die ideologische Veränderung, nämlich die sehr stark durch die FPÖ offensiv gepusht wurde, mit einem ‚traditionellen Frauenbild‘ und auch die patriarchale Herrschaft in ihren Strukturen, Burschenschaften[48] etc." (I7) als sehr problematisch. Andererseits erkennt sie „fast das gleiche Bild bei der ÖVP, die dieses Bild jedoch ein bisschen smarter repräsentiert hat" (ebd.). Sie verweist auf das ‚Geilomobil' (vgl. der Standard 2011) von Sebastian Kurz: „Frauen als Behübschung, wenn man sie braucht" (Anonym, I7).

Zusammenfassend kann gesagt werden, dass die ÖVP-FPÖ-Regierung ist dafür verantwortlich ist, dass die ‚traditionelle', heteronormative, bürgerliche Kleinfamilie mit ihren starren Geschlechterstereotypen einen erneuten Aufschwung erhielt.

Die Förderung des liberalen, ‚konservativen' Feminismus

Die Förderung eines liberalen, konservativen Feminismus, in welchem Machtverhältnisse u.a. innerhalb feministischer Bewegungen ‚kaschiert' und legitimiert werden (vgl. Fraser et al. 2019), empfanden die feministischen Akteur:innen in Wien ebenfalls als einen Rückschlag für ihre Errungenschaften. „Es gibt so eine Art privilegierten (Mittelstands-)Feminismus, der auch von vielen konservativen, liberalen Parteien vertreten wird" (Anonym, I6). Wie bereits im Abschnitt ‚Neokonservative Diskurse' debattiert, sprechen sich rechtspopulistische Parteien vor allem in Westeuropa häufig für Gleichberechtigung aus, während auf der anderen Seite Selbstbestimmungsrechte angegriffen werden[49] und insbesondere dann erwähnt werden, wenn sie dazu dienen, Bevölkerungsgruppen

---

[48] In Österreich gibt es 0,4 % geschlagene Burschenschaftler, alle sind Mitglieder der FPÖ (vgl. Wodak 2018).

[49] Siehe Kapitel ‚Angriff auf Selbstbestimmungsrechte'.

gegeneinander auszuspielen.[50] In diesem Abschnitt steht die Förderung des liberalen ‚Mittelstandsfeminismus' im Mittelpunkt, welcher von vielen Feminist:innen für den Untergang feministischer Bewegungen verantwortlich gemacht wurde, insbesondere auch weil liberale Feminismen eine neoliberale Version feministischer Ziele darstellen[51] und somit Machtverhältnisse innerhalb der Gesellschaft unreflektiert bleiben.

Eine Bedingung von Sebastian Kurz, die neue Volkspartei zu übernehmen, war das „Reissverschlussprinzip [sic] für mehr Geschlechtergleichheit" (Nehammer 2018: 24), indem alternierend Frauen und Männer auf der ÖVP-Wahlliste standen. Auch unter den Minister:innen gab es einen hohen Frauenanteil während der Regierungsperiode. Allerdings fanden trotz erhöhter Repräsentation von Frauen an Parteispitzen die politischen Interessen von Frauen in politischen Maßnahmen keine adäquate Berücksichtigung. Es gibt sogar Indizien dafür, dass mit erhöhter Repräsentation von Frauen in der Politik eine Entmächtigung von Frauen einhergeht (ebd).

> Auch wenn einige dieser Parteien Frauen in Spitzenämter gehievt haben, verfolgen sie nicht nur in Europa ein antifeministisches Projekt und die Rückkehr zu - wenn auch moderat modernisierten - traditionellen Geschlechterverhältnissen. Die prädemokratische Konstellation der Geschlechterverhältnisse wird von rechten Parteien konserviert (Sauer 2018: 9).

Auch die FPÖ plädiert im Wahlprogramm 2017 für die Gleichberechtigung von Frauen:

> Frauen verdienen bei gleicher Arbeit immer noch weniger als Männer. Dieser Missstand muss beseitigt werden. Es kann nur gelten: Gleicher Lohn für gleiche Arbeit [-] Unsere

---

[50] Siehe Abschnitt zur ‚Ethnisierung von genderspezifischer Gewalt'.

[51] Siehe Kapitel ‚Differenzen innerhalb der feministischen Bewegungen'.

> Frauen gleichberechtigen und sie vor Diskriminierung schützen (FPÖ 2017).

Darüber hinaus hat die genderpolitische Agenda der Regierung einen stark klassistischen Effekt. Anonym (I6) bemängelte zum Beispiel, dass nur Projekte rund um die Karriereförderung der Frau forciert wurden: „Wie kann die Frau Vollzeit mit zwei Kindern arbeiten gehen?" Im Regierungsprogramm (vgl. 2017: 106) wird unter dem Kapitel ‚Frauen' die Verbesserung von Vereinbarkeit von Familie und Beruf auf einer halben Seite zusammengefasst. Auch hier wird noch einmal klar, wie heteronormativ das Regierungsprogramm in seinen Grundannahmen war:

> Die bessere Vereinbarkeit von Familie und Beruf ist nicht nur für Frauen enorm wichtig, denn die Familie ist eine gemeinsame Aufgabe von Frau und Mann (ebd.).

In einem Punkt wurden flexible Öffnungszeiten bei Kinderbetreuungseinrichtungen, qualitativer Ausbau der Einrichtungen sowie die Ausweitung der professionellen Ferienbetreuung angesprochen (vgl. ebd.). In der politischen Praxis wurde die Finanzierung und Organisation der Kinderbetreuung jedoch auf die Bundesländer abgewälzt (vgl. Andrea, I3). Zugleich wurde vom Bundeskanzleramt ein 44-seitiges Dokument veröffentlicht, welches sich der Vereinbarkeit von Familie und Beruf mithilfe von Digitalisierung widmete (vgl. BKA 2018). Die ÖVP und die FPÖ konzentrierten sich also in ihrer Regierungsphase auf die Reproduktion binärer Geschlechter- und Rollenverhältnisse, allerdings mit neoliberalem Kurs: Karriereförderung steht im Frauenministerium ganz weit oben auf dem Programm (vgl. Anonym, I6). Rechtspopulistische Parteien, insbesondere in Westeuropa, bringen häufig Gleichberechtigung mit Familienpolitik in Verbindung, im Rahmen derer sie von einer „natürlichen Differenz" ausgehen, die beschützt werden muss (vgl. Mudde et al. 2015: 27ff).

Auf der anderen Seite bemühen sie sich das Image einer modernen Frau zu vermitteln, die es schafft, Mutterschaft und Beruf zu kombinieren (vgl. Henning 2018: 207). Im Regierungsprogramm (vgl. 2017: 105-107) werden von 182 Seiten lediglich zweieinhalb den Anliegen von Frauen gewidmet, dabei stehen drei Themenschwerpunkte im Vordergrund: Frauen als Mütter, die Vereinbarkeit von Familie und Beruf sowie die Integration von migrantischen Frauen, „die bei uns die Möglichkeit haben zu lernen, welche Rechte und Freiheiten sie bei uns haben“ (ebd.: 107) (siehe folgender Abschnitt). Der Gleichberechtigungsdiskurs wurde also als Teil der nationalen Identität präsentiert und zugleich wurden die konstruierten Anderen als Opfer oder Träger:innen des Patriarchats abgebildet und zu einem Projekt gemacht, das vom Wohlfahrtstaat abhängig ist – und als intolerant dem eigenen Selbst gegenübergestellt.

Die Ethnisierung von genderspezifischer Gewalt

Die feministischen Akteur:innen in Wien sahen Regierungspolitik mit dem Thema ‚genderspezifische Gewalt‘ in zweierlei Hinsicht als sehr problematisch. In erster Linie würden genderpolitische Themen nur dann gefördert werden, wenn Frauen in das Schema des heteronormativen Diskurses der ÖVP-FPÖ-Regierungspolitik passten, in dem Frauen als ‚schwächeres Geschlecht‘ dargestellt wurden: „Nämlich bestenfalls unterstützen sie das Gewaltthema, das steht auch so in der Begründung, also wenn Frauen als Opfer gesehen werden“ (Birge, I2). Diese Haltung spiegelt eine patriarchale Einstellung gegenüber Frauen wider, die aufgrund ‚naturgegebener‘ Unterschiede als unterlegen gelten. In zweiter Linie sahen die feministischen Akteur:innen die rassistische Instrumentalisierung von Gewalt als sehr gefährlich (vgl. Brigitte, I4; Heidi, I1). Wie bereits im Kapitel 2.1 theoretisch diskutiert, veränderten sich die ursprünglich konservativen Werte und somit auch Genderrollen in Richtung liberaler Werte, die sich vielfach für Gleichstellung, Gleichberechtigung und die Verteidigung von Frauenrechten einsetzen (vgl. Akkerman 2015: 38fff). Rechtspopulistische Parteien benutzen diese Positionierung allerdings fast ausschließlich innerhalb von Anti-Immigrationsdiskursen (vgl. Abi-Hassim 2017: 557). Sie vertreten konservative, ‚traditionelle' Werte, die oft mit einer liberalen Logik verknüpft werden. Damit gelingt der Versuch, eine breitere Bevölkerungsgruppe zu mobilisieren (vgl. Schutzbach 2018: 9f). Chetcuti (vgl. 2014: 254) bezeichnet den Neo-Konservatismus gar als Antwort auf den neoliberalen Konsens. Selbstbestimmungsargumente werden allerdings in erster Linie dann eingebracht, wenn sie dazu dienen, einzelne Bevölkerungsgruppen gegeneinander auszuspielen, wie das folgende Beispiel aus einem Facebook-Posting von Sebastian Kurz veranschaulicht: „Es ist wichtig, dass wir unsere Werte aktiv vorleben. Es darf nicht sein, dass Frauen zum Tragen einer Burka oder einem Niqab gezwungen werden" (Kurz 2017b). Hier werden durch

> staatliche Macht Körper vergeschlechtlicht, sexualisiert und ethnisiert [und durch] andro- und eurozentrische Konstruktionen (weiblicher) Körper und Sexualität bestimmte Formen staatlicher Gewalt [legitimiert] (Bargetz et al. 2017: 16).

Mit diesem Slogan stellt Kurz die österreichische ‚Kultur' mit deren konstruierten Werten als fortschrittlicher dar als ‚den Islam'. Er impliziert, dass muslimische Männer Frauen dazu zwingen, ein Kopftuch zu tragen und schreibt muslimischen Frauen eine Opferrolle zu.

Insbesondere seit dem Sommer 2015 benutzen rechtspopulistische Parteien Geschlecht als „interdependente Kategorie" (Sauer et al. 2016: 92), um durch gesellschaftliche Differenzlinien soziale Ungleichheit zu intensivieren und Differenz zu konstruieren. Genderspezifische Gewalt wird als Problem migrantischer Männer diskutiert, also rassistisch instrumentalisiert. Dabei gilt folgendes

Narrativ: „Schwarzer Mann vergewaltigt weiße [...] Frau" (ebd.). Dabei entsteht bei europäischen Männern

> das Herz für Frauenrechte und ihr Schutzbedürfnis gegenüber jenen [...] Frauen [...], die angeblich zum Opfer triebgesteuerter, junger Muslime aus der rückständigen, weniger zivilisierten ‚Fremde' zu werden drohen (Pohl 2017: 35).

Genau dieses Narrativ findet sich auch im Diskurs der Regierung wieder: Im Regierungsprogramm (2017: 107) gab es einen zwölfzeiligen Absatz mit dem Titel „Gewaltprävention und Integration von Frauen". Neben dem einleitenden Satz „Ziel muss es sein, Frauen Stabilität, Sicherheit und Vertrauen zu geben" wurde der Fokus auf „zugewanderte [...], geflüchtete [...] Frauen" gelegt (ebd.). Angekündigt wurde deshalb die

> Förderung im Bildungswesen von Kindern und Jugendlichen aus Herkunftsländern, in denen das Verständnis über die Gleichberechtigung der Geschlechter nicht vorherrscht, [der] weitere [...] Ausbau von Notunterkünften für Frauen und Kinder [sowie die] Evaluierung und gegebenenfalls Weiterentwicklung der Gewaltschutzzentren (ebd.).

Wie in dieser Passage ersichtlich, wurde genderspezifische Gewalt mit Herkunft, Religion, Ethnie, Nation etc. verknüpft. Rechtspopulist:innen diskutieren Gewalt gegen Frauen nicht als Problem der eigenen Gesellschaft. Sie wird als ein Problem der ‚Anderen' ethnisiert (vgl. Schutzbach 2018: 52). Das Beispiel veranschaulicht „wie nahe sich Rassismus und Sexismus sind, wie ähnlich sie funktionieren und wie sehr sie sich gegenseitig überlagern können" (Pohl 2017: 35).

> Als Frauenministerin sehe ich es als meine Aufgabe an, für mehr Sicherheit für Frauen zu sorgen. Gemeinsam werden wir als Bundesregierung Maßnahmen dafür setzen. Die Entwicklung der letzten Tage und Jahre – wir haben seit

> 2015 ansteigende Zahlen an Frauenmorden – haben mich sehr schockiert und betroffen gemacht (BKA 17.01.2019).

Auch folgendes Zitat veranschaulicht die Instrumentalisierung von genderspezifischer Gewalt, indem Gewalt als ‚importiertes' Problem dargestellt wurde:

> Die Möglichkeit, sich frei im öffentlichen Raum, egal zu welcher Tageszeit, bewegen zu können, das hat sich verändert. Es ist ein Faktum, dass wir ohne die Migrationskrise von 2015 nicht diese Form an Gewalt gegen Frauen hätten (BKA 17.01.2019).

Morde an Frauen wurden als überraschend neuartige Verbrechen dargestellt, begangen von zugewanderten Männern, die den österreichischen Wertekanon nicht kennen. „Ich kann mich an die Pressekonferenz damals erinnern, von der Bogner-Strauß [52], Kneissl[53] und Edtstadler[54], wo dann auch nur das Thema rassistisch instrumentalisiert wurde, konkrete Maßnahmen gab es irgendwie gar nicht" (Brigitte, I4).

Keskinen (2018: 158) spricht in diesem Zusammenhang von einer „crisis of white hegemony" als Antwort auf die Bewegung geflüchteter Menschen im Sommer 2015, welche medial als ‚Flüchtlingskrise' präsentiert wurde. Die hegemoniale Position des ‚weißen' Mannes wird demnach von muslimischen Männern aus dem Nahen Osten herausgefordert. Dabei geraten vor allem konstruierte ‚kulturelle Unterschiede' rund um Gender und Sexualität in den Fokus (vgl. ebd.: 158). Mit weißer Hegemonie bezeichnet Keskinen

[52] Frauenministerin (ÖVP) während der ÖVP-FPÖ-Regierungsperiode.
[53] Bundesministerin für Europa, Integration und Äußeres während der ÖVP-FPÖ-Regierungsperiode, von der FPÖ nominiert.
[54] Staatssekretärin für Inneres (ÖVP) während der ÖVP-FPÖ-Regierungsperiode.

‚Weißsein' als Norm, Diskurs und Strukturen (vgl. ebd.). Dabei sind rassialisierte Identitäten keine offiziellen Kategorien; politische Maßnahmen basieren jedoch auf der Annahme einer weißen Universalität. Diese Identifikation geht im Alltag mit kollektiven Aktivitäten einher. Muslimische Männer werden als patriarchal und gefährlich dargestellt. Genderspezifische Gewalt und sexuelle Belästigung gewann u.a. ab Köln[55] eine besonders dominierende Stellung in den Medien (vgl. ebd.). Die Phänomene wurden dabei vordergründig mit geflüchteten Personen und Muslimen, oft gefasst als eine einzige homogene Gruppe, in Verbindung gebracht – Asylsuchende wurden als kriminelle Gruppe dargestellt und Panik wurde verbreitet (vgl. ebd.: 160). Sexualität und sexuelle Gewalt wurden in Europa zur „language of border control" (ebd.: 157).

Begriffe wie ‚Asyltourismus', ‚Flüchtlingsfluten' etc. werden seit der Fluchtbewegung im Jahr 2015 auch in Österreich medial besonders stark verwendet, um besorgniserregende Bilder zu inszenieren. Diese Art der Darstellung sichert populistischen Parteien eine dauerhafte Positionierung im politischen Feld (vgl. Schutzbach 2018: 12). Der Fokus in der Nationalratswahl lag sowohl bei der ÖVP als auch bei der FPÖ auf der „Migrations- und Flüchtlingspolitik" (Wodak 2018: 323). Die beiden Parteichefs benutzten Antagonismen[56], mit denen bestimmte Zuschreibungen von Merkmalen vorgenommen wurden (vgl. Sauer et al. 2016: 83f).

Neben der rassistischen Instrumentalisierung von genderspezifischer Gewalt, kritisieren die Aktivist:innen die angekündigten Maßnahmen als symbolpolitisch.

---

[55] In der Silvesternacht 2015/16 kam es in Köln zu zahlreichen sexuellen Übergriffen auf Frauen durch Gruppen junger Männer. Dabei wurden 1200 Strafanzeigen erstattet, in denen vor allem Männer aus dem nordafrikanischen und arabischen Raum als Täter beschuldigt wurden. In anderen deutschen und europäischen Städten kam es zu ähnlichen Berichterstattungen. Die Silvesternacht in Köln sorgte für große mediale Aufmerksamkeit und spielte in weiterer Folge insbesondere rechtspopulistischen Parteien in die Hände (vgl. Amjahid et al. 2016).

[56] Siehe S. 132fff.

Im Februar 2018 verkündete der Bundeskanzler die Betreuungsplätze für von Gewalt betroffenen Frauen im Jahr 2022 um 100 zu erhöhen (vgl. BKA 08.02.18). „Das ist ein Tropfen auf dem heißen Stein“, meint Heidi (I1). 2018 gab es 18 weibliche Mordopfer in Österreich, 2019 gab es bereits bis zum 17. Januar 2019 vier Tötungsdelikte, in denen Frauen die Opfer waren (vgl. ebd.). Daraufhin plante die Regierung folgende Maßnahmen: Die Einrichtung einer Notfallhotline, eine Evaluierung der bereits bestehenden Frauenhäuser, 100 neue Plätze in Frauenhäusern, der Ausbau von Beratungsstellen für Mädchen und Frauen sowie die Sensibilisierung von Kindern und Jugendlichen zum Thema Gewalt innerhalb eines Ethikunterrichts (vgl. BKA 17.01.2019).

Das Einrichten einer eigenen Hotline sah Brigitte (vgl. I4) als einen Angriff auf lang etablierte feministische Arbeit, da diese Maßnahmen das strukturelle Problem nicht ändern und eine reine symbolpolitische Handlung darstellen würden (vgl. Brigitte, I4). Im Zusammenhang mit dem von Kurz angekündigten Ausbau um 100 Plätze spricht Brigitte von einem „reinen PR Gag, die angekündigten Plätze sind nie gekommen“ (ebd.). Im ORF verkündete Kurz am 17.01.2019, 500.000 Euro für den Ausbau von weiteren Frauenhausplätzen zu investieren; eine Meldung aus dem Bundeskanzleramt blieb jedoch aus, ebenso wie die Umsetzung. In den nächsten vier Jahren gäbe es nur mehr 100 Plätze, die für Gewaltopfer zur Verfügung stehen würden (vgl. Jarosch 2018: 53f). „100 Plätze in ganz Österreich, was ist das schon“ (Birge, I2). Zugleich wurden jedoch ein Jahr zuvor, im Dezember 2017, wie bereits angeführt im Rahmen der Budgetkürzungen für das Jahr 2018 die Förderungen für folgende Netzwerke, die sich für Gewaltschutz engagieren, entzogen: Dem Netzwerk österreichischer Frauen- und Mädchenberatungsstellen wurden die Mittel gekürzt; dem Verein „One Billion Rising Austria“, einer Kampagne, die sich für ein Ende der Gewalt gegen Frauen und Mädchen weltweit einsetzt, wurden ebenfalls die kompletten Förderungen vom Frauenministerium gestrichen. Genauso wurden die Förderungen für das „Trainer:-

innengeld für Polizeischulungen zu häuslicher Gewalt" im Dezember 2017 für 2018 gestrichen (vgl. Jarosch 2018: 54).

Im Rahmen der zweiten Pressekonferenz berichtete Bundeskanzler Kurz eine Erhöhung des Strafmaßes bei Gewaltdelikten (vgl. BKA 13.02.2019). Auch diese Maßnahme ließ die Ursachen von Gewalt unreflektiert und wird infolgedessen die Lage der von Gewalt betroffenen Frauen nicht verbessern (vgl. Birge, I2). Brigitte meinte, das Thema Gewalt spiele der Regierung „in den Schoß" und die vorgeschlagenen politischen Maßnahmen der ÖVP-FPÖ-Koalition lösten keineswegs die Ursachen von Gewalt, sondern würden symbolpolitisch als leere Versprechungen abgehandelt (vgl. Brigitte, I4). Die Ursachen von Gewalt sind vielmehr verknüpft mit der ideologischen Komponente, die oben angesprochen wurde: der Annahme natürlicher Geschlechterunterschiede, entsprechenden Rollenbeschreibungen und Stereotypen und der damit einhergehenden Überzeugung, dass Frauen von Natur aus den Männern unterlegen seien. Genau diese Vorstellung wird von der Regierung allerdings mitgetragen (vgl. Regierungsprogramm 2017). Geschlechtsspezifische Diskriminierung wurde durch diese Annahme also legitimiert (vgl. Knapp 2012: 72).

Auswirkungen und Debatten von Genderpolitik

In diesem Abschnitt werden Auswirkungen der Regierungspolitik aus der Perspektive der feministischen Aktivist:innen analysiert. Der Angriff auf feministische Arbeit, auf den Sozialstaat insgesamt sowie der Angriff auf Selbstbestimmungsrechte spiegeln politische Maßnahmen wider, welche sich laut Aktivist:innen negativ auf die Anliegen und Errungenschaften feministischer Bewegungen, auch jener in Wien, auswirkten. Der Wunsch nach Gerechtigkeit ist eine zentrale Motivation feministischer Bewegungen (vgl. Ewig et al. 2013: 148). Gerechtigkeit kommt allerdings in den politischen Maßnahmen der ÖVP-FPÖ zu kurz, so die Aktivist:innen.

Angriff auf feministische Arbeit

Im Folgenden werden die Maßnahmen der Regierung diskutiert, welche sich auf die feministische Arbeit, also feministische Vereine und Organisationen auswirkten.

Zum Regierungsbeginn im Dezember 2017 wurde der Budgetplan für 2018 bekannt gegeben (vgl. Jarosch 2018: 53). Darin wurden sämtlichen feministischen Vereinen und Organisationen die finanzielle Grundlage entzogen, wobei „[e]xplizit feministische Vereine" am stärksten davon betroffen waren[57] (ebd.). Gerade feministische Arbeit basiert allerdings größtenteils auf freiwilliger und ehrenamtlicher Arbeit und ist somit sehr stark auf Förderungen angewiesen.

> Alles, was ein bisschen links-politisch war, oder überhaupt mit politischer Bildung, mit kritischer Bildung zu tun hat: ‚schwups' war die Förderung weg (Birge, I2).

Die feministischen Akteur:innen sahen diese Kürzungen als dezidierten Angriff auf die feministische Arbeit und werfen der Regierung vor, bewusst „Handlungsspielräume einzudämmen" (Anonym, I6) und die „feministische Zivilgesellschaft zurückzudrängen". Bestenfalls würden jene Projekte gefördert werden, in welchen Frauen als ‚Opfer' dargestellt werden (vgl. Birge, I2),

---

[57] Folgenden feministischen Vereinen und Organisationen wurden die Förderungen entzogen: Autonomes *FrauenLesbenzentrum* Innsbruck (-100 %), *kinovi[sie]on* – ein feministisches Kinoprojekt (-100 %), *L'Homme* – Europäische Zeitschrift für feministische Geschichtswissenschaft (-100 %), *Frauen*solidarität* (-100 %), *Frauenhetz* – Feministische Bildung, Kultur und Politik (-100 %), *One Billion Rising Austria* – Für ein Ende der Gewalt an Frauen und Mädchen (-100 %), Netzwerk österreichischer Frauen- und Mädchenberatungsstellen (-100%) , Österreichischer *Frauenring* (-30 %), *AEP* - Frauenbibliothek des Innsbrucker Arbeitskreises Emanzipation und Partnerschaft (-20 %), *ArchFem* - Interdisziplinäres Archiv für Feministische Dokumentation (-20 %), Klagsverband zur Durchsetzung der Rechte von Diskriminierungsopfern (-50 %), Verein Frauenforschung und weiblicher Lebenszusammenhang (-20 %) etc. (vgl. ebd.).

wobei auch in diesem Bereich Kürzungen stattgefunden haben (vgl. Jarosch 2018: 53). Die Kürzungen besitzen einerseits einen symbolischen Charakter: „sie zeigen, was die Regierung von feministischer Arbeit hält". Anderseits sind sie für feministische Vereine existenzbedrohend (vgl. Anonym, I7). Anonym (I6) sieht das genauso:

> Also ich finde, diese Regierung hat tatsächlich sehr bewusst Gelder aus diesem System abgezogen und diese sehr bewusst auch von Vereinen abgezogen, die sie als politische Feinde verstanden haben. Tatsächlich hat man bei der Regierung gesehen, dass sie einfach quasi mit dem Kürzen von Budgets jegliche Ideen und jegliche Gestaltungskraft zerstören können.

Für Ulli (I5) machten die Auswirkungen der Kürzungen darüber hinaus die strukturellen Schwierigkeiten der feministischen Szene deutlich:

> Mit den Veränderungen, die die ÖVP-FPÖ-Regierung mit sich brachte, wurde noch einmal klarer, was schon immer klar war, und zwar wie prekär die Situation in diesen alternativen Szenen ist: Durch die Kürzungen entsteht ein Effekt, indem Vereine und Organisationen sehr viel mit sich selbst beschäftigt sind und die Vernetzungsarbeit hinten angestellt wird.

Die feministischen Akteur:innen in Wien warfen der Regierung ebenfalls vor, feministische Vereine bewusst gegeneinander auszuspielen: Es entstand ein Kampf um „ein bisschen schäbige Kohle" (Ulli, I5), dies betraf auch Vereine und Organisationen intern: Durch die Kürzung der ohnehin knappen Ressourcen mussten teilweise Akteur:innen innerhalb der Vereine gekündigt werden:

> Wenn dann junge Personen, die gekommen sind und neuen Wind hineinbringen, zuungunsten einer älteren Person dann eben nicht gehalten werden können, dann erzeugt das ganz

> viel Bitterkeit, ganz viel auch an Enttäuschung in Alternativkulturen, die angetreten sind, um etwas ganz Neues zu ermöglichen, und das ist natürlich eine loose-loosing Connection für die alternativen Szenen immer gewesen (Ulli, I5).

Auch folgendes Zitat macht die Machtverhältnisse innerhalb des feministischen Aktivismus in Wien deutlich:

> Wenn Dinge, die auf der Agenda gestanden sind, in der Praxis einfach nicht zu stemmen waren. Das hat Glaubwürdigkeit eingebüßt und das hat ja auch viele enttäuschte Personen mit hervorgebracht, die sich apolitischer verhalten. Ich denke jetzt an unpolitische Lesben oder auch Personen, die sich als nicht binär bezeichnen und die aber den feministischen Szenen auch ein wenig den Rücken gekehrt haben; Auch einfach wegen der Konkurrenzen, die sie erlebt haben: Womöglich von Heterofrauen, die 10 Jahre länger schon wo waren. (Ulli, I5).

Frauenhäuser waren beispielsweise nicht von den Kürzungen betroffen, da diese Arbeit maßnahmenpolitisch sehr gut in die ‚Frauen'-Agenda der Regierung passte, so die Aktivist:innen.

> Gewaltschutzarbeit ist in Österreich total unterfinanziert, aber gleichzeitig verhältnismäßig gut aufgestellt, finde ich. Das sind wirklich sehr tolle Leute, die dort arbeiten, und wenn man solche Institutionen angreift, geht halt sehr viel feministisches Wissen verloren, was man nicht so leicht wieder gut machen kann. Das ist ein heikler Punkt, aber das wissen sie [die Regierung] vermutlich auch. Aber glücklicherweise ist es ja nicht dazu gekommen (Brigitte, I4).

Die in den Frauenhäusern Beschäftigten müssten erstmal die Füße stillhalten (vgl. Birge, I2). Zwar bräuchten sie mehr Budget um überhaupt arbeiten zu können; allerdings waren sie die einzigen, die von den Kürzungen nicht betroffen waren.

Vom Frauenministerium wurden die Kürzungen der Förderungen mit „Umschichtungen“ (Jarosch 2018: 53) begründet. Die feministischen Akteur:innen sind der Meinung, dass das Frauenministerium gar keines wäre, da feministische Anliegen nicht nur keine Aufmerksamkeit bekämen, sondern als gar nicht existent und nötig wahrgenommen werden würden (vgl. Anonym, I6) und die Interessen von Frauen nicht vertreten werden würden (vgl. Ulli, I5). Es wurde zudem bemängelt, dass es nie ein eigenes Frauenministerium gab und das das Budget schon immer gering war, „türkis-blau die Situation jedoch noch einmal wesentlich verschlechtert [hat]“ (Ulli, I5).

Angriff auf den Sozialstaat

Neben dem Angriff auf feministische Vereine und Organisationen reflektierten die feministischen Akteur:innen in Wien die politischen Maßnahmen der Regierung in einem gesamtgesellschaftlichen Kontext, in welchem sie einen Abbau des Sozialstaates sahen. Kritisiert wurden vor allem die als klassistisch beurteilten Maßnahmen, die sich insbesondere auf FLINTA*-Personen[58] und marginalisierte Bevölkerungsgruppen auswirkten, während jedoch diese gegeneinander ausgespielt wurden.

---

[58] Österreich hat einen der höchsten Gender Pay Gaps europaweit, die Unterschiede bei den Stundenlöhnen zwischen Männern und Frauen liegen mit 16 % weit über dem europäischen Durchschnitt (vgl. BMI 2017b). Hier werden die Stundenlöhne bei Teil- und Vollzeitbeschäftigung zusammengezählt. Werden nur Vollzeitbeschäftigungen berücksichtigt, liegt das Bruttojahreseinkommen der Frauen noch immer bei 15,6 % unter jenem der Männer. Die hohe Teilzeitbeschäftigung von Frauen spiegelt sich auch im Jahreseinkommen wider: Unselbständige erwerbstätige Frauen verdienen auf das Bruttojahreseinkommen 37,3 % weniger als Männer. 2017 waren 47,7 % der Frauen in Teilzeitbeschäftigungen angestellt und nur 11,9 % der Männer. Die hohen Teilzeitbeschäftigungen sind vor allem auf

„Also man sieht schon an vielen, vielen kleinen *‚policies‘*, dass sie ihre Ideologie immer sehr in Budgetfragen gegossen haben" (Anonym, I6). Auch Anonym (I7) war dieser Meinung:

> Das Budget gilt als Königsrecht des Parlaments. Nicht zufällig, denn Budgetpolitik ist in Zahlen gegossene Gesellschaftspolitik. Und gleichzeitig ein Spiegel der Machtverhältnisse (Klatzer 2018: 18).

Anonym (I6) wies in diesem Zusammenhang auf den inhärenten Klassismus hin: „Jede Policy, jede Maßnahme, die schwarz-blau umgesetzt hat, hat einen klassistischen Aspekt".

Durch die prekären sozialen Verhältnisse, die die neoliberale Politik in den letzten drei Jahrzehnten mit sich brachte, gibt es viele Menschen, die mit ihrer Situation unzufrieden sind (vgl. Michalitsch 2017: 273ff). Anonym (I7) war der Meinung, dass unter dem Schlagwort ‚Ausländer:innen‘, „ganz wesentliche Geschichten passiert [sind]". Durch den rassistischen Diskurs der ÖVP-FPÖ-Regierung wurden ärmere Bevölkerungsgruppen gegeneinander ausgespielt, wie in folgenden Zitaten von Strache und Kurz sichtbar wird: „FAIRNESS für Österreicher: Bei Sozialleistungen, Mindestsicherung und Pensionen" (zit. in Südkurier 2019) und „Unser Sozialstaat funktioniert, weil es viele fleißige Menschen in unserem Land gibt, die jeden Tag arbeiten gehen und Steuern zahlen, damit wir die unterstützen können, die unsere Hilfe wirklich brauchen" (Kurz 2019a). Diese Unterscheidung von Zugehörigkeit und Nicht-Zugehörigkeit ermöglicht einer Gruppe die Exklusion einer anderen Gruppe von materiellen, ‚kulturellen‘ und symbolischen Ressourcen (vgl. Lazaridis et al. 2016: 91). Während der Fokus auf bestimmte

---

unbezahlte Reproduktionsarbeit (Kindeserziehung, Haushalt, Pflege von Familienangehörigen) zurückzuführen, welche noch immer hauptsächlich von Frauen geleistet wird. Dies wirkt sich durch die Lücken in den Versicherungsverläufen auf die Pensionen aus. Die Alterspensionen der Männer sind fast um zwei Drittel höher als jene der Frauen (vgl. BMI 2017b: 13ff).

Personen- und Bevölkerungsgruppen gerichtet wurde, wurde gleichzeitig eine ,Verarmungspolitik' implementiert: „Keile werden bewusst betrieben, um Spielräume zu nehmen" (Anonym, I6). Durch diese Diskurse wurde vor allem eine Mobilisierung der Arbeiter:innen geschaffen, die entsprechende Politik kam jedoch gerade diesen Wähler:innen nicht zugute. Mit der ,Verarmungspolitik' war u.a. das Schwächen wesentlicher Institutionen gemeint: „Institutionen, die Gewicht haben, wie die Arbeiterkammer, sowie Institutionen zur sozialen Absicherung" (Anonym, I7). Kriesi (vgl. 2001: 36) spricht in diesem Zusammenhang von einem sozialdarwinistischen Ansatz, bei welchem die Privilegien der ,heimischen' Bevölkerung gegenüber ,Eindringlingen' verteidigt werden. Diese Privilegien gelten als wohlverdient und ihr drohender Verlust wird als eine Bedrohung ,von außen' dargestellt (vgl. ebd.). Sozialleistungen sollen nur für die ,wahren' Mitglieder der Gesellschaft gelten (vgl. Wodak 2018: 329.) – eine solche Rhetorik ist ebenfalls ein Merkmal rechtspopulistischer Parteien. Fleiß wird demnach einer bestimmten Bevölkerungsgruppe, in diesem Beispiel ,den Österreicher:innen', zugesprochen und einer anderen, nämlich ,Nicht-Österreicher:innen', abgesprochen. Die Regierung schaffte mit dieser Sprache einen Diskurs, in dem nur ,Österreicher:innen' als Steuerzahlende konstruiert wurden und ,Fremde' als reine Nutznießer:innen dargestellt werden konnten. Diese Rhetorik spricht insbesondere jene Bevölkerungsgruppen an, die die Auswirkungen der neoliberalen Politik besonders spüren.[59] Sie präsentiert Sündenböcke für die aktuelle Misere, die allerdings das Resultat der neoliberalen Maßnahmen seit den 1990er Jahren in Europa darstellt[60] (vgl. Wodak 2018: 329). Dieses Mittel hat vor allem die

---

[59] Dies wird im Dokumentarfilm „Inland" (Gladik 2019) besonders gut ersichtlich.
[60] Auch folgender Facebook-Post (Kurz 2019c) stellt Menschen, die aufgrund von unterschiedlichsten Menschenrechtsverletzungen Schutz benötigen, als „Tourist:innen" dar, die von den „positiven Errungenschaften Europas" profitieren möchten: „Die Rettung im Mittelmeer darf nicht mit dem Ticket nach Mitteleuropa verbunden sein, sonst machen sich immer mehr Menschen auf den Weg".

diskursive Spaltung der Bevölkerung zum Ziel. Die Maßnahmen der ÖVP-FPÖ-Regierung kommen allerdings eben dieser Bevölkerungsgruppe am wenigsten zugute.

Anonym (I7) sieht das „Rückfahren des Sozialstaates“ als besonders problematisch, da mit all den kleinen klassistischen Maßnahmen eine Umverteilung nach oben implementiert wurde, „in der es ganz klar darum geht, das öffentliche Budget zu verkleinern“. Sie bezeichnete die Reformen der ÖVP-FPÖ-Regierung als „Angriff auf das öffentliche Geld, das zur Verfügung steht, um Sozialleistungen und Versicherungssysteme erhalten zu können” (ebd.). Dabei sprach sie auch den Umbau des Staates in Bezug auf öffentliche Beschäftigung an:

> Während viele Sektoren wie Bildung, Gesundheit etc. immer mehr unter Druck kommen, wird bei Polizei und Militär massivst ausgeweitet. Auch dieser Umbau wirkt sich extrem auf Geschlechterverhältnisse aus (ebd.).

Brigitte (I4) warnte vor den Folgen des Sozialabbaus und sorgte sich um die rassistische Rhetorik und die damit zusammenhängen-den Maßnahmen. „Die rassistische Politik sowie der ganze Sozial-abbau hat mich am meisten beschäftigt, ich glaube, dass diese Maßnahmen noch fatale Auswirkungen mit sich bringen“.

Wie bereits erwähnt, verfolgen rechtspopulistische Parteien häufig einen sogenannten ‚Welfare-Chauvinismus‘, also die Befürwortung des Wohlfahrtsstaates, dessen Leistungen aber nur einer bestimmten Gruppe, nämlich der ‚ursprünglichen‘ Bevölkerung, zur Verfügung stehen (vgl. Siim et al. 2019b: 13f). Die ÖVP-FPÖ-Koalition versuchte dieses Ziel im Rahmen der ‚Mindestsicherung Neu‘ umzusetzen. So sollte die neue Mindestsicherung an Deutschkenntnisse geknüpft werden. Außerdem sollten Familien, die mehrere Kinder haben, für das zweite und dritte Kind weniger Geld pro Kind bekommen; ab dem vierten Kind sollte es keine weiteren Zahlungen mehr geben. Umgekehrtes sollte allerdings bei Besserverdienenden (ab 3000 Euro) gelten. Also je mehr verdient wird und je mehr Kinder zur Familie gehören, desto größer sollte die Entlastung ausfallen, die die Familien erhalten (APA/RED 2019).

Das Ziel, Sozialleistungen an die Nationalität zu koppeln, verfolgt die FPÖ seit den 1970er Jahren (Sauer 2019: 112). Propagiert wurde die Reform der Mindestsicherung, die mehr „Fairness und Gerechtigkeit bringt", „Fairness gegenüber Österreichern, Arbeitnehmern und Schutzwürdigen" (BKA 28.11.2018) und mit dem Argument, „jeder muss seinen Beitrag leisten". Es solle nur jenen geholfen werden, die es wirklich bräuchten (vgl. ebd.). Diese Maßnahme wurden allerdings vom Verfassungsgerichtshof aufgrund von Diskriminierung als zum Teil verfassungswidrig erklärt (vgl. ORF 2019).

Die Streichung der Notstandshilfe und die Einführung der ‚Mindestsicherung Neu' wirke sich laut den feministischen Akteur:innen in erster Linie auf Frauen negativ aus (vgl. Heidi, I1; Anonym, I6). Mit der Abschaffung der Notstandshilfe wurde die Sozialhilfe eingeführt. Dabei wurde das Partnereinkommen erneut zur Einkommensgrundlage dazugezählt (APA/RED 2019). Bei der Berechnung des Anspruchs auf die Mindestsicherung fließt darüber hinaus auch das Vermögen, das angespart wurde, mit ein. Außerdem wird die Kindeserziehung nicht berücksichtigt - die wenigsten Frauen können allerdings eine durchgängige Arbeitszeit von 40 Jahren aufweisen und erhalten damit lediglich die Mindestpension (vgl. Jarosch 2018: 54f).

Auch der ‚AMS-Algorithmus' stand unter Kritik der feministischen Akteur:innen: Ein geplanter Algorithmus sollte über die Betreuungszeit der Arbeitssuchenden sowie über ihre Fördergelder entscheiden. Mit dem Algorithmus sollte ausgerechnet werden, wie hoch die Chancen der Wiedereingliederung in den Arbeitsmarkt wären. Minuspunkte hätte es bei Geschlecht, gesundheitlicher Beeinträchtigung, Alter und Herkunft gegeben. Die Folge wäre eine geringere Förderung bei geringerer Punktezahl gewesen. Dieser Algorithmus würde laut den feministischen Akteur:innen Rassismus und Sexismus fördern und sollte ihrer

Meinung als menschenverachtend eingestuft werden (Birge I2, Heidi I1; vgl. Jarosch 2018: 57).

Die Kürzung des Jahresbudgets des Arbeitsmarktservice im Jahr 2018 um 30 % (1,4 Milliarden Euro anstatt 1,94 Milliarden Euro) (vgl. Glösel 2018) ist ebenfalls Ausdruck einer klassistischen Politik, so Anonym (vgl. I7) und Birge (vgl. I2).

Die nächsten zwei Abschnitte stellen weitere Implementierungen dar, welche die Aktivist:innen als ‚Umverteilung nach oben' kritisierten.

Der 12-Stunden-Tag

Das eingeführte Gesetz des ‚12-Stunden-Tages' mit der Verlängerung der täglichen und wöchentlichen Arbeitszeiten beschrieben die Aktivist:innen als sehr problematisch, da dies einen Einschnitt in die Arbeitnehmer:innenrechte darstelle und ausschließlich Unternehmer:innen zugutekomme. Die Regierung beabsichtigte mit dieser Maßnahme die Arbeitszeiten zu flexibilisieren: Mit dem Titel „Flexiblere Arbeitszeiten im Sinne der Arbeitnehmerinnen und Arbeitnehmer sowie der Unternehmen" (BKA 2018b) wurde der 12-Stunden-Tag und somit die 60-Stunden-Woche als Mehrwert für beide Seiten, Arbeitgeber:innen und Unternehmer:innen, dargestellt. Dabei würde der 8-Stunden-Tag mit der 40-Stunden-Woche noch immer die Normalarbeitszeit darstellen. „Darüber hinaus wird es aber möglich sein, freiwillig länger zu arbeiten, maximal 12 Stunden pro Tag oder 60 Stunden pro Woche" (ebd.). Bis dato durften bis zu 10 Stunden am Tag gearbeitet werden, mit der neuen Regelung entfallen die Überstundenzuschläge für darüber hinaus geleistete Stunden.

Dieses Gesetz griff die Errungenschaften der Arbeiter- und Frauenbewegung vor 100 Jahren an, stellte somit einen Einschnitt in die Arbeitnehmer:innenrechte dar und war ein Rückschritt in Richtung frühindustrieller Zeiten nach der Jahrhundertwende des

19. Jahrhunderts (vgl. Heidi, I1). Von dieser Regelung waren ca. 1 Mio. Arbeitnehmer:innen betroffen. Frauen trifft dieses Gesetz auch wieder besonders, da der Großteil der familiären, reproduktiven Arbeit von Frauen geleistet wird (vgl. BKA 2019) und es deshalb wesentlich schwerer für Frauen ist, flexibel zu sein und bis zu 12 Stunden arbeiten zu können (vgl. Heidi, I1). Hier stellte sich die Frage, wer die unbezahlte Kinderfürsorge, Pflege und Hausarbeit übernehmen sollte (vgl. Andrea, I3). Diese Maßnahme führe zu einer Verdrängung von Frauen am Arbeitsplatz durch strukturell bedingt flexiblere Männer. Und wenn Männer aufgrund des 12-Stunden-Tages weniger Zeit hätten, sich um familiäre Angelegenheiten zu kümmern, müssten Frauen auch jene Aufgaben übernehmen, die vorher von den Männern erbracht wurden (vgl. ebd.). Kinderbetreuungseinrichtungen seien ebenfalls nur auf 8 Stunden ausgerichtet. Diese Maßnahme komme Unternehmer:innen und Konzernen zugute und wirke sich ganz stark auf marginalisierte Personen, die beispielsweise im Niedriglohnsektor tätig sind, aus (vgl. Anonym, I6).

Der Familienbonus

Die feministischen Akteur:innen kritisierten den Familienbonus[61] als Steuergeschenke für Männer und besserverdienende Familien

---

[61] Bei einem monatlichen Bruttoeinkommen von 1500 Euro erhalten Familien eine steuerliche Entlastung von ca. 1022 Euro jährlich mit einem, zwei und drei Kindern. Bei einem Monatsbruttoeinkommen ab 1750 Euro erhalten die Familien eine steuerliche Entlastung von 1500 Euro jährlich bei einem Kind, 1606 Euro mit zwei und drei Kindern. Eine maximale Ausschöpfung erhalten jene Familien, die ein monatliches Bruttoeinkommen von über 3000 Euro und 3 Kinder haben. Diese Familien bekommen eine Entlastung von 4500 Euro jährlich. Alleinerzieher:innen und Geringverdiener:innen erhalten eine Steuerentlastung von 250 Euro jährlich bei

(vgl. Anonym, I6; Anonym, I7). Dieser wurde allerdings so präsentiert, als solle er eine Steuerentlastung für alle Familien darstellen:

> Die Bundesregierung hat es sich im Regierungsprogramm zum Ziel gesetzt, Familien künftig besonders zu fördern und zu entlasten. Durch die Einigung auf den ‚Familienbonus PLUS', der heute in Begutachtung geht, soll Österreich sukzessive zum familienfreundlichsten Land Europas werden. Die geplante Maßnahme stellt die größte steuerliche Entlastung für Familien dar, die es jemals in Österreich gab (BKA 02.03.2018).

Die feministischen Aktivist:innen kritisierten den Familienbonus als klassistische Maßnahme: „Nach dem Motto, wer mehr hat, soll mehr bekommen' wird der Familienbonus PLUS, also die ‚Steuerentlastung', berechnet" (Anonym, I7). Mit dem Familienbonus fiel die steuerliche Absetzung der Kinderbetreuungskosten weg, die jedoch einen sehr hohen Anteil der Steuerentlastung ausmachte. Das bedeutet, dass mit dem ‚Steuerbonus' die Kinderbetreuungskosten gezahlt werden mussten und der Familienbonus deshalb vor allem für Geringverdiener:innen (also für jene, die weniger als 3000 Euro verdienen) keine Steuerentlastung darstellte (vgl. Anonym, I7).

Anonym (vgl. I7) beschrieb den Familienbonus als eines der Steuergeschenke, die keine seien, sondern letztlich nur einen Angriff auf öffentliche Gelder darstellten. Das sei ein weiterer Ausdruck der Politik, die sie mit „downloading risks to the kitchen" (Anonym, I7) beschreibt. Der Familienbonus sei damit eine Maßnahme für eine „Verteilung nach oben, weil nur Besserverdienende davon profitieren und da wiederum primär Männer" (ebd.). Der Familienbonus

---

einem Kind, 500 Euro jährlich bei zwei Kindern und 750 jährlich bei drei Kindern. Der Bonus kann auf beide Elternteile aufgeteilt werden, dies gilt auch bei Alleinerziehenden. Ab dem 18. Lebensjahr bekommen jene Familien, die Familienbeihilfe beziehen, eine steuerliche Entlastung von 500 Euro jährlich (vgl. ORF 2018).

galt somit „als Prämie für das männliche Familienernährer-Modell" (Jarosch 2018: 54).

> Wir haben ja jetzt gesehen, ein Jahr nach der Einführung, dass zwei Drittel dieses Familienbonus an Männer ausbezahlt werden, weil sie diejenigen sind, die von den Stunden und vom Einkommen her mehr arbeiten (Anonym, I6).

Auch sorgte die Tatsache, dass der Familienbonus bei Alleinerziehenden an beide Elternteile aufgeteilt werden kann, für eine zusätzliche Belastung für Alleinerziehende.

> Viele Alleinerzieherinnen müssen aufgrund von den Vereinbarungsverpflichtungen in Teilzeit arbeiten. Das heißt, sie können von diesem Bonus gar nicht profitieren und noch dazu müssen sie diesen mit den Vätern teilen (Andrea, I3).

Arbeitssuchende, Geringverdiener:innen und Eltern, deren Kinder im Ausland leben, gehen leer aus. „Es ist schlicht und einfach eine Steuererleichterung für besser Verdienende" (Anonym, I7). Mit dieser, von Bogner-Strauß als „Leuchtturmprojekt" (zit. in IEF 2018) beschriebenen Maßnahme wurde das ‚traditionelle' Familienmodell gefördert, welches auf Zwei-Eltern-Familien basiert. „Das ist eine massive Schlechterstellung von Alleinerziehenden gegenüber Zwei-Eltern-Familien" (Andrea, I3). Mit dieser Reform werden Strukturen reproduziert und verfestigt, die ‚traditionelle' Geschlechterverhältnisse bevorzugen.

Angriff auf Selbstbestimmungsrechte

Forderungen rund um den Schwangerschaftsabbruch begleiten einige feministische Akteur:innen seit den 1970er Jahren in ihrem Kampf für Gendergerechtigkeit (vgl. Heidi, I1; Anonym, I7; Birge, I2), während rechtspopulistische und religiöse Akteur:innen immer wieder die Selbstbestimmungsrechte von Schwangeren angriffen. Dieses Thema bereitete den Aktivist:innen große Sorgen, da dadurch eine abwertende Haltung gegenüber Selbstbestimmungsrechten von Frauen zum Ausdruck komme, die auch den medialen und gesellschaftlichen Diskurs beeinflusse (vgl. ebd.). Bereits im Präsidentschaftswahlkampf erwähnte Norbert Hofer, die Schwangerschaftsabbruchgesetze verschärfen zu wollen (vgl. Heidi, I1). Die Regierung nutzte die Bürger:inneninitiative #fairändern (vgl. #fairändern o.J.), indem diese eine verpflichtende Bedenkzeit beim Schwangerschaftsabbruch sowie das Verbot eines Schwangerschaftsabbruchs bei der Fehlbildung des Fötus einführen wollte. Andrea meint in diesem Zusammenhang:

> Das heißt Frauen würden gezwungen werden ein Kind, was nicht überlebensfähig ist oder nur unter starken Schmerzen überlebensfähig ist, austragen zu müssen. Wenn das jetzt aber eine Alleinerzieherin ist, die ist ja dann doppelt angehängt. Die hat ja dann nicht die Unterstützung vom Kindesvater. Also die würde das doppelt treffen (Andrea, I3).

Die feministischen Akteur:innen sahen in der Initiative der Regierung einen Angriff auf die Errungenschaften im Kampf für Selbstbestimmung, wobei der Kampf seit den 1970er Jahren noch kein Ende genommen habe. Andrea (I3) sieht die Debatten rund um die Verschärfung des Schwangerschaftsabbruchgesetzes als ‚Einfallstor' für die Abschaffung der Fristenlösung und die embryopathische Indikation[62] als einen Widerspruch in sich:

> Wenn Leben dann da ist, wird es von niemanden finanziert. Eine Frau würde [mit einem Kind, welches eine schwere Be-

[62] Die embryopathische Indikation ist ein Schwangerschaftsabbruch, welcher aufgrund der Feststellung einer schweren Erkrankung des Embryos durchgeführt wird.

hinderung hat] nie mehr arbeiten gehen können und deshalb auch nicht mehr Geld bekommen (ebd.).

Als Reaktion wurde u.a. von den Vertreter:innen einer anonymen Organisation (vgl. I6) und dem Frauenring das Bündnis #keinenMillimeter gegründet, mit dem Ziel #fairändern entgegenzuwirken. Am 6. Mai 2019 fand ein Aktionstag statt und innerhalb der darauffolgenden zwei Wochen wurde der Versuch gestartet, möglichst viele Menschen gegen die Petition zu mobilisieren.

4.2 Strategien autonomer feministischer Akteur:innen in Wien: Zwischen Widerstand und Aktivismus

In diesem Kapitel möchte ich die mit der Regierungsperiode entstandenen Strategien der feministischen Akteur:innen in Wien analysieren. Die folgende Analyse hat den Anspruch die vielfältigen Dynamiken im autonomen feministischen Kontext aufzuzeigen, die die kurze Regierungsperiode mit sich brachte. Die Koalitionsbildung sowie Aktionen im öffentlichen Raum mittels aktiver partizipativer Politikgestaltung haben sich als bedeutende Vorgehensweisen der Aktivist:innen gegen die Regierungspolitik der ÖVP-FPÖ-Koalition herauskristallisiert. Wobei durchgeführte Interventionen im öffentlichen Raum auf verschiedensten Vernetzungstreffen (Koalitionsbildungen) innerhalb und zwischen den Vereinen und Organisationen basierten.

Koalitionsbildung

Die autonomen feministischen Aktivist:innen in Wien betonen die Koalitionsbildung als unabdingbare Reaktion gegen die rechtspopulistische Regierungspolitik in Österreich. Aus den Gesprächen mit den Aktivist:innen geht einheitlich hervor, dass die Vernetzung eine größere Opposition darstellt und somit eine größere Sicherheit bietet. Da die ideologischen Vorstellungen der feministischen Akteur:innen und jene der ÖVP-FPÖ-Regierung stark divergierten, fand eine enorme Vernetzungswelle innerhalb der feministischen Bewegungen in Wien statt. Dabei gerieten Differenzen vermehrt in den Hintergrund, da die Akteur:innen in der Regierung eine große Herausforderung mit von Beginn an großen Angriffen[63] sahen und so ihr Engagement vermehrt gefordert wurde. Als Erstes möchte ich die Motive und Ziele der Vernetzung offenlegen, dann Dimensionen der Vernetzung veranschaulichen und abschließend die Bedeutung von Intersektionalität in der aktivistischen Praxis gegen die Regierungspolitik analysieren.

> Vernetzung bringt größere Heterogenität mit sich und bedeutet auch immer, mehrere Sichtweisen zu haben, über mehr Ressourcen zu verfügen, einen vermehrten Austausch sowie eine vermehrte Kooperation und somit mehr Schlagkraft zu besitzen (Brigitte, I4).

Eine Vernetzung mit anderen Gruppierungen, die sich für soziale Gerechtigkeit einsetzen, war eine wichtige Strategie, um einen politischen ‚Gegenwind' zu erzeugen, in welchem linke Bewegungen vereint als transformierende Kraft (vgl. Ewig et al. 2013: 162) u.a. rechtsextremen oder rechtspopulistischen Bewegungen und/oder sozialer Ungerechtigkeit entgegenwirken konnten. Außerdem hatte die Vernetzung den großen Vorteil, eigene

---

[63] Siehe Kapitel 4.1. und 4.2.

Positionen, Organisationen und die eigene feministische Arbeit zu stärken (vgl. Anonym, I7; Anonym, I6). Damit konnten Räume des Austausches geschaffen und Handlungsspielräume erweitert werden. Kooperationen bieten die Möglichkeit, „Ziele gemeinsam [zu] diskutieren, zu verfolgen und so die jeweiligen Handlungsmöglichkeiten […] zu erweitern“ (Bednarz-Braun et al. 1995: 15). Anonym (vgl. I7) sagt, dass durch die Vernetzung eine Stärkung der einzelnen Vereine passierte und das ‚Übergeordnete‘, also die Geschlechterverhältnisse, somit wirkungsvoller thematisiert werden konnten.

Des Weiteren hatte eine Koalitions- und Allianzbildung den Vorteil, „Aufmerksamkeit zu bekommen, den Diskurs anzuregen und zu zeigen es gibt was, es ist was da“ (Ulli, I5). Dieses Verständnis ermöglicht eine Intervention in den öffentlichen Diskurs und bietet die Möglichkeit, diesen zu transformieren (vgl. Drüeke et al. 2019: 932f). Den feministischen Akteur:innen war es eine zentrale Aufgabe, einen Gegendiskurs bzw. eine Gegenöffentlichkeit zur rechtspopulistischen Regierungspolitik zu schaffen. Je größer die Vernetzung, desto größer war die sichtbare Präsenz der feministischen Zivilgesellschaft. Außerdem hätten Koalitionen auch einen motivierenden Effekt (vgl. Anonym, I6). Zudem ermöglichen diese den gegenseitigen Informationsaustausch sowie gegenseitige Unterstützung (vgl. Andrea, I3; Simona, I8).

Eine gute politische und strategische Vernetzung zählt auch in der Literatur zu den wesentlichen Stärken genderpolitischer Netzwerke (vgl. Bock 2010: 878f). Eine Koalition zwischen unterschiedlichen Akteur:innen ist für die Durchsetzung sozialer Anliegen wichtig: Geschlossene und geschützte Räume können in einem Kampf für Gerechtigkeit nicht überleben, da ihre Ziele auf diese Weise nie als Anliegen aller diskutiert werden können und somit in einer ‚Nische‘ bleiben. Koalition innerhalb und zwischen Vereinen ist somit eine Überlebensstrategie (vgl. Reagon 2000: 349).

Genderpolitische Netzwerke gewinnen seit den 1980er Jahren eine wichtige Funktion in der lokalen, regionalen, nationalen und internationalen feministischen Politikgestaltung (vgl. Bock 2010: 878). Diese werden bezüglich eines bestimmten sozialen Anliegens oder zur Lösung eines bestimmten Problems gegründet. Sie basieren meist auf informellen Beziehungen, welche neue Bündnisse zwischen Individuen, Gruppen, Organisationen und Institutionen hervorbringen, mit dem Anspruch, „weltanschauliche und soziale Unterschiede" (Bock 2010: 878) zu überbrücken. Die Kooperationen beruhen auf Freiwilligkeit und bestehen aus „lockere[n] und dennoch miteinander verbundene[n] Beziehungsstrukturen" (ebd.). Die Akteur:innen engagieren sich privat oder beruflich, ehrenamtlich oder bezahlt, professionell oder als Dilettant:innen (vgl. ebd.).

Die Dimensionen der Vernetzung

Im Folgenden möchte ich die Dimension der Vernetzung aus der Schilderung der interviewten Aktivist:innen darlegen. Strategien hängen sehr stark von den jeweiligen Ressourcen ab (vgl. Ewig et al. 2013: 162ff). Allianzen- und Koalitionsbildung fordert immer zeitliche Ressourcen, deren Einsatz im aktivistischen Bereich und insbesondere in losen Zusammenhängen, also in nicht etablierten Vereinen und Organisationen, selten entlohnt wird (vgl. Anonym, I7). Wie bereits erwähnt gaben die Aktivist:innen an, vermehrt auf Koalition zu setzen. Allerdings brachte die Regierung unterschiedliche Auswirkungen auf die Vernetzung mit sich. Brigitte, Birge und die anonyme Aktivist:in (vgl. I4, I2, I9) bestätigen, dass die Vernetzungsarbeit insbesondere bei den Vereinen und Organisationen, die von den Kürzungen der ÖVP-FPÖ-Regierung betroffen waren, hintenangestellt wurde. Durch die Entziehung der Fördermittel wurden die Ressourcen geschmälert, die Vereine und Organisationen waren dadurch vermehrt mit sich selbst beschäftigt.

Dennoch legten die meisten Vereine und Organisationen durch die rechtspopulistische Regierungspolitik in Österreich bewusst einen verstärkten Fokus auf Koalitionsbildung (vgl. Heidi, I1; Simona, I8; Anonym, I7; Andrea, I3; Ulli, I5; Anonym, I6).

Bereits vor der Regierungsbildung war Vernetzung von Bedeutung: Alle feministischen Vereine und Organisationen in Wien sind Mitglieder des österreichischen Frauenrings[64]. Mit dem Regierungsantritt wurde als erste gemeinsame Aktion der Solidaritätspakt *#demokratielebt*[65] gegründet, welcher von allen Organisationen und Vereinen unterstützt wurde. Der Solidaritätspakt machte die intensive Vernetzung zivilgesellschaftlicher Akteur:innen als Folge einer rechtspopulistischen Regierungspolitik deutlich: Der Zusammenschluss ermöglichte die Bildung einer größeren Gegenbewegung gegen die rechtspopulistische Regierungspolitik.

> Es war dann einerseits positiv im Erleben, dass die Regierung auch quasi als Reaktion eine Stärkung der zivilgesellschaftlichen Zusammenarbeit gefördert hat. Das war das Positive, wo wir uns ausgetauscht haben und auch der Versuch, stärker zu werden (Anonym, I7).

Der Solidaritätspakt setzt sich „für den Schutz und Ausbau von zivilgesellschaftlichen Handlungsspielräumen, sozialer Sicherheit und Demokratie“ unter verschiedenen zivilgesellschaftlichen Organisationen und Vereinen ein. Ziel des Paktes sei u.a. „darauf

---

[64] Der österreichische Frauenring ist eine parteiunabhängige, überkonfessionelle Dachorganisation österreichischer Frauenvereine seit 1969 (vgl. Frauenring 2020).

[65] Dieser Pakt sollte die Grundlage der Kampagnenarbeit von vielen Organisationen sein. Eine feministische Perspektive stelle eine der zentralen Lebensadern von Demokratie dar. „Demokratie braucht Geschlechtergerechtigkeit! Was kann da konkret getan werden? Das ist so ein aktivierendes Element, was ganz, ganz wesentlich ist“ (Anonym, I7).

aufmerksam zu machen, was da passiert" (Heidi, I1). Der Solidaritätspakt

> soll aufzeigen, was denn alles an lebendiger Demokratie in Österreich präsent war und andererseits, was alles durch Schwarz-Blau gefährdet ist (Anonym, I7).

Die Ursache der Vernetzung der feministischen Akteur:innen in Wien war die gemeinsame Betroffenheit durch die ideologischen und genderpolitischen Maßnahmen der ÖVP-FPÖ-Regierungspolitik. Unterschiedliche Akteur:innen fanden zusammen, um gemeinsam politisch zu agieren (vgl. Bock 2010: 879).

> All diese Überlegungen zu feministischen Netzwerken, Bündnissen und Koalitionen rufen, gleichsam als Hintergrund oder Untergrund, die Frage nach den Vorstellungen einer demokratischen Gesellschaft hervor (Holland-Cunz 1996: 9).

Einerseits gründeten bestehende Organisationen und Vereine Zusammenschlüsse mit anderen Gruppierungen und andererseits entstanden neue Organisationen und Vereine wie die *Omas gegen Rechts.* Dieser Zusammenschluss entstand aus dem Impuls heraus, gegen die rechtspopulistische Regierungspolitik handeln zu müssen, und zeigte die Bereitschaft und das Engagement der (feministischen) Aktivist:innen, gegen die ÖVP-FPÖ-Regierungspolitik aktiv zu werden. Der Verein entstand infolge der Regierungsbildung und wurde am 16. November 2017 gegründet. Anfang 2018 bildete die Gruppe, die sich durch Facebook zusammengefunden hatte, einen Verein. „Man müsste was tun und sich gegen Faschismus, Antisemitismus und für Menschen- und Frauenrechte einsetzen", erinnerte sich Simona (I8) an die Entstehungsdynamik. Mit der Angelobung der ÖVP-FPÖ-Regierung fand die erste Aktion der

Omas gegen Rechts statt, bei welcher die *Oma-Hymne*[66] gesungen wurde (vgl. ebd.). Die *Omas gegen Rechts* fanden in allen österreichischen Bundesländern Anklang und es etablierten sich zusätzlich 100 Zweiggruppen in Deutschland (vgl. ebd.). Neben den spontanen Bündnissen suchten die bereits bestehenden untersuchten Organisationen vermehrt Austausch oder Zusammenschlüsse mit anderen, bereits bestehenden feministischen Vereinen und Organisationen.

Abschließend möchte ich noch auf die soziale Dimension von Netzwerken eingehen. Genderpolitische Netzwerke sind zugleich soziale Netze, welche die Entstehung „anerkennender, wertschätzender und emotionaler Beziehungen ermöglichen und fördern" (Bock 2010: 878). Simona (I8) sprach die soziale Komponente im Aktivismus an: „Es ergibt sich eine automatische Vernetzung mit Freunden von mir, die nicht in Wien sind, wir informieren uns gegenseitig und schicken uns Sachen". Auf individueller Ebene wurden die Treffen zu „Orte[n] des ‚Self Cares', weil man sich sonst in einem ständigen Abwehrkampf befindet" (Anonym, I6). Die Aktivist:in sprach von einem „Safe Space", welcher durch das Zusammenschließen mit anderen in einer feministischen Organisation geschaffen wurde. „Natürlich sind wir nicht immer einer Meinung, aber Selbstverständlichkeiten müssen nicht neu diskutiert werden." Durch das Treffen und den Austausch entstand „eine kleine Auszeit von dieser patriarchalen Welt, in der wir leben" (ebd.). Deshalb ist es wichtig, eine offene Haltung gegenüber anderen zu haben, genau zuzuhören und dazuzulernen, um eine vertrauenswürdige, respektvolle Atmosphäre zu schaffen (vgl. Bock 2010: 878f). Diese Erfahrungen ermöglichen Dean zufolge solidarische Verbundenheit, die erst im Gespräch entstehen kann, und einen Zusammenhalt, welcher keine ständige Übereinstimmung verlangt (vgl. Dean 1998: 8).

---

66 Das *Oma-Lied* ist auf der Homepage zu finden (vgl. Omas gegen Rechts 2020b).

Intersektionale Vernetzung

Wie bereits erwähnt, entstand durch die rechtspopulistische Regierungspolitik ein großer Handlungsbedarf bei den autonomen feministischen Aktivist:innen in Wien. Die Aktivist:innen reagierten mit Vernetzungsaktionen zwischen den Vereinen und Organisationen innerhalb, aber auch mit Akteur:innen außerhalb der feministischen Bewegungen. Prinzipiell muss offengelegt werden, dass feministische Vereine und Organisationen in Wien teilweise unterschiedliche Feminismen und somit Ziele verfolgen. Diese führen immer wieder zu Unstimmigkeiten innerhalb der Bewegungen (vgl. Forschungstagebuch) und werden insbesondere bei größeren Ereignissen[67] oder Herausforderungen, wie sie beispielsweise die rechtspopulistische Regierung darstellte, sichtbar. Brigitte erwähnte in diesem Zusammenhang die Schwierigkeiten des gemeinsamen Agierens, das ihrer Meinung nach besonders in Wien vor spezifischen Herausforderungen steht:

> Wien ist halt schon lange in sehr viele Gruppen gesplittert. Gruppen, die irgendwie gar nicht zusammengehen. Das ist, glaube ich, in Wien ein spezifisches Problem, und ich weiß nicht, vielleicht bräuchte es da auch ganz neue Plattformen, die was Neues zusammenstellen können (ebd.: I4).

Wie bereits unter ‚Differenzen innerhalb der feministischen Bewegungen‘ ausgiebig anhand einer historischen Auseinandersetzung angeführt, laufen Koalitionen auch Gefahr, genderpolitische „Energien zu zersplittern und zu schwächen“ (Bednarz-Braun et al. 1995: 15). Birge (I2) erwähnt ebenfalls sehr viele Meinungsunterschiede innerhalb der feministischen Arbeit: „Es gab sehr viele Dramen, also alles ist sehr bewegend und auch durchaus emotional

---

[67] Internationaler Tag zur Beseitigung von Gewalt an FLINTA*Personen, Internationaler FLINTA*Tag etc.

anstrengend". Auch in der Gruppe *Aufstand der Alleinerziehenden* kam es im Laufe der Zeit zu Konflikten, die letztlich im Mai 2019 zur Spaltung der Gruppe führten (vgl. Andrea, I3). Sehr viele Meinungsunterschiede betreffen in der Praxis Fragen der In- und Exklusion, die auf verschiedenen gesellschaftlichen Differenzlinien basieren (vgl. FT). So sehnen sich beispielsweise einige Aktivist:innen nach Koalitionen, in welchen ausschließlich cis-Frauen aktiv sind. INTA*-Personen werden dabei oft ausgeschlossen.

Nichtsdestotrotz waren sich die Feminist:innen der Notwendigkeit einer intersektionalen Zusammenarbeit gegen die Regierungspolitik bewusst und versuchten dies auch in der Praxis zu berücksichtigen und umzusetzen. Diese Vernetzungen stellten die Überwindung von u.a. gesellschaftlichen Differenzen, jedoch auch Differenzen bezüglich bestimmter Debatten dar und bildeten somit intersektionale Koalitionen. Durch den enormen Handlungsbedarf wurden Unterschiede oft überwunden: Meinungsverschiedenheiten zwischen den feministischen Akteur:innen verloren an Gewicht; die starken politischen Differenzen mit der Regierung traten in den Vordergrund. Brigitte und zwei anonyme Akteur:innen (vgl. I4, I7, I6) betonten die Wichtigkeit, auf intersektionale Feminismen zu setzen und klassistische sowie rassistische Aspekte der ÖVP-FPÖ-Regierungspolitik zu thematisieren.

> In dieser Situation [durch die rechtspopulistische Regierung in Österreich] ist eine breite Vernetzung mit der Zivilgesellschaft sehr wichtig, um feministische Anliegen und Positionen zu stärken (Anonym, I7).

Vor der Regierungsperiode fanden Vernetzungen insbesondere innerhalb ähnlicher Gruppen statt, die geringe soziale Differenzen (z.B. bei Alter, Sexualität, Geschlechteridentität, Klasse, Herkunft) vorwiesen. Durch die Regierungspolitik wurden die Zusammenschlüsse feministischer Vereine und Organisationen innerhalb der Bewegung heterogener und es entstanden vermehrt Zusammenschlüsse mit anderen Bewegungen.

Wie bereits erwähnt spielen intersektionale Ansätze seit den 1980er Jahren, vermehrt seit den 1990er Jahren, eine wesentliche Rolle in der feministischen Koalitionsbildung, in der Wissens-produktion sowie in der Praxis (vgl. Davis 2010: 58f). Inter-sektionale Koalitionen stellen politische Bündnisstrukturen dar, „die nicht nur geografische Grenzen, sondern auch politische, soziale und kulturelle Differenzen überwinden“ (Bock 2010: 878) können. Koalitionen zwischen diversen Subjekten und Organisationen oder Vereinen finden sich bezüglich eines Zieles – über die Einstimmigkeit eines konkreten Anliegens oder Bewältigung oder Bekämpfung sozialer Probleme – zusammen (vgl. Zoonen 1992: 455) und ermöglichen dabei einen Kampf gegen komplexe Unterdrückungsverhältnisse (vgl. Lyshaug 2006: 77). Differenzen bilden sich allerdings nicht nur aus unterschiedlichen sozialen Differenzlinien und Erfahrungen, sondern auch durch unterschiedliche genderpolitische Orientierungen (Bock 2010: 878). Unterschiedliche Identitätserfahrungen, die sehr komplex miteinander verwoben sind, können einer Person bestimmte Vor- und Nachteile in der Gesellschaft bringen (vgl. Collins 1990: 3). Dabei basieren diese meist sehr stark auf den Erfahrungen der jeweiligen Akteur:innen (vgl. Motta et al. 2011: 19). In der politischen Praxis fordern intersektionale Ansätze eine Solidarität zwischen den Akteur:innen anstelle von politischer Gleichheit (vgl. Boux 2016: 16). So eine Perspektive ermöglicht eine Transformation von Differenzen zu Ressourcen (vgl. Dean 1998: 23). Anonym (vgl. I7) artikulierte in diesem Zusammenhang, dass der Erfolg gesellschaftlicher Bewegungen von der gemeinsamen Mobilisierung abhängt, und betont die intergenerationale Arbeit als besondere Stärke. Innerhalb feministischer Koalitionsbildung ist es unabdingbar, die eigenen Diskriminierungserfahrungen mit einzubeziehen und sichtbar zu machen (vgl. ebd.). Ulli (I5) betonte dies im folgenden Zitat: „Es geht um die Selbstbeschreibung, die Selbstbetroffenheit oder die Solidarisierung bei Nichtbetroffenheit in der Feststellung der eigenen Privilegiertheit“. Diese benötigen immer die Anerkennung verschiedener Perspektiven. Denn die partielle Perspektive kann nur in einem Kontext der kommunikativen Praxis sichtbar werden (vgl. Dean 1998: 13). So kann eine ‚Solidarity without Sisterhood', also eine solidarische Koalition trotz politischer Unterschiede, stattfinden, die in der Theorie der feministischen Koalitionsbildung unerlässlich ist (vgl. Dean 1998). Folgendes Zitat vom *Aufstand der Alleinerziehenden* (2020) spiegelt diese Theorie in der Praxis wider:

> Das Ziel ist aber nicht nur die Verbesserung der gesellschaftlichen und politischen Rahmenbedingungen für Alleinerziehende und ihre Kinder, sondern generell die Umgestaltung unserer Gesellschaft, sodass ein gutes Leben für ALLE ermöglicht wird. In diesem Sinne ist für uns die Kooperation und Zusammenarbeit mit anderen, ähnlich gesinnten Gruppen und gesellschaftlichen Akteur:innen zentral.

Öffentlichkeit und Politikgestaltung

Die öffentliche Sphäre stellte einen enormen Handlungsspielraum für die feministischen Aktivist:innen gegen die rechtspopulistische Regierungspolitik in Österreich dar. Die Öffentlichkeit bot einen Raum, in welchem die Feminist:innen Widerstand präsent machen und neue Räume schaffen konnten. Dieses Kapitel stellt das praktische ‚Terrain' der Aktivist:innen dar, welches sich laut dieser zwischen Widerstand – einem Abwehrkampf – und Aktivismus – der Schaffung von neuen Handlungsspielräumen – bewegte. Als Erstes möchte ich die Bedeutung der Aneignung der öffentlichen Sphäre analysieren. Danach steht die aktive Politikgestaltung der erweiterten Partizipationsmöglichkeiten im Mittelpunkt der Analyse. Dafür möchte ich das Aktivismus- und Widerstandsverständnis der Aktivist:innen erörtern und schließlich die Bedeutung der

Erschaffung von neuen Räumen erforschen. Im letzten Kapitel stehen der feministische praktische Widerstand und die Interventionen im öffentlichen Raum im Fokus. Dabei werden konkrete Handlungsspielräume veranschaulicht.

Vorweg möchte ich den Zusammenhang zum vorherigen Kapitel zur Koalitionsbildung herstellen. Die Aneignung der öffentlichen Sphäre sowie das Schaffen von neuen Räumen basierte auf intensiver Vernetzung und im intensiven Austausch, die erstmal unsichtbar blieben. Dies ist in diesem Zusammenhang besonders erwähnenswert, da es veranschaulicht, wie ressourcenintensiv feministische Präsenz während der Regierungsperiode war. Die feministischen Akteur:innen betonen, dass die Positionierung in der Öffentlichkeit „ein großes Maß vorbereitender, planender und koordinierender Arbeit" erfordere (Anonym, I7). Die Aneignung der öffentlichen Sphäre und die aktive Politikgestaltung müssen somit als Output feministischer Koalitionsbildung und des feministischen Austausches gesehen werden. Treffen innerhalb der Gruppen und auch mit unterschiedlichen Gruppierungen sind ein wesentlicher Bestandteil des Engagements (vgl. Simona, I8; Heidi, I1; Anonym, I7; Andrea, I3; Anonym, I6) und somit Voraussetzung und das Fundament langfristiger Strategien sowie konkreter Aktionen.

Feministische Präsenz in der Öffentlichkeit

Die Aktivist:innen versprachen sich durch die erhöhte feministische Präsenz eine größere, breitere, solidarische Gemeinschaft dar- und herzustellen und somit auch einen erhöhten Einfluss auf die Zivilgesellschaft ausüben zu können. Dabei war es nicht immer wichtig, etwas Eigenes zu organisieren: „Es gibt so viel, es ist wichtig überall dabei zu sein und zu mobilisieren" (vgl. Heidi, I1). Auch Simona betonte: „Es gibt immer irgendwo irgendwas" (ebd.: I8). Eine gegenseitige Unterstützung war besonders in herausfordernden Zeiten, wie während einer rechtspopulistischen Regierungsperiode, unverzichtbar (vgl. Andrea, I3). Das bewusste Einmischen in die „etablierte politische Öffentlichkeit" (Drüeke et al. 2019: 935) gilt auch in der Literatur als unabdingbar für die Wirkung des politischen Engagements. Dabei hatten feministische Zeitschriften wie die *an.schläge* eine zentrale Bedeutung bei der Repräsentation feministischer Anliegen, Positionen, Diskurse und Forderungen. Plurale Öffentlichkeiten und Gegenöffentlichkeiten sind ein wesentlicher Bestandteil für die Veränderung von Diskursen und gelten als wesentliche Mobilisierungsressourcen (Drüeke et al. 2019: 935).

Für alle interviewten Akteur:innen spielte Präsenz eine ausschlaggebende Rolle gegen die Regierungspolitik. Dabei ist es wichtig die Maßnahmen und Positionen der ÖVP-FPÖ-Koalition zu thematisieren sowie eine feministische Perspektive miteinzubeziehen und (vgl. Heidi, I1, Anonym, I7; Birge, I2; Brigitte, I4; Simona, I8; Andrea, I3;) „nicht nur mediale Trends zu diskutieren, wenn die Themen gerade auf der Titelseite sind" (Brigitte, I4). Durch die Präsenz in der Öffentlichkeit erlangen feministische Positionen und Perspektiven Aufmerksamkeit und Sichtbarkeit. Dies wiederum bot den feministischen Aktivist:innen die Möglichkeit in Diskurse einzugreifen und diese bestenfalls zu verschieben. „Es geht primär darum, den Diskurs anzuregen, eine bestimmte Stimmung zu schaffen, Aufmerksamkeit zu bekommen. Es gibt was, es ist was da" (Ulli, I5).

Auch Anonym (I6) betonte die Wichtigkeit „widerspenstig zu sein und den Anspruch zu stellen feministische Politik zu machen und Diskurse zu verändern" sowie in aktuelle Geschehnisse kritisch einzugreifen. Andrea (I3) zählte präsent zu sein zu den wichtigsten Strategien im Umgang mit rechtspopulistischen Regierungen:

> Wir waren überall präsent. Das ist unsere Art damit umzugehen, wir geben einfach keine Ruhe, wir gehen in die Öffentlichkeit, wir machen die Themen präsent.

Die bewusste Positionierung in der Öffentlichkeit und die Aneignung dieser sind auch in der Literatur zentrale Strategien feministischer Aktivist:innen (vgl. Drüeke et al. 2019: 932). Feministische Positionen, Diskurse, Forderungen und Ziele in der Öffentlichkeit sichtbar zu machen, bietet die Möglichkeit diese als Anliegen aller Menschen zu diskutieren und somit die Hegemonie infrage zu stellen.

Während der Regierungsperiode der ÖVP-FPÖ gab es generell eine erhöhte mediale Präsenz genderpolitischer Themen und Anliegen, die die interviewten feministischen Akteur:innen für sich nutzten, wie beispielsweise das *Frauen*volksbegehren* und *100 Jahre Frauenwahlrecht* (vgl. Anonym I6). Diese Ereignisse wirkten sich dementsprechend positiv auf den feministischen Aktivismus in Wien und österreichweit aus. Das *Frauen*volksbegehren* und dessen Forderungen werden von allen interviewten Akteur:innen mitgetragen. Das Volksbegehren umfasste eine „größere, gemeinsame Strategie, um das einfach breiter in die Debatte zu bringen, was alles noch nötig ist" (Anonym, I7; vgl. Anonym, I4). Auch internationale Einflüsse von erfolgreichen Debatten wie *#metoo* (vgl. Brigitte, I4; Heidi, I1) sowie den *internationalen Frauen*streiks* (vgl. Anonym, I4) brachten mediale Sichtbarkeit für genderpolitische Themen mit sich, die von den Akteur:innen bewusst genutzt wurde. Die Aufmerksamkeit, die große Kampagnen oder Debatten mit sich brachten, waren für die Aktivist:innen hoffnungsstiftend, wie das folgende Zitat von Heidi (I1) veranschaulicht:

> Ich bin einerseits auch wieder sehr optimistisch wegen der Kämpfe, also sowohl der ‚Women's March', den es gegen Trump gegeben hat, aber auch wegen der Kämpfe in Südeuropa, diese großen Streiks am 8. März in Spanien und jetzt ja das zweite Jahr und in Portugal. Die Frauen kann man nicht mehr so zurückdrängen. Auch die Debatten mit #metoo, die zum Teil widersprüchlich sind, aber dennoch zeigen, da bewegt sich was; das können sie nicht mehr

> machen mit den Frauen. Da wird es hoffentlich noch mehr Widerstand geben.

Aktive feministische Politikgestaltung: Handlungsspielräume erweitern und neue Räume erschaffen

Dieser Abschnitt gibt einen Einblick in die aktive feministische Politikgestaltung. Das Verständnis eines emanzipatorischen Politikbegriffs ermöglicht ein breites Verständnis von Aktivismus, in welchen Handlungsspielräume erweitert und neue Räume geschaffen werden. Dafür möchte ich den für die Aktivist:innen zentralen Unterschied von Widerstand und Aktivismus analysieren, dann auf die Bedeutung der in der Regierungsperiode entstandenen erweiterten und neuen Handlungsspielräumen eingehen und abschließend die praktischen Interventionen gegen die Regierungspolitik in den Fokus nehmen.

Zwischen Widerstand und Aktivismus

Im Folgenden möchte ich das Verhältnis von Widerstand und Aktivismus erörtern, welches von großer Bedeutung für die feministische Bewegung in Wien war: Während im Widerstand eine Gegenwehr, Gegenkraft oder Auflehnung geschieht, beinhaltet Aktivismus das Erschaffen von neuen Handlungsspielräumen, in welchen nicht nur ein Abwehrkampf stattfindet, sondern feministische Alternativen präsentiert werden können.

> Widerstand finde ich total wichtig, aber für mich ist es so der Abwehrkampf. Widerstand heißt praktisch, das Schlimmste abzuwehren. Dinge, die halt gerade passieren, abzuwehren; ich habe das Bedürfnis weiterzugehen, nicht nur widerspenstig zu sein, das auf jeden Fall, aber ich möchte

> auch den Anspruch stellen, dass feministische Politik gemacht werden muss (Anonym, I6).

Die feministischen Akteur:innen beschrieben die eineinhalb Jahre der ÖVP-FPÖ-Koalition als sehr herausfordernd. Einerseits wegen der bewussten Angriffe auf die feministische Arbeit in Form von Kürzungen und andererseits aufgrund des ‚ideologischen Mindsets' der Regierung, welches ein allgemeines Gefühl des ‚Backlashes' auslöste, welchem entgegengewirkt werden musste (vgl. Anonym, I6; Heidi, I1; Anonym, I7;). Allerdings war es wichtig, die Energien für die feministischen Alternativen zu sammeln und diese nicht im Widerstand zu verlieren:

> Ich habe es persönlich so erlebt, dass ganz viele Leute nach nur eineinhalb Jahren ‚Schwarz-Blau' ziemlich erschöpft waren. Ich glaube, dass das damit zusammenhängt, dass sich viele zu stark in diese negative Dynamik einlassen und zu wenig das Feiern, was wir können, was wir sind, und das auch wertschätzen und nicht nur sehen, was alles verloren geht, sondern wertschätzen, was der Beitrag ist, und diese positive Energie aus der Veränderungsarbeit raus. Wirkmächtigkeit bekommen wir, wenn wir versuchen, unsere Alternativen hereinzubringen und unseres weiterzuentwickeln (Anonym, I7).

Anonym (vgl. I6) beschrieb den Zeitpunkt des *Frauen*volksbegehrens* während der ÖVP-FPÖ-Regierungsperiode als ‚Worst Case Szenario' feministischer Anliegen. „Aber ich glaube schon, dass die Dringlichkeit auch bis zu einem gewissen Maß mobilisiert hat, das auf jeden Fall" (ebd.). Widerstand zu leisten war zwar ein zentraler Aspekt von feministischem Aktivismus, doch Anonym (vgl. I7) betonte, dass es allerdings auch wichtig sei, diesen zu gestalten:

> Gleichzeitig ist es mindestens genauso wichtig oder wichtiger, [über] den Widerstand [hinaus] in konkrete Gestaltung zu gehen: Konkrete Alternativen zu haben, wofür

> kämpfen wir und warum braucht es Widerstand? Damit eben unsere Perspektiven unter dem Dach des guten Lebens für alle auch Platz haben und sich entfalten können. Dieser Zusammenhang ist ganz wichtig. Die Gestaltung des Widerstandes ist Aktivismus für mich (Anonym, I7).

Die Regierung hätte die Intention, durch die Verknappung der Ressourcen die Handlungsspielräume vermehrt einzudämmen – und diese sollten wieder erkämpft werden:

> Es ist immer eine Frage der Machtverhältnisse oder eben auch vergeschlechtlichter Machtverhältnisse und die Frage war vielleicht weniger welche Handlungsspielräume haben wir, sondern welche Handlungsspielräume nehmen wir? (Ulli, I5)

Ulli empfand den Widerstand auch als zentrale Aufgabe, allerdings sei es wichtig, Politik durch die Schaffung neuer politischer Räume aktiv zu gestalten:

> Und da geht es immer darum, da ist insofern schon dieser Widerstand auch wichtig, das zu thematisieren, was da passiert, aber gleichzeitig auch neue Räume schaffen und dafür zu kämpfen. Also das ist das, wo man immer wieder im Austausch sein muss, und deshalb ist auch das öffentlich feministisch Präsentsein so wichtig, um sich neue Räume erkämpfen zu können (Ulli, I5).

Die Erschaffung neuer politischer Räume

Im Kontrast zum Widerstand, war die Erschaffung von neuen Räumen, die immer auch Handlungsspielräume darstellten, eine wesentliche Strategie des feministischen Engagements in Wien während der ÖVP-FPÖ-Regierungsperiode, um die hegemoniale Öffentlichkeit infrage zu stellen und diese auch beeinflussen und/oder gegen diese mobilisieren zu können (vgl. Drüeke et al. 2019: 935). Für Anonym sind Handlungsstrategien

> so kleine, utopische Dörfer, die so radikale Diskursverschiebungen versuchen zu [ermöglichen]; ich glaube das bleibt so als Strategie, wenn man tatsächlich so eine kleine ‚David gegen Goliath Geschichte' schafft, glaube ich, muss man echt mit so kleinen Guerilla-Taktiken und sehr offensiven, radikalen Themen versuchen, Diskurse zu bewegen, weil wir eben nicht die budgetären Mehrheiten und wie auch immer haben (ebd.: I6).

Ein zentraler Aspekt feministischer Öffentlichkeitstheorien ist die Erweiterung des traditionellen Politikbegriffs, welche eine aktive Politikgestaltung und erweiterte Partizipationsmöglichkeiten einschließt (vgl. Drüeke et al. 2019, 933). „Politikgestaltung findet in vielen Formen und Foren statt und umfasst ehrenamtliche Tätigkeiten ebenso wie zivilgesellschaftliches Engagement und politische Interventionen" (ebd.). Aktivistisch tätig zu sein, bedeutet für Anonym (I6) die Verbundenheit des Individuums mit der politischen Sphäre und die Mitgestaltung dieser: „Aktivismus bedeutet für mich, sich aktiv für die Gestaltung von politischen Diskursen einzusetzen und diese zu beeinflussen". Hannah Arendt (vgl. 1958: 246f) sieht die Macht zur Aktion und zum kollektiven Engagement als unabdingbar für die menschliche Existenz.

> Ich möchte die politische Sphäre mit beeinflussen und mitgestalten, für mich bedeutet Aktivismus die Gestaltung und Beeinflussung der politischen Diskurse (Anonym, I6).

Die Planung und Durchführung konkreter Aktionen sind eine Strategie, um Aufmerksamkeit und Sichtbarkeit auf feministische Anliegen und Positionen zu lenken. Dafür intervenierten die feministischen Akteur:innen künstlerisch und innovativ, wodurch sie neue Räume schufen (vgl. Drüeke et al. 2019: 933f). Künstlerische Interventionen und ästhetische Ausdrucksformen sowie künstlerische und kulturelle Produktion dieser sind Teil eines feministischen, emanzipatorischen Politikbegriffes (vgl. ebd.).

> Aktivismus ist sinnlich erfassbar, das heißt es geht um Kunst: Es geht hier nicht nur um Kognition, sondern sehr stark um Erleben, um das Fühlen, um Sehnsüchte nach einer Welt, die besser sein soll, als sie ist, nach einer Welt, die anderen Generationen offenstehen muss (Ulli, I5).

Emotionen in die Öffentlichkeit zu tragen, spiegelt das feministische Verständnis wider, die Trennung zwischen dem öffentlichen und privaten Bereich[68] bewusst zu überschreiten und Affekte und Gefühle, die der privaten Sphäre zugeordnet wurden (vgl. Habermas 1962), in die Öffentlichkeit zu tragen und diese zu politisieren (vgl. Drüeke et al. 2019: 934). Durch das Verkleiden und das Tragen von Plakaten, Fahnen und Transparenten erhalten die Aktionen einen performativen Charakter, welcher die Funktion hat, Normen und Werte insbesondere die patriarchale Ordnung und dominante Geschlechternormen anzuzweifeln (vgl. ebd.: 936) und diese auf humorvolle Art und Weise infrage zu stellen. Diesen Aspekt nutzten auch die interviewten Aktivist:innen[69]. Des Weiteren bot die

---

[68] Europäische Gesellschaften wurden historisch in eine öffentliche und eine private Sphäre geteilt. Die Familie und die Reproduktionsarbeit werden der privaten Sphäre zugeordnet; Erwerbstätigkeit und Politik zählen zur öffentlichen Sphäre. Die private Sphäre wird der Frau zugeschrieben, die öffentliche Sphäre dem Mann (vgl. Habermas 1962).

[69] Die *Omas gegen Rechts* trugen selbstgestrickte Mützen in den Farben der *Riot Grrrls*, also in Orange und Rosa. Sie sind stets mit Transparenten mit der Aufschrift *Omas gegen Rechts* in der Öffentlichkeit präsent (vgl. Forschungstagebuch). Auch die Aktivist:innen von *Femme Fiscale* verkleiden sich mit orangen, violetten, rosa und roten Perücken, bunten Sonnenbrillen und Umhängen (vgl. ebd.). Die Mitglieder und Unterstützer:innen des anonymen Vereins (vgl. I6) tragen unterschiedliche Transparente und Fahnen. Zu erkennen sind sie durch ein Symbol; manchmal halten sie bunte Luftballone in den Händen (vgl. ebd.). Auch die Aktivistinnen der Plattform 20.000 Frauen sind meist mit violetten Transparenten und Fahnen zu sehen, welche je nach Anliegen mit unterschiedlichen Aufschriften versehen sind (vgl. ebd.).

Erschaffung von Räumen in der Öffentlichkeit die Möglichkeit zu sprechen, besonders für Personen, denen es aus ihrer Sicht nicht zugestanden wird.

> Es ist wichtig zu zeigen, dass ältere Frauen nicht stumm sind und sich politisch interessieren und auch aktiv sind. Dadurch wird das übliche Gesellschaftsbild der alten Frauen - zuhause strickend und kochend, sich um die Enkel:innen kümmern aber, nachdem sie nicht mehr arbeiten, still und leise (Simona, I8).

Räume und Gestaltungsmöglichkeiten werden durch die Trennung der beiden Sphären eingeschränkt, ihre bewusste Erweiterung ist ein zentraler Antrieb für feministische Bewegungen (vgl. Drüeke et al. 2019: 934). Die Trennung wurde von den Aktivist:innen als zentrale Strategie gegen die Regierung bewusst überschritten. „Es geht um Botschaften, um Leidenschaft" (Ulli, I5). Leidenschaft, Gefühle und Emotionen als Stärke zu begreifen, die verbundene Verletzbarkeit zu thematisieren und diese jeweils an „geknüpfte Wertungen und Hierarchien zu analysieren" (Drüeke et al. 2019: 934), hat auch in der Literatur eine wichtige Funktion.

Feministischer Widerstand und Aktivismus in der Praxis

Im Folgenden möchte ich einen Abriss verschiedener Räume der feministischen aktivistischen Praxis skizzieren und analysieren. Die folgenden Strategien und Interventionen während der Regierungsperiode waren Ausdruck gezielten Widerstandes, während Handlungsspielräume erweitert und neue Räume geschaffen wurden. Demonstrationen, feministische Bildung und künstlerische Interventionen im öffentlichen Raum veranschaulichen die praktischen Aktionen der Aktivist:innen während der Regierungsperiode.

Demonstrationen als sichtbar gemachter Widerstand im öffentlichen Raum

Dieser Abschnitt veranschaulicht den Stellenwert von Demonstrationen und öffentlichen Protesten für die feministischen Aktivist:innen in Wien. Die Teilnahme und Präsenz an den Demonstrationen beschrieben die Akteur:innen als primären öffentlichen, sichtbaren Ausdruck des Widerstandes gegen die Regierung. Alle Akteur:innen sahen die Teilnahme an Demonstrationen als wesentlich, um als feministische Gegenöffentlichkeit präsent zu sein (vgl. Heidi, I1; Anonym, I6; Ulli, I5; Anonym, I7; Simona, I8; Brigitte, I4; Andrea, I3). Die Donnerstagsdemonstrationen waren das Erbe der Proteste gegen die vormalige ÖVP-FPÖ-Regierung vom Februar 2000 bis April 2005 und wurden bei der erneuten Koalition 2017 bis 2019 ab 4. Oktober 2018 wöchentlich [70] in Wien unter dem Motto *#fixzamgegenRechts*, *#fixzam*, *#wirgemeinsam*, *#zusammenhalt* uvm. fortgeführt. Das freie *Radio Orange* berichtete jeden Donnerstag einstündig über die Donnerstagsdemonstration und gab u.a. Auskünfte über den Treffpunkt, die Themen und die Route (vgl. Ulli, I5). Auf Twitter und Facebook war eine enorme Vernetzung der Akteur:innen mit dem Hashtag *#wiederdonnerstag* beobachtbar (wiederdonnerstag o.J)[71]. In den wöchentlichen Donnerstagsdemonstrationen vereinten sich unterschiedliche Menschen mit unterschiedlichen gesellschaftlichen Differenzlinien zu einer Einheit gegen die rechtspopulistische

---

[70] Am 04. Oktober 2018 fand das erste der insgesamt 36 Donnerstagsdemonstrationen statt. Die letzte fand am 3. Oktober 2019 nach der Nationalratswahl statt, bei welcher gegen eine potenzielle Fortsetzung der ÖVP-FPÖ-Regierung protestiert wurde (vgl. wiederdonnerstag o.J.).

[71] Die Donnerstagsdemo wurde von einer „parteiunabhängigen Initiative organisiert, die aus Privatpersonen besteht, die sich gemeinsam gegen die aktuelle Politik und für eine bessere Zukunft einsetzen" (ebd.).

Regierungspolitik in Österreich (vgl. Hall 2019: 1502). Neben der wöchentlichen Demonstration gegen die Regierung fanden weitere Demonstrationen und Kundgebungen wie Asyldemonstrationen, die Demonstrationen um den 8.[72] und 19.[73] März sowie die *Fridays for Future* Demonstrationen statt. „Demos haben die wichtige Funktion zu zeigen, dass man präsent ist, diese Funktion sieht man ganz klar bei Schwarz-Blau“ (Anonym, I7).

Gemeinsames Agieren in Form einer Demonstration in einer großen Menschenmenge gibt den Einzelnen oder der jeweiligen Gruppe außerdem das Gefühl, mit ihren „oftmals minoritären und abweichenden politischen Positionen nicht isoliert und gesellschaftlich ohnmächtig zu sein“ (Denk et al. 2009: 63). Die feministischen Akteur:innen verbinden die Teilnahme an Demonstrationen und Kundgebungen mit Widerstand und nutzen die Gelegenheit, diesen auch sichtbar zu machen und ihre Anliegen zu thematisieren. „Widerstand ist für mich u.a. auf der Straße sichtbar zu sein, so wie das auch die Donnerstagsdemo gemacht hat: Präsenz zu zeigen“ (Brigitte, I4).

Demonstrationen sind eine effektive Strategie, Positionen ausdrucksvoll sichtbar zu machen (vgl. Schönberger, Sutter 2009). Außerdem repräsentieren Demonstrationen den „Anspruch auf gesellschaftliche Veränderung“ (Denk, Waibel 2009: 63).

Mit öffentlichen Stellungnahmen am 16.03.2019 gegen Rassismus, u.a. auf der *Demonstration für menschliche Asylpolitik,* wurde die Instrumentalisierung von Sexualität und genderspezifischer Gewalt thematisiert. Diese Positionierung und Stellungnahme in der Öffentlichkeit verfolgte laut Heidi das Ziel, die Asylpolitik der Regierung zu thematisieren und zugleich die eigenen Positionen zu stärken und zu mobilisieren (vgl. Heidi, I1).

---

72 Internationaler FLINTA*Tag.

73 Demonstrationen rund um das Frauenwahlrecht.

> Wir erleben gerade, dass Gewalt an Frauen, insbesondere häusliche Gewalt, mit großer Leidenschaft dann thematisiert wird, wenn geflüchtete Männer oder Männer mit Migrationshintergrund Täter sind. Es wird behauptet, dass weiße autochthone österreichische Männer, welche Gewalt an Frauen üben, Nachahmungstäter seien. Es wird tatsächlich die Frage gestellt, ob Österreich ein Patriarchat ist. Wir wissen, dass Gewalt meist im engeren Familien- und Freundeskreis ausgeübt wird, egal ob arm oder reich, alt oder jung, gebildet oder nicht. Gewalt gegen Frauen gibt es überall. Morde an Frauen werden als überraschend neuartige Verbrechen dargestellt, begangen von zugewanderten Männern, die unseren ‚wertschätzenden' Umgang mit weiblichen Menschen nicht kennen. Das [...] ist eine Verhöhnung aller Frauen, die Gewalt durch ‚österreichische' Männer erlebt haben. Es ist eine Verhöhnung aller Feministinnen, die seit Jahrzehnten für Frauen und gegen Gewalt kämpfen. Diese Gewalt entsteht im Patriarchat, Rassismus, Sexismus und Ausbeutung. Und all das kennen wir in Österreich sehr, sehr gut. Was wir brauchen, ist mehr Opferschutz, mehr Täterarbeit und Gewaltprävention, genau das was die Regierung massiv gekürzt hat (vgl. 20kFrauen 2019).

Feministische Bildung als Opposition

Feministische Bildungsangebote stellten ebenfalls eine Strategie innerhalb der Öffentlichkeitsaneignung dar, welche das Ziel hatten den ideologischen Diskursen der ÖVP-FPÖ-Regierung entgegenzuwirken. Die Aktivist:innen waren überzeugt davon, dass Bildungsarbeit eine fundamentale Vorgehensweise darstellt, der rechtspopulistischen Regierung gegenzusteuern, indem aktuelle Entwicklungen benannt, thematisiert und diskutiert wurden.

Während der Regierungsperiode 2017 bis 2019 waren die feministischen Akteur:innen in Wien u.a. damit beschäftigt, Veranstaltungen zu organisieren, darunter Expert:innengespräche, Lesungen, Plena, Workshops, etc. Die Veranstaltungen nutzten sie, um kontinuierlich aktuelle Ereignisse aus einer feministischen Perspektive zu analysieren. Insbesondere in der *Frauenhetz* fanden sehr viele Veranstaltungen statt, in welchen ideologische Inhalte und politische Maßnahmen der ÖVP-FPÖ-Koalition thematisiert und mit aktuellen Ereignissen weltweit in Verbindung gebracht wurden. Die *Frauenhetz* hat jedes Jahr mehrere thematische Schwerpunkte, die jeweils eine aktuelle gesellschaftliche Notwendigkeit aufgreifen:

> Wie das Demokratiethema, das fällt einem praktisch in den Schoß, also es war uns immer schon ein Anliegen, jetzt fällt es einem richtig in den Schoß. Jetzt ist es wieder praktisch evident, dass man sich damit beschäftigt[74] (Birge, I2).

Birge sieht „die Frauenhetz [als] eine auf Dauer gestellte Form von Aktivismus“ (Birge, I2). Auch Simona, Andrea, Brigitte und Heidi (vgl. I8, I3, I4, I1) sahen in der Teilnahme an Podiumsdiskussionen und Expert:innendiskussionen eine wichtige Strategie, um Räume des Austausches und der Diskussion zu schaffen.

Das feministische Magazin *an.schläge* setzt sich zum Ziel feministische Inhalte in der Öffentlichkeit zu positionieren, um für genderpolitische Themen zu sensibilisieren (vgl. Brigitte, I4). Während der Regierungsperiode gab es vermehrt Themenblöcke, Artikel und auch ganze Hefte, die sich kritisch mit der Regierung auseinandersetzten. Brigitte (I4) sah die Fokussierung auf die inhaltliche Arbeit als besonders relevant (vgl. ebd.). Dabei wurden konkrete Maßnahmen der Regierung aus einer feministischen Perspektive analysiert und diskutiert, wie beispielsweise unter den Titeln „Feminismus gibt’s nicht in Schwarz-Blau“ (Susemichel 2018), „Gewaltschutz in Schwarz-Blau“ (Fabris 2018), „die

---

[74]Am 16. November 2018 fand ein Workshop zum Thema „Neue Autoritarismen - Handlungsmöglichkeiten“ (vgl. Frauenhetz 2018a) statt, am 20. September 2018 gab es eine Veranstaltung mit dem Titel „Demokratie braucht Frauenbildung“ (vgl. Frauenhetz 2018b) und am 7. Juli 2018 ging es um den „Krisenherd Demokratien - Kritik und Perspektiven“ (vgl. Fraunehetz, 2018c).

menschenverachtende Politik in Österreich" (Fischer 2018) oder „unsoziale Wende" (Theißl 2019).

Die Initiator:innen vom *Aufstand der Alleinerziehenden* brachten ihre Anliegen ebenfalls an die Öffentlichkeit, u.a. am 27. Mai 2018 in einem Expert:innengespräch beim Fernsehsender Okto, in welchem auf die Situation der Alleinerziehenden in Österreich aufmerksam gemacht und zur Vernetzung, Solidarisierung und zu gemeinsamem Handeln aufgerufen wurde (vgl. Augustin TV 2018). „Im kollektiven Zusammenschluss hat man die Chance" (ebd.), begründeten die Organisator:innen, und setzten ihre Veranstaltungen damit in Bezug zu kollektiver Handlungsmacht. Die Vertreter:innnen des anonymen Vereins nahmen ebenfalls an zahlreichen öffentlichen Veranstaltungen, Interviews und TV Gesprächen teil, um auf genderpolitische Themen aufmerksam zu machen und einen breiten Teil der Bevölkerung zu erreichen (vgl. Anonym, I6). Die *Omas gegen Rechts* organisierten Lesungen sowie einen ‚Jour fixe', bei welchem Gespräche mit bekannten Personen zu wichtigen aktuellen Thematiken diskutiert wurden (vgl. Simona, I8).

Ein großer Teil feministischer Arbeit ist demnach Bildungsarbeit (vgl. Anonym, I7; Anonym, I6), welche u.a. auch mit dem akademischen Bereich verbunden ist. Bildungs- und Forschungsarbeit stellten wichtige Strategien dar, um die Öffentlichkeit zu erreichen und um in Diskurse einzugreifen. Dazu gehören auch Publikationen (vgl. Anonym, I7).

> Also ich bezeichne mich als Forscherin, Aktivistin, weil ich sehe diese Trennung einzelner Bereiche nicht. Forschung ist was ganz spezifisch ‚Standpoint'-bezogenes. Man kann nicht sagen, man betreibt eine neutrale Forschung, d.h. im Wesentlichen, dieser Übergang von Forschung und Aktivismus ist ineinander verschränkt und insofern.. deshalb habe ich gesagt, Aktivismus ist ein zentrales Lebensverständnis und eigentlich auch Arbeitsverständnis. Es hat überall eine Dimension. Ich bin z.B. beruflich jetzt selbstständig und ganz stark international eben Forschung Beratung zu feministischer Budgetpolitik, obwohl es im

> Wesentlichen Beratung und Consulting ist, ist immer ein Teil Aktivismus dabei. Weil natürlich, die Frage ist, wie man es angeht. Wie man es präsentiert, wie man versucht es zu mobilisieren (Anonym, I7).

Und umgekehrt bedingt bzw. beeinflusst die Wissenschaft die politische Praxis. Ulli (I5) sagt, Aktivismus könne nicht nur in einer Wissenschaftsblase stattfinden, sondern er müsse auf der Straße „für die Menschen sichtbar gemacht werden, vielleicht auch für Nichtbetroffene". Dabei wurde versucht im Diskurs einzugreifen: „Es geht dabei [dar]um, etwas zu ‚aktivieren'. Diese Strategie ermöglicht langfristige Veränderung" (Anonym, I7).

Alle feministischen Akteur:innen nutzten darüber hinaus soziale Medien wie Facebook und Twitter sehr stark, um auf genderpolitische Anliegen mittels Veranstaltungen in Wien aufmerksam zu machen.

Feministische Interventionen – die Erschaffung von kleinen ‚utopischen' Dörfern

Im Folgenden stehen gezielte Interventionen der autonomen feministischen Akteur:innen im Mittelpunkt, welche die praktische Umsetzung gezielter Aktionen gegen die Regierungspolitik und deren ideologische Debatten verkörpern. Die folgenden Aktionen fanden im öffentlichen Raum statt und stellen Interventionen aktiver feministischer Politikgestaltung dar, in welchen neue Räume geschaffen und Handlungsspielräume erweitert wurden. Als Erstes möchte ich gezielte Interventionen im öffentlichen Raum analysieren, die sich gegen die Regierungspolitik allgemein richteten, während anschließend Interventionen gegen den Sozialabbau sowie gegen die Budgetkürzungen feministischer Projekte im Mittelpunkt stehen.

Feministische Interventionen gegen die Regierungspolitik

Mit folgender künstlerischer Intervention zum Regierungsbeginn 2017 zielten die feministischen Aktivist:innen darauf ab im öffentlichen Raum mittels eines Thermometers aufzuzeigen, dass der Bevölkerung in Österreich ‚kalte Zeiten' bevorstünden. Die Frauen von *Femmes Fiscale* und *Wide*[75] protestierten gegen das Regierungsprogramm, um aus einer zivilgesellschaftlichen Perspektive zu zeigen, „dass es klar nach unten geht" (attac 2020). Die Aktivist:innen protestierten mit Transparenten. Auf einem davon war ein großes Thermometer abgebildet, dessen Skala von minus 40 Grad bis minus 10 Grad reichte. Dabei waren jeweils an der rechten Seite des Thermometers die Gründe für die bevorstehende Kälte schlagwortartig aufgeführt: das *Geilomobil* von Sebastian Kurz und

> Rechte Recken = Frauen als Aufputz[76], die neue Mindestpension (bei welcher Frauen leer ausgehen), Bonus für Reiche - Malus für Arme und Mehr Geld für Militarisierung = Mehr Gewalt und Unsicherheit (siehe Abbildung 2).

Die Akteur:innen beabsichtigten in der Öffentlichkeit präsent zu sein und aktuelle Ereignisse, wie den Regierungsbeginn, zu thematisieren und mittels künstlerischer Intervention humorvoll mögliche Folgen für die in Österreich lebende Bevölkerung aufzuzeigen.

---

[75] Entwicklungspolitisches Netzwerk für Frauenrechte und feministische Perspektiven.

[76] Die Aktivist:innen sprechen in diesem Zusammenhang davon, dass Frauen im rechtspopulistischen und rechtsextremen Spektrum tendenziell als „Behübschung", „Aufputz" (Anonym, I7) benutzt werden würden.

Auch die *Omas gegen Rechts* zeigten während der Regierungsperiode wöchentlich ihren Widerstand am Minoritenplatz in Wien, indem sie in Hörweite des Innen- und Außenministeriums bekannte ‚Friedenslieder' sangen, die sie mit neuen Liedtexten versahen: „*Bella Ciao*"[77] wurde zu „*Basti Ciao, Kickl*[78], *Strache Ciao*" usw. Die Akteurinnen positionierten sich mittels friedlichem Protest in der Öffentlichkeit, um humorvoll mittels künstlerischer Intervention ihre ideologische Inkongruenz mit der Regierung zu äußern: „Man ist aktiv dabei, es sind Dinge, die Spaß machen" (Simona, I8).
Mit der von der *Plattform 20.000 Frauen* organisierten Menschenkette[79] ‚*Solidarität statt Hetze*' am 26. Mai 2018 zeigten die feministischen Akteur:innen[80] zusammen mit der Zivilgesellschaft ihren Protest u.a. gegen die Regierungspolitik (vgl. 20kFrauen 2018a). Auf der Plattform wurde österreichweit zur Bildung einer Menschenkette für Frauenrechte aufgerufen. Zentrale Themen waren dabei die Verbindung der türkis-blauen Regierung zu

> rechtsextremen Umtrieben, Überwachungspakete, Stimmung gegen Asylsuchende, die Attacke auf kritische Medien, die Feilung am Sozialabbau sowie das Nichtunterschreiben des Frauen*volksbegehrens der Ministerien (20kFrauen 2018a).

Auch diese Intervention im öffentlichen Raum diente dazu feministische Präsenz zu zeigen, Aufmerksamkeit zu erlangen sowie

---

77 Lied der italienischen Widerstandsbewegung der Partisan:innen im Zweiten Weltkrieg.
78 Außenminister (FPÖ) während der Regierungsperiode der ÖVP und FPÖ von 2017 bis 2019.
79 Die Menschenkette wurde über das *Radio Orange* ausgestrahlt (vgl. CBA 2020).
80 Teilnehmer:innen waren u.a. die Aktivist:innen von *Femmes Fiscale*, die *Frauenhetz*, die Aktivist:innen des anonymen Vereins (I6) sowie die Aktivist:innen vom *Aufstand der Alleinerziehenden*.

die politische Ausrichtung der Regierung öffentlich kritisch zu hinterfragen. „Die Idee ist es eine sichtbare Geschichte auf der Straße zu machen“ (20kFrauen 2018a). Außerdem wurde an jene Forderungen erinnert, die vor 100 Jahren[81] gestellt und noch immer nicht umgesetzt wurden. Treffpunkt waren acht verschiedene Orte in Wien. Um die Menschenkette zu schließen, hielten sich alle Aktivist:innen an den Händen und es folgte eine Schweigeminute. Im Anschluss wurden zwei Lieder gesungen: „Unter dem Pflaster, da liegt der Strand“ (*Schneewittchen*[82]) und „Frauen kommt her, wir tun uns zusammen“ (*Flying Lesbians*[83]), dann fand ein „tanzender Abschluss mit Aretha Franklin's Respect“ (20kFrauen 2018a) statt.

In der im November 2018 von den *Omas gegen Rechts* organisierten *Vienna Art Week* positionierten sich die Akteur:innen gegen Rassismus, Antisemitismus und Frauenfeindlichkeit, indem sie Workshops, kreative Treffen, Musik, Abendveranstaltungen, Lesungen, Musik, Theater und weitere kulturelle Angebote organisierten. Die *Vienna Art Week* stellte aktuelle rassistische, antisemitische und fauenfeindliche Tendenzen, die nicht nur in Österreich, sondern europa- und weltweit herrschen, infrage und repräsentierte oppositionelle Werte mittels verschiedenster kultureller Angebote und erschuf somit neue antirassistische, feministische Räume für die Zivilgesellschaft.

Mit dem ‚Sonnenkabinett‘ am 15.02.2019 am Wiener Heldenplatz strebten die Aktivist:innen der *Plattform 20.000 Frauen* und *Femmes Fiscale* an, „feministische Alternativen zu stärken und

---

[81] Am 19. März 1911 gab es eine Demonstration für Frauenrechte in Wien. Die Forderungen und Anliegen waren folgende: „allgemeines Frauenwahlrecht, Arbeitsschutzgesetze, Mutter- und Kinderschutz, 8-Stunden-Tag, gleicher Lohn für gleiche Arbeit, Senkung der Lebensmittelpreise, Einführung einer Sozialversicherung, Straffreiheit des Schwangerschaftsabbruchs und die Verhinderung des sich am Horizont bereits abzeichnenden Ersten Weltkrieges. Ähnliche Demonstrationen fanden im selben Jahr in Deutschland, der Schweiz, Dänemark und den USA statt“ (Plattform 20000 Frauen 2020).

[82] Verfasst von A. Domdey, 1978.

[83] Berlin, 1974 bis 77.

diese in den öffentlichen Raum hineinzutragen“ (Anonym, I7). „Wir hatten einen Auftritt zu einer Art Regierungserklärung am Heldenplatz vor der Nationalbibliothek“ (Heidi, I1), bei welchem „Ministerien für ein gutes Leben für alle“ (ebd.) präsentiert wurden. Diese Aktion soll einen „feministischen Gegenentwurf zur aktuellen Politik der Spaltung und Profitgier“ (Plattform 20.000 Frauen 2019) vorlegen. Die Ministerien waren in ein Ministerium für

> Wohlbefinden und Gutes Leben, Demokratie und Bildung für alle, Kreativität und künstlerische Freiheit, öffentliche Ressourcen in Fülle, Solidarisches Wirtschaften und in ein Ministerium für Frieden und solidarische Kooperation weltweit [aufgeteilt] (ebd.).

Auch diese künstlerische Intervention veranschaulichte die kritische Haltung gegenüber der Regierung, jedoch auch gegenüber allgemeinen gesellschaftlichen Machtverhältnissen. Die Intervention beabsichtigte die Wiederbelebung der Demokratie, die sich laut den feministischen Aktivist:innen u.a. durch die rechtspopulistische Regierung im Stillstand und in Gefahr befindet.

Die feministische Intervention der *Omas gegen Rechts* im siebten Gemeindebezirk in Wien hatte ebenfalls das Ziel, den aktuellen Geschehnissen Sichtbarkeit zu geben, Präsenz zu zeigen und damit die Wahrnehmung der Bevölkerung zu stärken sowie ein Bewusstsein für aktuelle Geschehnisse zu schaffen. Dafür wurden u.a. folgende Sprüche auf einer Wäscheleine präsentiert:

> Das Böse kriegt umso mehr Kraft, je mehr die Mehrheit schweigt. Es gibt kein christliches, muslimisches, jüdisches, sondern menschliches Blut. Gedanken wiegen nicht viel, können aber sehr bedrückend sein. Ein Mensch fragt einen Stein: Willst du nicht zum Mensch werden. Stein sagt: So hart bin ich noch nicht. Alt sein heißt nicht stumm sein (Simona, I8).

Die Intervention wurde musikalisch mit dem *Oma Lied* und mit einem Klavier begleitet. Dies verlieh der Aktion einen humorvollen Charakter und eine erhöhte Aufmerksamkeit. Simona (I8) betont die Wichtigkeit dieser Aktionen: „Es wird sehr vieles übersehen, in einem Land, wo man eh schon lange weggeschaut hat, kann viel passieren" (ebd.).

Auch folgende Intervention im öffentlichen Raum zielte darauf ab, Präsenz zu zeigen, aufzuklären und Ereignisse humorvoll zu thematisieren: Am 13. September 2018 gab es eine Aktion von *Femmes Fiscale* anlässlich des Treffens der EU-Staats- und Regierungschefs zu *Sicherheit und Migration* unter der österreichischen EU-Ratspräsidentschaft in Salzburg. Eine der Aktivist:innen war als Sebastian Kurz verkleidet und hielt ein EU-Schild mit den Worten *Ausschluss und Ausgrenzung* in der Hand (vgl. WIDE-Netzwerk 2018). Eine Weitere, die eine Maske trug, nahm ‚ihm' dieses Schild aus der Hand. Zusätzlich nahm sie ihm seinen Umhang ab, der die Aufschrift *Schutz der Konzerne* trug, und schließlich auch sein Sakko, auf welchem *gratis Kinderbetreuung zu Hause* stand. Die Figur trug nun ein T-Shirt mit der Aufschrift *I love Angstmache und Spaltung* (ebd.). Eine weitere Aktivistin mit Sonnenbrille trug ein Transparent mit der Aufschrift *wir lassen uns nicht verKURZen*. Weitere Frauen trugen ebenfalls Transparente mit folgenden Slogans:

> Steuerfluchtrouten schützen, Nachhaltige Entwicklung jetzt, Selbstbestimmung aller Frauen und Mädchen, Sicherheit für geflüchtete Frauen, soziale Sicherheit statt EU-Aufrüstung, Kinderbetreuung statt Polizeipferde, Schutz für Menschen vor Gewaltschutz, Leave no-one behind! Frauenrechte schützen' (ebd.).

Die feministischen Aktivist:innen präsentierten damit konkrete Vorschläge, mit denen sie den hegemonialen Diskurs infrage stellten und Alternativen präsentierten.

Die beschriebenen feministischen Interventionen kritisieren einerseits die ideologischen Debatten und politischen Maßnahmen der Regierung und bieten andererseits konkrete ideologische Alternativen. Sie veranschaulichen einerseits Widerstand und andererseits schaffen sie neue aktivistische Handlungsspielräume.

Feministische Interventionen gegen den Sozialabbau

Femmes Fiscale organisierte am 8. Dezember 2018 einen Protest am Karlsplatz. Anlass waren die ‚Steuergeschenke'[84] der ÖVP-FPÖ-Koalition (vgl. Anonym, I7). „Heuer müssen Sie für Ihren Mann kein Weihnachtsgeschenk kaufen, das besorgt schon die Regierung" (20kFrauen 2018b) war einer der Slogans. Einige der Aktivist:innen hielten während der Aktion ein Transparent, auf dem folgendes stand: „Diese Regierung bringt Kälte". Andere hielten Pakete, auf denen Folgendes zu lesen ist: „Von Regierung, für Papa (aber nicht für alle)". Dazu wurde eine Rede gehalten: Der Familienbonus sei ein Steuergeschenk für Väter, denn nur wer ausreichend verdiene, profitiere davon. Die 1500 Millionen könnten vernünftiger investiert werden, wie beispielsweise in die Verbesserung der Kinderbetreuung.

> Das war ein ganz strategischer Anhaltspunkt für uns, von der wirtschaftspolitischen Seite her aufzuzeigen, wie sehr diese Steuersenkungen, Steuergeschenke insgesamt negativ sind, da Steuersenkungen als positiv gesehen werden, aber nicht gesehen wird, wer davon profitiert, und für Geschlechterverhältnisse ist das natürlich sehr negativ (Anonym, I7).

[84] Die Aktivist:innen bezeichnen die Einführung des Familienbonus (siehe Kapitel ‚Familienbonus') der ÖVP-FPÖ-Regierung als ‚Steuergeschenke'.

Männer erhalten davon 1440 Millionen, Frauen 360 Millionen - drei von vier „Steuereuros“ (ebd.) gehen also an Männer. Kinder hätten dabei gar nicht oder nur eingeschränkt profitiert. Von den Feminist:innen wurde im Gegensatz dazu eine gute „Zukunftsinvestition für alle“ (ebd.) eingefordert. Es wurde während der Aktion darauf hingewiesen, dass es Sinnvolleres gäbe, als Geschenke an jene zu machen, die ohnehin schon einen privilegierten Stellenwert in der Gesellschaft haben. Konkret gefordert wurden mehr Familienbeihilfe für Kinder (860 Euro pro Jahr und Kind), ganztägige und ganzjährige Öffnungszeiten der Kindergärten, ein kostenloses Kindergartenbetreuungsjahr, zusätzliche pädagogische Fachkräfte und die bessere Entlohnung dieser (vgl. ebd.).

> Die Maßnahmen der Regierung sind eine himmelschreiende Ungerechtigkeit. Jene die viel haben, bekommen viel. Jene, die es brauchen, kriegen immer weniger (Anonym, I7).

Am 21. März 2018 gab *Femmes Fiscale* eine Pressemitteilung heraus. Der Finanzminister gäbe vor, dass die Steuerentlastungen jenen zugutekommen, die Steuern bezahlen. *Femme Fiscale* kritisierte diese Aussage als nachweislich falsch: Konzerne und Besserverdienende würden jedoch Steuernachlässe erhalten.

> Geringverdienende zahlen anteilig nahezu gleich viel Steuern und Abgaben wie Besserverdienende: Gemessen am Gesamteinkommen (der Erwerbstätigenhaushalte) gehen im unteren Einkommensdrittel rund 43 % des Einkommens in Form von Abgaben an den Staat, im obersten Einkommensdrittel sind es rund 46 % (Femme Fiscale 2018).

Am 19. April 2018 versammelten sich die Aktivist:innen von *Femmes Fiscale* erneut mit einem großen Transparent mit der Aufschrift „Diese Regierung bringt Kälte“ und mehreren kleinen Transparenten am Heldenplatz. Anwesend waren u.a. die *Alleinerzieherinnen*, die Initiator:innen des *Frauen*volksbegehren*s und die

Omas gegen Rechts. Anlass war die Budgetverabschiedung im Parlament. Die Aktivist:innen empfingen die Abgeordneten mit frischem Kaffee (vgl. Anonym, I7). Die Spenden für den Kaffee wurden wiederum in Flyer investiert, die „über die genaue Zusammensetzung des Frauenbudgets informieren“ (ebd.).

Feministische Interventionen gegen die Budgetkürzungen feministischer Projekte

Durch die Budgetkürzungen und -streichungen der Regierung waren die betroffenen Akteur:innen mit plötzlicher Mehrarbeit, unbezahlter und ehrenamtlicher Arbeit beschäftigt. Ihre eigentliche Arbeit stellten sie daher zunächst ‚hinten‘ an (vgl. Birge, I7; Brigitte, I4; Anonym1):

> Für das Team bedeuteten diese Kompensationsmaßnahmen ein höheres Arbeitspensum (zusätzliche Förderansuchen, verstärkte Öffentlichkeitsarbeit & Vernetzungen, höherer Aufwand bei der Aboverwaltung) für die gleiche Arbeit bei gleichbleibenden Stunden, denn inhaltlich haben sich die Kürzungen nicht ausgewirkt (Anonym, I9).

In diesem Zusammenhang wurde ein offener Brief vom Frauenring und den einzelnen Vereinen und Organisationen an die Regierung verfasst (vgl. Birge, I2). Mit dem Protestbrief gelang es den feministischen Vereinen, öffentliche Aufmerksamkeit zu gewinnen, obwohl sie von vornherein davon ausgingen, dass dieser Brief das Ausmaß der Kürzungen nicht ändern würde: „Das hat natürlich nichts genützt, aber das war irgendwie interessant, da es tatsächlich mediale Verbreitung fand“ (ebd.). Eine weitere Strategie der *Frauenhetz* war es, trotz der Absage 2018 im darauffolgenden Jahr erneut um eine Förderung anzusuchen:

> Wir haben natürlich aus politischen Gründen wieder beim Frauenministerium beantragt, wobei das ein völliger Aufwand ist, aber wir haben beschlossen, wir machen das, weil das ein politisches Anliegen ist (Birge, I2).

Die *an.schläge* sowie die anonyme Organisation gaben an, den Verlust der Förderungen aus dem öffentlichen Bereich mit privaten Geldern zu kompensieren, u.a. in Form von Mitgliedsbeiträgen: „Wir haben eine Abo-Kampagne gemacht, das war sehr erfolgreich" (Brigitte, I4). Emanzipatorische, feministische Anliegen, welche in den *an.schlägen* thematisiert werden, wurden somit von der feministischen Zivilgesellschaft weitergetragen, was die feministische Bewegung wiederum stärkte. Private Ressourcen sicherten der feministischen Zeitschrift die Existenz:

> Es gab prominente Testimonials und sehr viele bestehende Abonent:innen haben Abos verschenkt. Wir haben sehr viele Spenden bekommen. Es gab sogar Leute, die bei ihren Geburtstagspartys für die an.schläge gesammelt haben und so, also echt super nett (vgl. ebd.).

Zwei der interviewten Repräsentant:innen berichteten auch von positiven „Nebeneffekten" (Brigitte, I4; Anonym, I9), die die Regierungspolitik mit sich gebracht hätte:

> Positiv hervorzuheben ist die Tatsache, dass innerhalb der feministischen Szene Wiens bzw. Österreichs eine verstärkte Vernetzung eines der Ergebnisse der Kürzungen war. Diese Vernetzung besteht weiter und wirkt sich positiv auf die Arbeit aus, im Sinne von Kooperationen und Informationsaustausch sowie gegenseitigem Rückenstärken (Anonym, I9).

Außerdem gaben die Aktivist:innen an, durch die intensive Öffentlichkeitsarbeit größere Bekanntheit erreicht und neue Abonnent:innen gewonnen zu haben (vgl. Brigitte, I4; Ulli, I5, Anonym, I9).

> Andererseits kann man natürlich sagen, dass [wir] in gewisser Weise profitiert haben von der Regierung, weil z.B. in Deutschland interessiert man sich für gewöhnlich nicht besonders für Österreich. Durch diese Regierung haben wir sehr viel Aufmerksamkeit von Deutschland bekommen. Es hat sehr viele Interviewanfragen gegeben. Wir konnten sehr viele Soli-Abos an Deutschland verkaufen. Das kann man versuchen, als einen positiven Nebeneffekt zu sehen (Brigitte, I4).

Die vermehrte Aufmerksamkeit machte sich im Verkauf der feministischen Zeitschrift *an.schläge* bemerkbar. Allerdings müsse die Situation trotzdem als prekär bezeichnet werden, da eine bestimmte Unsicherheit bezüglich der Finanzierung geblieben wäre, da die Streichung der finanziellen Ressourcen vom Frauenministerium ein „Loch im Budget" (Anonym, I9) verursacht hätte:

> Durch die Streichung wurde es notwendig, neue Fördergeber:innen zu finden bzw. konnten wir durch unseren Soli-Aufruf auch mehr Einnahmen aus Aboverkäufen, Inseraten bzw. Spenden (...) erzielen (Anonym, I9).

5. Fazit und Ausblick

Diese Studie zielt darauf ab, die Auswirkungen der Regierungsperiode der ÖVP-FPÖ von Dezember 2017 bis Mai 2019 in Österreich auf den autonomen feministischen Aktivismus in Wien zu analysieren. Dazu erwiesen sich zwei Fragen als passend. Zum einen wurden die genderpolitischen Debatten und Maßnahmen aus der Sicht der Aktivist:innen und zum anderen wurden ihre Strategien analysiert. Beide Aspekte ermöglichen einen umfassenden Einblick in die Auswirkungen der Regierung auf die autonomen feministischen Aktivismen in Wien.

Die empirische Auseinandersetzung basiert auf acht qualitativen Interviews, einem E-Mail-Verkehr, einem Forschungstagebuch sowie einem abschließenden Fokusgruppeninterview. Die Interviews wurden mittels Inhaltsanalyse ausgewertet. Die Forschung beruht auf einer intersektionalen Perspektive. Diese ist einerseits notwendig, um rechtspopulistische Diskurse und ihre Folgen analysieren zu können und andererseits ist ein intersektionaler Blickwinkel in der feministischen Theorie und Praxis essenziell, um Diskriminierungs- und Unterdrückungsverhältnisse bestmöglich reflektieren zu können.

Die deutlich erkennbaren Auswirkungen der seit den 1980er Jahren implementierten neoliberalen Politiken führten transnational zu Unsicherheit in der Bevölkerung, die u.a. rechtspopulistische Parteien für ihre Zwecke nutzen (vgl. Michalitsch 2017: 274). Rechte Ideologien befürworten dabei kulturelle Homogenität, wobei Mann und Frau in deren komplementären Funktionen die Aufgabe zugewiesen bekommen, die Nation aufrechtzuerhalten (vgl. Henning 2018: 200). Dafür werden Diskurse rund um Differenz und soziale Ungleichheit konstruiert (vgl. Sauer et al. 2016: 82: 89), die im Gegensatz zu linkspolitischen, feministischen Diskursen als von der Natur aus gegeben betrachtet werden (vgl. Bobbio 1996: 67).

Rechtspopulistische und neoliberale Bedingungen stellen große Herausforderungen für feministische Bewegungen weltweit dar, die neben den inneren Diskrepanzen u.a. auf den autonomen feministischen Aktivismus in Wien wirken. Intersektionalität wurde seit den 1980er Jahren zum Schlagwort feministischer Theorie und bestenfalls zur feministischen Praxis. Somit gilt nicht mehr wie bis in die 1970er Jahren die Kategorie Frau als zentrale Analysekategorie feministischer Theorien und Praxen, sondern alle Geschlechtsidentitäten (INTA*-Personen) in Kombination mit verschiedenen sozialen Differenzen, die als parallel wirkende Kräfte für benachteiligte Positionen innerhalb Gesellschaft sorgen (vgl. Motta et al. 2011: 12). Solidarität wird in der feministischen Theorie und Praxis essenziell: Differenzen sollen wahrgenommen werden, allerdings sollen identitätspolitische Praxen für eine gemeinsame Bewegung überwunden werden, um sich gemeinsam für die Gleichwertigkeit von Menschen mit dem Fokus auf Gender und die Intersektion mit anderen gesellschaftlichen Differenzlinien einzusetzen (vgl. Boux 2016, Lyshaug 2006).

Verschiedene Verständnisse und Konstruktionen von Gender werden somit zum Mittelpunkt aktueller Herausforderungen, die sich insbesondere im 21. Jahrhundert um zwei Lager formieren (vgl. Gunnarsson Payne 2020: 5): Rechtspopulistische Parteien benutzen genau diese Differenzlinien, um einen Diskurs rund um Differenz und soziale Ungleichheit zu schaffen. Feministische Bewegungen weltweit sind deshalb besonders gefordert, so auch die autonomen feministischen Aktivist:innen in Wien während der ÖVP-FPÖ-Regierungsperiode in Österreich.

Das ideologische Fundament einer vertikalen Gesellschaftsvorstellung, in welcher Positionen aufgrund von scheinbar natürlichen Unterschieden (wie u.a. Gender, Herkunft, Ethnie, Religion, Klasse, Sexualität und Körper) scheinbar gerecht verteilt sind und unverdiente Privilegien somit als verdient gelten, widerspiegelt sich in den genderspezifischen Debatten und politischen Maßnahmen der rechtspopulistischen Regierung. Die Positionen der Koalition standen in starker Divergenz mit den Zielen von (intersektionalem) feministischem Engagement, welches sich für Gerechtigkeit und ein gutes Leben für alle, unabhängig von sozialen Differenzlinien einsetzt.

Ideologisch äußerten sich die Diskurse insbesondere im ‚traditionellen Frauenbild' – mit einem binären Rollenverständnis, bei welchem Frauen als scheinbar homogene Gruppe das schwächere Geschlecht darstellen, in der ideologischen und monetären Förderung des liberalen, konservativen (Mittelstands-)-Feminismus sowie in der Ethnisierung von genderspezifischer Gewalt. Während die Regierung scheinbar für Selbstbestimmungsrechte plädierte, wurden diese angegriffen und Gewalt an Frauen wurde ausschließlich rassistisch instrumentalisiert. Genderspezifische Anliegen wurden auf Familienbeziehungen, Gleichberechtigung im Beruf, Immigration und Integration beschränkt. Die Rhetorik der ÖVP-FPÖ-Regierung ist (mit)verantwortlich dafür, dass die ‚traditionelle', heteronormative, bürgerliche Kleinfamilie mit ihren starren Geschlechterstereotypen einen erneuten Aufschwung erhielt. Die Anliegen von Personen, die durch ihre gesellschaftlichen Differenzlinien nicht in diese ‚traditionelle Kleinfamilie' passten, blieben entweder unsichtbar (wie u.a. jene von FLINTA*Personen und Alleinerzieherinnen), oder sie wurden diskursiv, rhetorisch und maßnahmenpolitisch exkludiert und zu Feindbildern konstruiert (insbesondere Menschen mit Migrations- und Fluchthintergrund). Das ideologische Fundament findet sich auch in der politischen Praxis wieder.

Politische Maßnahmen manifestierten sich im Angriff auf den Sozialstaat, auf feministische Arbeit sowie auf Selbstbestimmungsrechte. Die klassistischen Maßnahmen wirkten sich insbesondere auf jene Bevölkerungsgruppen aus, die aufgrund von gesellschaftlichen Differenzlinien ohnehin eine benachteiligte Position in der Bevölkerung innehatten: Marginalisierte Gruppen wurden gegeneinander ausgespielt und instrumentalisiert, während eine Verarmungspolitik (der Sozialabbau und die Umverteilung nach oben) implementiert wurde. Machtverhältnisse und Positionen innerhalb der Gesellschaft wurden durch die politischen Maßnahmen der Regierung gefestigt, indem Unternehmer:innen und Konzerne von der Budgetpolitik profitierten.

Während feministisches Engagement in Zeiten der Regierung besonders gefordert war, wurden durch den dezidierten Angriff auf feministische Vereine und Organisationen in Form von Budgetkürzungen oder -streichungen bewusst Handlungsspielräume eingedämmt und die feministische Zivilgesellschaft zurückgedrängt. Feministische Vereine und Organisationen, die von den Kürzungen betroffen waren, waren erstmals durch die Mehrarbeit mit sich selbst beschäftigt und stellten die Vernetzung hinten an.

Die wichtigsten Strategien feministischer Akteur:innen, um mit dem erhöhten Druck umzugehen und sich gegen die problematische Regierungspolitik zu wehren, waren die Koalitionsbildung und die Positionierung in der Öffentlichkeit mit der interventionistischen Gestaltung dieser. Bereits bestehende Koalitionen und Allianzen wurden verstärkt, andere wiederum formierten sich neu. Die schwierigen Zeiten in Österreich erforderten einen Zusammenhalt innerhalb der feministischen sowie anderen linken, antirassistischen Bewegungen. Differenzen gerieten durch die gemeinsame Betroffenheit vermehrt in den Hintergrund, intersektionale Allianzen vereinten sich, um gegen die politische ‚Opposition' gemeinsam agieren zu können.

Vernetzung ermöglichte den Aktivist:innen eine größere Heterogenität abzubilden, die mehrere Sichtweisen beinhaltete, über mehr Ressourcen verfügte, einen vermehrten Austausch ermöglichte sowie mehr Sicherheit und Schlagkraft bot. Die durch die Regierungspolitik entstandenen Budgetlöcher wurden mit privaten Geldern kompensiert, feministische Anliegen wurden somit privatisiert und von der feministischen Zivilgesellschaft weitergetragen. Ersteres wirkt sich negativ auf genderpolitische Anliegen aus, während sich letzteres positiv auf die Zivigesellschaft auswirkte, da diese somit näher zusammenrückte. Außerdem gelang es den betroffenen Vereinen und Organisationen durch die intensive Öffentlichkeitsarbeit größere Bekanntheit und internationale Aufmerksamkeit u.a. aus Deutschland zu erlangen.

Mit breiten, kontinuierlichen Bildungsangeboten gelang es den Aktivist:innen, ein Bewusstsein in der Zivilgesellschaft für gegenwärtige nationale, regionale und globale Herausforderungen und Entwicklungen zu schaffen sowie eine feministische Perspektive miteinzubeziehen. Es entstanden neue Räume des Austausches sowie der Diskussion. Auch die Teilnahme an verschiedenen Demonstrationen stellten wichtige kontinuierliche Aktionen im öffentlichen Raum dar, die den gemeinsamen Widerstand sowie die entstandene Gegenbewegung sichtbar und präsent machten. Es fanden zahlreiche künstlerische und humorvolle Interventionen im öffentlichen Raum statt, die erweiterte Handlungsspielräume darstellten, in welchen ideologische Debatten sowie politische Maßnahmen aus einer feministischen Perspektive analysiert und Alternativen präsentiert wurden. Darüber hinaus wurden Normen und Werte sowie die neoliberale, patriarchale Ordnung mit den damit verbundenen dominanten Geschlechterverhältnissen durch künstlerische Aktionen infrage gestellt.

Zusammenfassend kann festgestellt werden, dass sich die ÖVP-FPÖ-Regierungspolitik in erster Linie negativ auf genderspezifische Anliegen und Errungenschaften und somit auf die autonome feministische Bewegung in Wien auswirkte. Feministische Kämpfe wurden aufgehalten, erkämpfte Räume gerieten erneut ins Wanken. Die Regierungspolitik erforderte eine enorme Mobilisierung vonseiten der Aktivist:innen. Zunächst reagierten die Feminist:innen mit Widerstand und mit einem damit verbundenen Abwehrkampf, welcher aufgrund des ideologischen Backlashes, der implementierten Verarmungspolitik sowie des Angriffs auf feministische Arbeit nötig und wichtig war, jedoch auch ermüdende und erschöpfende Effekte auf den feministischen Aktivismus in Wien, insbesondere für länger bestehende Vereine und Organisationen, zur Folge hatte. Auf der anderen Seite fand eine enorme Aktivierung der autonomen feministischen Bewegung statt. Der dringende Handlungsbedarf wurde von den feministischen Aktivist:innen angenommen. Die kurze Regierungsperiode brachte vielfältige Dynamiken innerhalb der feministischen Szene sowie mit der Zivilgesellschaft mit sich: Handlungsspielräume konnten erweitert und neue Räume geschaffen werden. Mit der Aneignung der öffentlichen Sphäre wurden feministische Positionen, Diskurse, Forderungen und Ziele in der Öffentlichkeit positioniert, was die diskursive Mitgestaltung gesellschaftlicher Anliegen möglich machte und die Gelegenheit bot, feministische Alternativen zu präsentieren.

Durch die erhöhte Präsenz in der Öffentlichkeit sowie die intensiven Vernetzungen gelang es den Akteur:innen eine breitere solidarische Gemeinschaft zu bilden, was wiederum einen größeren diskursiven Einfluss auf die Zivilgesellschaft ermöglichte. Zusammenfassend kann gesagt werden, dass die autonome feministische Bewegung in Wien durchaus auch gestärkt wurde.

Fokus dieses Buches sind die ideologischen Debatten und politischen Maßnahmen der ÖVP-FPÖ-Regierung aus Sicht der autonomen feministischen Akteur:innen in Wien und deren Strategien in Bezug auf die Regierungspolitik. Die vielfältigen feministischen Positionen und deren Ziele sowie deren (intersektionale) Praxis konnten im Rahmen dieser Untersuchung nicht analysiert werden.

Viele Fragen bleiben weiter spannend:

Welche Auswirkungen hatte die Regierung auf weniger sichtbare, ‚marginalisiertere' Aktivist:innen, welche über weniger Ressourcen verfügten? Welche Auswirkungen hatte die Regierung auf einzelne autonome Akteur:innen, die nicht in einem Verein oder in einer Organisation tätig waren? Was geschah mit institutionalisierten feministischen Vereinen und Organisationen? Sehen sich die Aktivist:innen als Teil der viel diskutierten ‚vierten' Welle der Emanzipationsbewegungen?

Eine weitere Frage, die offen bleiben musste, ist die Frage nach der Wirkmächtigkeit. Gibt es wirksamere Strategien oder weniger wirksame? Wie werden feministische Bestrebungen, Bewegungen und Kämpfe wirkmächtiger? Wann können wir generell von Wirksamkeit sprechen und was sind Indikatoren dafür? Welches Potenzial bieten die feministischen Bewegungen in Wien auf globaler Ebene im Kampf gegen rechtspopulistische und antifeministische Regierungen?

Die ÖVP-FPÖ-Koalition endete im Mai 2019[85]. Im Januar 2020 koalierte die ÖVP mit den Grünen im Rahmen einer neuen Regierung. Politische Ideologien und Implementierungen blieben zum Teil dieselben: Das ‚Frauenministerium' wird zum Integrationsministerium, die Sicherungshaft für potenziell ‚gefährliche' Asylbewerber:innen wird zu Beginn der Regierungsperiode diskutiert uvm. Die ‚grüne' Handschrift im Regierungsprogramm sowie in der politischen Praxis bleibt aus. Was bleibt von der anti-türkis-blauen Bewegung? Lehnt sich die (feministische) Zivilgesellschaft (zurecht) zurück?

[85] Die sogenannte Ibiza-Affäre (vgl. Schmid 2019) sorgte für ein Ende der Koalition.

Literaturverzeichnis

Abi-Hassan, Sahar (2017): Populism and gender. In: The Oxford handbook of populism. Oxfort: University Press. 426-444.

Ajanović, Edma; **Mayer**, Stefanie; **Sauer**, Birgit (2015): BedrohteRäume Antipluralismus in rechtsextremen bzw. rechtspopulistischen Diskursen in Österreich. In: Österreichische Zeitschrift für Politikwissenschaft 44.2. 75-85.

Akkerman, Tjitske (2015): Gender and the radical-right in Western Europe: a comparative analysis of policy agendas. Patterns of Prejudice. 49, 37–60.

Allen, Amy (1999): The Power of Feminist Theory: Domination, Resistance, Solidarity. Boulder, Co: Westview Press.

Allen, Ann (2005): Feminism and motherhood in Western Europe, 1890–1970: The maternal dilemma. New York: Palgrave Macmillan.

Alpizar, Durán, Lydia (2007): Introduction: Building feminist Movements and Organizations: Learning from Experience. In: Alpizar, Durán, Lydia; Russo, Anahi; Payne, Noel (Hg.): Building feminist Movements and Organizations. Global Perspectives. London, New York: Zed Books. 1-12.

Amjahid, Mohamed; **Fuchs**, Christian; **Guinan-Bank**, Vanessa (2016): Silvesternacht in Köln. Was geschah wirklich? Zeitmagazin. 23.06.2016. https://www.zeit.de/zeitmagazin/2016/27/silvesternacht-koeln-fluechtlingsdebatte-aufklaerung. [Zugriff: 15.04.2020].

Andreassen, Rikke; **Lettinga**, Doutje (2012): Veiled debates: gender and gender equality in European national narratives. In: S. Rosenberg and B. Sauer (Hg.), Politics, Religion and Gender: Framing and Regulating the Veil. London and New York: Routledge. 17–36.

an.schläge (o.J.): Über uns. Homepage. https://anschlaege.at/ueber-uns/. [Zugriff: 1.05.2020].

APA-OTS (2018): Parteiübergreifende Medienaktion: Ja zur Unterhaltssicherung für Alleinerziehende. Oppositionsparteien erinnern

Regierung an ihr Wahlversprechen. 24.09.2018 https://www.ots.at/presseaussendung/OTS_20180924_OTS0014/heuteparteiubergreifende-medienaktionjazurunterhaltssicherung-fuer-alleinerziehende. [Zugriff: 11.01. 2020].

APA/RED (2019): Die Regierung hat gestern im Ministerrat ihr neues Modell der Sozialhilfe beschlossen. Profil hat für Sie die wichtigsten Neuregelungen zusammengefasst. In: Profil. 14.03.2019. https://www.profil.at/shortlist/oesterreich/mindestsicherung-neu-aenderungen-10681519. [Zugriff: 21.01.2019]

Arendt, Hannah (1970): Macht und Gewalt. München: Piper Verlag.

Arendt, Hannah (1958): The human Condition. Chicago: University of Chicago Press.

Aslan, Özlem; Gambetti, Zeynep (2011): Provincializing Fraser's History: Feminism and Neoliberalism Revisited. History of the Present. 1/1. 130-147.

attac (2020): Femme Fiscale. Homepage. https://www.attac.at/gruppen/querschnittsgruppen/feministattac/femme-fiscale. [Zugriff: 1.05.2020].

Aufstand der Alleinerziehenden (2020): Info. Facebook. https://www.facebook.com/pg/Alleinerziehendenaufstand/about/?ref=page_internal. [Zugriff: 18.05.2020].

Augustin TV (2018): Aufstand der Alleinerziehenden im Okto Studio. 27.05.2018. Youtube-Channel. https://www.youtube.com/watch?v=gfJFvwIAN6s. [Zugriff: 1.05.2020].

Baisley, Elizabeth (2016): Reaching the tipping point?: Emerging international human rights norms pertaining to sexual orientation and gender identity. Human Rights Quarterly. 38, 134-163.

Barát, Erzsébet (2020): Stigmatization of Feminism. Gender Studies as “Genderideology“ in right-wing populist political discourse in Hungary. In: Baltic Worlds. Patriarchy, no thanks! Feminism across borders. XIII/1. 21-30.

Bargetz, Brigitte; **Kreisky**, Eva; **Ludwig**, Gundula (2017): Ich habe das Gefühl, ich befinde mich in einem Dauerkampf - Feministische Zeitdiagnosen und Strategien. In: Bargetz, Brigitte; Kreisky, Eva;

Ludwig, Gundula (Hg.): Dauerkämpfe. Feministische Zeit-diagnosen und Strategien. Frankfurt am Main: Campus. 11-23.

Baumgardner, Jennifer; Richards, Amy (2010): Manifesta: Young women, feminism, and the future. New York: Farrar, Straus and Giroux.

Bednarz-Braun, Iris; **Bruhns**, Kristin; (1995): Kommunale Frauenpolitik. Frauenbeauftragte - Gewerkschaften – Personal-vertretungen. Weinheim: Deutsches Jugendinstitut.

Benhabib, Seyla (1997): Die gefährdete Öffentlichkeit. Transit. Europäische Revue. 13/1, 26-41.

BKA Bundeskanzleramt (2019): Gleichstellung in Zahlen: Gender Index 2018. Wien: Bundeskanzleramt. http://www.imag-gmb.at/cms/imag/attachments/5/4/5/CH0618/CMS1536936457191/gende r-index-2018.pdf. [Zugriff 21.01.2020].

BKA Bundeskanzleramt (2018): Familie. Arbeit. Zukunft - Veränderung der Arbeitswelt. Fachsymposium zur Digitalisierung als Chance für eine bessere Vereinbarkeit von Familie und Beruf. Bericht vom Fachsymposium. Wien: Bundeskanzleramt.

BKA Bundeskanzleramt 02.03.2018. https://www.bundeska nzleramt.gv.at/bundeskanzler-amt/nachrichten-derbundesregieru ng/2017-2018/familienbonus-plus.html. [Zugriff 21.01. 2020].

BKA Bundeskanzleramt 17.01.2019. Pressekonferenz: https: //www.bundeskanzleramt.gv.at/bundeskanzleramt/nachrichten-d er-bundesregierung/2019/Frauenministerin-bogner-straußneue-F rauen-notrufnummer-fur-schnelle-hilfe.html. [Zugriff 21.01.20 20].

BKA (Bundeskanzleramt) 08.02.2018. Pressekonferenz. https://www.bundeskanzleramt.gv.at/bundeskanzleramt/nachrichten-der-bundesregierung/2017-2018/bundeskanzler-kurz-regierung-erweitert-betreuungsplatze-fur-von-gewalt-betroffene-Frauen-.html. [Zugriff 21.01.2020].

BKA Bundeskanzleramt 28.11.2018. Pressekonferenz. https:// www.bundeskanzleramt.gv.at/bundeskanzleramt/nachrichten-de r-bundesregierung/2017-2018/bundeskanzler-kurz-reform-der-m indestsicherung-bringt-fairness-und-gerechtigkeit.html. [Zugriff 21.01.2020].

BKA (Bundeskanzleramt) 13.02.2019. Pressekonferenz. https://www.bundeskanzleramt.gv.at/bundeskanzleramt/nachrichten-der-bundesregierung/2019/bundeskanzler-kurz-strafausmamuss-den-unrechtsgehalt-der-starftat-widerspiegeln.html. [Zugriff: 21. 01.2020].

Blofield, Merike (2013): The politics of moral sin: Abortion and divorce in Spain, Chile and Argentina. London: Routledge.

Blokker, Paul (2005): Populist nationalism, anti- Europeanism, post-nationalism, and the East-West distinction. German Law Journal. 6/2. 371-389.

BMI Bundesministerium für Inneres (2017a): Nationalratswahl 2017. https://wahl17.bmi.gv.at. [Zugriff: 21.01.2020].

BMI Bundesministerium für Frauen und Gesundheit (2017b): Gleichstellung in Zahlen. Gender Index 2017. Eine Zusammenstellung wichtiger geschlechtsspezifischer Daten und Statistiken. Wien: Bundesministerium für Frauen und Gesundheit.

BMI Bundesministerium für Inneres (1999): Nationalratswahl 1999. https://www.bmi.gv.at/412/Nationalratswahlen/Nationalra tswahl_1999/start.aspx. [Zugriff: 6.01.2020].

Bobbio, Noberto (1996): Left and Right: The Importance of a Political Distinction. Cambridge: Polity Press.

Bock, Stephanie (2010): Frauennetzwerke: Geschlechterpolitische Stratregie oder exklusive Expertinnennetzwerke? In: Becker, Ruth; Kortendiek, Beate (Hg.): Handbuch Frauen- und Geschlechterforschung. Theorie. Methoden, Empirie. Wiesbaden: Verlag für Sozialwissenschaften. 878-886.

Boux, Holly, Jeanine (2016): Towards a New Theory of Feminist Coalition: Accounting for the Heterogeneity of Gender, Race, Class, and Sexuality through an Exploration of Power and Responsibility. In: Feminist Journal of Feminist Scholarship. 10, 1-22.

Brooks, Ann (1997): Postfeminisms: Feminism, cultural theory, and cultural forms. New York: Routledge.

Bryson, Valerie (1992): Feminist political theory: An introduction. New York: Paragon House.

CBA Cultural Broadcasting Archive (2020): Menschenkette für Frauenrechte. https://cba.fro.at/info. [Zugriff: 1.05.2020].

Chakelian, Anoosh (2017): Rise of the nationalists: A guide to Europe's far-right parties. New Statesman.

Chetcuti, Natacha (2014): Quand les questions de genre et d' homosexualités deviennent un enjeu républicain. Le Temps Modernes. 2/ 678. 241-253.

Cochrane, Kira (2013): The fourth wave of feminism: Meet the rebel women. The Guardian. 10. Dezember. https://www.theguardian .com/world/2013/dec/10/fourth-wave-feminism-rebel-women. [Zu-griff: 3.03.2020].

Combahee River Collective (1981): A Black Feminist Statement. o.O., o.V. 211-218.

Collins, Patricia, Hill (2004): Toward a New Vision: Race, Class and Gender as Categories of Analysis and Connection. In: Oppression, Privilege, and Resistance: Theorethical Perspectives on Racism, Sexism, and Heterosexism. Heldke, Lisa; O'Connor, Peg (Hg.): New York: Mc Graw-Hill. 529-543.

Collins, Patricia, Hill (1990): Black feminist thought in the matrix of domination. Black feminist thought: Knowledge, consciousness, and the politics of empowerment.

Cox, Laurence, Fominaya Flesher, Cristina (2009): Movement knowledge: what do we know, how do we create knowledge and what do we do with it?. Interface: a journal for and about social movements. 1/1. 1-20.

Davis, Angela (1981): Woman, race and class. London: Women's Press.

Davis, Kathy (2010): Intersektionalität als „Buzzword": Eine wissenschaftssoziologische Perspektive auf die Frage: „Was macht eine feministische Theorie erfolgreich?" In: Lutz, Helma; Herrera, Vivar, Maria, Teresa; Supik, Linda (Hg.): Fokus interstektionalität. Bewegungen und Verortungen eines vielschichtigen Konzepts. Geschlecht und Gesellschaft. Wiesbaden: Springer VS. 55-68.

Dean, Jodi (1998): Feminist Solidarity, Reflective Solidarity: Theorizing Connections After Identity Politics. In: Woman and Politics. 18/4, 1-26.

Denk, Larissa; **Waibel**, Fabian (2009): Vom Krawall zum Karneval. Zur Geschichte der Straßendemonstration und der Aneignung des öffentlichen Raumes. In: Schöneberger, Klaus; Sutter, Ove (Hg.): Kommt herunter, reiht euch ein… Berlin, Hamburg: Assoziation A. 46-86.

Der Standard (2011): Mit dem „Geilomobil“ ins Staatssekretariat. Sebastian Kurz übernimmt Integrationsagenden. 19. April 2011. https://www.derstandard.at/story/1302745628398/mit-dem-geilomobil-ins-staatssekretariat. [Zugriff 19.11.2019].

Dicker, Rory; **Piepmaier**, Alison (2003): Introduction. In: Dicker, Rory; Piepmaier, Alison (Hg.): Catching a wave: Reclaiming feminism for the 21st century. Boston: Northeastern University Press. 3-28.

die Presse (2019): Kickl will "Sicherungshaft" und Verfassungsänderung. 14.02.2019. https://www.diepresse.com/5579806/kickl-will-sicherungshaft-und-verfassungsanderung. [Zu griff: 21.01.2020].

Duran, Jane (2013): Worlds of Knowing: Global Feminist Epistemologies. New York, London: Routledge.

Drüeke, Ricarda; **Klaus**, Elisabeth (2019): Feministische Öffentlichkeiten: Formen von Aktivismus als politische Intervention. In: Handbuch interdisziplinäre Geschlechterfor-schung. Wiesbaden: Springer. 931-939.

Eder, Klaus (2005): Remembering National Memories Together: The Formation of a Transnational Identity in Europe. In: Eder, Klaus; Spohn, Willfried (Hg.): Collective Memory and European Identity. The Effects of Integration and Enlargement. Aldershot: Ashgate. 197-219.

Eisenstein, Hester (2009): Feminism Seduced: How Global Elites Use Women's Labor and Ideas the Exploit the World. Boulder and London: Paradigm Publishers.

Eschle, Cathrine; **Maiguashca**, Bice (2018): Theorising feminist organising in and against neoliberalism: beyond co-optation and resistance? European Journal of Politics and Gender. 1/1-2. 223-239.

Eschle, Catherine; **Maiguashca**, Bice (2014): Reclaiming feminist futures: Co-opted and progressive politics in a neo-liberal age. Political Studies. 62/3. 634-651.

Ewig, Christina; **Ferree**, Myra, Marx (2013): Global feminist organising. In: Maddison, Sarah; Sawer, Marian (Hg.): The Women's Movement in Protes, Institutions and the Internet: Australia in Transnational Perspective. London: Routledge. 148-162.

Ewig, Christina (2007): Hijacking global feminism: Feminists, the Catholic Church, and the family planning debacle in Peru. In: Global Empowerment of Women. London: Routlege. 330-350.

Fabris, Verena (2018): Gewaltschutz in Schwarz-Blau. In: an.schläge. Das feministische Magazin. 6/2018. 10-11.

Federici, Silvia (2017): Reproduktionsarbeit im globalen Kapitalismus. In: aep. Feministische Zeitschrift für Politik und Gesellschaft. 44/3, 5-7.

Feminist attac (2018): Femme Fiscales. Diese Regierung bringt Kälte. https://www.flickr.com/photos/attac-austria/albums/7215 7711550882698 . [Zugriff: 1.05.2020].

Femme Fiscale (2018): Femme Fiscale: Finanzminister Löger bringt Lügen. 21.03.2018. https://www.attac.at/fileadmin/user_upload/da teien/gruppen/texte/infografiken.pdf. [Zugriff: 11.202019].

Ferree, Myra, Marx (2012): Varieties of feminism: German gender politics in global perspective. Stanford: University Press.

Fischer, Katharina (2018): Die menschenverachtende Politik in Österreich. In: an.schläge. Das feministische Magazin. 7/2018. 10-11.

Fotopoulou, Aristea (2016): Feminist Activism and Digital Networks. Between Empowerment and Vulnerability. United Kingdom: Palgrave Macmillan.

FPÖ Freiheitliche Partei Österreich (2017): Unsere Frauen gleichberechtigen und sie vor Diskriminierung schützen. Wahlprogramm

2017. Homepage. https://www.fpoe.at/themen/wahlprogramm-2017/unsere-frauen/. [Zugriff: 20.12.2019].

Fraser, Nancy; Arruzza, Cinzia; Bhattacharya, Tithi (2019): Feminism for the 99%. London, England: Verso.

Fraser, Nancy (2009): Feminismus, Kapitalismus und die List der Geschichte. In: Blätter für deutsche und internationale Politik. 8, 43-57.

Fraser, Nancy (2001): Öffentliche Sphären, Genealogien und symbolische Ordnungen. In: Fraser, Nancy (Hg.): Die halbierte Gerechtigkeit. Frankfurt am Main: Suhrkamp. 197-250.

Frauenhetz (2018a): Workshop: Neue Autoritarismen – Handlungsmöglichkeiten. Facebook-Veranstaltung. 16.11.2018. https://www.facebook.com/events/2033438096678888/. [Zugriff: 11.04.2020].

Frauenhetz (2018b): Frauenhetz auswärts: Demokratie braucht (Frauen-)Bildung. 18.01.2018 Facebook-Veranstaltung. https://www.facebook.com/events/201751397038568/. [Zugriff: 11.04.20 19].

Frauenhetz (2018c): Symposium: Krisenherd Demokratien. Kritik und Perspektiven. Facebook-Veranstaltung. 7.07.2018. https://www.facebook.com/events/370401523451785/. [Zugriff: 11.04. 2020].

Frauenring (2020): Homepage. https://www.frauenring.at [Zugriff: 1.05.2020].

Fuster Morell, Mayo (2009): Action Research: Mapping the Nexus of Research and Political Action. interface: A Journal For and About Social Movements. 1/1. 21-45.

Geiger, Brigitte; **Hacker**, Hanna (1989): Donauwalzer, Damenwahl: Frauenbewegte Zusammenhänge in Österreich. Wien: Promedia.

Giesen, Bernhard (2002): Europäische Identität und transnationale Öffentlichkeit. Eine historische Perspektive. In: Hartmut Kaelble; Kirsch, Martin; Schmidt-Gernig Alexander (Hg.): Transnationale Öffentlichkeiten und Identitäten im 20. Jahrhundert. Frankfurt: Campus. 67-85.

Gladik, Ulli (2019): Inland. Dokumentarfilm.

Glösel, Kathrin (2018): AMS-Kürzung: Schlecht für die Jobsuchenden, gut für den Billiglohn-Sektor. 02.08.2018. https://kontrast.at/ams-kuerzung-schlecht-fuer-die-jobsuchenden-gut-fuer-den-billiglohn-sektor/. [Zugriff 16.12.2019].

Götz, Judith (2019): Gender und Rechtsextremismus. Ein Überblick über die Geschlechterreflektierte Rechtsextremismusforschung in Österreich. In: Götz, Judith (Hg): FIPU. Forschungsgruppe Ideologien Und Politiken Der Ungleichheit. Wien: Mandelbaum. 12-23.

Götz, Judith (2018): Die (Anti-)Gender Politik der Regierung. In: aep. Feministische Zeitschrift für Politik und Gesellschaft. 45/4. 14-17.

Grzebalska, Weronika; **Kováts**, Eszter; **Petō**, Andrea (2017): Gender as symbolic glue: How „Gender“ became an umbrella term for the rejection of the (neo)liberal order. 13. Jänner. http://politicalcritique.org/long-read/2017/gender-as-symbolic-glue-how-gender-became-an-umbrella-term-for-the-rejection-of-the-neoliberal-order/. [Zugriff: 17.04.2020].

Gunnarsson Payne, Jenny (2020): Conflicts and Alliances in a Polarized World: Women, Gender and „the People“. Baltic Worlds. 13/1. 3-5.

Habermas, Jürgen (1962): Habermas, J. (1962). Strukturwandel der Öffentlichkeit. Frankfurt am Main: Suhrkamp.

Habermas, Jürgen (1995): Strukturwandel der Öffentlichkeit. Untersuchungen zu einem Kriterium bürgerlicher Gesellschaft. Frankfurt am Main: Suhrkamp.

Habermas, Jürgen (1996): Die Einbeziehung des Anderen - Studien zur politischen Theorie. Frankfurt am Main: Suhrkamp.

Hall, Bogumila (2019): Gendering Resistance to Right-Wing Populism: Black Protest a New Wave of feminist Activism in Poland? In: American behavioral scientist. 63/10. 1497-1515.

Hall, Stuart (1994): Rassismus, westliche Dominanz und Globalisierung: der Westen und der Rest: Diskurs und Macht. ders.: Rassismus und kulturelle Identität. Hamburg. 137-179.

Halley, Jean; **Eshleman**, Amy; **Mahadevan Vijaya**, Ramya (2011): Seeing white: An introduction to white privilege and race. Rowman & Littlefield Publishers.

Haraway, Donna (1988): Situated Knowledges: The Science Question in Feminism and the Privilege of Partial Perspective. In: Feminist Studies. 14/3. 575-599.

Hark, Sabine (2010): Lebensforschung und Queer Theorie: Theoretische Konzepte, Entwicklungen und Korrespondenzen. In: Becker, Ruth; Kortendiek, Beate (Hg.): Handbuch Frauen- und Geschlechterforschung. Theorie. Methoden, Empirie. Wiesbaden: Verlag für Sozialwissenschaften. 108-115.

Hassim, Shireen (2006): Women's organizations and democracy in South Africa: Contesting Authority. Wisconsin: University Press.

Haussman, Melissa; **Sauer**, Birgit (Hg.) (2007): Gendering the state in the age of globalization: women's movements and state feminism in postindustrial democracies. o.O.: Rowman & Littlefield.

Henning, Anja (2018): Political genderphobia in Europe: accounting for right wing political-religious alliances against gender-sensitive education reforms since 2012. In: Zeitschrift für Religion, Gesellschaft und Politik. 2/2. 193-219.

Henry, Astrid (2004): Not my mother's sister: Generational conflict and third-wave feminism. Indiana: University Press.

Hofer, Norbert (Hg.) (2013): Für ein freies Österreich. Souveränität als Zukunftsmodell. Freiheitlicher Parlamentsklub FPÖ. https://wklingenbeck.files.wordpress.com/2016/09/fc3bcr-ein-freies-c3b6sterreich-souverc3a4nitc3a4t-als-zukunftsmodell.pdf. [Zugriff: 21.01.2020].

Holland-Cunz, Barbara (2018): Dystopische Erzählungen in der demokratischen Gegenwart. In: aep. 44/3. 25-28.

Holland-Cunz, Barbara (1996): Demokratietheorie und feministische Bündnispolitik. In: Verein Niedersächsischer Bildungsinitiativen (Hrsg.): Handlungsfähig trotz wenn und aber. Frauen als gleiche, Frauen als Verschiedene. Perspektiven feministischer Bündnispolitik. Frauenkongress. Hannover. 6-15.

IEF Institut für Ehe Familie (2018): Ö/ Politik: Gesetzesentwurf Familienbonus Plus in Begutachtung geschickt. 07.03.2018. https://www.ief.at/gesetzesentwurf-familienbonus-plus-in-begutachtung-geschickt/. [Zugriff 21.01.2020].

Jakobsen, Janet R. (1998): Working alliances and the politics of difference: Diversity and feminist ethics. Indiana: University Press.

Jarosch, Monika (2018): Grauslichkeiten der türkis-blauen Bundesregierung in der Frauenpolitik. Die Liste wird länger - es sind neue Grauselichkeiten dazugekommen. In: aep. Feminist-ische Zeitschrift für Politik und Gesellschaft. 45/4, 53-57.

Kaindl, Markus; **Schipfer**, Rudolf, Karl (2019): Familien in Zahlen 2019. Universität Wien: Österreichisches Institut für Familienforschung (ÖIF).

Keskinen, Suvi (2018): The ‚crisis' of white hegemony, neonationalist femininities and antiracist feminism. In: Women's Studies international Forum. Pergamon. 68. 57-163.

Klammer, Carina (2019): Körper- und Geschlechterbilder im Nationalsozialismus. Kontinuitäten und Brüche. In: Götz, Judith (Hg): FIPU - Forschungsgruppe Ideologien Und Politiken Der Ungleichheit. Rechtsextremismus. Geschlechterreflektierte Perspektiven. Wien, Berlin: Mandelbaum. 58-87.

Klatzer, Elisabeth (2018): Eine lebendige Demokratie - retten, reparieren, revolutionieren. In: aep. Feministische Zeitschrift für Politik und Gesellschaft. 45/4. 18-20.

Klemenc, Judith (2018): Feminist-Washing? Feminismus ist keine Marke! In: aep. Feministische Zeitschrift für Politik und Gesellschaft. 44/3. 51-52.

Klinger, Cornelia (2004): Macht – Herrschaft – Gewalt. In: Rosenberger, Sieglinde, K.; Sauer, Birgit (Hg.): Politikwissenschaft und Geschlecht. Konzepte – Verknüpfungen – Perspektiven. Wien: Facultas-WUV. 83-105.

Klüver, Pia (2015): Die Kunst Vermittelnd Zu Intervenieren: Vermittlungsansätze an Der Schnittstelle Feministischer,

Queer*feministischer Und Postkolonialer Wissenschaft, Aktivismus, Bildung Und Kunst. Masterarbeit. Universität Wien.

Knapp, Gudrun-Axeli (2012): Im Widerstreit. Feministische Theorie in Bewegung. Geschlecht und Gesellschaft. Wiesbaden: Springer VS.

Kováts, Eszter (2018): Questioning consensuses: Right-wing populism, anti-populism, and the threat of 'gender ideology'. Sociological Research Online. 23/2. 528-538.

Kreisky, Eva (1995): Der Staat ohne Geschlecht? Ansätze feministischer Staatskritik und feministischer Staatserklärung. In: Kreisky, Eva, Sauer, Birgit (Hg.): Feministische Standpunkte in der Politikwissenschaft. Eine Einführung. Frankfurt am Main: Campus. 203-222.

Kriesi, Hanspeter (2001): Nationaler politischer Wandel in einer sich denationalisierenden Welt. In: Klein, Ansgar, Ruud Koopmans und Heiko Geiling (Hg.): Globalisierung, Partizipation, Protest. Opladen: Leske und Budrich. 23-44.

Krone (2019): Sebastian Kurz gibt sich kinderlieb und volksnah. 28.08.2019. https://www.krone.at/1985679. [Zugriff 02.02.20
20].

Kuhar, Roman; **Patermotte**, David (2017): Anti-gender compaigns in Europe. London, New York: Rowman & Littlefield.

Kurz, Sebastian (2019a): Facebook Eintrag vom 14.01.2019. https://www.facebook.com/sebastiankurz.at/photos/a.112364565521892/2025883864169943/?type=3&theater. [Zugriff 03.02.20
20].

Kurz, Sebastian (2019b): Facebook Eintrag vom 28.03.2019. https://www.facebook.com/sebastiankurz.at/photos/a.112364565521892/2127838603974468/?type=3&theater. [Zugriff 03.02.20
20].

Kurz, Sebastian (2019c): Facebook Eintrag vom 9.07.2019. https://www.facebook.com/sebastiankurz.at/photos/a.112364565521892/2293616747396652/?type=3&theater. [Zugriff 03.02.20
20].

Kurz, Sebastian (2018): Facebook Eintrag vom 7.06.2018. https://www.facebook.com/sebastiankurz.at/photos/a.112364565521892/1722662491158750/?type=3&theater. [Zugriff 03.02.20
20].

Kurz, Sebastian (2017a): Facebook Eintrag vom 10.08.2017. https://www.facebook.com/sebastiankurz.at/photos/a.112364565521892/1440936235998045/?type=3&theater. [Zugriff 03.02.20
20].

Kurz, Sebastian (2017b): Facebook Eintrag vom 1.10.2017. https://www.facebook.com/sebastiankurz.at/photos/a.112364565521892/1486087898149545/?type=3&theater. [Zugriff 03.02.20
20].

Laclau, Ernesto (2005): On Populist Reason. London, New York: Verso.

Laslett, Barbara; **Brenner**, Johanna (1989): Gender and social reproduction: Historical perspectives. Annual review of sociology. 15. 381-404.

Lazaridis, Gabriella; **Benveniste**, Annie; **Campani**, Giovanna; (2016): The Rise of the Far Right in Europe. Populist Shifts and 'Othering'. In: Lazaridis, Gabriella; Campani, Giovanna; Benveniste, Annie (Hg.). London: Palgrave Macmillan. 1-23.

Leidinger, Christiane (2015): Feministischer Widerstand par excellence - politisches Zelten in Hunsrück. In: Bargetz, Brigitte; Fleschenberg, Andrea; Kerner, ina; Kreide, Regina; Ludwig (Hg.): Kritik und Widerstand: Feministische Praktiken in androzentrischen Zeiten. Politik und Geschlecht. Band 26. Toronto, Opladen, Berlin: Barbara Budrich. 79-96.

Lotz, Aamanda, D. (2003): Communicating third-wave feminism and new social movements: Challenges for the next century of feminist endeavor. Women and language. 26/1. 2-9.

Loveland, Kristen (2017): Feminism against Neoliberalism: Theorising Biopolitics in Germany, 1978–1993, Gender & History. 29/1. 67-86.

Lutz, Helma; **Herrera**, Vivar, Maria, Teresa; **Supik**, Linda (Hg.) (2010): Fokus interstektionalität. Eine Einleitung. In: Lutz, Helma; Herrera, Vivar, Maria, Teresa; Supik, Linda (Hg.): Bewegungen und Verortungen eines vielschichtigen Konzepts. Geschlecht und Gesellschaft. Wiesbaden: Springer VS.

Luxton, Meg (2014): Marxist Feminism and Anticapitalism: Reclaiming Our History, Reanimating Our Politics. Studies in Political Economy. 94 /1. 137-160.

Lyshaug, Brenda (2006): Solidarity without „Sisterhood"? Feminism and the Ethics of Coalition Building. In: Politics and Gender. 2. 77-100.

MA 57. Frauenservice Wien (2020): Homepage. https://www.wien.gv.at/kontakte/ma57/. [Zugriff: 1.05.2020].

MacKinnon, Catharine A. (1993): Only words. Harvard: University Press.

Mackay, Finn (2015): Radical Feminism. Feminist Activism in Movement. London: Palgrave Macmillan.

Mayer, Stefanie; **Šori**, Iztok; **Sauer**, Birgit; **Ajanović**, Edma (2018): Mann, Frau, Volk. Familienidylle, Heteronormativität und Femonationalismus im europäischen rechten Populismus. In: Frühmittelalterliche Studien. 36/2. 269-285.

Mayer, Stefanie (2015): Politik der Differenzen. Ethnisierung, Rassismen und Antirassismusim weißen, feministischen Aktivismus in Wien. Opladen, Berlin, Toronto: Budrich.

Mayer, Stefanie; **Ajanovic**, Edma; **Sauer**, Birgit (2014): Intersections and inconsistencies. Framing gender in right-wing populist discourses in Austria. NORA-Nordic Journal of Feminist and Gender Research. 22/4. 250-266.

Mayer, Stefanie (2013): kritisch, feministisch, akademisch - ein Widerspruch in progress. In: Kurswechsel. Zeitschrift für gesellschafts-, wirtschafts- und umweltpolitische Alternativen. Aktivismus und Wissenschaft. 15-23.

Mayring, Philipp (2010): Qualitative Inhaltsanalyse. Grundlagen und Techniken. Beltz. Weinheim. 3, 58.

McRobbie, Angela (2009): The Aftermath of Feminism: Gender, Culture and Social Change. London: Sage.

Mercer, Kobena (1994): Welcome to the Jungle. New York: Routledge.

Michalitsch, Gabriele (2017): Die Herrschaft der weißen Männer: Feministische Überlebenskämpfe im Kapitalismus der Gegen-wart. In: Bargetz, Brigitte; Kreisky, Eva; Ludwig, Gundula (Hg.): Dauerkämpfe. Feministische Zeitdiagnosen und Strategien. Frankfurt am Main: Campus. 273-281.

Mies, Maria (1994): Frauenbewegung und 15 Jahre. Methodische Postulate zur Frauenforschung. o.O., o.V.

Milan, Stefania (2014): The ethics of social movement research. In: Della Porta, Donatella (Hg.). Methodological practices in social movement research. OUP Oxford. 446-464.

Molm, Linda D.; **Takahashi**, Nobuyuki; **Peterson**, Gretchen (2000): Risk and Trust in Social Exchange: An Experimental Test of a Classical Proposition. In: The American Journal of Sociology. 105/5. 1396-1427.

Motta, Sara; **Flesher** Fominaya, Christina; **Eschle**, Catherine; **Cox**, Lauerence (2011): Feminism, women's movements and women in movement. In: interface: a journal for and about social movements. 3/2. 1-32.

Mudde, Cas; **Kaltwasser**, Cristóbal, Rovira (2015): Vox populi or vox masculini? Populism and gender in Northern Europe and South America. Patterns of Prejudice. 49.1-2. 16-36.

Nehammer, Karl (2018): Die neue Volkspartei - zwischen Parteibuch und Bewegung. Ein Rückblick auf ein Jahr Sebastian Kurz. In: Rausch, Bettina; Nehammer, Karl (Hg.): Offen für Neues. Analysen und Einschätzungen zum ersten Jahr der neuen Volkspartei. Wien: Edition Noir. 24-34.

News (2017): Stimmenanteile und Gewinn/Verluste. 17.10.2017. https://www.news.at/a/nationalratswahl-2017-ergebnisse-8373157. [Zugriff 03.02.2020].

Ni una Menos (o.J): Qienes Somos? Homepage. http://niunamenos.org.ar/quienes-somos/carta-organica/. [Zugriff: 14. 04.2020].

Omas gegen Rechts (2020a): Homepage. Über uns. Grundlagentexte. https://omasgegenrechts.at/wpcontent/uploads/2018/03/OMAS_GEGEN_RECHTS_Grundsatztext_MonikaSalzer_180301.pdf. [Zugriff: 1.05.2020].

Omas gegen Rechts (2020b): Das OMA-Lied. Homepage. https://omasgegenrechts.at/das-oma-lied/. [Zugriff: 1.05.2020].

Ommert, Alexandra (2016): Ladyfest-Aktivismus: Queer-feministische Kämpfe um Freiräume und Kategorien. Bielefeld: transkript. ORF (2019): VfGH kippt Kernpunkte der neuen Sozialhilfe. 17.12.2019. https://orf.at/stories/3147915/. [Zugriff: 6.2.2019].

ORF Österreichischer Rundfunk (2018): „Familienbonus": Landesweit 283.000 Betroffene. 2.06.2018. https://noe.orf.at/v2/news/stories/2918506/. [Zugriff 4.12.2019].

ORF Österreichischer Rundfunk (2017): Alleinerziehende fordern staatliche Unterhaltsgarantie. 11.10.2017. https://religion .orf.at/stories/2871536/. [Zugriff: 11.01.2020].

Pajnik, Mojca (2019): Feminist Movements' Act of Citizenship: Experiences from Post-Socialistic Slovenia. In: Siim, Birte; Krasteva, Anna; Saarinen, Aino. (Hg.): Citizens' Activism and Solidarity Movements. Contening with Populism. Cham: Palgrave Macmillan. 243-263.

Paternotte, David; **Kuhar**, Roman (2018): Disentangling and locating the "global right": Anti-gender campaigns in Europe. Politics and Governance. 6/3. 6-19.

Pels, Dick (2012): The new national individualism – populism is here to stay. In: Meijers, Eric (Hg.): Populism in Europe. Linz: Planet. 25-46.

Phelan, Shane (1994): Getting Specific. Minneapolis: University of Minnesota Press.

Plattform 20.000 Frauen (2020): Unsere Visionen. Homepage. http://zwanzigtausendfrauen.at/2011/01/unsere-vision/. [Zugriff: 1. 05.2020].

Plattform 20.000 Frauen (2019): Sonnenkabinett 15.02.2019. Homepage. http://zwanzigtausendfrauen.at/2019/02/sonnenkabinett -15-2-2019/. [Zugriff: 1.05.2020].

Pohl, Rolf (2017): Das ‚Eigene' und das ‚Andere'. Zur Sozialpsychologie von Fremdenfeindlichkeit. In: Milbradt, B.; Biskamp, F.; Albrecht, Y.; & Kiepe, L. (Hg.): Ruck nach Rechts?: Rechtspopulismus, Rechtsextremismus und die Frage nach Gegenstrategien. Verlag Barbara Budrich. 33-50.

Pro Choice Austria (2020): Homepage. http://www.prochoice austria.at. [Zugriff 19.11.2020].

Purvis, Jennifer (2004): Grrrls and Woman Together in the Third Wave: Embracing the Challenges of intergenerational Feminism(s). In: NWSA Journal. 16/3. 93-123.

Radio Orange (o.J.): Homepage. https://o94.at/de/start . [Zugriff: 20.01.2020].

Rai, Shirin (2013): the gender politics of developement. In: Papart, Jane; Rai, Shirin; Staudt, Kathleen; Rethinking Empowerment: Gender and Developement in a Global/ Local World. London: Routledge. 133-147.

Rancière, Jacques (1997): Demokratie und Postdemokratie. In: Politik der Wahrheit. Wien.

Reagon, Bernice Johnson (2000) [1983]: Coalition Politics: Turning the Century. In: Smith, B. (Hg.): Home girls: A Black feminist Anthology. New Brunswick, New York: Rutgers University Press. 343-356.

Regierungsprogramm (2017): Zusammen. Für unser Österreich. Regierungsprogramm 2017-2022. Wien: Bundeskanzleramt.

Reitsamer, Rosa; **Weinzierl**, Rupert (Hg.) (2006): Female Consequences: Feminismus, Antirassismus, Popmusik. Wien: Löcker.

Rodríguez, Encarnación, Gutiérrez (2011): Intersektionalität oder Wie nicht über Rassismus sprechen. In: Revisited; Sabine Hess (Hg.). Intersektionalität. Bielefeld. 77-100.

Rottenberg, Catherine (2013): The Rise of Neoliberal Feminism. Cultural Studies. 28/3. 418-437.

Salzborn, Samuel (2015): Rechtsextremismus. Erscheinungsformen und Erklärungsansätze. Baden Baden: Nomos.

Santomaso, Augustina; **Gago**, Veronika (2017): Argentina's Life or Death Movement. In: The Jacobin Magazine. 7. https://www.jacobinmag.com/2017/03/argentina-ni-una-menos-femicides-woman-strike/. [Zugriff: 20.05.2020].

Sauer, Birgit (2019): The (im)possibility of creating counter-hegemony against the radical right: The case of Austria. In: Citizens' Activism and Solidarity Movements. Palgrave Macmillan, Cham. 111-136.

Sauer, Birgit (2018): Allgegenwart der Androkratie. Zu Postdemokratie und Autoritarismus. In: aep. Feministische Zeitschrift für Politik und Gesellschaft. 45/4. 7-9.

Sauer, Birgit; **Ajanović** Edma (2016): Hegemonic Discourses of Difference and inequality: Right-Wing Organisations in Austria. In: Lazaridis, Gabriella; Campani, Giovanna; Benveniste, Annie (Hg.): The Rise of the Far Right in Europe. Populist Shifts and 'Othering'. London: Palgrave Macmillan. 81-108.

Sauer, Birgit (2012): Die hypnotische Macht der Herrschaft - Feministische Perspektiven. In: Imbusch, Peter (Hg.): Macht und Herrschaft. Sozialwissenschaftliche Theorien und Konzeptionen. Wiesbaden: Springer. 379-398.

Saull, Richard (2018): Racism and Far Right Imaginaries Within Neo-liberal Political Economy, New Political Economy. 23/5. 588-608.

Schmid, Fabian (2019): Ibiza, ein Drama in drei Akten: Anbahnung, Videos und Festnahmen. In: der Standard. 23.11.2019. https://www.derstandard.at/story/2000111411386/ibiza-ein-drama-in-drei-akten-anbahnungen-videos-und-festnahmen. [Zugriff: 19.11.2019].

Schmidt, Collette, M. (2019): Wie die Abgrenzung der FPÖ von den Identitären wirklich umgesetzt wird. In: Der Standard. 09.05.2019. https://www.derstandard.at/story/2000101043524/wo-sich-die-fpoe-von-den-identitaeren-distanziert-und-wo. [Zugriff 10.01.2020]

Schutzbach, Franziska (2018): Die Rhetorik der Rechten. Rechtspopulistische Diskursstrategien im Überblick. Zürich: Xanthippe.

Schrupp, Antje (2018): Wer macht die Revolution? In: aep. Feministische Zeitschrift für Politik und Gesellschaft. 45/4. 49-50.

Scott, Allen (2001): Global city-regions: trends, theory, policy. Oxford University Press.

Scott, Joan W. (1988): Deconstructing Equality-Versus-Difference: Or, The Uses of Poststructuralist Theory for Feminism. In: Feminist Studies. 14/1. 33-50.

Seidl, Conrad (2017): Ein Drittel glaubt, dass Wahlen nichts ändern. Der Standard, 21.1.2017. http://derstandard.at/2000 051251491/Ein-Drittel-glaubt-dass-Wahlen-nichts-veraendern. [Zugriff: 10.01.2020].

Siim, Birte; **Saarinen**, Aino; **Krasteva**, Anna (2019a): Citizens ' Activism and Solidarity Movements. Contening with Populism. Cham: Palgrave Studies in European Political Sociology.

Siim, Birte; **Saarinen**, Aino; **Krasteva**, Anna (2019b): Citizens ' Activism and Solidarity Movements in Contemporary Europe: Contending with Populism. In: Siim, Birte; Saarinen, Aino; Krasteva, Anna. Citizens 'Activism and Solidarity Movements. Contening with Populism. Cham: Palgrave Studies in European Political Sociology. 1-24.

Singer, Mona (2010): Feministische Wissenschaftskritik und Epistemologie: Voraussetzungen, Positionen, Perspektiven. In: Becker, Ruth; Kortendiek, Beate (Hg.): Handbuch Frauen- und Geschlechterforschung. Theorie, Methoden, Empirie. Wiesbaden: VS. 292-301.

Smodics-Kuscher, Elke; Magistrat Der Stadt Wien, and Büro Trafo.K. (2011): Und Weiter: Feministische Perspektiven Für Wien. 20 Jahre MA 57 - Frauenabteilung Der Stadt Wien. Wien: Frauenabteilung Der Stadt Wien (MA 57).

Sowards, Stacey K.; **Renegar**, Valerie R. (2006): Reconcept-ualizing rhetorical activism in contemporary feminist contexts. The Howard Journal of Communications.17/1. 57-74.

Statistik Austria (2019): Armuts- oder Ausgrenzungsgefährdung. https://www.statistik.at/web_de/statistiken/menschen_und_gesellschaft/soziales/genderstatistik/armutsgefaehrdung/index.html. [Zugriff: 11.01.2020].

Strickner, Alexandra (2018): Solidaritätspakt der Zivilgesellschaft für Demokratie. In: aep. Feministische Zeitschrift für Politik und Gesellschaft. 45/4. 21-24.

Subramaniam, Mangala (2006): The power of women's organizing: Gender, caste, and class in India. Lexington: Lexington books.

Susemichel, Lea; **Kastner**, Jens (2019): Linke Identitätspolitik. Partikularinteressen versus soziale Verantwortung? 10.02.2019. Deutschlandfunk. https://www.deutschlandfunk.de/linke-identit aetspolitikpartikularinteressenversus.1184.de.html?dram:article_id=438586. [Zugriff: 03.02.2020]

Susemichel, Lea (2018): Feminismus gibt's nicht in Schwarz-Blau. In: an.schläge. Das feministische Magazin. 4/2018. 10-11.

Südkurier (2019): Hauen und Stechen in Österreich. 20.05.2019. https://www.suedkurier.de/ueberregional/politik/Hauen-und-Ste chen-in-OEsterreich;art410924,10155713. [Zugriff 03.02.2020].

Theißl, Brigitte (2019): Unsoziale Wende. In: an.schläge. Das feministische Magazin. 2. 10-11.

Unsinn, Alexandra (2018): Die visuelle Imagekonstruktion der Spitzenkandidaten von ÖVP, SPÖ und FPÖ im National-ratswahlkampf 2017 über die Social-Media-Plattform Facebook. Eine Analyse visueller politischer Wahlkampfkommunikation. Masterarbeit. Universität Wien. http://othes.univie.ac.at/53639 /1/56408.pdf. [Zugriff: 15.02.2020].

Valk, Minke; **Dam**, H. V.; **Cummings**, Sarah (1999): Women's information services and networks: a global source book. o.O.: Oxfam Publications Department.

Wahl Europa (2019): Die EU Wahlen und ihre Bedeutung für die österreichische Innenpolitik. 2.05.2019. https://wahl.europa.or.at /2019/05/02/die-eu-wahlen-und-ihre-bedeutung-fuer-die-oesterr eichischeinnenpolitk/. [Zugriff 03.02.2020].

Walby, Sylvia (2011): The future of feminism. Cambrigde, Malden: Polity Press.

Walgenbach, Katharina (2007): Gender als interdependente Kategorie. In: Gender als interdependente Kategorie: Neue Perspektiven auf Intersektionalität, Diversität und Heterogenität. Opladen: Barbara Budrich. 23-64.

Weber, Cynthia (1994): Good Girls, Little Girls and Bad Girls: Male Paranoia in Robert Keohane's Critique of Feminist international Relations. In: Millennium: Journal of international Studies 23/2. 337-349.

Wehr, Ingrid (2011): Populismus und Neopopulismus. In: Atac, Ilker; Kraler, Albert; Ziai, Aram (Hg.): Politik und Peripherie. Eine politikwissenschaftliche Einführung. Wien: Mandelbaum. 113-114.

WIDE-Netzwerk (2018): Wir lassen uns nicht verKURZen. Youtube-Channel. 17.09.2018. https://www.youtube.com/watch ?time_continue=3&v=I2Aqg_7hGvM. [Zugriff: 1.05.2020].

Wiederdonnerstag (o.J.): Es ist wieder Donnerstag. Homepage. https://wiederdonnerstag.at/supporterinnen-f-a-q-s/. [Zugriff: 1.05. 2020].

Wodak, Ruth (2015): Politics of fear: what right-wing populist discourses mean. London: Sage.

Wodak, Ruth (2018): Vom Rand in die Mitte - „Schamlose Normalisierung“. In: PVS Politische Vierteljahreszeitschrift. Deutschland: Springer. 323-335. https://link.springer.com/cont ent/pdf/10.1007%2Fs11615-018-0079-7.pdf. [Zugriff: 15.02.2020].

Women Strike (2020): Homepage. http://www.womenstrike.org/. [Zugriff: 20.05.2020].

Yuval-Davis, Nira (2006): Intersectionality and feminist politics. European journal of women's studies. 13/2. 193-209.

Zoonen, Elisabeth, A. (1992): The women’s movement and the media: Constructing a public identity. European Journal of Communication. 7. 453-476.

zeit.de (2019): Sebastian Kurz rechnet mit baldigem Abschluss der Regierungsbildung. 15.12.2019. https://www.zeit.de/politik/auslan

d/2019-12/oesterreich-sebastian-kurz-regierungskoalition-oevpgru ene-verhandlungen. [Zugriff: 03.02.2020].

#Fairändern (o.J.). Homepage. https://fairändern.at. [Zugriff 17.12.2019].

20kFrauen (2018a): Menschenkette für Frauenrechte, 26. Mai 2018 In: Wien/ Österreich. Youtube-Channel. 10.09.2018. https:// www.youtube.com/watch?v=Z3sUxvhgqKI. [Zugriff: 1.05.2020].

20kFrauen (2018b): Femme Fiscale. Youtube-Channel. https://www.youtube.com/watch?v=mKM-t_mvkmc&t=9s. [Zugriff 10.11.2019].

20kFrauen (2019): Redebeitrag von Christa / Plattform 20.000 Frauen 16.03.2019. Demonstration für eine menschliche Asylpolitik. Youtube-Channel. https://www.youtube.com/watch?v=ZHCEJUOnU2U [Zugriff 10.11.2011].

Forschungstagebuch und Interview-nummerierung

Forschungstagebuch: April 2019 bis November 2020.

Interview 1: Heidi Ambrosch, *Plattform 20.000 Frauen*, 25. Mai 2019.

Interview 2: Birge Krondorfer, *Frauenhetz*, 29.Mai 2019.

Interview 3: Andrea Czak, *Aufstand der Alleinerziehenden, Aufbruch der Alleinerzieherinnen*, 6. Juni 2019.

Interview 4: Brigitte Theißl, *an.schläge*, 12.06.2019.

Interview 5: Ulrike Weish, *Radio Orange*, 23.07.2019.

Interview 6: Anonym, *Anonymer Verein*, 23. Juli, 2019.

Interview 7: Anonym, *Femme Fiscale*, 6. August 2019.

Interview 8: Simona Edelman, *Omas gegen Rechts*, 30. Oktober 2019.

Interview 9: (E-Mail-Verkehr), Anonym, *anonyme Organisation*; Oktober 2019.

Interview 10: Online Fokusgruppeninterview mit Heidi Ambrosch, Andrea Czak, Anonym (I6), Simona Edelman (I8). 13. Juni 2020.

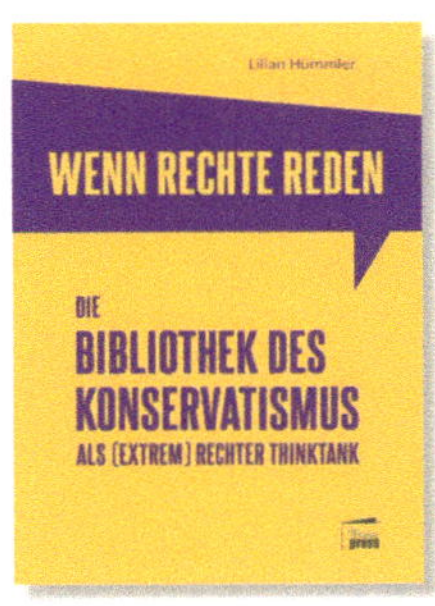

Lilian Hümmler

Wenn Rechte reden

Die Bibliothek des Konservatismus
als (extrem) rechter Thinktank

2021 | 144 Seiten | 16,00 € (D)
ISBN: 978-3-944442-71-6

Die Mordserie des NSU-Komplex, tödliche Attentate in Halle und Hanau, Mobilisierungen von PEGIDA und ihren Ablegern, parlamentarische Debatten mit der AfD – aktuell wird viel über die (extreme) Rechte in Deutschland diskutiert. Oft unbeachtet bleiben aber diejenigen, die den „ideologischen Brennstoff" bereitstellen: sich als intellektuell verstehende Rechte. Sie schreiben in Zeitungen, organisieren Veranstaltungen und tauschen sich in Thinktanks aus. Einer dieser Thinktanks ist die *Bibliothek des Konservatismus* in Berlin-Charlottenburg. Wer trifft und vernetzt sich dort? Welche Themen spielen eine Rolle? Und welchen Stellenwert nehmen dabei Geschlechter- und andere Machtverhältnisse ein?

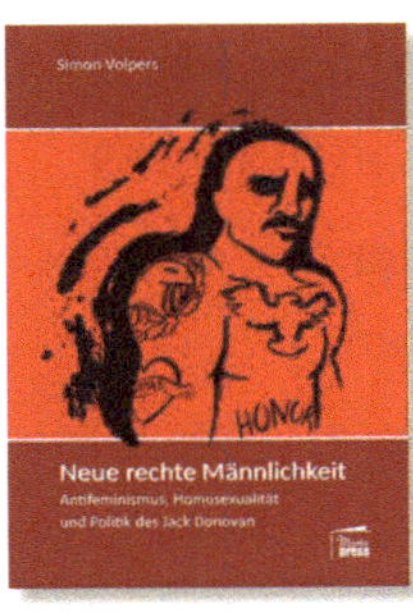

Simon Volpers

Neue Rechte Männlichkeit

Antifeminismus, Homosexualität
und Politik des Jack Donavan

2020 | 208 Seiten | 24,00 € (D)
ISBN: 978-3-944442-98-3

Der US-amerikanische Autor Jack Donovan ist eine der schillerndsten Figuren der internationalen Neuen Rechten. In seinen Büchern fordert er die Rückkehr auf den „Weg der Männer", der über koalitionäre Gewalt und Frauenverachtung führt. Denn Donovan meint, die Welt werde beherrscht vom globalisierten Feminismus, dem sich mutige Männerbanden endlich entgegenstellen müssen. Ihre Aufgabe sei es, für den „eigenen Stamm" zu sorgen, zu kämpfen und sich nach außen abzuschotten. Die Männer sollen zu Barbaren werden. Maßlos übersteigert Donovan herkömmliche Vorstellungen über Geschlecht und bedient sich dabei mannigfach an rechten Ideologiefragmenten. Notwendige Anpassungen nimmt er ungeniert vor: Das Bekenntnis zu seiner eigenen homosexuellen Identität transformiert so zu einer Liebe zur Männlichkeit an sich.

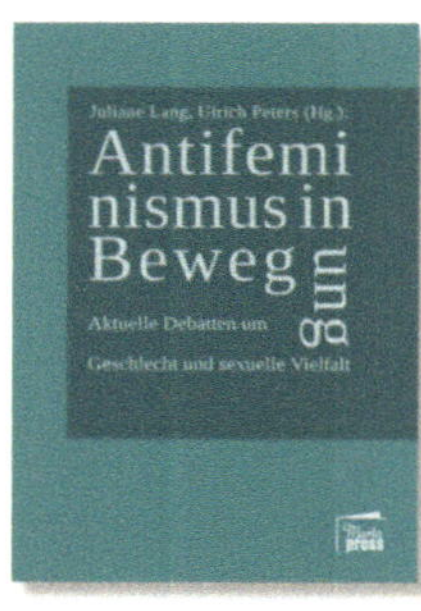

Juliane Lang, Ulrich Peters (Hg.)

Antifeminismus in Bewegung

Aktuelle Debatten um Geschlecht und sexuelle Vielfalt

2019 | 336 Seiten | 20,00 € (D)
ISBN: 978-3-944442-52-5

Maskulist/innen, neurechte Populist/innen, christliche Fundamentalist/innen und organisierte Neonazis vertraten immer schon geschlechter- und familienfundamentalistische Positionen und nehmen aktuell stärker denn je aufeinander Bezug. Mit Erfolg: In Debatten um Geschlechter- und Gleichstellungspolitik finden sich zunehmend feindbildgesonnene, antifeministische Narrative davon, was „der Feminismus" oder an geschlechtlicher Vielfalt orientierte Gleichstellungspolitik denn sei. Der hier vorliegende Sammelband setzt sich mit dieser Entwicklung kritisch auseinander. Antifeminismus ist kein einheitliches politisches Projekt: viel mehr wird er von seinen Akteur/innen zu diesem gemacht. Die im Band versammelten Beiträge geben einen systematischen Einblick in die unterschiedlichen Strömungen und die sie tragenden Organisationen.

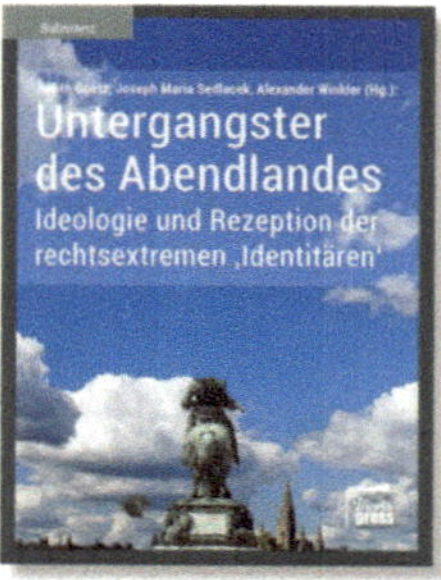

J. Goetz, J. M. Sedlacek, A. Winkler (Hg.)

Untergangster des Abendlandes

Ideologie und Rezeption der rechtsextremen ‚Identitären'

2017 | 436 Seiten | 20,00 € (D)
ISBN: 978-3-944442-68-6

Die rechtsextremen ‚Identitären' gehören zu den wichtigsten Akteur*innen des außerparlamentarischen Rechtsextremismus in Österreich. Ihr „Erfolgsrezept" liegt einerseits darin begründet, sich nach außen hin vom Nationalsozialismus abzugrenzen und so behördlicher Repression nach dem „Verbotsgesetz" aus dem Weg zu gehen und andererseits gesellschaftlich anschlussfähige Konzepte eines modernisierten völkischen Nationalismus zu propagieren. Dabei bedienen sie sich eines Straßenaktivismus, der geschickt mit Social-Media-Tools inszeniert und verbreitet wird. Der vorliegende Sammelband nimmt daher eine kritische Analyse dieser Selbstinszenierungen vor, indem die hinter dem „‚identitären' Denken stehenden Vordenker und Ideologeme analytisch durchdrungen und mit anderen Formen des Rechtsextremismus in Verbindung gesetzt werden.